中国技术转移团队

跨界活动对团队绩效的影响机制研究

谢开骥　郑励行　李向东　谢天明 / 编著

吉林大学出版社
·长春·

图书在版编目（CIP）数据

中国技术转移团队跨界活动对团队绩效的影响机制研究 / 谢开骥等编著. -- 长春：吉林大学出版社，2025.
6. -- ISBN 978-7-5768-5167-0

Ⅰ．F279.23

中国国家版本馆 CIP 数据核字第 2025X320D8 号

书　　名：中国技术转移团队跨界活动对团队绩效的影响机制研究
　　　　　ZHONGGUO JISHU ZHUANYI TUANDUI KUAJIE HUODONG
　　　　　DUI TUANDUI JIXIAO DE YINGXIANG JIZHI YANJIU
作　　者：谢开骥　郑励行　李向东　谢天明
策划编辑：卢　婵
责任编辑：卢　婵
责任校对：李　莹
装帧设计：叶扬扬
出版发行：吉林大学出版社
社　　址：长春市人民大街 4059 号
邮政编码：130021
发行电话：0431-89580036/58
网　　址：http://press.jlu.edu.cn
电子邮箱：jldxcbs@sina.com
印　　刷：武汉鑫佳捷印务有限公司
开　　本：787mm×1092mm　　1/16
印　　张：24
字　　数：350 千字
版　　次：2025 年 6 月　第 1 版
印　　次：2025 年 6 月　第 1 次
书　　号：ISBN 978-7-5768-5167-0
定　　价：98.00 元

版权所有　翻印必究

序　言

本书《中国技术转移团队跨界活动对团队绩效的影响机制研究》基于以下研究成果系统构建：其一，谢开骥于2019年完成的博士学位论文 *Team Boundary-spanning Activities of Technology Transfer: How is Team Performance in China*？其二，谢开骥作为第一作者于2021年1月在 *The Journal of Technology Transfer* 上发表的 *Team boundary-spanning activities and performance of technology transfer organizations: evidence from China*（作者：Xie Kaiji、Antonio Crupi、Alberto Di Minin、Fabrizio Cesaroni）。

本书得到了谢开骥作为课题负责人主持的重庆市人力资源和社会保障局2024年重庆市留学人员回国创业创新支持计划"电力建设绿色低碳技术转移转化机制协同创新研究"、作为课题骨干参与的中国科学院大学2023年教育管理创新能力提升专项重点项目"支持中国科学院大学加快世界一流大学和一流学科建设"子课题"科教融合体制下技术转移能力培养与毕业职业发展调查研究"以及中国电建集团重庆工程有限公司若干委托课题的经费资助与技术转移实证。

本书得以出版，承蒙学界前辈指导与业界同仁襄助。以下学者在理论构建、方法论完善及实证分析等方面给予了专业建议。

外籍学者（按字母排列）：Alberto Di Minin、Andrea Piccaluga、

Antonio Crupi、Fabrizio Cesaroni、Jean-Jacques Chanaron、Rocipon、Tiphaine、Yan Jie。

中国学者（按音序排列）：陈斌、陈潮红、陈娇、陈圣玲、陈文彬、淳炜、冯明、甘登奎、何兵、何家骏、黄昱、蒋璐遥、蒋旭辉、蒋舟、柯胜金、李松、李向东、李勇志、廖毅辉、刘宏涛、刘知非、罗毅、罗樟、马永刚、母锡华、牧歌、漆济生、石磊、宋利平、苏海峰、苏海锋、孙晨旭、田妮、王良虎、王瑞琼、王松、望宇皓、韦方强、吴冕、武治国、肖汉清、谢开彪、谢天明、谢晓枫、许静、薛潇、杨晨滴、杨光磊、杨杰虎、杨毓杰、姚建国、喻蕊清、袁家虎、袁新新、张喜、赵月、郑励行、郑敏、周亮、周梦雪、周尧、朱元浩、邹鹏。

限于篇幅，诸多给予本书支持的学者未能尽述，在此一并致谢。

由于研究周期和出版时间的限制，本书仍可能存在疏漏之处，恳请学界同仁批评指正。

谢开骥

2024 年 6 月

目　　录

第1章　绪　　论 ··· 1

   1.1　研究背景 ··· 1

   1.2　研究问题 ··· 8

   1.3　研究意义 ·· 10

第2章　文献综述 ·· 12

   2.1　理论基础 ·· 12

   2.2　技术转移 ·· 22

   2.3　团队跨界活动 ·· 31

   2.4　技术转移情境下团队跨界 ·································· 47

   2.5　文献空白 ·· 50

第3章　研究模型 ·· 52

   3.1　研究假设 ·· 52

   3.2　假设框架 ·· 62

第4章 研究方法与小样本分析 ………………………………… 63

4.1 研究设计 ………………………………………………… 63
4.2 访谈设计 ………………………………………………… 64
4.3 变量测量 ………………………………………………… 72
4.4 小样本分析 ……………………………………………… 95

第5章 大样本分析与结论 ……………………………………… 110

5.1 样本与数据 ……………………………………………… 110
5.2 大样本描述性统计 ……………………………………… 114
5.3 变量描述性统计 ………………………………………… 116
5.4 信度和效度分析 ………………………………………… 120
5.5 模型分析与结果 ………………………………………… 152
5.6 结论 ……………………………………………………… 162

第6章 实证课题1：科教融合体制下技术转移能力培养与毕业生职业发展调查研究 ……………………… 165

6.1 课题背景 ………………………………………………… 166
6.2 研究设计与调查 ………………………………………… 171

第7章 实证课题2：新型电力系统能源评价模式及绿色低碳技术转移转化的示范与推广 …………………… 188

7.1 新型电力系统背景下能源评价方法 …………………… 188
7.2 研究内容及研究问题 …………………………………… 190

7.3 研究方法、技术路线及可行性分析 …………………… 190

第8章 实证课题3：中国电建集团重庆工程有限公司科技创新战略规划研究咨询项目系列课题 …………… 195

8.1 战略规划 …………………………………………… 195

8.2 技术成果 …………………………………………… 198

第9章 总结与展望 ……………………………………… 308

9.1 理论贡献 …………………………………………… 308

9.2 研究不足与展望 …………………………………… 310

9.3 管理启示 …………………………………………… 313

参考文献 ……………………………………………… 315

附录A 技术转移团队跨界活动研究访谈提纲 ………… 359

附录B 技术转移团队调查问卷（团队主管）………… 361

附录C 技术转移团队调查问卷（团队成员）………… 365

附录D 实证课题1"科教融合体制下技术转移能力培养与毕业生职业发展调查研究"调研问卷 ……… 370

附录E 实证课题1"科教融合体制下技术转移能力培养与毕业生职业发展调查研究"访谈提纲 ……… 375

第 1 章 绪　　论

1.1 研究背景

1.1.1 行业背景

技术转移具有明确的方向性，它总是从一方转移到另一方。一般情况下，两个主体（技术供方与技术需求）的性质会存在显著差异，因此两者之间也就存在着技术转移的界面。此时往往需要技术转移中介开展跨界活动居中推动技术的转移。技术转移是由技术相关机构围绕技术开展的活动（Abramson, et al., 1997），主要有 4 种：工业到工业、大学到工业、政府到政府和政府到工业（Bird, Hayward, and Allen, 1993）。在技术转移过程中，技术转移中介是非常重要的（Agrawal, 2001；Bercovitz, et al., 2001）。技术转移中介通过降低技术供方与技术需方的搜索和谈判成本，来降低双方之间的交易成本，并且常常作为第三方来保护当事人的利益（Coupe, 2003；Hoppe and Ozdenoren, 2001）。技术转移中介作为管理学术与商业之间混合区域的跨界组织（Alexander and Martin, 2013；Murray, 2010），发挥着重要的"桥接机制"作用（Howells, 2006；Roberts, 1988）。技术转移中介按隶属关系可分为工业内设、大学内设、政府内设、独立第三方 4 种类型。

区域经济发展的研究表明，大学和工业协同创新是提升经济增长率、降低失业率、创新经济财富更高的重要驱动（Audretsch, Keilbach, and Lehmann, 2006）。工业合作伙伴不仅可以为学者提供资源，还能推动应用性研究的商业化进程（Ruben, Cory, and Bernd, 2016）。大学与工业之间的技术转移是大多数国家创新战略的核心要素，大学正逐步转型为兼具科学探索和商业价值创造双重使命的机构（Ambos, et al., 2008; Huyghe, et al., 2014）。这一转型促使学界对大学与工业（U-I）协同机制展开深入探讨（Minguillo and Thelwall, 2015a; Perkman, et al., 2013; Wright, et al., 2008）。

尽管包括技术转移办公室、企业孵化器和科学园在内的大学技术转移机构，在将大学知识转移至产业的过程中发挥着重要作用（Bruneel, D'Este, and Salter, 2010; Markman, et al., 2005; Siegel, et al., 2003a, 2003b; Siegel, et al., 2004b; Sharma, Kumar, and Lalande, 2006; Vaidyanathan, 2008），但是其实际效能仍存在显著的局限性。以技术转移办公室为代表的大学技术转移机构作为大学行政体系的组成部分，普遍存在未能主动推动技术转移的问题（Hülsbeck, Lehmann, and Starnecker, 2013）。这些技术转移机构的主要工作重心局限于技术许可管理（Ramakrishnan, Chen, and Balakrishnan, 2005; Thursby, Jensen, and Thursby, 2001a）。这种局限性源于大学作为"象牙塔"，长期与产业脱节，忽视学术成果的商业价值（Ndonzuau, Pirnay, and Surlemont, 2002）。不过近几年，大学开始重视科研成果的产业化收益（Florida, 1999）。

试图认识和吸收外部知识的中小企业，面临着诸如资源稀缺、高认知距离和低吸收能力的困境（Kodama, 2008; Muscio, 2007）。设立技术中心是企业实现有效知识吸收的重要保障（Michael, Alok, and Chakrabarti, 2002）。

大学与产业合作的障碍主要体现在文化差异（Bjerregaard, 2010）、制度差异（Bruneel, D'Este, and Salter, 2010）、监管障碍（Jacobsson and Karltorp, 2013）、地理距离（D'Este, Guy, and Iammarino, 2013）等

方面。有学者指出，技术市场的缺失是导致上述障碍的深层原因（Arora, Fosfuri, and Gambardella, 2001; Decter, Bennett, and Leseure, 2007; Dosi, Llerena, and Labini, 2006; Lichtenthaler and Ernst, 2007）。

有学者认为，在中国，大学与产业合作受阻的主要原因在于缺少技术转移中介，尤其是独立于大学的技术转移中介机构的参与（Cao, Zhao, and Chen, 2009; Liu and Jiang, 2001; World Bank, 2013; Wu, 2010），因此迫切需要提高转移绩效（Bruneel, D'Este, and Salter, 2010; Geuna and Muscio, 2009; Gilsing, et al., 2011; Mustar, Wright, and Clarysse, 2008; Núñez-Sánchez, Barge-Gil, and Modrego-Rico, 2012; Todeva, 2013; van Geenhuizen, 2013）。这与 Lyu 等人（2017）以中国中关村为例的实证研究相印证。学界普遍认为，提升技术转移绩效需要发展技术转移中介和提高管理人员的技能（Chen, Song, and Yang, 2007a; Wu, Ge, and Zheng, 2001），以及技术转移中介管理人员的跨界活动可能是关键行为（Williams, 2002）。

1949 年，《中国人民政治协商会议共同纲领》指出，自然科学应当"为工业、农业和国防服务"，并且指出任何开发的技术都应该转移。20 世纪 70 年代后期，随着社会主义市场经济体制的建立，中国政府出台了鼓励工业和技术发展的政策，但是当时研究机构或大学的研究成果很少转移到工业生产（Chen and Kenney, 2007b）。1980 年，沈阳市科委成立了科技服务公司，这是中国最早的技术转移中介，开创了技术商品化交易的先河（Wu, 2018）。

自 1980 年中国首次以法律形式确立了技术转移的合法性以来，技术转移持续影响着经济、政策、教育与文化的发展，并不断被关注。1987 年，《中华人民共和国技术合同法》的颁布进一步鼓励了技术转移的行为。但当时，中国的研究性技术转移仍较罕见（Zhu and Frame, 1987）。

中国技术转移及其研究历经 30 多年发展，在 2017 年迎来了全新发展阶段。2017 年 7 月 19 日，中共中央全面深化改革领导小组第三十七次会议审议通过了《国家技术转移体系建设方案》。这份由科技部牵头制定的文件是中国技术市场以及技术转移的顶层设计，与2015年修订的《中华人民共和国促进科技成果转化法》、2016年国务院相继推出的《实施〈中华人民共和国促进科技成果转化法〉若干规定》和《促进科技成果转移转化行动方案》、2017年科技部发布的《"十三五"技术市场发展专项规划》等3年来密集出台的技术转移文件，共同构成在"人、事、物"层面的一个更符合现阶段和下一阶段的现代技术市场体系。其中，在专业化技术转移中介和人才队伍建设方面，该体系推动有条件的高校、科研院所以及市场化机构建设一批示范引领性的国家技术转移中介；在技术转移队伍、职务发明披露、成果评价、激励分配、投融资、国际技术转移等方面，探索更有效的机制模式，更好地服务高校、科研院所成果转化。2018年1月1日，中国开始实施首个技术转移服务推荐性国家标准《技术转移服务规范》(GB/T 34670—2017)。

目前，中国大力发展技术转移中介。截至2015年，政府设立的生产力促进中心、大学内设的技术转移办公室、依附于工业企业的技术转移中心、独立运作的技术转移公司等各类技术转移中介超过3 000家，其中国家技术转移示范机构有453家。这453家国家技术转移示范机构共有从业人员38 081人。其中，大学本科及以上人员31 399人，占比约为82.45%。2016年，中国技术合同成交额达到1.14万亿元，标志着技术作为一种生产要素，正在中国经济中发挥着重要的作用。中国的技术转移主要聚焦于先进制造、电子信息、新能源、节能环保、生物医药等高新技术领域。其中，2016年先进制造领域成交额为1 350.72亿元，占比约为11.84%。

技术转移在世界各国的制造业发展中都发挥着重要的作用，促进着经济的发展（Katrak，1990）。Paola等人（2015）的研究表明，在意大利大学的技术转移活动对位于与该大学同一省份的制造企业创新率的提高发挥着重要作用。同时，Boschma和Ter Wal（2007）的研究表明，在工业领域中跨界人员具有重要作用。Druskat和Wheeler（2003）的研究表明，在制造业环境下大多数成功的团队领导者持续地从事跨界行为。中国制造业尚处于技术追赶的初级阶段。国外和国内技术转移并重，既有利于学习国外先进技术，又有助于中国制造企业合理分配技术资源，积累自主创新能力。因此，技术转移是中国制造业发展过程中重要的一环。

当前，中国制造业直接创造国内生产总值的三分之一，占整个工业生产的90%左右，为国家财政提供三分之一以上的收入，对出口总额贡献90%左右，提供超8 000万个就业岗位，在中国经济中扮演着举足轻重的作用。技术转移在中国制造业发展中发挥着重要的作用。中国已经形成了以东部沿海地区为中心，中西部为外围的产业空间结构。从具体的区域分布来看，中国制造业主要集中在广东省、江苏省、山东省、浙江省和上海市这5个东部省市。

根据2002—2012年的《中国统计年鉴》和《中国工业经济统计年鉴》相关数据可以发现，就产出指标而言，在产值规模方面，这10年间中国规模以上制造业总产值从83 103.67亿元增长至733 984.0亿元，增长7.83倍，年均增长24.34%；在利润规模方面，这10年间中国规模以上制造业获取利润总额从3 087.93亿元增长至47 843.10亿元，增长14.49倍，年均增长31.53%。显然，我国制造业产出规模增长率要大于要素投入的增长率，这意味着我国制造业增长过程中存在技术进步。

从整体来看，中国制造业整体的行业集中度大于40%，这说明我国制造业呈现出较为明显的集聚性。不同产业的集聚形态呈现不同特征，其中集聚程度较高的产业主要有化学纤维制造业、通信设备、计算机及电子设备制造业、仪器仪表及文化办公用机械制造业等行业。这些行业多为技术密集型产业和劳动密集型产业：技术密集型产业由于在选址上较少受到自然条件的制约而多依靠技术和人才，因而容易在较易获得国外技术转移和知识外溢的东部地区形成产业集聚；劳动密集型产业则得益于东部地区便利的地理优势和大量的廉价劳动力，因此同样具有较高的产业集聚度。集聚程度较低的行业主要为饮料制造业和医药制造业等，这些产业与人民日常生活密切相关，因而集聚程度相对较低。

在制造业整体快速发展的同时，主要细分行业也都呈现出上涨态势，但各产业的增长速度并不均衡。不均衡的增长必然带来内部结构的改变。

Zhang 和 Jiang（2008b）在研究中从技术水平差异的视角，将我国21个主要制造业行业划分为低技术产业、中低技术产业、中高技术产业和高技术产业4类，发现我国制造业呈现出"两头下降、中间加强"的特征，即低技术产业和高技术产业所占的比重都有一定程度下降，而中低技术产业和中高技术产业所占比重则有所上升。这一特征既体现了中国制造业从低技术水平向中等技术水平的攀升，也表明中国制造业整体上尚处于重化工业为主体的中间技术产业起主导作用的发展阶段。

1.1.2 理论背景

为适应不确定环境下的生存发展，团队作为一种灵活的组织形式得到了广泛应用。有效团队有三大核心特征：客户导向的主动服务意识、开放型的信息共享机制以及协作型文化氛围（Mohrman, Cohen, and Mohrman, 1995; Workman, Homburg, and Jensen, 2003）。Green（2003）以及 Wang 等人（2009）探讨了团队沟通对团队绩效的影响作用。团队的应用越来越广泛，团队研究也受到重视。从 Gladstien（1984）提出团队跨界活动概念、开创研究团队跨界活动的先河，到 Ancona 和 Caldwell（1992a）将团队跨界活动划分维度的里程碑研究，再到学者对团队跨界活动研究的系统回顾和展望。团队跨界活动研究方兴未艾，它已经成为试图解决绩效问题的重要视角和主流研究领域（Joshi, 2006; Marrone, Tesluk, and Carson, 2007; Reagans, Zuckerman, and McEvily, 2004）。

团队跨界活动通过获取完成任务所需的资源与知识，并借助任务协调活动，提高与之直接关联的团队绩效（Mathieu, Marks, and Zaccaro, 2001）。任务陈述是技术转移战略意图的指标以及解释（Leuthesser and Kohli, 1997; O'Gorman and Doran, 1999）。通过任务陈述，技术转移团队向许多利益相关者发送信号，如学术企业家、行业伙伴和政府机构（Siegel, et al., 2003b）。David Forest R. 和 David Fred R.（2003）认为，任务陈述是持久的目标陈述，可以将一个组织与其他类似组织区分开来。然而，目前关于团队跨界活动的前因后果的理论研究和实证研究工作仍然很少（Brion, et al., 2012；Choi, 2002；Marrone, Tesluk, and Carson, 2007）。此外，这一领域的研究没有明确地解释高层次和低层构造在解释团队级边界跨越活动方面的作用，仅提供了对这一复杂现象的部分理解（Joshi, Pandey, and Han, 2009）。因此，需要某种框架或模型将不同目标利益相关者的不同活动和利益结合起来（McAdam, et al., 2005），用于预测技术转移结果，提高有效性（Sorensen and Chambers, 2008）。

技术转移团队为了实现技术供方和技术需方之间的合作，须与外部行为者建立关系并从其获悉有助于团队实现目标的跨界活动（Katz and Tushman, 1983；Marrone, Tesluk, and Carson, 2007；Mc Farland, Challagalla, and Shervani, 2006；Weitz and Bradford, 1999）。技术转移团队为建立这种关系，在技术供方和技术需方之间提供了一种独特的、公认的协调手段（Bradford, et al., 2010；Ganesan, 1994；Palmatier, et al., 2006）。随着采用基于团队的组织结构越来越多，研究人员已经认识到团队绩效不仅仅是团队内部功能的结果（Ancona and Caldwell, 1992a, 1992b；Joshi, 2006；Marrone, Tesluk, and Carson, 2007；Oh, Chung, and Labianca, 2004；Reagans, Zuckerman, and McEvily, 2004），外部团队关系也可以促进复杂知识在不同机构之间的有效转移（Druskat and Kayes, 1999；Hansen, 1999；Tsai and Ghoshal, 1998）。Weijo（1987）指出："跨越角色的最重要的边界是技术、市场和制造把关人。"在当前基于团队、面向知识和复杂组织的环境中，将团队跨界活动纳入团队有效性模型是不可避免的（Kennedy, 2009）。随着大量理论和实证论文的发表，团队有效性理论得到迅速发展。有学者（Cohen and Bailey, 1997；Ilgen, Hollenbeck, and Johnson, 2005；Marks, Mathieu, and Zaccaro, 2001；Mathieu, et al., 2008）通过一系列的影响广泛的研究，逐步构建了较为完整的团队有效性理论框架和体系。从 Ancona 和 Caldwell（1992a, 1992b）开创性工作以来，团队跨界活动已被证实与团队绩效（Faraj and Yan, 2009；Somech and Khalaili, 2014）和预测结果（如知识共享、知识转移、创新性和有效性）有关（DeNisi, Hitt, and Jackson, 2004；Malhotra and

Majchrzak, 2004; Marrone, Tesluk and Carson, 2007; Oh, Chung, and Labianca, 2004; Tsai and Ghoshal, 1998; Tsai, 2000; Weisz, Vassolo, and Cooper, 2004）。

1.2 研究问题

Gladstein（1984）在研究团队跨界活动时就提出了一系列问题，比如什么活动需要跨越团队边界去进行？谁参与这些活动？在什么条件下开展这些活动？这些跨界活动与绩效相关吗？虽然已有一些理论关注团队跨界活动的研究（Ancona and Caldwell, 1988; Choi, 2002; Joshi, Pandey, and Han, 2009），但是大部分研究是分别探讨团队跨界活动的前置、行为以及后果（Ancona, 1990; Ancona and Caldwell, 1992a; Marrone, Tesluk and Carson, 2007）。很少有人直接关注在团队层面上成员跨界活动如何结合，或者理解成员通过哪些过程来形成关于其环境的共享理解（Marrone, 2010）。此外，团队跨界活动对团队绩效的影响机制的理论基础的相关研究还不够丰富和深入。例如，Choi（2002）虽然基于结构权变理论建构了团队外部活动与团队效能的关系模型，但是并没有阐述两者间关系的理论基础。Marrone（2010）虽然系统回顾了团队跨界活动的文献，将跨界活动划分为个体层次的跨界行为、团队层次的跨界活动和网络层次的跨界活动3种不同的层次，并构建了相应的多层次影响模型，但是也没有进一步讨论跨界活动与其相应结果之间的理论联系。Joshi等人（2009）主张该领域的研究应该整合"自上而下"和"自下而上"两种理论视角来构建影响团队跨界活动的多层次框架，以充分理解团队跨界活动对团队绩效的作用机制。该研究为系统挖掘团队跨界活动与绩效之间关系的理论基础起到了重要的推动作用，但是他们没有深入探讨两者间关系的复杂理论构成，具有一定程度的片面性。现有研究一直缺乏一个多层次的研究框架，很少有同时研究团队跨界活动的前因、行为和后果，忽视了对团队跨界活动发挥整体作用的系统研究。因此，本书基于构建一个多层次研究框架来探讨团队跨界活动，研究问题如下。

（1）团队为什么要开展跨界活动？

（2）团队如何开展跨界活动？

（3）团队跨界活动受什么影响？

纵观人类发展历程，社会经济的发展离不开技术。技术是推动经济发展的强大力量。技术的每一次大飞跃，都会推动人类社会步入一个新纪元。因此，技术在经济发展中的重要地位是不言而喻的，这正是技术转移受到重视的原因。然而，当前针对技术转移团队的跨界活动如何提高绩效的相关研究还未深入。技术转移在组织管理和转移方式上一直都是研究热点（Bekkers and Freitas，2008；Hewitt-Dundas，2012）。但就技术转移团队而言，现阶段仍缺乏可遵循的客观措施、原则和指导框架。尽管中国的大学与产业之间的技术转移蓬勃发展（Paul，Tang，and Li，2014），但是Liu（2007）、Zhai 和 Li（2012）对中国的技术转移持批评态度，认为其不专业，与市场不协调。也有研究指出发展中国家的大学技术转移是无效的（Brundenius，Lundvall，and Sutz，2011；Yusuf and Nabeshima，2007；Wu，2010）。同时，技术转移中介研究尚不充分（Comacchio，Bonesso，and Pizzi，2012），且迄今为止相关经验证据也较为匮乏（Chiaroni，et al.，2008）。理解团队有效满足外部需求的机制，同时保持有效的内部动态，对最大化团队有效性至关重要。边界跨越在某些团队类型和某些情况下可能会起到决定作用（Ancona，1990）。基于上述现实与理论背景，本书针对技术转移情境下的实践需求与理论缺口，聚焦于"中国情境下的技术转移团队应如何开展跨界活动以提高绩效？"这一管理问题，以"团队跨界活动与团队绩效"为科学问题开展研究。因此，本书的研究问题还有如下一个会起到决定作用：

技术转移团队跨界活动与团队绩效之间的关系？

1.3 研究意义

本书旨在通过多层次研究框架，为组织行为中团队跨界活动的研究做出贡献。为了应对工作任务的日益复杂性、组织结构的扁平化和环境条件的变化，工作团队必须越来越多地跨界协调工作。尽管有研究表明团队跨界活动对于团队和组织的成功至关重要（Marrone，2010），但是在理解团队为什么要跨界活动、这些行为如何实施以及由此产生的影响等方面仍存在较大的研究空间。

首先，通过团队跨界活动的文献研究，获悉过去关于多层次考虑的研究（Guzzo and Shea, 1992; Hackman, 2003; House, Rousseau, and Thomas-Hunt, 1995; Joshi, 2006; Joshi, Pandey, and Han, 2009; Klein and Kozlowski, 2000; Oh, Labianca, and Chung, 2006）。本书结合宏观和微观层面的理论和研究，在组织行为研究领域进行中观层面的研究，这与先前组织行为的多层次研究是一致的。Hackman（2003）指出，这种理解组织现象的多层次方法能够：①丰富对焦点现象的理解；②帮助人们发现驱动这些现象的潜在力量；③发现意想不到的相互作用，以形成特殊智力的结果；④为发展中的结构选择提供依据。

其次，本书借鉴和整合了多个理论视角，开发了一个多层次的研究模型。该模型旨在了解团队为什么要开展跨界活动、如何从事特定的跨界活动，以及特定跨界活动的后果。该模型明确了任务特征、团队因素以及环境因素在促进团队产生有效边界管理行为中的作用，并探讨这些因素如何影响团队跨界活动，具有丰富的理论和研究意义。

最后，本书将团队有效性理论的 IMOI（投入-中介-产出-再投入）模型拓展到组织行为中的团队跨界活动研究领域，为探索团队跨界活动产生后果的内生机理提供重要的借鉴和参考。

实践表明，任何一个国家的创新体系都必须有 3 个基本运行机制：一是以企业为主体的技术创新体系；二是以科研院所和高校为主体的知识创新体系；三是在两者之间实现技术转移的机制（Fu, Lin, and Li,

2007）。开展技术转移机制研究是一件非常有意义的事情，特别是发展中国家的分析样本为研究提供了独特的视角（Hu，Jefferson，and Qian，2005）。技术转移通常被认为是一个极其有价值的过程，它能改善当地经济发展、催生新的产品和服务，并通过各种溢出效应普遍提高生活质量（Shane，2004）。本书聚焦于技术转移中介的团队跨界活动，旨在促进知识创新体系和技术创新体系之间具有商业用途前景的技术转移。

第 2 章　文献综述

围绕本书的研究问题，本章将对所涉及的主要理论和相关研究进行综述，进一步理清本书与当前研究成果的理论传承关系，为本书框架构建以及后续实证研究提供理论基础。

2.1　理论基础

Bonaccorsi 等人（2014）的研究指出，可以用资源依赖理论或跨越边界角色理论来解释产业联系或技术转移的重要性。已有研究表明，组织结构理论、开放系统理论同样适用于涉及组织边界问题的研究（Aldrich and Herker, 1971; Ancona and Caldwell, 1990; Katz and Kahn, 1978）。Somech 和 Khalaili（2014）的研究表明，团队有效性理论同样适用于团队跨界活动。因此，我们讨论 5 个理论观点：组织结构理论、界面管理理论、开放系统理论、资源依赖理论、团队有效性理论。因为它们阐明组织内部和外部层面因素对团队跨界活动的影响。这些理论观点兼顾考虑了"自上而下"和"自下而上"，有助于构建多层级分析框架，探讨基于任务的、团队级别的、情境因素的团队边界跨越活动，以及团队跨界活动与团队绩效之间的关系。

2.1.1 组织结构理论

组织结构是为实现战略目标进行分工协作，在职务范围、权利、责任方面所形成的组织体系。它是组织在职、责、权方面的动态结构体系，其本质是为实现组织战略目标而采取的一种分工协作体系。组织结构理论先后经历了古典组织结构理论、新古典组织结构理论、现代组织结构理论3个阶段。古典组织结构理论着重强调的是组织内部的分工、职能的划分、正式组织结构和组织原则。新古典组织结构理论侧重组织内部人的主导作用、人的行为对组织结构的影响，以及组织结构对人的适应性。现代组织理论具有综合性，既考虑组织内部的因素，也从组织外部考虑组织运行目的。在每一个阶段中，团队跨界活动有不同的表现形式。

2.1.1.1 古典组织结构理论

古典组织理论强调组织结构的制度化、形式化、管理层级和职能分工。总体来说，古典组织结构理论偏向于静止状态的组织结构的研究。无论是弗雷德里克·温斯洛·泰勒（Frederick Winslow Taylor）通过细分任务单元，将任务组合成职位，将职位组合为部门的自下而上的理念，还是亨利·法约尔（Henri Fayol）从管理职能的角度考察工作的分解与协调，都是仅将组织自身作为基本分析单元来研究组织内部的分工与生产活动，都没有关注影响组织生存、发展和实现目标的外部环境要素。也就是说，古典组织结构理论主要采用封闭系统视角来研究组织内不同的工作单元，并没有关注团队边界问题。古典组织结构理论体系并没有研究考虑环境。在古典组织结构理论下，团队是位于传统的组织结构之中，从而导致了该理论不能采用开放系统视角对工作单元和与此相关的边界问题进行研究。不论是以职能还是以多部门化的形式存在，严密的组织层级保护阻绝了包括团队在内的工作单元与外部环境的接触。工作单元或团队仅仅执行由组织分配的任务，由组织统一管理。正因如此，边界活动一直没能在团队层面成为一个受到关注的重要问题。

2.1.1.2 新古典组织结构理论

新古典组织结构理论更加关注人的社会属性，其代表学派主要有行为科学学派和社会系统学派。与古典组织结构理论强调的规范和结构不同，新古典组织结构理论强调行为结构，这标志着组织理论研究由静态分析转向动态研究。无论是行为科学学派还是社会系统学派，均支持组织结构会随人的行为而改变的观点。与古典组织结构理论相比，新古典组织结构理论开始关注工作团队、领导行为、决策参与等问题，并试图重新界定和扩大组织成员的角色范围。新古典组织结构理论认为，组织结构中的非理性色彩越来越浓，参与者的才智和创造力将成为组织中最珍贵的资源。Beal 等人（2003）的研究表明，切斯特·欧文·巴纳德（Chester Irving Barnard）提出的组织三要素，尤其是组织中沟通要素的提出，对跨界活动研究有极其重要的启示。可以说新古典组织结构理论虽然没有以一种开放系统的视角探讨这些问题，但是在一定程度上强调人的主动性和环境的因素。

2.1.1.3 现代组织结构理论

现代组织结构理论通过系统－权变组织结构理论等新理论的确立，进一步拓展和丰富了组织理论，实现了较大的突破。系统－权变组织结构理论将组织视为一个开放的社会技术系统，坚持以全面系统的观点来考察组织结构，认为不存在一种一成不变的组织结构，需要随着组织所处环境的变化而对组织结构做出合理的调整和变革。组织不仅需要做到最大程度地减少无用的信息，而且还要重视积累可供决策者参考的数据库。处于团队关键位置的边界人员跨界活动都是对信息功能的直接反映。团队开展跨界活动的一个重要目的就是通过适时更新数据库而实现对外部环境的快速反应。该理论主张组织应该根据内外部环境的变化来确定最适宜的组织结构和管理模式。组织要与环境相匹配，组织内每个子单位的结构特征必须与该单位所关联的特定环境相适应，组织的分化与整合模式必须与其所在的环境的总体复杂性相适应。可以说，系统－权变组织结构理论的观点进一步强化了团队开展跨界活动的必要性。总之，现代组织结构理论以一种更加开放的视角对待组织结构体系，开始关注团队与环境的二元关系。

2.1.2 界面管理理论

20世纪90年代，企业经济学兴起了对界面管理的研究，逐渐形成了界面管理理论。界面管理理论可以分成以下3个阶段。

首先是界面存在阶段。界面在管理领域普遍存在。从起源看，界面首先出现在工程技术领域。因为界面概念能较好地反映两种物体之间的结合状态，能够用于说明要素与要素之间的连接关系，所以被引入管理活动当中。从内涵看，管理学中的界面已经超出了工程领域所指的物体结合部位的意义，成为一种表述事物相互联结、相互作用状态的概念。这种联结可以是有形的，也可以是无形的，只要两者之间发生作用和联系，就可以把它们的交接状态称为界面。因此，只要存在两个或两个以上主体之间的合作，就必定存在界面。本书的技术转移是在不同主体之间进行联结的，因此可以对应着界面管理理论开展技术转移的相关研究。Zhao（2004）根据我国高技术产业化过程中事实存在的界面障碍及其成因，提出了克服高技术产业化界面障碍的无等级协调原理、跨职能整合原理、跨文化沟通原理和自组织协作原理。

其次是界面界定阶段。对界面的界定是研究界面管理的前提，有学者尝试用不同的界定方法来对不同的管理界面进行界定、分类。Zhang（2008a）从系统科学的角度，对大学和企业两个开放系统之间发生技术转移形成的界面进行了研究，按照界面移动将大学技术转移分为3种模式：技术转让模式、合作参与模式和衍生企业模式。本书认为界面既然是两个主体相互作用形成的，只要其中一方与另一方开始接触，界面即产生；只要一方退出，界面即消失。因此，只要从一方介入和退出合作过程的时间就可以进行界面的界定。本书主要从团队跨界活动的角度来研究技术转移，拟从团队介入和退出技术转移过程的时间来进行界面的界定与分类。Xu和Jiang（2010）以大连理工大学的校企合作研究院为例，基于界面管理理论分析了紧密型校企合作模式的特殊规律和实现机理。

最后是界面管理阶段。一般来说，界面管理本质是解决界面双方在专业分工与协作需要之间的矛盾，实现控制、协作与沟通，提高管理的整体功能，实现绩效的最优化（Hua and Zhang，2000）。技术转移过程是个复杂的界面，不仅受界面本身性质的影响，还受到许多宏观因素和微观因素的影响。本书拟用实证研究的方法，研究技术转移团队跨界活动的影响因素，分析存在的问题，并针对性地提出管理优化的建议。Wu等人（2008）研究湖南科技成果转化的界面障碍，针对性地提出了完善湖南科技成果转化界面的政策建议。

本书将界面管理理论划分为界面存在阶段、界面界定阶段和界面管理阶段3个层次来理解。基于界面存在阶段的管理理论，肯定了技术转移的界面存在；基于界面界定阶段的管理理论，根据团队介入和退出技术转移的时间不同，开展团队跨界活动研究；基于界面管理阶段的管理理论，研究技术转移团队跨界活动的影响因素，强调团队跨界活动在技术转移中的整体性和复杂性，尝试提出影响因素指标，在此基础上提出技术转移团队跨界活动的优化和完善。

2.1.3 开放系统理论

20世纪70—80年代，管理领域出现了一种称为开放系统的管理理论。开放系统理论与其他管理理论最大区别在于，它站在最新的管理角度看问题，不但考虑到影响组织的内部因素，还考虑到影响组织的外部因素。尽管开放系统理论尚属探讨阶段，但已引起了各国管理人员的重视。开放系统理论为管理人员提供了正确的管理观和方法论。

开放系统管理理论是建立在传统的、封闭式管理理论基础之上的。传统的封闭式管理理论有两处局限：其一，将组织看成是不变的、静态的，忽略了组织与社会环境之间相互联系、相互作用的动态因素，使组织与社会脱节；其二，只考虑团队的内部因素，没有考虑社会环境的外部因素。开放系统管理理论有别于传统封闭式管理理论之处，是保持组织功能与社会变量之间的动态平衡。随着社会、科技、经济的飞速发展，社会行业越来越多、越来越复杂，相互联系也越来越广泛，这些不断地影响着团队管理，促使组织管理不得不考虑社会环境这一外部的动态变量因素。因此，开放系统管理理论应运而生，并引起了世界各国管理人员的极大重视。

开放系统管理理论则把组织静态环境与社会动态环境有机地结合起来，把组织看成是社会的组成部分。组织管理相对于社会是开放的，随着社会的变化而变化。开放系统管理理论一方面强调组织的层次性，另一方面又重视"个体参与者"和群体的变异性；在新框架中肯定了个别需要与群体需要的问题，又肯定了组织"子系统"与社会"母系统"的动态联系。

2.1.4 资源依赖理论

资源依赖理论深深扎根于开放系统框架，认为要理解组织的行为，首先要理解组织的外部环境，以及组织是如何将自己与所处环境中其他的社会参与者联系起来。资源依赖理论的主要原则是，行为者基于对稀缺资源的控制或依赖的观念来从事交换关系（Benson，1975）。资源依赖理论认为没有任何一个组织是自给自足的，所有组织都必须为了生存而与其环境进行交换。组织根植于多元互联的关系网络中，所需要的各种资源（包括财政资源、物质资源以及信息资源）均需要从环境中取得。因此，组织不得不依赖这些资源外部提供者。这种必然的依存关系构成了资源依托理论的特点。

然而，问题的产生不仅源于组织对环境的依赖，还在于环境具有不可依赖性。当环境发生变化时，组织就面临着抉择：要么被竞争淘汰，要么改变活动以适应环境。环境时刻在发生着变化表现为不断有组织进入或是退出，且资源的供给相对稀缺，为了生存，组织就必须对环境的需求进行有效的管理，尤其是对那些能够为其提供资源和支持的团体的需求进行管理。

资源依赖理论的贡献在于强调组织适应和处理环境的积极性和选择性。组织是组织与环境关系中的积极参与者，所以管理组织环境与管理组织绩效同等重要。资源依赖理论强调组织权力,把组织视为一个行动者,认为组织的策略无不与组织试图获取资源、消除相互依赖和由依赖所产生的不确定性、控制其他组织的权力行为有关。而在这一过程中,管理层的角色非常重要。团队是基于对技术、熟练人员、知识和财务资源的相互依赖的价值链接(Monge and Fulk,1999;Norman and Ramirez,1993)。这些观点也适用于理解基于资源交换的关系如何驱动团队间的交互(Tsai,2002)。总的来说,资源依赖理论提供了一个"自上而下"的观点来解释团队为什么在外部发展关系。

2.1.5 团队有效性理论

团队有效性理论的研究框架经历了从"输入—过程—输出"(简称"I-P-O模型")到"输入—中介—输出—输入"(简称"IMOI模型")的演化过程,特别是IMOI模型的建立与完善,为团队有效性研究的深入及其在相关领域的拓展研究提供了值得借鉴的分析框架和内生因素集合。

2.1.5.1 I-P-O模型

团队有效性理论的经典框架是McGrath(1964)构建的I-P-O模型。"I"代表影响团队互动的前导因素,包括个体层面(技能、态度和人格特征等)、团队层面(团队结构、凝聚力等)、组织和情境层面(组织特征、环境动态性等);"P"代表团队中的人际互动行为;"O"代表团队的有效性,主要包括绩效(数量和质量等)和团队成员的感情反馈(满意度、组织承诺等)。McGrath指出输入部分的诸多要素会通过影响团队过程进而影响最终的团队绩效,亦即团队过程在输入要素和最终成果之间起到中介作用。

团队有效性理论I-P-O模型在很长时间内为该领域的研究人员提供了重要指导框架,但它也在以不同的方式不断被人们修正和拓展。对于I-P-O模型的绝大部分的修正是将其放置在一个更大的情境中,或者是重新发现一些过去忽视的细节。Ilgen等人(2005)指出,I-P-O模型在以下3个方面是有不足的:首先,将输入要素影响传递到结果要素的许多中介因素并不能被称为过程，实际上是一些涌现的认知或情感状态。其次，I-P-O 模型将团队有效性的研究限定在一个从输入到输出的简单的单循环的线性路径上，忽视了反馈路径的存在，从而限制了团队研究的进一步发展。最后，I-P-O 模型认为各主效应是一种线性的逐次影响的过程，即从输入影响过程，再由过程影响输出。然而，在输入和过程两个主效应之间可能存在线性的逐次影响或交互效应，或者在过程因素之间以及过程因素与涌现状态因素之间可能存在交互效应。

2.1.5.2 IMOI 模型

基于以上分析，Ilgen 等人（2005）提出了一个 I-P-O 模型的替代模型——IMOI 模型，如图 2-1 所示。其中，第一个"I"代表了输入因素，包含团队成员个体（组合因素）、团队和组织与环境 3 个层面。"M"代替了"P"，代表包含了突生状态和团队过程等中介因素。"O"代表了团队有效性。最后一个"I"代表的是某一阶段的团队输出同时也是下一阶段团队有效性的输入因素。IMOI 模型考虑了时间效应，在 I-P-O 模型的基础上加入反馈环节，反映从输出端发出，再反馈到输入或过程因素的动态变化。

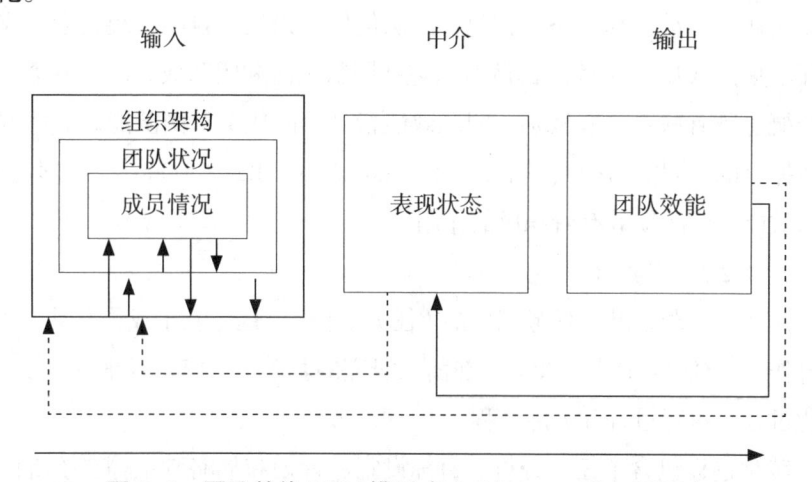

图 2-1 团队效能 IMOI 模型（Mathieu, et al., 2008）

从图 2-1 中可以看出，IMOI 模型对团队发展过程中的内生的反馈循环的特性进行了具体刻画。从团队输入到团队中介变量的实线箭头表明当期的团队输出结果会对下一阶段的团队中介变量产生实质性的强烈影响，导致团队的涌现状态会随着团队的进展而不断改变，并且团队也会根据上一阶段的输出结果来不断改善自己的运作过程。在模型的最后加入输入项（I），则是明确指出团队有效性循环反馈的特征。去掉字母之间的连接线以表示输入、中介和输出变量之间的因果联系可能是线性的、叠加的、非线性的或有条件的。而从团队输出和中介变量到团队输入的虚线箭头则显示它们对下一阶段的团队输入的影响就不那么显著了。团队结果和团队的过程以及状态对下一阶段的团队的组成、架构或组织情境等输入因素的影响不会那么直接，也并不是在短期内可以实现的。关于团队有效性的解释较为丰富，得到普遍认可的是 Cohen 和 Bailey（1997）提出的团队有效性的 3 个维度：①团队绩效，即团队的效率、生产力、反应速度、质量、顾客满意度、项目成功以及创新等；②成员态度，即成员的满意度、承诺以及对管理层的信任等；③成员的行为，即成员的缺勤、离职和安全等。

2.1.5.2.1　突生状态

Marks 等人（2001）将突生状态描述为团队成员在互动过程中产生和变化的认知、动机和情态等，包括团队信任、授权、氛围、凝聚力、成员信任、集体认知等内容。团队自信包括团队效能和团队效力两个概念。这两个概念既有联系又有区别。团队效能指"团队成员对团队能完成特定任务所拥有的共同能力的共享信念"（Kozlowski and Ilgen，2006）。在理论上，团队效能对团队绩效有着积极的作用。

2.1.5.2.2　团队过程

团队过程既是基于任务完成的"任务工作"，也是基于成员互动的"团队合作"。Marks 等人（2001）在前人研究的基础上，将过程细分为 3 类：转化过程、执行过程和人际过程。

转化过程包含了任务分析、目标设定、计划和战略制定等。该阶段的实证研究较少，但近年来也涌现了一些相关研究。例如，Hiller 等人（2006）发现包含计划和组织的集体领导对高级管理团队绩效有积极促进；Mathieu

和 Schulze（2006）发现动态计划（应变和反应计划等）和绩效呈正相关。

执行过程包括任务完成、监管、协调等，经常被纳入团队学习范畴。De Dreu 和 West（2001）展示了团队成员参与的重要性，发现若异议少数派参与互动，团队的创新能力能得到提高。

人际过程包括冲突、激励、信任建立和影响，其中关于冲突的研究非常盛行。De Dreu 和 West（2001）发现关系和任务冲突，与团队绩效和成员满意度呈显著的负相关。Raver 和 Gelfand（2005）的研究发现关系冲突具有影响敌意环境和团队财务绩效关系的中介效应。Mathieu 和 Schulze（2006）设计了一套人际交往过程的综合测度方法，并发现与绩效存在重大的积极影响。

团队过程在团队有效性模型中扮演着中心角色，Wang 等人（2016）的研究揭示了团队沟通等团队过程变量在影响团队绩效方面起到的关键作用。团队沟通是团队成员之间进行信息交换的过程，当内部沟通被有效率地建构时，可以减少人与人之间交流的误会与障碍，使得被传递的信息数量也会增加，进而可以保证团队运作的有效性。团队沟通是团队过程中的一个核心变量，是团队得以存续和进步的基础。高效的团队沟通可以进一步增强团队的共同目标，促进完成任务相关信息的有效传递。有效的团队沟通可以对团队成员的专门知识与技能进行有效的整合，而整合程度会显著影响项目团队绩效。

经过多年发展，团队有效性理论研究已较为成熟，构建了相对完善统一的 IMOI 模型，对其中的输入因素和中介因素有细致的分类和效用分析，并做了大量的实证研究，得到了一些有价值的研究成果。尽管团队有效性理论的研究框架在 40 多年的发展中不断演进，但其核心仍基于基本的"输入—中介（过程）—输出"结构。团队有效性理论在"输入—中介（过程）—输出"结构上不断丰富和扩充内涵，细化和分离要素，从静态分析向动态演进。例如，Cohen 和 Bailey（1997）将心理特征从过程中分离出来；Marks 等人（2001）对过程作了细分，并分离出突生状态；Ilgen 等人（2005）引入动态分析视角，加入时间概念下的反馈机制，增加了"I"变量；最后，

Mathieu等人（2008）综合上述研究，进一步完善构建了IMOI模型。这种基于共同基础结构的研究框架的演进，很好综合了各时期的研究成果，能清晰地辨明研究分支、发展过程和发展方向，使得团队有效性理论的研究虽然涉及广泛的学科领域，但形成了较完整的理论结构体系，从而为其他领域的研究提供理论支撑。

2.2 技术转移

2.2.1 技术定义

在讨论技术转移之前，我们必须先对被转移的对象——技术，加以明确和理解。据《大不列颠百科全书》（2004）的解释，技术（technology）一词源于古希腊，是由希腊文techne（工艺、技能）与logos（系统地论述、学问）演化而来的。哲学家、科学家、工程技术专家、技术史专家从不同角度、不同层面对技术赋予不同的形态和内容。关于技术的定义很多，其中著名的是马里奥·邦格（Mario Bunge）在《技术的丰富哲理》中给技术下的定义，可以理解为"为按照某种有价值的实践目的用来控制、改造和创造自然的事物、社会的事物和过程，并受科学方法制约的技术总和"（Zhao, 1992）。

管理学上关于技术的定义也是不尽相同的。Gee（1993）认为技术是一个知识体系，这些知识包含在工艺方面的创意、信息或数据中，还包含在个人的技巧和专长以及设备仪器、原型、设计或计算机编码中。Paul（1995）认为技术是科学原则和实际知识在物质实体和系统中的结构化应用。此外，WIPO（世界知识产权组织）关于技术的定义是，制造一种产品的系统知识、所采用的一种工艺或提供的一种服务。这种知识可能体现在一项发明、一项外观设计、一项实用新型或者一种植物新品种中，也可能体现在技术情报或技能中，甚至可能体现在专家为设计、安装、开办或维修一个工厂或为管理一个工商企业和其活动而提供的服务或协助等方面（Zhang,

2013）。

综上所述，本书的技术是指一种商品，包括技术成果、技术知识、技术信息、技术能力或者技术劳务性服务。但技术商品与实物形态的物质商品和非实物形态的服务商品不同，具体表现在4个方面。这些特征决定了技术转移活动的复杂性。

（1）技术的生产是一次性的，但可多次提供，多次运用。

（2）技术的专业性强。其品质的好坏很难直观地做出判断。不具备相关专业知识的人是无法识别技术商品的品质和价值。

（3）技术交易过程复杂。技术交易有时涉及软件与硬件交付、知识产权的权利转移、文档资料的交接以及技术价值的实现等。其交易过程往往需要持续很长的时间，可能持续数年甚至10年以上。在交易过程中，费用支付往往与里程碑的达成挂钩，即每达到所设定的里程碑时就支付一次相关费用。

（4）技术具有不确定性。技术价值有很大的不确定性，不同的人从不同的角度运用不同的估值方法，对技术估值是不同的。技术交易会受到技术供方的技术传授能力、技术需方对技术的学习与吸收能力等因素的影响，也会受到市场环境变化的影响等。

2.2.2 技术转移定义

技术转移一词在经济理论中首次使用是在20世纪60年代中期。最初技术转移是作为解决南北问题的一个重要战略。1964年，在第一届联合国贸易发展会议上一份呼吁支援发展中国家的报告中指出："发展中国家的自立发展，无疑要依赖来自发达国家的知识和技术转移，但机械式的技术转移做法是不可取的。"会议上把国家之间的技术输入与输出统称为"技术转移"。此后，技术转移这个概念逐渐涵盖了更多的内容，如研究机构之间的技术项目转移、国际公司的技术许可、科研机构面对企业以及企业之间的技术转让等。

自20世纪70年代联合国有关部门对这种转移活动进行有目的的考察

研究以来，技术转移从早期的无意识行为、后进国家的政府行为、发达国家为了打破南北僵局的策略工具，以及跨国公司扩大海外投资的先遣队等多种内涵，演变为今天世界范围内不同行业、不同规模的企业、研究机构及政府都十分关注的并广泛参与的战略性选择。

关于技术转移的定义，学术界有着各不相同的看法。技术转移的形式复杂多样，并且随着科技进步和技术交流的频繁，其内涵呈现也愈加丰富多样。目前，关于技术转移概念的定义，按照其侧重点不同大致可以分为以下5种。

（1）技术知识应用说。这种观点认为，技术转移就是研究成果的社会化，包括其在国内和向国外的推广（Halbedel，Albrecht，and Frank，2003）。该观点把技术转移看作是技术在世界范围内的广泛应用。

（2）知识转移分配说。这种观点认为，技术转移就是人类知识资源的再分配（Tatsuya，1988）。该观点认为技术转移主要是技术知识的转移和重新分配。

（3）技术载体转移说。这种观点认为，技术转移就是技术载体的转移。技术载体是指具有技术知识的人、生产工具、设备机器等和文字信息书刊、文献、图纸、胶片、磁带、磁盘等。Alien和Cooney（1971）等学者坚持这种观点。

（4）地域、领域转移说。这种观点认为，技术转移是地域上的转移和技术所属领域的转移，前者使技术从一个国家或地区转移到另一个国家和地区，后者使技术从一个领域转移到另一个领域。例如，Bozeman（1988）认为："当某领域中产生或使用的科学技术信息在其他不同领域中被重新改进或应用时，这个过程就叫作技术转移。"

（5）消化吸收说。这种观点认为，技术转移不仅是指技术知识以及随同技术一起转移的机器设备的移动，而且应是指技术在新的环境中被获得、吸收和掌握三者的有机统一的完整过程（Mansfield，1975）。

上述5种观点在技术转移概念的界定上虽各有侧重，但都涵盖着强动机、低不确定性以及跨界活动等特点（Gibson and Smilor，1991；

Cunningham, Menter, and Young, 2017)。总的来说,有 3 个共同点:首先,均认为技术转移实际上是一个过程;其次,认为技术转移需要具备供需双方;最后,供需双方之间的"相互作用"很重要。供需双方之间的"相互作用"可能是直接发生的,也可能是在中介机构参与下发生的。如供需双方之间的"相互作用"是通过中介机构实现的,则中介机构的团队会参与供需双方发生跨界活动的过程,这个过程也正是本书拟开展的研究。

2.2.3 技术转移过程

技术转移是一个动态的、系统的过程,它不仅是指技术在供需双方的传递,还包含供需双方互动的过程。只有当技术被接受方吸收和应用,才能被视为完整且有效的技术转移。按照技术转移的方向,可以将技术转移过程分为垂直型技术转移与水平型技术转移。

2.2.3.1 垂直型技术转移

Mansfield(1998)的研究表明,所谓垂直型技术转移是指技术从研究者到发展者再到生产者的传递。它沿着发明、创新和发展阶段不断进步,并且每经过一个阶段就更加商业化。垂直型技术转移的目的在于扩大某项技术的效应。他把技术效应的扩大过程分为 3 个阶段:基础科学技术、应用科学技术及商业性生产技术。技术效用就是按这 3 个阶段依次扩大的。他还认为,垂直型技术转移就是技术供方将基础科学技术领域的研究开发成果"嫁接"到技术需方的应用科学技术方面,获得扩大该科学研究成果效应的机会;或者是技术供方将应用科学技术的成果应用于技术需方的实际商业性生产,使之形成国际生产力,同样起到扩大效应的作用。

垂直型技术转移可能发生在多个组织之间,也可能发生在同一个组织之内,如技术从研发部门转移到生产部门。垂直型技术转移的主要方式包括技术交流、信息传播、技术援助和人才流动。垂直型技术转移经历了技术准备阶段、技术转移阶段和商业化阶段。垂直型技术转移的主体包括研发机构、技术转移中介和生产机构,如图 2-2 所示。其中,研发机构主要指大学和科研院所等直接生产技术的单位。技术转移中介是指对基础科学技术进行中间试验，并将应用科学技术提供给企业的单位，如科技孵化园、中试基地之类的服务性机构。他们在研发机构和企业之间搭建了一座桥梁，对科技成果的转化起到了关键性的促进作用。生产机构是将应用科学技术转化为商业性生产技术的主体，通过生产机构的持续商业化行为，才能实现从技术到产品、从创意到市场的实质性转变。3个主体之间需要相互沟通并反馈意见，使研发机构的技术信息和企业的需求信息能够交流传递，从而促进技术的成功转移。

Jolly（2001）的研究验证了垂直型技术转移的过程包含了许多相关机构和成员，技术转移中介以研发活动和市场活动之间的相互作用为纽带，具有从市场到研发活动的信息反馈、再从研发到市场的信息循环机制。

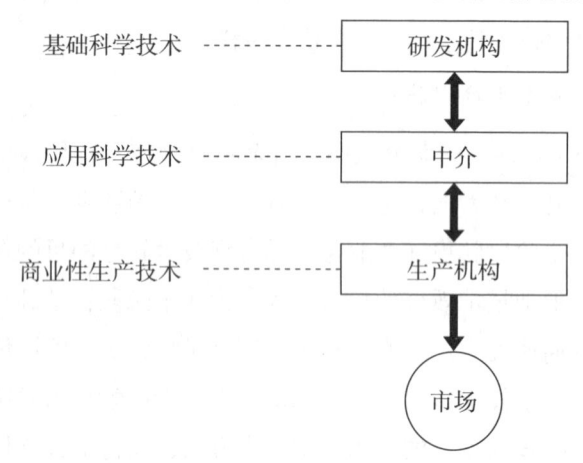

图 2-2　垂直型技术转移（Jolly，2001）

2.2.3.2 水平型技术转移

水平型技术转移是指一项技术从一个运作环境到另一个运作环境的转移。技术已经被商业化，转移的目的是要扩散技术，使之应用于其他领域。

水平型技术转移的转移方式主要是通过技术转移中介开展。水平型技术转移要经历技术准备阶段、转移交涉阶段和吸收应用阶段，如图 2-3 所示。转移的主体均为企业或国家，被转移的客体为商业性生产技术。在技术准备阶段，技术转出方要将技术编码为可供转移的形式，同时技术转入方也需要为接收新技术做好充分的内部环境准备。在转移交涉阶段，技术转移双方通过技术转移中介的帮助，进行具体的沟通和交涉，并达成技术转移协议。在吸收应用阶段，技术转入方需要依靠自身的技术投入和技术积累，通过技术学习来了解和掌握新的技术，最终能够应用新技术进行生产。Huang（2015）关于技术转移中介在企业间技术转移的研究，佐证了水平型技术转移的适用性。

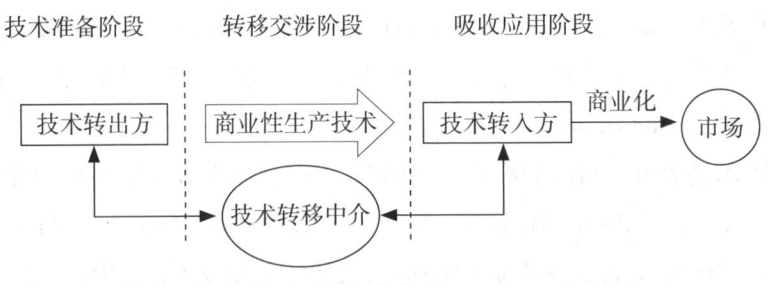

图 2-3 水平型技术转移（Huang，2015）

综上所述，无论是垂直型技术转移，还是水平型技术转移，在其过程中都需要技术转移中介居中发挥承上启下作用。因此，本书将围绕技术转移中介开展相关研究。

2.2.4 技术转移中介

现有文献强调了需要有单独和专门的组织单位来管理大学与产业的合作（Rothaermel and Siegel，2008；Fritsch and Lukas，2001）。在这个过程中，技术转移中介被视为将学术研究人员的思想、发明和创新传输到工业和社会的制度化方式（Van Ledebur，2008）。研究表明，成功的技术转移活动都会有中介组织（Yusuf，2008）。中介机构或跨界组织的作用被认为是至关重要的（Aldrich and Herker，1977；Chen，Donald，and Martin，2016；David，1991；Muscio，2007；Rasmussen，2008），促进着技术供方与技术需方之间的合作。

以大学为代表的技术供方和以企业为代表的技术需方代表着两种不

同的逻辑，具有不同的目标、文化和结构（Dasgupta and David, 1994; Murray, 2010; Tartari, Salter, and D'Este, 2012）。大学的学术逻辑寻求"自由知识研究、科技成果收益，以及公开披露研究成果"，而企业的商业逻辑强调"官僚控制、对信息披露的限制，以及对财务的回报要求"（Sauermann and Stephan, 2012）。大学和产业之间技术转移的主要挑战是跨越它们两种不同的制度逻辑（Murray, 2010; Sauermann and Stephan, 2012; Thornton, Ocasio, and Lounsbury, 2012），它们可能有相互冲突的规则和规范（Tartari, Salter, and D'Este, 2012）。由于制度逻辑的这种差异，跨界活动人员有不同的"行动、互动和解释的规则"指导和约束他们的决策（Thornton and Ocasio, 1999）。

技术转移中介有附属于大学的技术转移办公室（TTO）（Etzkowitz and Leydesdorff, 2000; Howells, 2006）、校产办（UIS）（Grimaldi and Grandi, 2005; Rothaermel and Thursby, 2005b）和合作研究中心（CRCS）（Minguillo, Tijssen, and Thelwall, 2015b），也有独立运作的合作研究和发展中心（Wonglimpiyarat, 2006）、中试中心（Hayter and Link, 2015）和产业园区（Minguillo, Tijssen, and Thelwall, 2015b）。因此，技术转移中介具有连接两个不容易相互接触的系统边界的重要作用（Aldrich and Herker, 1977; Carlile, 2004; Tushman and Scanlan, 1981a）。

Elisa等人（2017）通过对9家意大利中介组织的案例进行研究，发现不同类型的中介组织解决的是同样的根本问题，它们以不同的方式弥合了学术界和工业界的不同逻辑。尽管该文是基于意大利的背景，但技术转移的研究已经表明其在各国之间具有同等的重要性（Chung, 2014; Ye, Yu, and Leydesdorff, 2013），并且似乎较少受到文化差异的影响（Malik, 2013）。

在中国，大学与产业联系的历史很短，知识产权不清晰，并且大多数学术研究还不足以获得经济收益。这一现象促使一些学者提出，通过技术转移中介加强交流和建立合作，以推动技术转移（Hu, 2002; Wang, 2010; Zhou, Tu, and Yu, 2013）。

作为技术供方主要来源的大学，现已普遍建立技术转移中介，构建了产业－大学联系，搭建起与技术需方的业界联系的桥梁（Kirkels and Duysters, 2010；Kodama, 2008；Tether and Tajar, 2008；Yusuf, 2008）。这些技术转移中介通过鼓励和协调与工业的合作研究、提供孵化服务、提供合作协议和联合管理创新项目来推进合作，促进了技术转移和区域发展，这也是其"最终存在的理由"（Howells, 2006；Krücken, Meier, and Müller, 2007；Markman, Gianiodis, and Phan, 2008a, 2009；McEvily and Marcus, 2005；Rothaermel, Agung, and Jiang, 2007；Siegel, Veugelers, and Wright, 2007；Wang, et al., 2015）。

Frenz 和 Ietto-Gillies（2009）的研究表明，公司不能仅依靠其内部资源，还必须利用其边界之外的知识才能成功地产生创新。通过分析公司依赖这些专门组织的因素，可以发现其目的是研究成果商业化（Alexander and Martin, 2013；Algieri, Aquino, and Succurro, 2013；Barge-Gil and Modrego, 2011；Carlsson, and Fridh, 2002；Spithoven, Clarysse, and Knockaert, 2010；Tether and Tajar, 2008）。已有研究广泛探讨了这些技术转移中介的内部架构、绩效、人员、预算、外部环境、商业战略（Lars, 2017；Markman, et al., 2005；Nosella and Grimaldi, 2009；Phillips, 2002；Siegel, Veugelers, and Wright, 2007；Siegel, Westhead, and Wright, 2003c；Siegel and Phan, 2005）。

围绕技术转移中介开展的研究表明，技术转移中介存在着发展不足及发展障碍（Bruneel, D'Este, and Salter, 2010；Siegel, Westhead, and Wright, 2003c；Siegel, et al., 2004a, 2004b；Powers, 2003；Paul, Tang, and Li, 2014；Bjerregaard, 2010；Yusuf, 2008；Van Geenhuizen, 2013）。Yusuf（2008）列举了技术转移中介的 3 个障碍：第一个障碍是大学技术转让办公室缺乏营销技巧；第二个是大学与产业之间的联系不畅；第三个是大学原始技术难以匹配合适的技术需方。2003 年，《兰伯特评论》指出，大多数大学都有自己的技术转移中介，但只有少数大学能够建立高质量技术转移办公室和拥有强大的研究基地（Lambert, 2003）。同时，Paul 等人

(2014)认为中国的技术转移中介并不是促进大学发明商业化的有效政策工具。

目前，鼓励大学与产业合作的措施更多地聚焦于技术转移中介，而不是人员，其目的是通过建立指定的跨界机构来推进合作（Liu，2009；Ponomariov and Boardman，2008）。技术转移中介作为跨界活动的核心，连接着难以直接相互联系的两个系统（Aldrich and Herker，1977；Balconi and Laboranti，2006；Carlile，2004；Tushman and Scanlan，1981a），因此其重要性日益突现（Huyghe，et al.，2014；Markman, Gianiodis, and Phan，2008a；Markman, Siegel, and Wright，2008b；O'Kane, et al.，2015）。实证研究发现，美国和英国的技术转移中介是重要的，且其绩效明显（Chapple，et al.，2005；Siegel，et al.，2003b），但尚未有证据表明其他国家的技术转移中介在促进学术研究商业化方面有积极影响（Goldfarb and Henrekson，2003；Krücken, Meier, and Müller，2007；Muscio，2010；Saragossi and Van Pottelsberghe de la Potterie，2003；Sellenthin，2009）。

2.2.5 技术转移中介绩效

技术转移包括技术转移绩效指标、跨界活动以及两者之间的作用机制等（Cunningham, Menter, and Young，2017）。已有文献研究表明，绩效可以用客观数据资料或主观判断的方式加以衡量，也可以用客观与主观相结合的方法来衡量。研究发现，技术转移中介绩效数据来源仍然十分有限，定量研究几乎基于行政目的收集的政府统计数据（Chen, Donald, and Martin，2016）。由于客观数据资料难以取得，大多研究学者采用主观的方式对技术转移绩效进行衡量。目前还没有一致的衡量技术转移绩效的方法。关于技术转移绩效的衡量给众多研究学者带来了挑战：①技术转移的影响是非常广泛的，而且很难将技术转移的影响效果与组织中其他因素的影响效果区分开来。②技术供方和技术需方对技术转移绩效的看法并不相同。技术转移绩效可以看成是一个连续统一体，"传递"和"影响"是该连续统一体中的两个端点。技术供方更关注的是技术的传递，而技术需方更关注的是所转移的技术对企业的影响。③在衡量技术转移绩效时，由于技术转移从确认、评估、取得、强化到实施的过程可能持续数月甚至数年，且技术转移的效果往往需要较长时间才能显现，因此衡量技术转移绩效时间点的选择也具有一定的挑战性。

中国技术转移情境下的技术转移中介团队跨界活动对绩效影响的研究较少。Liu 等人（2014a）对技术服务、技术开发、技术转让及技术咨询4种不同的技术转移方式对技术转移绩效的影响进行了探究，并总结了不同技术转移方式适用的转移环境。Brehm 和 Lundin（2012）从企业视角证明了衡量大学技术能力的变量与企业绩效正相关，但这种关系取决于企业的吸收能力。Guan 等人（2005）在对北京 948 家企业的创新活动进行调查后发现，18% 的科技型企业使用大学的研究成果，但这种行为并没有对经济绩效产生影响。

技术转移中介的团队绩效测量已引起学者的关注。学者围绕价值的识别和评价，探讨了团队绩效的指标及测量方式（Jelena, Lidija, and Agne, 2017; Tsvi and David, 2015）。一些研究已经定量地测量了技术转移的有效性（Yuan, Gao, and Sun, 2013）。数据分散或自身原因导致了技术转移绩效难以衡量，研究人员常常局限于分析技术转移过程（Bonaccorsi and Daraio, 2007; Daraio, et al., 2011）。研究表明，通过设立专业的技术转移团队是提高技术转移绩效的关键因素（Chapple, et al., 2005）。同时，有效的跨界活动也可以提高技术转移绩效（Wright, et al., 2009）。

2.3 团队跨界活动

2.3.1 跨界定义

2.3.1.1 边界

已有研究对边界问题进行了较多的探讨，虽然提出了边界的不同区分框架，但是总体上形成了一定共识。总体来看，边界是用来界定不同单位之间相互作用的界限，包括时间、空间或位置、认知、情感等方面的界限。比如，Miller和Rice（1967）较早将边界划分为任务边界和知觉边界两种，其中前者是一种有形的工作边界，后者是一种可感知到的无形的、隐含的边界。Hirschhorn和Gilmore（1992）认为组织边界包括政治边界、权威边界和任务边界3种类型。他们较早认识到了心理边界的重要性，提出当组织结构由垂直结构向水平结构转化时，心理边界比传统的组织边界更重要。Scott（1998）提出可以从行为和规范两个角度将组织与其他组织区分开来。Ratcheva（2009）将项目团队边界分为3类：项目行为边界（主要是指团队建立初期由互补性专家成员构成的知识）、项目知识边界（主要是指项目形成后，围绕项目团队所形成的情境性知识）以及项目社会边界（主要指团队成员向社会网络需求咨询与协助）。目前，学术界、工业界和市场的边界逐渐模糊，在研究上称之为趋同现象（Curran，Bröring，and Leker，2010；Giroux，2002；Kleinman and Vallas，2001；Slaughter and Rhoades，2004）。Hemes（2004）认为，边界特征反映了组织的本质，组织边界是组织的主要协调机制。边界表现出不可渗透性与可渗透性、清晰性与模糊性、稳定性与动态性等3个连续体特征，三者的不同直接影响了组织效能。而这3个连续维度的组合形式不同，其内在张力和外部影响力就不同，从而决定了组织边界所处的状态（Guo and Bing，2004）。界面对系统的作用具有两重性。客观上分析，对合作中的某个系统而言，界面一方面具有缓冲和保护的作用，将系统与环境、系统与其他系统之间分割开来，使系统具有一定的封闭性和独立性，从而降低环境中各种因素对系统的干扰和影响；另一方面，界面中会存在系统与其他系统之间的冲突，使系统各种资源输入和输出都有所限制，一定程度上阻碍了系统与外部之间的资源流动和交换（Zhang，2008a）。

2.3.1.2 跨界

跨界一词最早出现在组织理论文献中，是指工作单元（如团队）为联系工作单元外部资源（如信息、环境）所做的努力（Ancona，1990；Marrone，2010）。在创新系统，通过积极建立网络、伙伴关系和协作学习，跨界促进知识和技术流动（Howells，2006；Marrone，Tesluk，and Carson，2007；Meyer，and Kearnes，2013；Mark，et al.，2012）。Marrone等人（2007）认为，外部导向的活动包括管理变化的客户需求、商议项目范围、从外部单位中获取关键信息资源，其指的就是跨边界管理。跨界是旨在与组织的外部行动单位建立关系以实现组织整体目标的互动过程。Marrone（2010）进一步总结，跨界是为实现绩效和任务目标，与其嵌入的外部环境的相关单位建立联系并管理它们之间的互动过程的行动。与先前研究一致，Joshi（2009）将跨界视为一种聚合的团队层次的现象，认为其表现为一种"共享的团队所有权"，它起源于团队成员的经验、理解、态度、价值观、认知或行为。外部导向的活动考虑到团队获取信息的多样性、协商项目期望的机会、提升团队绩效的要求以及互相依赖的团队间的协调，对组织学习、创新和工作绩效将产生重要影响。

2.3.1.3 跨界活动

在管理文献中，跨界活动研究已从多个维度展开，包括区域层面（Boschma and Ter Wal，2007；Morrison，2008）、公司层面（Hagardon and Sutton，1997；McEvily and Marcus，2005；Zaheer and Bell，2005）、个体角色或人际网络层面（Aldrich and Herker，1977；Carlile，2004；Fleming and Waguespack，2007；Tushman and Scanlan，1981a）。然而，针对团队层面的跨界活动研究相对较少。总体而言，跨界活动可分为组织层面、团队层面和个人层面3个层次。

组织层面上的跨界活动是形成战略联盟的协作活动，可持续创新需要跨界合作。组织经常通过明确界定其独特边界以便更快地发展（Brehmer，Podoynitsyna，and Langerak，2018；Harrigan，2015）。Thompson（1967）较早阐述了组织层面的跨界活动，提出诸多重要观点：首先，跨界的程度与管理层次有关。高层管理者与环境互动频繁，会进行较多的跨界活动；

处于技术核心的、管理层次较低的雇员则经常承担着减缓环境因素对组织影响的作用。Druskat 和 wieeler（2003）进一步证实了 Thompson 的观点，表明不同层级的管理者有不同的跨界活动。在组织更加扁平化的情况下，高层级的管理者相对于低层次的管理者保持更多的外部联结。跨界沟通对于高级管理者来说尤为重要。即使高层管理者位于内部网络的中心，但外部联系应该在其自我中心网络中占据更大比重。其次，Thompson 将环境性质视为影响跨界活动类型的关键因素。当环境同质和相对稳定的时候，跨界活动可以被标准化，常常表现为一种例行活动；而在异质性和不断变化的环境中，跨界程度较高的边界人员的位置会变得很重要，同时具有更高的决策倾向。最后，Thompson 还将技术视为产生不同比例的边界角色的原因，技术类型的变化产生了不同的组织与环境互动形式。他通过将技术划分为中介的、长期联系的和紧密的3种类型，详细论述了技术与边界角色之间的关联性。他认为使用中介技术的组织将会有更高比例的边界角色人员，而使用长期联系技术和密集技术的组织中边界角色人员的比例会较少；使用长期联系技术和密集技术的组织将会部门化并将跨界单位与组织的核心技术单位区分开来。

团队层面上的跨界活动日益成为研究的热点（Ancona and Caldwell，1992；Marrone，2010）。研究表明，团队与组织的有效同步程度是集体成功的强烈预测因素（DeChurch and Marks，2006；Marks，et al.，2005）。Marks 等人（2005）和 Dibble（2010）研究了团队内部过程，指出当内部团队面对高度相互依赖的任务时，团队交互动作过程（如任务的协调、活动的监视等）对性能具有最强的预测性。Cross 等人（2000）在国家合作银行案例研究中指出，银行对其贷款过程进行重组的成功很大程度上依赖于组织内多个小组之间的跨界协调。Edmondson（2003）证明相互依赖的手术室团队的跨界活动在支持和实现医院引入新的微创心脏外科技术的目标方面发挥了关键作用。此外，Van Osch 等人（2016）的研究表明，群体结构多样性对团队跨界起着重要作用。基于任务前提条件的团队跨界活动在很大程度上依赖于团队所嵌入的情境（Kennedy，et al.，2009）。Taheri 和

Van Geenhuizen（2016）以一个欧洲国家荷兰为对象，研究大学团队跨界能力对绩效的影响及其影响因素，为理解团队跨界活动的实际应用提供了重要参考。

个人层面上的跨界活动研究，主要与个人属性有关，如个性（Burt, Jannotta, and Mahoney, 1998; Ibarra, 1992, 1993; Mehra, Kilduff, and Brass, 2001）、领导能力（Colin and Ian, 2010）、技术能力（Tushman and Scanlan, 1981b）和网络能力（Comacchio, Bonesso, and Pizzi, 2012）。跨界活动对于团队绩效至关重要，对于代表团队参与这些工作的个人来说也是极具挑战性和繁重的。这些挑战的出现，缘于团队个体需要不断地跨界以平衡内部和外部之间的需求（Choi, 2002），以及应对内部和外部相互冲突的期望（Katz and Kahn, 1978）。成员跨界活动的自我效能（Marrone, Tesluk, and Carson, 2007）与成员任期和经验（Ancona and Caldwell, 1990）已经成为实现更高目标的强烈激励因素。Klein等人（2004）发现具有同一价值观的成员有助于打造团队。Liu和Li（2014b）研究发现员工跨界活动有助于提升其团队内部网络中心性的地位，进而促进其任务绩效的提高。跨越组织边界的个人跨界活动对于成功的技术商业化是重要的（Thursby and Thursby, 2001b, 2003）。因此，个人跨界活动在创新和技术转移中起着重要的作用，特别是对于技术转移更成熟的行业（Bodas Freitas, Marques, and Silva, 2013）。

2.3.2 团队跨界定义

2.3.2.1 团队

团队可以理解为由若干相互协作的个体组成的正式群体，并且这个正式群体具有一个共同目标。与工作群体不同，团队强调分享领导权、共同的使命感和群体责任，并在工作任务的相互依赖性、结构和时间跨度3个方面具有不同的独特性。具体来说，群体与团队的不同主要表现在以下4个方面：在目标方面，群体多数是由共同兴趣发展而来，注重信息分享，而团队则强调整体绩效的实现；在协调方面，团队存在积极的协同效应，而群体则不强调协同效应，甚至其成员的相互作用有时表现为消极的一面；在责任方面，群体强调个体的责任，而团队既注重个体责任的履行，也强调责任的共同承担；在技能方面，群体成员的技能多样化，但是可能并没有被整合起来，团队的成员技能互补（Marks, Mathieu, and Zaccaro, 2001）。越来越多的研究开始强调"组织中团队"的概念（Cohen and Bailey, 1997）。Kozlowski 和 Bell（2003）提出在研究和理解工作团队中存在4个概念问题：任务的相互依赖性、情境创造和约束、多层次影响、时间动态性。为了应对复杂的、模糊的和创新性的工作任务，现代组织中的团队要超越团队边界进行工作并处理环境中不断出现的突发事件。所以，理解组织环境中影响团队有效性的因素至关重要。组织结构、奖惩机制等团队之外的组织特征（Hackman, 1987）、与关键利益相关者之间的关系（Ancona, 1990）等都是团队效能的重要决定因素，但是这些特征一直没有在团队的定义中体现出来。从组织系统的角度来理解，团队组织系统对团队的运行设置了自上而下的约束，而团队的反应是个人的认知、情感、行为和成员之间的互动自下而上涌现的复杂现象。团队是执行组织相关任务、分担一个或多个目标、进行社会性互动、展示出任务互相依赖性以及保持和管理边界的集体，它嵌入在组织情境中。组织情境设定了团队边界，约束了团队并影响了团队与更大的实体中的其他单位的交流。团队不仅受到环境影响，同时也有能力适应环境并且主动影响环境。Michaela 等人（1993）提出，不同于传统意义上的团队，开放系统中的团队一般是指嵌入在组织环境中的，由两个或两个以上共同分担一个或多个目标的成员组成的，通过相互影响和依赖以维持和管理系统边界、影响系统与其他实体交流的组织单元。

2.3.2.2 团队跨界

在探讨团队跨界活动研究前，需要回答一个问题："为什么边界活动起源于组织而不是团队？"早期研究主要关注组织层次的边界活动。在传统的组织结构中，团队被隔离于外部环境之外，其工作主要是在官僚化的组织结构中完成，组织通过创造独特的组织角色和专门的部门来完成边界活动（Yan and Louis, 1999）。组织重组、团队的广泛使用、劳动力的多样性和先进的信息技术带来了组织结构的变革，团队跨界活动研究逐渐兴起。这一领域涵盖了多种形式，包括组织跨界活动、团队与组织之间的跨界活动、组织内部不同团队之间的跨界活动、团队与外部环境之间的跨界活动等多种形式。后3种跨界形式均属于团队跨界活动（Gibson and Dibble, 2012）。

团队跨界活动研究源于团队边界的相关研究，该领域的研究主要遵循两大主流流派：一派基于开放系统视角，聚焦于外部环境和系统前沿的互动（Scott, 1998）；另一派基于小团队研究的团队工作视角，强调团队过程对团队效能的重要作用（Marks, Mathieu, and Zaccaro, 2001）。根据边界"止于此"与"发于此"的概念，边界活动应该包含有内向边界活动与外向边界活动两种（Zhu, 2006）。其中，内向边界活动是指与团队内部因素相关，以构建与维持团队边界为目标的活动；外向边界活动则是指与任务或绩效相关，并指向团队外部的活动（Shi, Xue, and Tang, 2013）。团队内部过程起源于单个团队成员的行为和行动（Kozlowski and Klein, 1999），涉及团队成员之间的互动、内部发展战略的协调、人际冲突的管理（Marks, Mathieu, and Zaccaro, 2001）。Gladstein（1984）较早证实了团队跨界活动是相对独立于内部活动的外部过程，拓展了传统团队研究的内部视角。在认识到团队的开放系统本质后，基于访谈与调查问卷方法已识别出一系列团队外部活动（Ancona, 1990; Ancona and Caldwell, 1988, 1990, 1992a）。团队跨界活动实质为团队外部过程，反映了团队与其嵌入环境中其他方的相互作用（Ancona and Caldwell, 1988, 1990, 1992a; Choi, 2002; Faraj and Yan, 2009; Gladstein, 1984; Mathieu, et al., 2008, 2001; Marrone, Tesluk, and Carson, 2007; Tesluk and Mathieu, 1999），对组织学习、创新和绩效产生了重要影响（Faraj and Yan，2009）。团队内部过程和外部过程共同反映团队层面上的行动，二者均是实现团队绩效目标而执行的团队级行动（Klueter and Monteiro，2017；Marks，Mathieu，and Zaccaro，2001；Mathieu，et al.，2008）。

回顾以往研究可知，团队跨界活动概念可理解为一个团队层面上加总的概念（Ancona and Caldwell，1992a；Marrone，2010）。过去的研究，团队跨界活动被描述为旨在与外部行为者建立关系和互动，以使团队能够实现其总体目标（Ancona，1990；Ancona and Caldwell，1992a，1992b；Joshi，Pandey，& Han，2009；Marrone，Tesluk，and Carson，2007；Oh，Chung，and Labianca，2004；Reagans，Zuckerman，and McEvily，2004；Tsai and Ghoshal，1998；Tsai，2000；Weisz，Vassolo，and Cooper，2004）。团队跨界活动表现为一种"共享的团队所有权"，它起源于团队成员的经验、理解、态度、价值观、认知或行为（Klein and Kozlowski，2000；Joshi，2009）。因此，团队跨界活动是指以完成任务或绩效为目标，跨越边界与外部环境实体建立连接并保持有效互动的过程（Ancona and Caldwell，1992a，1992b；Faraj and Yan，2009；Joshi，Pandey，and Han，2009；Marrone，Tesluk，and Carson，2007）。Marrone（2010）进一步总结，团队跨界活动是团队为实现绩效目标，与其嵌入的外部环境的相关单位建立联系并管理它们之间的互动过程的行动。

关于团队跨界活动维度的划分，目前主要存在单维性和多维性两类研究。第一类以Edmondson、Marrone等人为代表。此类学者聚焦团队跨界活动的单维性，如Edmondson（1999）将跨界活动界定为与其他组织团队互动的过程，Marrone等人（2007）通过评估个体跨界活动整合到团队层面的程度，以此作为衡量团队跨界活动的重要指标。第二类以Ancona和Caldwell（1988）为代表。此类学者最早立足组织内外视角探索团队跨界活动的多维性，先将其划分为使节活动、搜寻活动、侦察活动和防卫活动4个子维度，包含具体的跨界活动（如收集信息与资源、侦察、反馈搜寻、开放式沟通渠道、告知、协调、谈判等），并实证探讨了团队跨界活动的多维性。但是，在Ancona和Caldwell（1988）研究中，防卫活动表示对团队信息和资源控制的缓冲策略，这是一种防御外部相关方渗透团队内部的方式（Faraj and Yan，2009）。研究表明，防卫活动的主要职责是对团队内部和外部知识进行分类、传递和保护，强化团队内部边界与营造保护团队成员的氛围（Choi，2002）。这类行为在其他类型团队中并不明显，并且与侦察活动和使节活动难以区分。因此，Ancona 和 Caldwell（1992a）、DeChurch 和 Mathieu（2009），以及 Marks 等人（2005）将团队跨界行为简化为使节活动、任务协调活动和侦察活动 3 个子维度，并探索不同子维度对绩效的独立作用。Brown 和 Miller（2000）基于组织外部视角，将营销团队外部跨界行为划分为服务传递、外部表征和内部影响行为；Druskat 和 Wheeler（2003）将团队领导跨界行为界定为联络、搜寻和劝说。Faraj 和 Yan（2009）进一步将软件团队跨界行为分为外向型跨界（缓冲与跨界）和内向型跨界（如强化）两类活动。虽然 Ancona 等学者初步探讨了团队跨界活动的多维性，但后续研究缺乏在特定团队情境下的理论探索与实证评价。因此，Marrone 等学者在探讨特定团队情境下的团队跨界活动时用单维性进行研究。

2.3.3 团队跨界特征

在技术转移管理实践中，团队主要位于传统的组织结构之内，团队执行由正式组织分配的任务。研究证实，对依赖于外部环境的团队来说，团队外部活动比内部活动更能影响团队绩效（Ancona，1990）。一般来讲，执行跨界活动对团队来说是有益的。跨界活动有助于将不同的组织或单位联系起来，对于组织有效地监控环境和进行跨界转移技术尤为关键。因此，技术转移情境下团队跨界活动具有任务导向、内部互动和环境影响 3 个特征。

2.3.3.1 任务导向

Leifer 和 Delbecq（1978）较早研究了跨界活动的产生动因。随着团队跨界行为相关研究的发展，学者开始关注影响团队跨界活动的前置因素。

团队是一个开放系统，其在执行任务过程中必须与外部不断进行互动，以获取完成任务所需的资源与能力（Druskat and Wheeler，2003）。团队跨界依赖其所嵌入的任务特征。Choi（2002）、Joshi（2009）等学者普遍认同任务特征因素是驱动团队跨界的动力因素：其一，团队完成任务对外部的依赖性由团队在组织内部工作流程中的位置决定，这种依赖性大小取决于目标团队为完成任务与外部交换资源程度的高低；其二，在任务复杂的情境下，团队跨界活动对外部互补性资源与专业化知识的需求将会增加，这种相关性大小最终取决于任务复杂程度的高低；其三，完成任务的紧迫性对团队跨界活动也会产生影响。

2.3.3.2 内部互动

Kennedy 等人（2009）研究了基于任务基础的团队水平上的跨界活动。随着研究的深入，学者越来越认识到，团队在真空中不起作用，外部边界活动是团队绩效、有效性和知识共享的重要预测因素。将团队的跨界活动纳入团队有效性模型是在团队背景、知识导向和复杂组织的背景下不可避免的。本书是基于团队有效性理论 IMOI 模型开展研究。团队有效性理论形成的过程，就是探讨什么中介变量的输入会影响团队有效性，这也是团队有效性理论的核心部分（Ilgen，Hollenbeck，and Johnson，2005）。团队有效性理论 IMOI 模型使用中介变量取代过程变量，以表达更为广泛的含义，包括更多的可以解释团队绩效及其变异的重要中介影响因素。对于 I-P-O 模型所忽视的过程要素的具体区分，IMOI 模型将过去认为是过程要素，而实际上并非团队成员行动的要素，如团队的认知状态、激励状态、情感状态等，归类为一个新的中介变量类型——涌现状态（如团队效能、团队凝聚力、团队心理安全等）。于是在 IMOI 模型下，团队有效性的中介变量是由两部分组成的：团队的运作过程和团队的涌现状态。

2.3.3.3 环境影响

Yuan 等人（2018）的研究表明，环境因素在技术转移中发挥了作用。环境不确定性，特别是在组织危机期间，会对组织子单元之间的关系产生深远的影响（Krackhardt and Stern, 1988）。在不确定性和资源稀缺的环境中，团队也可能会从侧面感知来自其他团队的更大威胁，并且可能关闭与这些团队的边界（Kennedy, et al., 2009）。为了学习、认识和适应新的机会，团队必须能够跨越自身和环境之间的界限（Nepelski and Piroli, 2017）。特别是边界跨越者需要处理团队内外的人际关系和项目环境（Friedman and Podolny, 1992；Qu and Cheung, 2013）。研究人员认为环境不确定性作为环境因素，对团队绩效的影响可能是至关重要的（Balogun and Johnson, 2004；Bluedorn and Standifer, 2004）。Gladstein（1984）研究发现，外部环境因素与销售团队绩效相关。Ancona（1990）将研究重点放在咨询团队如何处理他们的外部环境。Dayan 和 Basarir（2010）证明环境动荡缓和了团队自反性与新产品市场成功的关系。

2.3.4 团队跨界驱动因素

Leifer 和 Delbecq（1978）提出，组织任务决定了跨界活动的性质，跨界活动的主要动力来源于以下 5 个方面：组织绩效和与环境有关的组织目标；有可供利用的数据却缺乏做出决定的能力，从而引发信息搜索的需要；感知到的环境复杂性和不稳定性，需要跨界活动来减少不确定性；非例行性的技术；多元的目标结构。从动态能力理论和知识基础观来看，组织是独特资源和能力的组合，其演化是知识的不断形成、积累和创造的过程，而知识的转移与共享、整合和创造决定了组织的边界（Tu, 2012）。研究表明，团队任务本身与团队成员面临的其他情境因素，可能触发团队跨界活动（Choi, 2002；Faraj and Yan, 2009）。团队外部环境可以形成团队跨界活动（Tushman and Scanlan, 1981b），团队成员属性也可以形成团队跨界活动（Ancona and Caldwell, 1992a；Klein and Kozlowski, 2000；Reagans, Zuckerman, and McEvily, 2004）。Marrone、Joshi 等学者关注团队跨界活动的多层次动因或跨层面模型。Joshi 等人（2009）建立了一个包括任务因素、团队因素和权变因素的三层次跨界模型。这有助于全面理解跨界活动这一复杂现象（Klein and Kozlowski, 2000；Xue, 2010）。此外，还有研究表明，产品生命周期是新产品开发团队跨界活动的类型和水平的关键先决条件（Ancona and Caldwell，1990）。

大多数技术转移中介依靠技术提供方来识别可商业化的发明。然而，在许多情况下，如果技术提供方无意推动其发明的商业化，也就缺乏明确的任务指标，技术转移便难以实现（Siegel，Westhead，and Wright，2003c；Stevens and Bagby，1999）。技术转移中介与企业之间的互动增强了技术转移中介的绩效（Curi，Daraio，and Llerena，2012），原因是技术转移的动力基本上是从"外部"通过任务拉出来的（Chapple，et al.，2005；Siegel，Westhead，and Wright，2003c；Siegel，et al.，2008）。因此，任务理所当然地被理解为有助于解释行为和决定路线图（Falsey，1989；Ledford，Wendenhof，and Strahley，1995）。团队的跨界活动高度依赖它所面临任务的属性。例如，任务截止日期增加了对外部信息和反馈的需求，因此需要增加外部活动（Choi，2002）。Joshi等人（2009）利用Marks等人（2001）的情景框架研究证明团队的任务因素可以预测团队特定类型的边界活动。Marrone等人（2007）发现团队跨界活动获得的资源可能帮助团队完成任务期望。

团队任务的性质决定了团队在整个工作中的地位和组织中的资源交换关系（Choi，2002）。从资源依赖的角度来看，为了实现其目标，一个工作单元与其他工作单元在战略上的结合程度可以预测团队跨界活动（Astley and Sachdeva，1984；McCann and Ferry，1979）。此外，随着知识工作变得越来越复杂、专业化和非例行性，任务不再容易独立或顺序地执行，而是需要跨组织的各个部分配合行动（DeChurch and Mathieu，2009）。研究人员应用资源依赖的观点证明，业务单元之间的战略相关性或"资源依赖"创造了一种共同的语言和共同目标，为发展有效的单元间联系提供了动力（Norman and Ramirez，1993；Tsai，2000）。这些研究表明，团队任务的性质和团队成员面临的突发事件类型可以触发外部交互，高度依赖其他团队或面对不确定和复杂任务的团队更有可能参与外部交互以实现团队目标（Joshi，Pandey，and Han，2009）。

Janz 等人（1997）关于时间压力的研究表明，时间压力有可能妨碍团队内部某些过程，因为在有限的时间内，团队只能从事那些与任务非常相关的活动中。但时间的压力对团队过程则会产生两种作用：一方面，在时间的压力下，团队需要获得更准确的信息以避免错误行为，并且团队内部需要更多协调一致的行为以达成任务；另一方面，时间压力的存在使得团队不太可能进行较多的沟通。由于团队跨界策略的选择依赖团队对任务环境的判断（如依赖性、复杂性、时间压力等），因此团队增强对外部任务环境的准确感知，将会提高跨界活动的针对性与有效性，进而影响团队跨界活动的有效性（Dutton, et al., 2002; Maitlis, 2005）。

2.3.5 团队跨界过程

先前研究表明，大学与产业的联系受到环境因素的强烈影响，包括政府法律和政策、信息的可得性（Liu and Fu, 2010; Wang and Ma, 2007a; Wang and Lu, 2007b; Wu, 2007）。关于团队跨界活动的外部团队活动和内部团队活动之间的潜在相互作用的研究表明，这种关系是复杂的，并且可能根据经过的时间、跨界活动的类型和环境条件而变化，需要开展进一步的研究（Gibson and Dibble, 2008）。

2.3.5.1 团队内外部过程相互协同

从团队结构的角度来说，团队为工作群体成员明确了角色需要。如果当团队成员感觉到他们的团队是以一种人性化的方式而不是官僚式的方式进行合作和协调时，他们会促进团队跨界活动。Choi（2002）提出，跨边界互动和团队内部过程都能够影响团队绩效，内外部团队过程未必是补充的而可能是协同起作用的（Barbara, et al., 2015; Faraj and Yan, 2009）。由有效的外部活动导致的高绩效可能会增强团队成员的自豪感和集体效能感，促进内部过程质量（Gibson and dibble, 2012; Onishi, 2016）。Ancona 和 Caldwell（1992a）的研究表明，这种相互作用可能因活动类型而异，并表明团队内部过程与凝聚力之间有很强的正相关关系。

Tesluk 和 Mathieu（1999）发现，积极管理其环境的养护道路人员遇到的障碍较少，在高障碍条件下也更具有凝聚力。Tushman 和 Scalan（1981b）认为，跨界沟通是困难的，容易产生偏差和扭曲。创新者应该在进入下一个商业化步骤之前理解技术转移过程（Mogavero and Shane，1982）。团队凝聚力或团队成员对团队成功执行能力的共同信念有助于目标的实现（Mathieu, et al., 2008; Schiller, et al., 2014; Spielberger, 2002）。

2.3.5.2 团队内外部过程相互抑制

Ancona 和 Caldwell（1988）认为，团队外部活动和内部过程之间存在此消彼长关系。内部聚焦可能阻碍了外部活动；高水平的外部活动也可能将不同寻常的观点引入团队之中，从而导致团队冲突和团队凝聚力的降低。因此，他们强调同时关注内外部两种行为的重要性，并主张团队应该将重点放在内部活动和外部活动之间转换方面，以提高整体效能。Ancona（1990）认为，对于绩效处于一般水平的团队来说，他们的内外部活动显得比最高绩效者更平衡。造成这一现象的原因是这些团队在外部活动上花费时间较少、认同度较低，同时也与较低的内部凝聚力和满意度相关。但是，她同时认为，这些团队若强调外部需要则会变得毫无限制，若重视内部需要则会过于受限，从而导致团队陷于危险的境地。Ancona 和 Caldwell（1992b）认为，内外部活动会形成负面关系。例如，拥有许多外部联结但缺乏激励成员将外部知识融合在一起能力的团队，当群体成员从带有不同目标、认知形式和态度的外部人员中搜集信息时，内部冲突会不断加强。又如，群体因较高的内部忠诚度和一系列复杂的内部动态过程而无法接触外部世界，如在群体思考下形成的内部凝聚力能促进外部原型的形成和减少可能损害群体一致性的外部信息的进入。Yuan 等人（2013）研究指出当地市场的不确定性对中国大学技术转移有负向影响。Gibson 和 Dibble（2012）认为，过多的外部活动可能导致团队尝试大幅调整产品或服务以迎合特殊的外部人员或单位，但这对于团队整体效能来说不是最优的选择。同样，团队在响应外部单位方面花费太多时间会减少其他有助于团队效能的活动，从而耗尽有价值的资源。这些活动包括表面的外部互动（如环境扫描、重新定位以开发新的用户群或重新定义利益相关者、最终用户），以及更多的密集的外部互动过程（如转换产品或服务以与外部环境保持协调，改变行动日程、产品计划或交付日期以更好地适应外部环境的需求等）。

2.3.6 团队跨界绩效

跨界活动对大学 – 产业两方都具有重要的绩效导向（Sum, Mark, and Cristina, 2017；Klueter and Monteiro, 2017）。随着基于团队的、知识导向的和分布式的组织结构的广泛采用，研究人员意识到团队绩效不仅仅是团队内部运行的结果（Ancona and Caldwell, 1992a）。Ancona（1990）的实证研究发现，在团队外部依赖较强的情况下，外部活动比团队内部过程更能预测团队绩效。在动态的组织环境中，通过观察团队协调外部工作和分享外部资源的程度，可预测团队的成败。从Gladstein（1984）揭开团队跨界活动与团队绩效关系实证研究的序幕后，国内外学者对此持续不断地开展了研究，取得了一定的研究成果。过去的研究已经考虑到团队与结果之间的外部互动，如单位/团队之间的技术转移（Hansen, 1999；Miller, Fern, and Cardinal, 2007）、产品创新（Prior, 2016；Tsai and Ghoshal, 1998；Tsai, 2000）、预算与技术创新（Ancona and Caldwell, 1992a, 1992b）、商业思想质量（Weisz, Vassolo, and Cooper, 2004）、团队绩效（Faraj and Yan, 2009；Marrone, 2010）和团队有效性（Oh, Chung, and Labianca, 2004）。

团队跨界活动可以被视为内在的"介于"机构与成员之间或中级现象（House, Rousseau, and Thomas-Hunt, 1995），这些现象出现在组织的宏观和个人的微观过程的横截面上。在宏观层面，任务属性可以影响团队跨界活动的范围和性质。我们把这些宏观前因看作是"自上而下"因素，这些因素可能导致团队的跨界活动（Joshi, Pandey, and Han, 2009；Klein and Kozlowski, 2000）。在微观层面，团队成员对环境的感情、认知和行为反应可以影响他们的外部互动，进而影响团队绩效。我们将这些视为

"自下而上"因素,这些因素可以在团队的边界跨越活动中发挥作用。这样的团队跨界活动有助于团队实现绩效目标,并已被证明是团队绩效的关键因素(Gladstein,1984)。团队跨界活动虽然可以促进目标团队完成任务和实现绩效目标,但也可能难以达成预期结果(Ancona and Caldwell,1992a)。团队致力于从外部搜寻信息,但获得的信息可能不准确或不完整,从而对团队绩效产生不利影响。因此,团队跨界活动对团队结果主要有以下3类影响。

(1)无影响。Gladstein(1984)研究显示,通信设备销售团队的边界管理对团队销售绩效和主观评定的团队效能均没有产生显著影响。该结论可能与当时学者还未形成对团队跨界活动的内容、范围的清晰认识有关。Faraj和Yan(2009)将团队跨界、团队缓冲与团队强化区别开来,以由290名成员组成的64个软件开发团队为研究样本,发现团队跨界并未对团队绩效产生显著影响。

(2)正向影响。大部分的实证研究结果表明,团队跨界活动对团队结果具有显著的正向关系。Ancona(1990)研究了咨询团队在处理团队环境关系方面所采用的告知、防御、探测3种策略,发现参与外部活动能够帮助团队更好地理解客户需要、提升服务的交付水平,团队外部活动比内部活动更能预测团队绩效。随后,Ancona和Caldwell(1992b)在该领域的里程碑研究中发现,新产品开发团队的外部活动包含使节活动、任务协调活动和侦察活动3个维度。其中,使节活动显著正向影响初期预算和任务安排绩效;任务协调活动正向影响团队长期创新绩效。而外部沟通频率则负向预测了团队初期的预算和任务安排绩效。其他研究进一步证实,团队外部沟通频率对管理者评定的团队绩效和创新效率均存在正向影响(Faraj and Yan,2009),能够显著提高管理者评定的技术质量、预算绩效和任务安排绩效(Keller,2001)。Carson等人(2007)的研究表明,团队跨界行为正向预测了团队生存能力和由终端用户评定的团队绩效。Feng(2012a)以高新技术企业的131个研发团队为研究对象,证实了使节活动、任务协调活动、探测活动3个子维度均会对创新绩效产生显著的正向影响;其另一项研究显示，团队跨界行为包括联络行为、管控行为、侦测行为3个子维度，且3个子维度均正向显著影响其质量绩效。研究表明在各种环境中，与大使活动和任务协调员活动相对应的外部团队互动与团队绩效显著正相关。例如，Ancona 和 Caldwell（1992a，1992b）发现，跨界大使活动的预测遵守预算和技术创新，任务协调员活动积极地预测产品开发团队的创新。Marrone 等人（2007）报告说，在团队层面上聚集的边界跨越活动（包括大使活动和任务协调员活动）预测了 MBA 学生完成咨询项目团队中客户评级的团队绩效。Weisz 等人（2004）发现初创创业团队的外部互动对团队产生的商业想法的质量有贡献。在一个包括销售、制造和软件开发团队的研究中，Oh 等人（2004）发现任务相关横向网络的范围可以用于预测群体有效性。

（3）倒 U 形影响。Bresman（2010）的研究表明，虽然边界活动能为团队带来一定的信息与资源，但也不能忽视边界活动对团队有效性的消极作用。Gibson 和 Dibble（2012）研究了 140 个电影制片团队的外部环境对其外部活动的影响，发现团队外部活动并非越多越好，团队外部活动与电影制片人和观众评价的团队效能之间存在倒 U 形关系。Yuan 等人（2015）以 111 个研发团队为样本，从代表行为、任务协调行为和总体信息搜索行为3个角度分析了跨界活动所带来的"双刃剑"效应。实证检验结果表明，研发团队跨界活动对团队创新绩效产生倒 U 形影响。此研究拓展了跨界合作行为与创新绩效之间相关关系的研究。Zhao 等人（2018）认为团队跨边界活动对团队有效性有着倒 U 形的影响作用。

2.4 技术转移情境下团队跨界

先前的研究表明跨界活动对团队有效性而言至关重要（Harvey，Peterson, and Anand, 2014）。团队有效性的内涵解释较为丰富，迄今为止并没有一个统一的衡量标准，不同学者建立了不同的标准。Hackman（1983）认为团队有效性是团队最终活动的结果，并提出可以从以下3个方面进行评价：①产出结果，即团队生产的产品是否符合或者超出组织所规定的质量和产量标准，包括数量、质量和速度等指标；②成员满意度，即团队的活动结果是否促进了成员之间的良好关系；③继续合作的能力，即团队在完成任务之后，成员间的人际关系是否得到进一步的加强，从而有利于成员继续在一起工作。Sumdstrom 和 McIntyre（1994）将团队有效性分为绩效、成员满意度、团队学习和外人满意度 4 个维度。Lurey 和 Raisinghani（2001）认为团队有效性可由绩效和成员满意度评价。Kirkman 和 Rosen（1999）构建了由产出绩效（生产率、积极性、顾客服务）和态度绩效（工作满意度、组织认可、团队认可）组成的综合评价体系。目前，得到较多认可的是 Cohen 和 Bailey（1997）提出的团队有效性 3 个维度：团队绩效、成员态度、成员行为。从目前的研究来看，学者对团队有效性的测量多从个体和团队两个层次出发，对团队绩效、能力以及团队成员态度、行为、能力进行维度的测量，只是在采用维度的数量及其具体的变量上存在一些不同。值得注意的是，团队有效性是广义的团队绩效评价思路，团队层次上的研究以团队绩效为主（Chang and Liao，2007）。

自 20 世纪 90 年代以来，团队绩效开始成为管理学范围内的焦点。众多学者围绕团队绩效开展研究（Gladstein，1984；Hackman，1987；Han，2006；Janz and Colquitt，1997；Cohen and Bailey，1997）。由于研究目的和研究方式不同，团队绩效的界定也存在差异。Hackman（1987）从广义上对团队绩效的概念来进行描述，指出团队绩效是团队为了完成预定任务而取得的最终结果，主要涵盖团队完成任务时的效率效果（数量、质量、速度等）、团队成员的凝聚力和满意度、团队整体效能的提高 3 个方面。此外，McGrath（1964）发现的 I-P-O 模型对衡量团队绩效具有深远影响。该模型将输入（包含团队成员的知识、成员异质性、工作目标、技术能力等）、过程（包含成员的信息交换、决策参与模式和社会支持等）、输出（即输入和过程后的结果，如团队的生产能力、进化提升能力和成员满意度等）有机结合，为团队绩效的衡量提供了理论框架。Sivasubramaniam 等人（2012）基于 I-P-O 模型探讨了新产品开发团队绩效。任务协调使团队能够与外部员工建立相互支持与合作，从而提高工作效率。从狭义角度来看，团队绩效仅是指团队的任务绩效，即团队实现既定目标或任务的水平。MacBryde 和 Mendibil（2003）提出团队绩效包括效果、效率、学习与成长、团队成员满意度 4 个维度。

团队绩效是描绘团队任务完成的数量、质量、效率等的一个指标类别。由于研究者们所面对的团队类型不同，团队绩效的具体测量指标也有所不同。但从大的范围来说，纵观国内外关于团队绩效的研究，团队绩效主要分为主观绩效和客观绩效。客观绩效通过客观绩效指标来表示。例如，Lin 等人（2014）以参加企业模拟运营竞赛的大学生团队为样本，将各团队初赛成绩作为衡量团队绩效的指标。Wang 等人（2009）同样以大学生竞赛创业团队为样本，将比赛结束时股票价格作为团队绩效的衡量指标。主观绩效主要是由团队成员或团队领导者主观来评定，一般通过评级或评分的方式来确定。例如，Kirkman 和 Rosen（1999）开发 5 题项量表测量团队绩效，并由领导进行评价。Langfred（2000）使用主管对团队工作的精确度和质量的等级评分来测量社会服务团队和军队团队的绩效。Tjosvold 等人（2004）使用经理对团队创新的等级评分来测量团队绩效。Somech（2006）将员工绩效量表改编成团队绩效量表，对团队整体绩效水平、角色履行、专业能力等方面进行整体评估，共 7 个题项。Schaubroeck 等人（2007）将之前的个人能力量表修改为团队绩效量表，共计 3 个题项。Hu 和 Liden（2015）基于员工绩效量表改编成 4 题项量表以测量团队工作绩效。

Hsu 等人（2015）从团队角度开展研究技术转移的绩效驱动因素。但技术转移情境下的团队绩效如何测量，现有文献鲜有报道。鉴于目前还没有一致的衡量技术转移绩效的方法，大多研究学者采用主观的方式从整体结果端对技术转移绩效进行衡量。技术转移团队是由为完成项目任务由经理人领衔的团队，因此可以借鉴 Ralf 和 Turner（2007）通过对专业人员的访谈开发的以项目成功为导向的绩效测量量表。例如，Kang（2014）在研究项目经理胜任力对项目绩效的影响机制时，引用 Ralf 和 Turner（2007）开发的绩效测量量表，并检验了在中国情境下的可行性。

2.5 文献空白

（1）研究样本的约束。纵览技术转移的文献可以发现，关于技术转移研究的领域以及视角正在不断拓展，技术转移团队和/或个人正在成为关注焦点，并且对相关领域的研究也产生了积极影响。然而，技术转移中介从业人员的技术转移情况却知之甚少。术语"技术转移"是宽泛的，不易测量。先前的技术转移研究强调大学技术转移组织在为大学技术商业化提供必要资源方面的作用（Colyvas, et al., 2002; Jain and George, 2007）。以前研究主要基于深入的定性研究或仅限于少数几类技术转移中介，如科学园区、企业孵化器和学术技术转让办公室（Debackere and Veugelers, 2005; Löfsten and Lindelöf, 2002; Muscio, 2010; Rothaermel and Thursby, 2005a）。此外，大多数缺乏"创业精神"的大学（Rothaermel, Agung, and Jiang, 2007）正在积极促进技术转移，且过于依赖于集中交易的方法（Wekowska, 2015）。研究表明，英汉语言文献在引文方面几乎没有重叠，表明这两个研究群体之间仍然存在显著脱节（Chen, Donald, and Martin, 2016）。出现这种现象的原因可能在于：第一，技术转移研究视角正从组织层面逐步向团队层面及个人层面延伸。第二，技术转移中介从业人群先前尚未发展起来，多样化数据源的缺乏使得对这一群体的研究困难重重。现有数据来源仍然十分有限，定量研究几乎完全基于行政目的收集的政府统计数据（Chen, Donald, and Martin, 2016）。仅关注少数人群的技术转移，难免存在以偏概全的风险，影响研究结论的普适性，从而制约研究工作的深入开展。因此，应该用规范化的方法以及多元化的视角研究技术转移。

（2）技术转移情境下团队跨界活动的前因后果研究仍是挑战。先前的研究表明，尽管大学科研人员、技术机构管理人员和工业同行对技术转移有不同的看法（Bird, Hayward, and Allen, 1993; Siegel, Westhead, and Wrigh, 2003c），但是技术转移中介已经是技术转移的关键机制（Colyvas, et al., 2002; Geuna and Rossi, 2011; Jain and George, 2007）。技术转移团队跨界活动受多种因素影响，其前因后果研究存在复杂性。尽管学者对团队跨界活动前因后果进行了尝试性的探究，但由于学者所基于的研究理论不同、采取的统计方法的差异，使得研究结论不尽相同。另外值得注意的是，未被观测到的异质性的存在可能会使影响技术转移情境下团队跨界活动的重要变量遗漏，导致更为复杂的团队跨界活动前因后果没有被获取到。因此，透析可能存在遗漏的变量，进一步探究技术转移情境下团队跨界活动的前因后果成为团队跨界活动的一个研究挑战。

（3）技术转移情境下研究环境因素对跨界活动和绩效关系的文献较为薄弱。当前研究文献关注的是团队跨界活动对绩效的直接作用及其前置因素的影响，而较少注意到环境因素影响作用的内在本质，这成为一个研究难点。中国作为典型的东方文化国家，儒家的文化对国人的影响根深蒂固，对技术转移团队的行为造成极为深刻的影响。而且中国经济处于转型时期，经济政策的调整也将影响技术转移团队的行为方式。在中国经济环境下，技术转移团队跨界活动不仅带有鲜明的东方文化烙印，还受到经济环境不确定性的影响。因此，研究中国经济背景下的技术转移团队跨界活动与绩效的关系就具有特定的意义。但目前中国背景下的相关研究却较为罕见。

（4）技术转移中介的团队绩效评估的文献较少。Cohen 和 Bailey（1997）的研究表明，技术转移情境下的团队绩效仍处于探索阶段。因此，技术转移中介的团队绩效已成为新的研究热点。

第 3 章 研究模型

3.1 研究假设

大多数学者分析了影响团队跨界行为的单一变量,主要包括两方面:①任务因素。团队开展跨界活动的目标主要是为了扫描外部信息,用于团队内部建设,以准时完成团队任务。这决定了跨界活动会受到任务和目标的驱动,刺激跨界活动的实施,即体现了对任务的依赖会直接驱使团队向其他团队或关联方获取支持。并且,当团队的任务比较难解决或内部的资源已经不能妥善解决该难题时,团队就会尽可能争取跨界,向外寻求解决方案,Feng 和 Peng(2013b)在研究中证明了这一点。②团队因素。探讨了团队领导(Druskat and Wheeler,2003;Ancona,1990)、团队成员特性(Keller,2001)及团队心理安全(Edmondson,1999)对团队跨界活动的影响,表明团队跨界活动的开展与否、实施跨界活动的效果好坏均会受不同领导、成员及情境的差异化影响。例如,不同领导对外部信息的敏感和洞察能力存在差异,不同成员个体其特质也存在差异,表现出的沟通能力和对知识的多样化需求,这些因素都会影响团队跨界。

同时,也有学者注意到多样化变量在团队跨界活动中的共同作用,认为单一变量研究则忽视了这一点,继而探讨了团队跨界活动的多样化的前因变量。Joshi 等人(2009)基于权变理论视角从任务因素、团队因素及情境因素3个方面挖掘影响团队跨界行为的变量，并基于此构建了影响团队跨界行为的多样化模型。随着团队跨界活动相关研究的发展，学者开始关注影响团队跨界活动的前置因素。根据资源依赖等理论，影响团队跨界行为的因素主要分为3个方面：任务情境、团队因素和背景前因。其中，任务情境主要关注任务复杂性、任务依赖性、任务时间压力等；团队因素包括团队沟通、团队效能、团队领导、团队战略等；背景前因包括环境不确定性、组织冲突、资源稀缺性等（Feng，2012b）。

因此，本书拟从多样化变量角度开展团队跨界活动对团队绩效影响的因素研究，应包括如下3个方面：任务因素、团队因素、环境因素。基于文献综述，以相关理论和文献分析为依据，对潜变量之间的关系进行假设推演，将研究问题转化为具有可操作性、可检验的研究假设。

3.1.1 团队跨界的前因

本书的研究问题之一是技术转移团队为什么要开展跨界活动？Leifer和Delbecq（1978）提出，组织任务决定了跨界活动的性质。Choi（2002）和Joshi等人（2009）普遍认同任务特征因素是驱动团队跨界的动力因素，团队完成任务对外部的依赖性由团队在组织内部工作流程中的位置决定。根据社会网络理论的观点，网络主体差异化地占有各种关键资源，因而社会关系的数量、密度和行为主体在该网络中的位置等因素，都会影响资源流动的方式和效率。任务的特性决定了团队在执行任务和交换信息中的位置，而信息交换关系又决定了团队对外部其他团队的依赖性（Druskat and Wheeler，2003）。当任务复杂程度高、对外部的依赖程度强时，团队的任务时间压力与资源匮乏之间的矛盾会促使团队自发地采取跨界活动。有些学者还关注了多种因素一起作用下，团队跨界行为对绩效的影响。团队跨界策略的选择依赖团队对任务环境的判断（如依赖性、复杂性、时间压力等）（Dutton，et al.，2002；Maitlis，2005）。Joshi等人（2009）的研究表明团队水平上的跨界活动是基于任务基础的。以往研究虽有将任务情境视为团队跨界的权变因素，但尚未系统梳理任务情境（包括任务依赖性、任务复杂性、任务不确定性与任务时间压力)对团队跨界的触发作用(Feng, 2012b)。结合文献综述可知,任务因素已成为团队跨界活动的重要的前置因素。具体而言,任务因素分为3个方面:任务依赖性、任务复杂性、任务时间压力。这3个潜变量对于技术转移团队的研究具有极为重要的意义。

3.1.1.1 任务依赖性与团队跨界活动

团队必须输入从外部环境中获取的资源,并将产出物输出到外部环境中,因此任何团队都离不开其所嵌入的外部环境,不同之处在于各个团队对外部环境的依赖程度有别(Druskat and Kayes, 1999)。任务依赖性是指团队为了完成任务目标而与其他团队交换资源的程度,这在以往跨界行为的研究中比较缺乏(Choi, 2002)。团队跨界活动因组织内团队间的资源关联性而异,而组织内团队间(或部门间)的战略关联性或资源匹配性创造了一种共同语言和共同目标,这进一步形成团队间的依赖性(Tsai, 2000)。

资源依赖理论可以解释基于组织内部关系的资源交换如何驱动团队间互动,这也一定程度上解释了任务依赖性驱动团队参与外部跨界活动以获取资源与信息(Tsai, 2002)。在任务因素的影响下,团队开展外部行为的意愿会更强烈。特别是当跨边界的团队间具有较强的依赖程度时,彼此更愿意往来且共享资源,从而达到高质量的互动效果。而当团队任务不太固定且经常变化,内部知识结构又不是很完善时,团队往往对外部资源具有较强的依赖性,并时常与外部团队保持往来,以期获得实时的外部援助,从而强化跨界行为对绩效的影响效应(Faraj and Yan, 2009)。Joshi等人(2009)将任务因素作为团队跨界活动的前因进行分析,研究表明任务互依性对团队跨界活动有影响。总体而言,团队对外部的依赖性由为了完成任务而在团队间转移或协调的资源(如人力资源、财务资源、设备设施等)决定。如果外部跨界活动随任务依赖性增强而增多,将有助于技术转移团队快速有效地开展跨界活动。

基于以上分析，本书提出以下假设。

假设1：任务依赖性对团队跨界活动有正向作用。

3.1.1.2 任务复杂性与团队跨界活动

团队是否开展跨界活动一定程度上取决于任务复杂性（Ancona，1990；Jehn，1995），它是指团队成员整体对完成团队任务困难度和复杂度的感知。高复杂性的任务通常表现为需要处理更多信息，过程中涉及的步骤（或要素）较多，并且很少有现成程序可以遵循，因此完成高复杂性任务需要综合知识与高水平的技能（Campbell，1988）。在高复杂性任务情境下，团队参与外部跨界活动显著影响团队理解与执行任务的效能标准，而对简单与常规性团队绩效的影响不显著（Choi，2002）。低复杂性的任务具有较大的常规性与结构化特征，可以通过标准化操作程序执行，如简单的小组遵循循环与小组工作程序；相反，高复杂性的任务（如复杂产品技术转移项目、供应链质量控制）通常难以清晰界定，任务不确定性大且难以通过惯例完成，这就需要团队成员发挥自身的创造性思维加以完成。

高复杂性的任务可能触发团队参与外部跨界活动。Faraj 和 Yan（2009）认为随着团队信息处理变得复杂，团队更加需要协调内部和外部关系和资源。通过参与跨界活动，团队能够清楚了解外部环境，从而帮助团队更好地理解外部需求，有针对性地获取信息与资源。Ancona 和 Caldwell（1992a）认为，复杂任务的绩效评判标准通常由外部相关方（如顾客或高层管理者）制定，团队通过跨界活动可以增进关键相关方对项目进展与质量绩效的了解，从而获得外部相关方对团队质量绩效的客观评价。高复杂性的任务难以明确阐述完成任务的手段和目的的关系，所以也无法找到完成任务的捷径（Joshi，Pandey，and Han，2009）。因此，执行复杂任务的团队需要及时将团队内部的决策与后续行动计划告知外部相关方，并获得他们的反馈，以根据外部相关方的需求合理调整后续行动方案。

在高复杂性任务情境下，团队面临的不确定性和环境压力较大，倾向从竞争对手和外部环境中搜寻类似经验知识以解决质量和技术问题。任务的复杂性促使团队从外部获取专长知识与信息，这些专长知识既包括技术转移项目或问题相关的技术知识，又包括通过环境扫描与标杆对比获取的一般信息（Hargadon，1998）。由于高复杂性的任务包含很多非常规性的问题，而且执行过程中有大量的步骤或信息，因而难以套用标准化的程序，团队需要开展跨界活动来协调内外部关系，通过边界侦查来获取更多与任务相关的资源，从而将任务化繁为简（Bresman，2010）。

基于以上分析，本书提出以下假设。

假设2：任务复杂性对团队跨界活动有正向作用。

3.1.1.3 任务时间压力与团队跨界活动

为了应对交易周期压缩与知识日新月异的挑战，技术转移团队逐渐通过外部跨界活动搜寻知识资源，以解决团队内部经验与知识的不足。在此背景下，任务时间压力成为技术转移团队变革与更新阶段重点权衡的因素。任务时间压力是指员工在很大程度上感觉没有足够的时间来完成任务（Markus and Oldham，2006）。Brown（2000）研究认为团队一旦认识到任务的时间期限将至，将可能向外部领导寻求帮助，或者重新梳理改进流程或系统，从而高效执行任务。团队在网络中的位置会影响资源流动的效率，因而完成任务的时间紧迫性也会影响团队跨界活动。当团队成员意识到任务的时限将要到来时，极有可能寻求高阶领导的协助，从而获取关键资源和支持。另外，当感知到时间压力程度较高时，团队也许会和外部客户协商任务延期，或者通过整理工作流程和系统以及与外部相关主体的分工协作来达到任务目标。在团队任务面临时间压力情境下，行动者通过协调外部的配合行动以及标准化操作流程来实现共同目标（Garapin and Hollard，1999）。

基于以上分析，本书提出以下假设。

假设3：任务时间压力对团队跨界活动有正向作用。

3.1.2 团队跨界对团队绩效的影响研究

从Gladstein（1984）揭开团队跨界活动与团队绩效关系实证研究的序

幕后，至今大部分的实证研究结果表明，团队跨界活动对团队结果具有显著的正向关系（Marrone，Tesluk，and Carson，2007）。

Tziner（1985）运用两种社会心理学理论——相似理论和公平理论，研究了团队构成对团队绩效的影响，对高相互依赖性任务情景下的团队成员能力与团队绩效之间的关系进行了阐述。

Ancona（1990）研究了咨询团队在处理团队环境关系方面所采用的告知、防御、探测3种策略。她发现参与外部活动能够帮助团队更好地理解客户需要、提升服务的交付水平，团队外部活动比内部活动更能预测团队绩效。Ancona和Caldwell（1992b）开发出24个条目的问卷，包括4类跨界活动：使节活动、任务协调活动、侦察活动和防守活动。随后发现，新产品开发团队的外部活动包含使节活动、任务协调活动和侦察活动3个维度。其中，使节活动显著正向影响初期预算和任务安排绩效；任务协调活动正向影响团队长期创新绩效。团队外部沟通频率对管理者评定的团队绩效和创新效率均存在正向影响（Faraj and Yan，2009），能够显著提高管理者评定的技术质量、预算绩效和任务安排绩效（Keller，2001）。

Workman（2005）研究了团队跨界活动对绩效的影响。研究发现，虚拟团队正在迅速普及，特别是跨国组织发现全球虚拟团队是一种可以满足他们全球化的需求的重要方式。尽管近端团队和虚拟团队在性能度量等属性上具有相似性，但它们在工作性质上的特性是不同的。通过准实验场研究考察了虚拟团队亚文化相对于结构、关系和首要性，以及从团队边界通透性对项目进度差异和团队在跨国组织中创建的错误数量的调节，提出了对团队边界进行形式化和细化的建议。Marrone等人（2007）预测了MBA学生完成咨询项目团队中客户评级的团队绩效。Joshi等人（2009）研究了基于任务基础的团队水平上的跨界活动。人们越来越认识到，团队在真空中不起作用，外部边界活动是团队绩效和团队有效性的重要预测因素。Faraj和Yan（2009）以64个软件开发团队为例，证实了跨界行为可正向促进团队绩效。Gopal和Gosain（2010）通过分析印度软件产业96个软件外包项目团队的调查问卷，研究了跨界活动对项目团队绩效（软件质量和项目效率）的影响，发现供应商与客户间的跨界行为对项目团队绩效（软件质量和项目效率）均会产生正向影响。以上的研究揭示了全球组织的跨界活动及其对跨国公司绩效的积极影响（Klueter and Monteiro，2017）。

Feng（2012a）以高新技术企业的131个研发团队为研究对象，证实了使节活动、任务协调活动、探测活动3个子维度均会对创新绩效产生显著的正向影响。Feng（2012b）以质量改进团队为研究对象，通过对32位质量改进团队负责人及其294个有效样本数据进行深度访谈，采用扎根理论方法对访谈资料进行编码分析，开发出涵盖联络行为、管控行为和侦测行为3个具有独立变动性维度的质量改进团队跨界行为测量量表，包括"质量改进团队领导经常承担来自外部环境中的压力，以避免团队成员的工作受到干扰"等14个题项。研究结果证实，质量改进团队跨界行为的联络行为、管控行为和侦测行为均对质量绩效产生正向影响。Xu和Qu（2014）提出团队跨界活动与团队创新正相关。Wang等人（2016）的研究表明，跨界活动正向显著影响企业间合作项目绩效。Zhang和Ge（2016）从团队学习视角出发，以高管团队为研究对象，以78个企业高管团队作为研究样本，通过包括问卷调查、数据分析和假设检验在内的一系列论证，最终验证出高管团队跨界行为对企业创新绩效具有显著正向促进作用。

本书是基于团队有效性理论IMOI模型开展的研究，结合文献综述和目前大部分实证研究的结果，可以假设团队跨界活动对团队绩效具有显著的正向关系。

假设4：团队跨界活动对团队绩效有正向作用。

3.1.3 团队效能感和团队沟通的中介效应

本书的研究问题是团队如何开展跨界活动，以及技术转移团队跨界活动与团队绩效之间的关系。通过上一章分析可知，在团队跨界活动与绩效之间的研究中，研究人员多基于团队有效性理论IMOI模型开展研究，这一模型也适用于技术转移情境下的探讨。本书是基于团队有效性理论IMOI模型开展的，中介变量包括团队过程和涌现状态两个方面，这两者均是指团队因素，因此本书中的中介变量是指团队因素里的变量。目前很多文献都对不同的团队过程变量或团队涌现状态变量进行了探讨和分析。其中，"团队沟通"和"团队效能感"为团队过程变量与团队涌现状态变量的代表。因此，本书选择"团队效能感"和"团队沟通"作为团队涌现状态变量和团队过程变量，探索其中介作用机制。

3.1.3.1 团队效能感

团队效能感指的是团队能够在跨越许多任务和情况的特定任务上获得成功（Gibson，1999；Gully，et al.，2002；Kennedy，et al.，2009）。研究表明，团队效能感是团队绩效的重要决定因素（Gist，Locke，and Taylor，1987；Gully，et al.，2002；Lindsley，Brass，and Thomas，1995）。

Hansen（1999）发现与团队外部建立联系可以有效地将隐性知识和复杂的知识进行转换。因此对于知识团队而言，进行外部活动不仅可以获得信息，而且可以提高团队利用知识的能力，进而提高团队效能。随后，Choi（2002）基于结构权变理论建构了团队外部活动与团队效能的关系模型，并证实团队跨界活动对团队效能感具有正向作用。

以往许多研究支持构建团队效能感能够提升团队绩效的观点，认为团队效能感与团队短期绩效之间具有稳定的正相关关系（Guzzo，et al.，1993）。以大学生为实验对象的实证研究发现，团队效能感对团队有效性存在显著预测作用（Silver and Bufanio，1996）。Edmondson（1999）以家具制造业公司的工作团队为研究对象，证实团队效能感对团队绩效具有显著的积极作用。Gully 等人（2002）发现，团队效能感和团队潜能均与团队绩效显著正相关。分析研究发现，团队效能感有利于提升团队绩效（Stajkovic，Lee，and Nyberg，2009）。Feng 和 Mei（2013a）以高新技术企业的 161 个质量改进团队为样本，将团队效能感作为团队跨界行为对团队绩效影响的中介变量进行分析。研究表明，质量改进团队跨界行为的 3 个子维度均对团队质量绩效有显著影响；团队效能感在联络行为、管控行为与团队质量绩效之间的关系中起到中介作用；侦察行为对团队效能感的影响不显著。

基于以上分析，本书提出以下假设。

假设5：团队效能感在团队跨界活动与团队绩效中发挥中介作用。

3.1.3.2 团队沟通

有效的团队沟通是保证团队有效运作和最终绩效的核心因素。研究显示导致团队失败的关键原因往往是成员之间的沟通协调问题，而不是成员的胜任力素质问题。尤其是当团队具有很高的异质性特征时，团队内部有效沟通的效果会显著影响团队绩效。沟通在跨界活动及结果之间起到了中介作用（Zhang, Wu, and Henke, 2015）。Nagaraj等人（2012）指出沟通是新产品开发团队绩效的关键因素之一。团队成员与团队外关键人物沟通越多，则越有成效（Ancona and Caldwell, 1992a）。此外，团队内部功能因跨界而得到改善，通过分析其过程（如沟通）的优劣可以预测团队绩效（Choi, 2002；EdMordson, 2003）。Lievens和Moenaert（2000）面对金融服务团队的研究，发现团队沟通会显著促进团队的创新绩效。Wang等人（2016）的研究揭示了团队沟通等团队过程变量在团队跨界活动影响团队绩效方面起到了中介作用。Hirst和Mann（2004）建立了研发项目领导对项目绩效的影响模型，并用实证数据支持了团队沟通在其中的中介作用，表明有效的团队沟通可以促进团队创新、改善项目绩效以及提升员工的组织承诺和个人绩效。

基于以上分析，本书提出以下假设。

假设6：团队沟通在团队跨界活动与团队绩效中发挥中介作用。

3.1.4 环境不确定性的调节效应

本书的研究问题之一是团队跨界活动受什么影响？结合文献综述可知，关于环境不确定性的研究主要有以下3种类型。

（1）控制变量：一般不在研究主题或关键词中出现。

（2）调节变量：分析环境不确定性的调节作用。

（3）主要变量：研究环境对绩效或其他变量的影响作用。

本书的对象是技术转移团队，团队是基于组织结构理论而确定的。现代的组织结构理论已发展为一种更加开放的视角对待组织结构体系，开始重点关注团队与环境的关系，分析环境不确定性的调节作用。因此，本书将环境不确定性作为调节变量，分析其对技术转移团队跨界活动的影响。

令人惊讶的是，迄今为止，鲜少有实证研究关注团队跨界活动与团队绩效之间的调节关系。Faraj 和 Yan（2009）研究了 64 个软件开发团队，指出跨界活动与团队绩效之间的关系被任务不确定性和资源稀缺性所调节。团队依赖来自环境的程度也被视为一个关键的调节变量（Choi, 2002）。

外部环境对团队的深刻影响在理论和实践上都得到越来越多的认可（Ancona, Bresman, and Kaeufer, 2002; Ancona and Bresman, 2007; Choi, 2002）。Gladstein（1984）基于 I-P-O 模型，将边界管理作为过程（自变量）、环境不确定性作为调节变量、工作组有效性（团队有效性）作为输出（因变量），分析了环境不确定性在其间所起到的调节作用。Ancona（1990）发现了环境特征的重要性，并基于开放系统理论强调了环境不确定性对跨界活动影响绩效的作用。Choi（2002）发现环境特征、环境波动性等因素均会影响跨界行为与绩效的关系。Gibson 和 Dibble（2013）研究了环境波动性在团队外部活动对团队效能之间起到的调节作用，通过考察团队持久性缺失、成员流动性缺失和环境波动性是否影响团队外部活动与团队效能之间的关系，扩展了团队外部环境的研究。Bunderson 和 Sutcliffe（2003）强调了研究环境波动对团队过程与绩效之间关系的调节作用。Tan 和 Litscher（1994）将环境分为动态性、复杂性、敌对性（威胁性）3 个维度，Li 和 Shi（2009）通过引用 Tan 和 Litscher（1994）开发的量表在中国转型经济的环境下进行了实证研究，发现环境不确定性在团队沟通对知识管理战略实施效果方面具有调节作用。

团队跨界活动对绩效的作用也受到环境因素的影响。环境因素作为调节变量影响着团队跨界活动的绩效。综上所述，本书提出以下假设。

假设 7：环境不确定性正向调节了团队跨界活动对团队绩效的影响。

3.2 假设框架

基于团队有效性理论、界面管理理论、组织理论、开放系统理论、资源依赖理论，并结合以上文献分析，本书提出 7 个研究假设，见表 3-1。模型的构建逻辑如图 3-1 所示。该模型显示，技术转移团队跨界活动受到任务依赖性、任务复杂性和任务时间压力的任务因素影响，同时在"团队效能感"和"团队沟通"的中介作用、环境不确定性的调节作用下，最终影响到团队绩效。

表 3-1 研究假设

假设 1	任务依赖性对团队跨界活动有正向作用
假设 2	任务复杂性对团队跨界活动有正向作用
假设 3	任务时间压力对团队跨界活动有正向作用
假设 4	团队跨界活动对团队绩效有正向作用
假设 5	团队效能感在团队跨界活动与团队绩效中发挥中介作用
假设 6	团队沟通在团队跨界活动与团队绩效中发挥中介作用
假设 7	环境不确定性正向调节团队跨界活动对团队绩效的影响

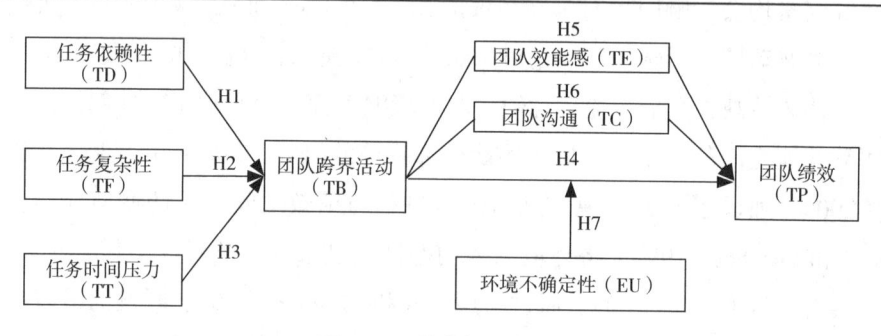

图 3-1 研究假设框架

第4章 研究方法与小样本分析

4.1 研究设计

4.1.1 研究对象

本书的研究对象是中国范围内服务制造业的技术转移中介。结合本书所述,制造业技术重点关注集聚程度较高的化学纤维制造业、通信设备、计算机及电子设备制造业、仪器仪表及文化办公用机械制造业等产业。本书基于团队层面进行分析,所选择的团队主要分布在技术转移中介的项目部、合作部等部门。技术转移团队的形式可以是项目组、项目小组、项目办、项目部等,团队成员不少于4人。

目前,中国各省都建设有技术转移中介,各类技术转移中介超过3 000家。其中,科技部评定的技术转移中介(官方称为"国家技术转移示范机构")有453家,覆盖30个省、自治区、直辖市和新疆生产建设兵团,2015年共有从业人员38 081人。中华人民共和国教育部办公厅于2016年10月13日印发《促进高等学校科技成果转移转化行动计划》(教技厅函〔2016〕115号),要求在2017年3月底前高等学校均须完成涉及科技成果转移转化各项制度、工作机制、工作机构的建立和完善,形成良好的支持科技成果转移转化的政策环境。截至2017年5月31日,中国高等学校共计2 914所,其中普通高等学校2 631所(含独立学院265所),成人高等学校283所。

4.1.2 研究过程

第一步是文献研究。根据本书研究的重点，先从文献中获得量表，确定假设框架，并初步形成问卷内容。

第二步是定性研究。在现有量表的基础上，通过访谈探讨和修改变量量表，形成符合中国技术转移情境的调查问卷。

第三步是初步研究。通过预调研分析本书研究的测量变量，基于小范围发放回收的调查问卷，检验测量变量的信效度，在此基础上再次提高量表。

第四步是正式调研。正式问卷调查，通过发放正式问卷收集相关资料。

第五步是统计分析。采用分析方法对本书的假设进行检验。

4.2 访谈设计

作为典型的以任务为导向的团队，技术转移团队如同任务导向型团队一样，在实际运作中面临任务繁多与资源约束的问题，以及跨部门协调任务与权力缺失两对矛盾（Kaizen，1986）。跨界成为此类团队获取外部资源支持与协调任务相关方的重要策略。随着基于团队的组织模式广泛流行，外部互动关系对完成团队目标与激发团队效能的作用日益凸显，团队跨界活动成为团队外部互动的主要内容（Joshi，Pandey，and Han，2009；Oh，Chung，and Labianca，2004）。当前对团队跨界活动的研究集中在发达国家。对于中国技术转移中介而言，技术转移团队跨界活动与一般团队的内涵有何区别？虽然部分学者（Druskat and Wheeler，2003；Faraj and Yan，2009）认同团队跨界活动是一个多维构思，但是针对各个维度之间是否具有共变性（covary）缺乏实证探讨。同时，部分跨界研究者（Edmondson，1999；Marrone，Tesluk，and Carson，2007）倾向认为团队跨界活动是单维构思。如果不加修正地将一般团队的跨界构思应用于各种特定团队（如技术转移、质量改进、软件设计、营销等团队），将有悖于管理研究的情境性要求，也无法体现不同团队的跨界活动特殊性（Marrone，2010；Tsui，2006）。对团队跨界活动的探讨需要综合考虑团队类型和任务情境的差异，这种差异不仅关系到我们对特定团队跨界活动构思的测量，而且也是团队跨界内在作用机制研究的起点。因此，本书旨在通过对具有一定行业代表性的技术转移团队主管和成员进行半结构化访谈，并收集这些团队相关的技术转移项目资料，系统分析以探索技术转移团队跨界活动的内涵及特征，用于验证拟引用的量表是否适用于技术转移情境，探讨中国技术转移情境下团队跨界活动的影响因素，为进一步采用问卷方法测量技术转移团队跨界活动提供依据。

4.2.1 半结构化访谈

本书通过访问技术转移中介网站和访谈记录两种方式搜集数据。访谈旨在收集一手资料，并为研究者和研究对象之间提供互动机会，这一定程度上能够消除研究对象的敌意，进而获取研究对象更为深层次的信息（Wang，2001）。

本书采用的半结构化访谈具有清晰结构和比较固定的结构问题，可以邀请被访谈者针对半结构化问题提供发散式答案。为了避免被访谈者疲劳，半结构化访谈的时间控制在1小时内。采用持续比较的分析思路，对半结构访谈资料进行开放式编码、主轴编码和选择性编码分析，不断提炼和修正，直至能与现有量表对应（Wang and Wang，2011）。

4.2.2 访谈问题

成功的访谈取决于访谈提纲。访谈提纲通常包括拟提问题、提问次序以及针对可能的回答设置追问式的问题（Tu，2010）。本书的访谈对象是技术转移中介人员，他们大多在技术转移方面有丰富的阅历，具有许多内隐的知识或观念，因此我们采用具有较强理论构思的半结构化访谈，通过追问式的访谈设计揭示内隐知识。

在梳理以往文献基础上，结合本书的目的，访谈提纲聚焦的问题详见附录A。通过以上访谈问题，我们主要目的在于了解中国情境下技术转移团队跨界活动的具体表现，以指导我们基于实践深化对概念的理解。

4.2.3 访谈对象

我们利用2017年国家技术转移示范机构主任培训课程暨科技部火炬高技术产业开发中心2017年工作会议的机会，对20个技术转移团队进行了访谈。具体情况见附录B。

4.2.4 编码

本书的原始资料是来自20家技术转移中介的52位技术转移团队负责人或骨干成员的访谈记录及相关资料。我们在将原始资料打散结构后进行详细分析，结合现有文献对原始资料进行概念化。在此过程中，我们还就相关概念与技术转移领域的研究者进行交流，历经收集数据—编码—分析—继续收集数据的多次循环，最终从原始资料中抽取了71个概念，每个概念用"a+序号"的形式标示，见表4–1。

表4–1 访谈数据编码

原始资料	概念化	概念分类
我经常代表团队与公司高层领导或外部客户交谈，尽量保护团队成员不受来自上面领导施压的影响（a1）	a1 保护团队成员	A1 边界缓冲
单位对酶催化项目的重视度较高，高层领导为了取得合作，每个月进行一次项目会议，并及时对项目进展给予指示，但是这些都是由我们技术转移经理出面沟通（a2）	a2 避免行政干预	团队跨界活动
在项目管理过程中，最重要的一点是协调各个相关方的交付期限（a3），因为其中任何一个环节的延迟都会影响项目最后的完成期限	a3 协调期限	A2 配合行动
我们在开展项目过程中，主要是通过及时告知外协单位我们的需求时间协调合作活动，在外协单位能力范围内争取各个流程节点的最大程度配合（a4）	a4 流程配合	
任何技术转移问题均不是一个团队或部门就能解决的，我们单位内部非常强调发挥共同攻关的作用（a5）。单位与双一流大学合作设立了博士后流动站，共同解决技术转移难题	a5 共同攻关	

续表

原始资料	概念化	概念分类
我们需要合作精神强的个人或团队，必要时为了单位共同利益而对自己的工作方式做出一定的改变（a6），以适应弹性合作的需要	a6 改变适应	A2 配合行动
技术转移不是一劳永逸的，我们多次邀请财务、法务等部门对技术转移项目管理流程进行改进（a7）	a7 循环协调	A3 持续协调
在改进过程中，我们不仅注重效率的提升，还不断优化流程以缩短时间。目前，相关流程已与国标《技术转移服务规范》（GB/T34670—2017）基本一致（a8）	a8 减少变异	
成功促成技术转移的关键是提高人员素质，而提高人员素质的关键在于持续学习与知识更新（a9）	a9 持续学习	
解决技术转移问题，有时候还真需要一些创新思维（a10）	a10 创新思维	
单位每月发一次"保密知识温馨提醒"短信（a11）	a11 保守单位秘密	A4 保守秘密
技术转移经理在工作例会上经常强调对外交流时不要谈及正在开展的部门工作（a12）	a12 保守部门秘密	
与技术供方签署了保密协议（a13），合作期满不留存任何涉及技术秘密的文档	a13 保守项目秘密	
接待同行来访时，一般不谈及正在开展的技术转移项目。来访人有问到正在开展的技术转移项目时，一般都是回复"同事在做，不是很清楚"（a15）	a14 回避工作信息	A5 保护信息	团队跨界活动
成功促成技术转移项目后，在对外做案例分享时，内容不会涉及技术供需双方单位的内部信息，案例内容均是事先确认可以公开的信息（a16）。并且，一般都会征得技术供需双方单位同意后才对外分享	a16 不公开内部信息	A6 控制信息
在从事技术转移时，我们还是要综合同行的业务情况，以及分析新进入者出现后对我们技术转移可能构成的威胁（a17），这样我们的技术转移工作才会得到成功	a17 同行动向	
在制定技术转移的服务标准时，我们不仅仅关注本地的博士科技，还关注超凡技术转移转化研究院以及国外其他竞争对手（a18），这样我们的技术转移在国内和国际上才有竞争力	a18 同行水平	A7 市场环境
我们在开展技术转移时都会考虑市场价格信息。如果在区域内占据价格优势，我们会重点保持这一优势；在价格上竞争不过对手的区域，那么考虑优化服务与交付等方面（a19）	a19 同行价格	
技术的转移往往从外部环境中获取有用的参照信息，通常我们除了关注技术供方相关技术外，还关注技术供方的上游技术和下游技术（a20）	a20 行业技术	A8 技术环境

续表

原始资料	概念化	概念分类	
除了技术转移的行业技术外，我觉得我们应该扩大视野，多到外边去参观学习同行技术（a21）	a21 同行技术	A8 技术环境	团队跨界活动
眼光仅仅盯住本地同行的动向是远远不够的，外地甚至国际同行业的动向值得我们及时关注（a22）	a22 同行动向		
完成技术转移任务，当然离不开财力、人力支持。外出调研时需要使用车辆、投影仪等设备，这都需要报告领导，并获得批准。而在这方面，单位领导一贯是比较支持的（a23）	a23 资源支持	A9 资源配置	
公司领导对技术转移的重视程度，主要体现在对项目资源配置的优先性上。在总体资源有限情况下，如何确保技术转移项目资源可以随时提供，尤其是协助获得同行也在争取的行业内部信息（a24）	a24 资源提供		
公司领导对技术转移的注意力相对少，大多数时候团队是缺乏资源的。这时，我们往往通过多种方式解决，如寻求兄弟部门援助、短期向各个部门借调人员与设备，实现资源共享和发挥资源使用的协同作用（a25）	a25 资源共享	A10 资源援引	
在资源的调剂余缺方面，我们借鉴其他团队或企业的经验（a26），以最经济的方式达到理想效果	a26 经验借鉴		
一般而言，既要对技术供方进行全方位的复查，也要对技术需方进行复查，以便及时发现问题和不足，并采取必要措施加以解决（a27）	a27 复查合作双方	A11 节点评审	
在供需双方均有合作意向后，我们会签署三方意向协议，这有利于后续合作条款的洽谈。条款达成一致意见后即签署合作协议（a28），以便推进后续工作	a28 签署意向协议		
技术转移项目服务结束后，我们会请技术供需双方在技术转移验收单盖章确认（a29）	a29 签署技术转移服务验收单		
目前，我们同行之间的价格竞争激烈，很多同行朝着投融资发展，通过提供增值服务避开低端竞争（a30）	a30 质量竞争	A12 竞争互动	
在技术供需双方都会和同行开展新合作的情况下，如何争取更大授权成为关键。我们希望通过建立完善的营销网络，提高服务质量与响应速度（a31）	a31 渠道争夺		
在外部竞争逐步加剧的情形下，单位近年来组建了一支由技术、法务和财务人员组成的标杆管理队伍，专门负责竞争对手信息搜集与定期分析，并定期参加行业会议，以期从中得到启发（a32）	a32 竞争谍报		

续表

原始资料	概念化	概念分类	
为了确保改进成效，项目完成后期重点需要制定巩固措施，把对策恢复到受控状态（a33）	a33 制定巩固措施	A13 成果固化	团队跨界活动
每次发现存在问题时，我们会及时向上级主管部门建议采取预防措施（a34）	a34 采取预防措施		
在项目团队中已解决的问题，可能由于后续的助理人员没有按照标准执行（a35），从而导致问题反复出现	a35 严格执行标准		
我们如果想在技术转移方面取得进展，首先需要主动说服领导争取其同意与支持（a36）	a36 说服相关方	A14 项目推介	
开展此类技术转移活动的关键是通过详细的策划将责任分解到相关外协单位（a37）。这对项目后续正常运转有帮助	a37 管理策划		
团队在单位内部其他部门领导或高层面前的形象比较重要（a38），这会影响高层对团队的信任和相关部门领导对工作的支持	a38 塑造形象		
在复杂的外部环境中，准确判断形势往往较为困难（a39）	a39 环境复杂	环境不确定性	
由于经常被单位外派出差，我到达新环境后，环境的差异不可避免的会受到一定的影响（a40）	a40 环境影响		
公司股东结构经常发生变化，导致工作受到影响，同时外部的环境也充满着不确定性（a41）	a41 内外环境不确定		
如果不与外部环境隔离开来（a42），团队很难集中精力攻克重大技术转移问题	a42 环境隔离		
成立该项目团队时，我就预期到后续会碰到很多难题。不过由于准备充分，最终克服了这些困难（a43）	a43 团队信任	团队效能感	
我们团队秉持并贯彻"没有完成不了的任务，只有想不到的办法"这一理念（a44）	a44 团队理念		
我一直都相信团队能够完成任务（a45）	a45 团队信心		
我觉得我们团队始终践行着"团结人心+克服困难+完成任务"这一目标（a46）	a46 团队共识		
基于入职团队以来的认知，我觉得我们团队富有战斗力（a47）	a47 团队认同		
我觉得我们团队成员具有共同的信念（a48）	a48 团队信念		

续表

原始资料	概念化	概念分类
一般来说，接到复杂的任务时（a49），我们需要频繁出差，与技术供需双方进行沟通	a49 任务复杂	任务复杂性
我们会依据任务的复杂程度（a50），做出与合作有关方沟通的安排	a50 任务程度	
接到棘手的任务时（a51），人员的差旅费都要多些	a51 任务棘手	
作为女性，我最担心接到麻烦的任务（a52），因为那意味着需要长期出差	a52 任务麻烦	
我刚入职，目前跟着领导出差，去那些不好做的任务项目（a53）	a53 任务困难	
任务时间紧时（a54），几乎整个团队成员都要被外派办公	a54 任务时间紧	任务时间压力
为了保证如期完成任务（a55），有时周末也得出差与技术供需双方沟通	a55 任务期限	
有时技术需方会提出要缩短洽谈周期的要求（a56）。为了与其长期合作，我们会临时增派人员	a56 任务周期	
当得知其他方也在与技术供方接触时，为了在拟合作锁定期内促成交易（a57），我们往往会加大工作量	a57 任务紧迫	
签署合作备忘录时，我们与技术需方约定的洽谈期往往会被压缩（a58）	a58 任务时间压缩	
在预估任务完成时间时，一般都会听取团队成员的意见（a59）	a59 时间依赖	任务依赖性
需要出差的工作，通常是团队成员无法提供协助的任务（a60）	a60 协助依赖	
我们在出差前会提前抽时间与团队成员交流，听取他们的建议（a61）	a61 交流依赖	
在出差过程中，遇到与团队成员专业对口的任务问题，我一般都会电话咨询或视频沟通（a62）	a62 沟通依赖	
听取团队同仁的专业意见，往往可以缩短在外的差旅行程（a63）	a63 意见依赖	

续表

原始资料	概念化	概念分类
我们部门固定在每个星期一上午召开周例会，每个人都要在会上做汇报（a64）	a64 汇报沟通	
公司每个月要召开一次工作会议，所有员工都要发言（a65）	a65 发言沟通	
单位在每个月底都有"院长接待日"，可以直接与院长沟通（a66）	a66 当面沟通	
单位要求每个季度都得提交书面总结。部门领导按要求就总结材料与职员谈话后（a67），也得提交书面意见	a67 书面交流	团队沟通
在承担技术转移任务时，项目负责人都会召集团队成员开启动会，会上所有成员都可以发言（a68）	a68 动员交流	
根据工作需要，不定期会召开进展通气会。在会上，每个人都可以发言（a69）	a69 进展交流	
在结合流程节点，单位分管领导一般都会参会，在会上与大家交流（a70）	a70 分享交流	
我们公司的文化是倡导员工主动配合负责人的工作，有问题做到主动沟通（a71）	a71 主动沟通	

4.2.5 结果分析

本书通过对 20 个技术转移中介的访谈搜集了丰富的现场资料，在原始数据分析基础上产生了 71 个概念，可以归类到团队跨界活动、团队沟通、团队效能感、环境不确定性、任务依赖性、任务复杂性、任务时间压力这 7 个变量。深入发掘了技术转移团队跨界活动的内在结构，加强了对团队跨界活动这一概念的理解与认识。分析访谈原始资料记录可知，团队因素的团队沟通和团队效能感，环境因素的环境不确定性，任务因素的任务依赖性、任务复杂性、任务时间压力这 6 个概念高频出现。这是技术转移团队开展跨界活动时会受到的主要内因和外因，也是中国技术转移情境下的团队跨界活动的影响因素。

4.3 变量测量

本书的变量量表来源于已有文献，部分量表题项根据中国的技术转移情境进行了修改。根据 Chen 等人（2008）的建议，若题项来自成熟量表，不要轻易增加或者删减题项数目。因此，我们在修改题项时，根据 Xie（2008）的建议采用了 4 个原则，即"避免使用双重意思的词句和问题""避免使用诱导性的问题""避免使用答卷者必须依赖记忆才能回答的问题""避免激发答卷者为满足社会期望值而答题的动机"。

4.3.1 自变量

以前常常利用定性方法来评估团队外部过程在其团队样本中的性质和范围（Ancona，1990；Edmonson，1999）。现在有一些研究人员开始定量评估团队成员的跨界活动，然后聚合到团队进行分析（Ancona and Caldwell，1992a；Marrone，Tesluk，and Carson，2007）。以团队为研究对象的国外代表学者 Ancona 和 Caldwell（1992）探讨了新产品开发团队的跨界行为对团队绩效的影响，并开发了包括 24 个条目（如"团队会承受来自团队外部的压力，以免团队成员的工作受到干扰"等条目）的问卷项。此外，也有一些研究人员开发出其他的测量量表（Cummings，2004；Druskat and Kayes，1999；Faraj and Yan，2009；Hansen，1999）。

对团队跨界活动的测量，当前学术界主要采用两类方法进行处理。一类用问卷测量，将团队成员跨界活动加总到团队水平后再加以分析（Marrone，Tesluk，and Carson，2007）。例如，Anocona 和 Caldwell（1992a）开发出 24 个条目的问卷项（表 4-2），包括 4 类跨界活动：使节活动、任务协调活动、侦察活动和防守活动。另外一类用参照团队量表方法（Faraj and Yan，2009），使用社会网络分析技术捕获团队与外部接触的频率与质量。

表 4-2　团队跨界活动原始量表

序号	题项
1	为团队承担外部压力，使其工作免受干扰
2	保护团队免受外部干扰
3	防止外部人员向团队灌输过多信息或提出过多请求
4	让其他人相信团队活动的重要性
5	审视组织内部环境，排查对产品团队构成威胁的因素
6	向外部人员宣传团队
7	说服他人支持团队的决策
8	为团队获取资源（如资金、新成员、设备等）
9	向组织高层汇报团队进展
10	了解公司内其他人对团队活动是支持还是反对
11	收集可能影响项目的公司战略或政治局势信息
12	让公司内其他团队了解本团队的活动
13	与外部团队共同解决设计问题
14	与外部团队协调活动
15	从公司内其他团队或个人处获取团队所需物品
16	与他人协商交付期限
17	与外部人员审核产品设计
18	了解竞争公司或团队在类似项目上的动向
19	审视组织内部或外部环境，获取营销创意/专业知识
20	从团队外部人员处收集技术信息/创意
21	留意组织内外部的技术创意/专业知识动态
22	在合适时机到来前，对公司内其他人保密团队相关消息
23	避免向公司内其他人透露信息，以维护团队形象或其正在研发的产品
24	控制团队信息发布，以呈现期望的形象

本书通过访谈分析了中国情境下技术转移团队跨界活动，并将其与 Ancona 和 Caldwell（1992a）的量表进行对比分析，结果见表 4-3。

表 4-3　团队跨界活动量表对比分析

序号	题项	访谈分析
1	为团队承担外部压力，使其能在不受干扰的情况下工作	A1 边界缓冲
2	保护团队免受外部干扰	A1 边界缓冲
3	防止外部人员用过多信息或过多请求使团队负担过重	A1 边界缓冲
4	说服其他人相信团队活动很重要	A14 项目推广
5	审视组织内部环境，查找对产品团队构成威胁的因素	
6	向外部人员宣传团队	
7	说服他人支持团队的决策	
8	为团队获取资源（如资金、新成员、设备等）	A9 资源配置
9	向组织更高层级汇报团队进展	A13 成果固化
10	了解公司内其他人是支持还是反对团队的活动	
11	了解公司战略或政治局势中可能影响项目的信息	
12	让公司内其他团队了解团队的活动	
13	与外部团队共同解决设计问题	A2 配合行动
14	与外部团队协调活动	A3 持续协调
15	从公司内其他团队或个人处获取团队所需物品	A10 资源援引
16	与他人协商交付期限	
17	与外部人员审核产品设计	A11 节点评审
18	了解竞争公司或团队在类似项目上的动向	A12 竞争互动
19	审视组织内部或外部环境，获取营销创意/专业知识	A7 市场环境
20	从团队外部人员处收集技术信息/创意	A8 技术环境
21	审视组织内部或外部环境，获取技术创意/专业知识	A8 技术环境
22	在合适时机到来前，对公司内其他人保密团队相关消息	A4 保守秘密
23	避免向公司内其他人透露信息，以保护团队形象或其正在研发的产品	A5 保护信息
24	控制团队信息发布，以呈现我们期望展示的形象	A6 控制信息

Ancona 和 Caldwell（1992a）开发的量表能够对技术转移团队跨界活动进行全面评估，可以系统反映团队跨界活动的整体内容。由表 4-3 可知，

目前广泛使用的该量表的题项涵盖了访谈分析整理的内容，验证了该量表同样适用于中国技术转移情境下的分析，为进一步采用问卷方法检验技术转移团队跨界活动提供依据。该量表使用广泛，国内学者主要参考该量表进行特定情境下的研究分析（Feng，2012b）。因此，本书研究的团队跨界活动变量题项基于 Ancona 和 Caldwell（1992a）开发的量表，结合访谈分析进行中国技术转移情境下的修改。修改后的团队跨界活动量表题项见表4-4。

表 4-4　团队跨界活动测量量表

序号	题项	备注
TB1	团队可以承受来自团队外部的压力，以避免团队成员的工作受到干扰	
TB2	团队保护成员不受外界干预	
TB3	团队经常拒绝外部人员向团队提出的过多要求	引用量表的题项生涩，中国情境下的调研对象难以理解。本题项结合访谈资料进行修改
TB4	团队可以说服其他人：本团队的项目很重要	
TB5	团队会审视组织环境，以了解对本团队的威胁	
TB6	团队会向外界展示自身	引用量表的题项生涩，中国情境下的调研对象难以理解。本题项结合访谈资料进行修改
TB7	团队能够说服他人支持团队的决定	
TB8	团队经常从外部获得团队所需的资源（包括资金、设备等）	
TB9	团队会向更高的组织层面报告进展	
TB10	团队了解组织中的其他人是否支持团队活动	
TB11	团队了解组织中可能影响该项目的策略或政策信息	
TB12	团队会让组织里的其他团队了解团队自身的项目	
TB13	团队经常与相关部门或外单位人员合作来解决问题	
TB14	团队经常协调与团队相关外部活动	
TB15	从组织其他团体或个人采购团队需要的东西	

续表

序号	题项	备注
TB16	团队能够与外单位人员协商成果交付期限事宜	
TB17	团队经常与相关部门或外单位人员共同开展项目评审等活动	
TB18	团队关注竞争对手在相似项目和活动上的动态	
TB19	团队关注组织内外部环境中的市场信息或动态	
TB20	团队关注组织外部环境中的个人技术信息专业知识或动态	
TB21	团队关注组织内部环境中的技术信息专业知识或动态	
TB22	团队能够保守组织内部的团队秘密	
TB23	团队经常避免向组织内其他人公开信息以保护团队形象或正在进行的项目	
TB24	团队能够控制信息的公开，只展示应该公开的文件	

4.3.2 前因变量

4.3.2.1 任务依赖性

研究者对任务依赖性的测量都是单个维度。Kiggund、Wagennan、Michaela、Liden 等学者开发出不同的量表。其中，Michaela 等人（1993）在开发量表时充分考虑了所测量的团队是嵌入在组织环境中的、由两个或两个以上共同分担一个或多个目标的成员组成的。任务依赖性是指技术转移团队为了完成任务目标而与其他团队交换资源的程度。因此，任务依赖性变量测量引用 Michaela 等人（1993）开发的 3 个题项量表，见表 4-5。

表 4-5 任务依赖性原始量表

序号	题项
1	没有团队其他成员提供的信息或材料，我无法完成自己的任务
2	团队其他成员在执行任务时依赖我提供所需的信息或材料
3	即便没有我，团队成员执行的工作之间也相互关联

本书通过访谈分析了中国情境下技术转移团队的任务依赖性，并将其与 Michaela 等人（1993）的量表进行对比分析，结果见表 4-6。

表 4-6　任务依赖性量表对比分析

序号	题项	访谈分析
1	没有团队其他成员提供的信息或材料，我无法完成自己的任务	a60 协助依赖
2	团队其他成员在执行任务时依赖我提供所需的信息或材料	a63 意见依赖
3	即便没有我，团队成员执行的工作之间也相互关联	a61 交流依赖

由表 4-6 可知，目前广泛使用的 Michaela 等人（1993）开发的量表的题项与访谈分析整理的内容紧密相关，验证了该量表同样适用于中国技术转移情境下的分析，为进一步采用问卷方法检验技术转移团队的任务依赖性提供了依据。因此，本书研究的任务依赖性变量题项直接采用 Michaela 等人（1993）开发出的量表，见表 4-7。

表 4-7　任务依赖性测量量表

序号	题项
TD1	在没有来自其他成员的工作信息或材料的情况下，我无法完成工作
TD2	其他成员也必须依赖我的工作信息或材料来完成工作
TD3	我的工作和其他员工的工作是相互关联的

4.3.2.2　任务复杂性

任务复杂性是影响团队跨界活动的重要因素，有关任务复杂性的研究主要来自 3 个领域：信息处理与决策领域、任务与工作设计领域、目标设定领域。根据任务复杂性的来源可以识别具有不同特征的任务。Jehn（1995）开发的量表从可重复性、可分解性等方面提炼出 5 个题项测量任务复杂性，分别是任务包含许多变化、主要工作是解决复杂问题、难以将工作常规化、需要大量信息或备选方案，以及任务包括许多不同要素，见表 4-8。

表 4-8　任务复杂性原始量表

序号	题项
1	任务包含许多不确定因素
2	主要工作是解决复杂问题
3	难以将工作常规化
4	它需要大量信息或多种备选方案
5	它包含许多不同元素

本书通过访谈分析了中国情境下技术转移团队的任务复杂性，并将其与 Jehn（1995）的量表进行对比分析，结果见表 4-9。

表 4-9　任务复杂性量表对比分析

序号	题项	访谈分析
1	任务包含许多不确定因素	a51 任务棘手
2	主要工作是解决复杂问题	a49 任务复杂
3	难以将工作常规化	a52 任务麻烦
4	它需要大量信息或多种备选方案	a50 任务程度
5	它包含许多不同元素	a53 任务困难

由表 4-9 可知，目前广泛使用的 Jehn（1995）开发的量表的题项与访谈分析整理的内容紧密相关，验证了该量表同样适用于中国技术转移情境下的分析，为进一步采用问卷方法检验技术转移团队的任务复杂性提供了依据。因此，本书研究的任务复杂性变量题项直接采用 Jehn（1995）开发出的量表，见表 4-10。

表 4-10　任务复杂性测量量表

序号	题项
TF1	任务包含许多变化
TF2	任务的主要工作是解决复杂问题
TF3	任务难以量化
TF4	任务需要大量信息或备选方案
TF5	任务包括许多不同要素

4.3.2.3 任务时间压力

Brown 等人（2000）认为任务时间压力给团队成员带来一定的焦虑感，因此团队必须找到经济有效的问题解决方式。团队一旦认识到任务的时间期限将至，将可能向外部领导寻求帮助，或者重新梳理改进流程或系统，从而高效执行任务。随着任务时间压力的增加，先前的知识（经验）会对人们的选择产生重要影响，促使团队搜寻或采用外部成熟经验。在我们的访谈中也发现，在面临任务紧迫的情形下技术转移团队通常采取以下几种做法：第一，通过与领导或顾客进行沟通，就能否推迟项目交付时间进行磋商；第二，通过与外部相关方协调，相关流程节点自发遵循质量管理规范与标准，减少外部配合和协作过程的质量问题；第三，通过主动搜集竞争对手或客户信息寻找解决类似问题的技术突破口，或者邀请外部行业专家莅临指导与提出建议。Brown 等人（2000）开发的量表涵盖了技术转移情境下的任务特征。因此，本书引用 Brown 等人（2000）开发的量表，见表 4-11。

表 4-11 任务时间压力原始量表

序号	题项
1	你多久会遇到一次时间紧迫的情况？
2	你多久会因为工作太多而错过或推迟一次休息？
3	你多久会因为工作太多而加班完成工作？
4	你多久会为了按时完成工作而加快工作速度？

本书通过访谈分析了中国情境下技术转移团队的任务时间压力，并将其与 Brown 等人（2000）的量表进行对比分析，结果见表 4-12。

表 4-12 任务时间压力量表对比分析

序号	题项	访谈分析
1	你多久会遇到一次时间紧迫的情况？	a55 任务期限
2	你多久会因为工作太多而错过或推迟一次休息？	a54 任务时间紧
3	你多久会因为工作太多而加班完成工作？	
4	你多久会为了按时完成工作而加快工作速度？	a57 任务紧迫

由表 4-12 可知，目前广泛使用的 Brown 等人（2000）开发的量表的题项与访谈分析整理的内容紧密相关，验证了该量表同样适用于中国技术转移情境下的分析，为进一步采用问卷方法检验技术转移团队的任务时间压力提供了依据。因此，本书研究的团队跨界活动变量题项基于 Brown 等人（2000）开发的量表，结合访谈分析进行中国技术转移情境下的修改。修改后的任务时间压力量表题项见表 4-13。

表 4-13　任务时间压力测量量表

序号	题项	访谈分析
TT1	技术转移项目的时间紧迫	引用量表的题项为提问式，中国情境下的调研对象无法对应评分表进行评分。本题项结合访谈资料进行修改
TT2	技术转移团队成员面临大量工作	引用量表的题项为提问式，中国情境下的调研对象无法对应评分表进行评分。本题项结合访谈资料进行修改
TT3	技术转移团队成员没有时间干其他事情	引用量表的题项为提问式，中国情境下的调研对象无法对应评分表进行评分。本题项结合访谈资料进行修改
TT4	技术转移团队成员总觉得时间太少	引用量表的题项为提问式，中国情境下的调研对象无法对应评分表进行评分。本题项结合访谈资料进行修改

4.3.3　因变量

根据本书对相关理论和文献的分析可知，在有关工作结果的研究中，绩效的研究较为普遍。绩效可以理解为与工作相关，并且有利于提高组织核心技术能力的一系列工作的结果情况。Ralf 和 Rodney（2007）通过对专业人员的访谈确定了 10 个标准，开发出以项目成功为导向的绩效测量量表，见表 4-14。

表 4-14　团队绩效原始量表

序号	题项
1	达到项目的整体绩效（功能、预算和时间要求）
2	满足用户需求
3	达成项目目标
4	客户对项目成果满意
5	与客户重新开展业务

续表

序号	题项
6	终端用户对项目产品或服务满意
7	供应商满意
8	项目团队满意
9	其他利益相关者满意
10	达到受访者自己定义的成功标准

团队绩效的评估在早期的传统模式中主要由主管来评定。目前业界对于团队绩效的评估已发展出多个维度，如自我评量、主管评量、同事评量、多重评量、交互评价、部属评价、委员会成员评价、360度全覆盖评价等。本书关于绩效的评估主要采用主管评量方式。虽然该方式容易造成工作绩效评估上的误差问题，但通过直接引用Ralf和Rodney开发的量表（表4-14）测量技术转移项目成功与否的绩效评估方式，可以减少绩效评估误差。该量表能够对技术转移团队绩效进行全面评估，可以系统反映团队绩效的整体内容。Kang（2014）在研究项目经理胜任力对项目绩效的影响机制时引用了Ralf和Rodney（2007）开发的量表，并检验了在中国情境下的可行性。Kang（2014）的研究验证了目前广泛使用的Ralf和Rodney（2007）的量表同样适用于中国技术转移情境下的分析，为进一步采用问卷方法检验技术转移团队绩效提供了依据。因此，本书研究的团队绩效变量题项直接引用Ralf和Rodney（2007）开发的绩效测量量表，借鉴Kang（2014）引用时的中文表述方式，调整了题项顺序以利于中国情境下研究对象的逻辑理解。修改后的团队绩效量表题项见表4-15。

表4-15 团队绩效测量量表

序号	题项
TP1	技术需方对转移的技术和技术转移的服务表示满意
TP2	技术供方表示满意
TP3	技术转移团队的成员表示满意
TP4	技术转移的其他利益方表示满意

续表

序号	题项
TP5	技术转移未能达到其总体绩效（功能、预算等）
TP6	技术转移达到了技术需方的要求
TP7	转移的技术未能达到其预定的技术性能
TP8	技术需方愿意与技术转移团队再次合作
TP9	技术供方愿意与技术转移团队再次合作
TP10	技术转移达到了技术转移团队自身制定的目标

4.3.4 中介变量

4.3.4.1 团队效能感

对于团队效能感的测量方法，学术界存在多种不同的见解（Guzzo, et al., 1993）：第一种方法是将团队成员个体的自我效能评价予以加总，但此方法没有考虑社会性影响过程和社会性对照过程等因素；第二种方法是由团队成员分别对自己所在团队的集体效能进行感知评估，然后将这些数据整合后加以平均，该方法适合团队效能感的研究；第三种方法是将基于团队成员的共同讨论对团队集体效能的总体评价作为衡量集体效能的结果，但是难以用于研究对象过多（或者样本容量过大）的情形。本书采用第二种方法，即邀请团队成员分别作答，然后对测量结果进行团队水平加总以测量团队效能感。Guzzo等人（1993）的研究表明，团队效能感与团队短期绩效之间具有稳定的正相关关系，该量表有8个测量题项（表4-16），可以很好地从团队成员角度评估自己所在团队的集体效能感。

表4-16 团队效能感原始量表

序号	题项
1	团队对自身充满信心
2	团队相信自己能够非常擅长产出高质量的工作成果
3	团队期望自己能成为一支高绩效团队
4	团队觉得自己能够解决任何遇到的问题

续表

序号	题项
5	团队相信自己能有很高的生产效率
6	团队努力工作时能完成大量任务
7	对这个团队来说，没有任务是过于艰巨的
8	团队期望自己在此处能有很大影响力

本书通过访谈分析了中国情境下技术转移团队效能感，并将其与 Guzzo 等人（1993）的量表进行对比分析，结果见表 4–17。

表 4–17 团队效能感量表对比分析

序号	题项	访谈分析
1	团队对自身充满信心	a45 团队信心
2	团队相信自己能够非常擅长产出高质量的工作成果	a44 团队理念
3	团队期望自己能成为一支高绩效团队	a47 团队认同
4	团队觉得自己能够解决任何遇到的问题	a46 团队共识
5	团队相信自己能有很高的生产效率	a48 团队信念
6	团队努力工作时能完成大量任务	
7	对这个团队来说，没有任务是过于艰巨的	a43 团队信任
8	团队期望自己在此处能有很大影响力	

目前广泛使用的 Guzzo 等人（1993）开发的量表能够对技术转移团队效能感进行全面评估，可以系统反映团队效能感的整体内容。由表 4–17 可知，该量表的题项涵盖了访谈分析整理的内容，验证了该量表同样适用于中国技术转移情境下的分析，为进一步采用问卷方法检验技术转移团队效能感提供了依据。因此，本书研究的团队效能感变量题项基于 Guzzo 等人（1993）开发的量表，结合访谈分析进行中国技术转移情境下的修改，调整了题项顺序以利于中国情境下研究对象的逻辑理解。修改后的团队效能感量表题项见表 4–18。

表 4-18 团队效能感测量量表

序号	题项	访谈分析
TE1	本团队成员对团队非常有信心	
TE2	团队干了很多事情	
TE3	对本团队而言，没有特别困难的任务	
TE4	本团队能够高质量完成任务	
TE5	本团队的工作是富有成效的	
TE6	本团队能够解决任何问题	
TE7	本团队的工作效率较高	引用量表的题项生涩，中国情境下的调研对象难以理解。本题项结合访谈资料进行修改
TE8	本团队有着较高的影响力	

4.3.4.2 团队沟通

团队沟通是团队成员之间传播和接受意义的过程。在团队或组织中，沟通具有4种主要职能：控制、激励、情感表达和信息传递。Hirst 和 Mann（2004）建立了研发项目领导对项目绩效的影响模型，并用实证数据支持了团队沟通在其中的中介作用。研究显示，有效的团队沟通可以促进团队创新、改善项目绩效以及提升员工的组织承诺和个人绩效。本书采用由团队成员分别对自己所在团队的沟通情况进行评估，然后将这些数据整合后加以平均，即邀请团队成员分别作答，然后对测量结果进行加总并平均以测量团队沟通。Hirst 和 Mann（2004）开发的团队沟通量表有13个测量题项（表4-19），可以很好地从团队成员角度评估自己所在团队的团队沟通。

表 4-19 团队沟通原始量表

序号	题项
1	团队成员对项目目标有清晰的理解
2	所有团队成员都理解项目目标
3	在项目优先级方面缺乏明确性
4	项目目标清晰地传达给了所有成员
5	团队收到关于项目绩效的明确反馈

续表

序号	题项
6	团队成员收到关于项目工作质量的明确反馈
7	信息在团队中广泛传播
8	很难向同事提出关于我工作的重要问题
9	团队成员能够获取有效开展工作所需的所有信息
10	团队成员清楚了解客户/资助机构的期望
11	团队与客户/资助机构讨论项目目标
12	客户/资助机构就期望的项目成果给出明确指示
13	团队从客户/资助机构收到明确反馈

本书通过访谈分析了中国情境下技术转移团队沟通，并将其与 Hirst 和 Mann（2004）的量表进行对比分析，结果见表 4-20。

表 4-20　团队沟通量表对比分析

序号	题项	访谈分析
1	团队成员对项目目标有清晰的理解	
2	所有团队成员都理解项目目标	a68 动员交流
3	在项目优先级方面缺乏明确性	
4	项目目标清晰地传达给了所有成员	
5	团队收到关于项目绩效的明确反馈	a64 汇报沟通
6	团队成员收到关于项目工作质量的明确反馈	a71 主动沟通
7	信息在团队中广泛传播	a65 发言沟通
8	很难向同事提出关于我工作的重要问题	
9	团队成员能够获取有效开展工作所需的所有信息	a70 分享交流
10	团队成员清楚了解客户/资助机构的期望	
11	团队与客户/资助机构讨论项目目标	a66 当面沟通
12	客户/资助机构就期望的项目成果给出明确指示	a67 书面交流
13	团队从客户/资助机构收到频繁反馈	a69 进展交流

目前广泛使用的 Hirst 和 Mann（2004）开发的量表能够对技术转移团队沟通进行全面评估，可以系统反映团队沟通的整体内容。由表 4-20 可知，

该量表的题项涵盖了访谈分析整理的内容，验证了该量表同样适用于中国技术转移情境下的分析，为进一步采用问卷方法检验技术转移团队沟通提供了依据。因此，本书研究的团队沟通变量题项基于 Hirst 和 Mann（2004）开发的量表，结合访谈分析进行中国技术转移情境下的修改。修改后的团队沟通量表题项见表 4-21。

表 4-21　团队沟通测量量表

序号	题项	访谈分析
TC1	团队成员对项目目标有清晰的了解	
TC2	项目目标得到所有团队成员的理解	
TC3	关于项目优先事项缺乏明确性	
TC4	项目目标清楚地传达给了所有成员	
TC5	技术转移团队对绩效有清晰的反馈	
TC6	团队成员对其工作的质量会获得清晰的反馈	
TC7	项目信息在整个团队共享，所有人都能了解	引用量表的题项生涩，中国情境下的调研对象难以理解。本题项结合访谈资料进行修改
TC8	对工作中的重要问题，通常难以获得解答	
TC9	团队成员可以获得为有效完成工作所需的全部信息	
TC10	团队成员对技术需方的要求有清晰的认知	
TC11	团队会与技术需方充分讨论项目目标	
TC12	技术需方会提供关于技术转移项目结果的明确指示	
TC13	团队经常收到技术需方的反馈	

4.3.5　调节变量

众多学者基于权变理论，对环境不确定性的调节作用进行了分析，将其划分为 2 个维度和 3 个维度两类。Duncan（1972）将环境不确定性分为复杂性及动态性 2 个维度：复杂性指在企业经营环境中影响管理活动有关因素的多寡；动态性是指经营环境中影响管理活动有关因素的改变频率与幅度。Dwyer 和 Welsh（1985）以 27 个因素来衡量环境特性，通过实证分析提取出了异质性和变动性 2 个共同维度：异质性，即环境多样化程度；变动性，即环境变化的程度，如需求量、竞争状况等因素变化。John（1997）将环境不确定性从复杂性、差异性、不可流动性 3 个维度来描述。Dess 和 Beard（1984）以丰富性、动态性与复杂性作为环境不确定性的 3 个维度：丰富性指在企业环境中取得资源的难易程度与有利于企业生存成长因素的多少；动态性指环境中影响企业活动的相关因素改变的速度与幅度；复杂性指环境中必须处理事项的多少。此种维度划分方式被广泛接受。Sharfinan 和 Dean（1991）将环境特征分为复杂性、动态性与资源稀缺性 3 个维度：复杂性指企业必须处理的环境要素的数量与异质性（或多样性）；动态性指环境变化的频率或不可预测性；资源稀缺性是环境资源可获的难易程度。Volberda（1998）则将环境分为变动性、复杂性和难以预测性 3 个维度：变动性指变化强弱与频率高低；复杂性指影响因素数量的多寡和因素相关性的强弱；难以预测性指企业发展的可能方向的多样性。学者对环境的维度提出了多种不同的划分方法，但除去他们表述和语义上的差异，在此问题上已逐步达成了共识：动态性和复杂性是较为普遍认可的环境不确定性维度。Tan 和 Litscher（1994）则将环境分为动态性、复杂性、敌对性（威胁性）3 个维度，见表 4-22。

表 4-22 环境不确定性原始量表

序号	题项
1	本地市场的环境变化剧烈
2	客户经常要求推出新产品和服务
3	本地市场持续发生变化
4	一年内，本地市场毫无变化（反向题）
5	市场上，待交付产品和服务的数量快速且频繁地变化
6	本地市场竞争激烈
7	我们组织面临相当强劲的竞争
8	本地市场竞争极其激烈

续表

序号	题项
9	价格竞争是本地市场的一大特征
10	客户要求越来越高
11	团队间的竞争愈发激烈
12	竞争对手的行为愈发多样
13	获取资源越来越困难

本书通过访谈分析了中国情境下技术转移团队面临的环境不确定性，并将其与 Tan 和 Litscher（1994）的量表进行对比分析，结果见表 4–23。

表 4–23　环境不确定性量表对比分析

序号	题项	访谈分析
1	本地市场的环境变化剧烈	a41 内外环境不确定
2	客户经常要求推出新产品和服务	
3	本地市场持续发生变化	a39 环境复杂
4	一年内，本地市场毫无变化	a42 环境隔离
5	市场上，待交付产品和服务的数量快速且频繁地变化	
6	本地市场竞争激烈	
7	我们组织面临相当强劲的竞争	
8	本地市场竞争极其激烈	a40 环境影响
9	价格竞争是本地市场的一大特征	
10	客户要求越来越高	
11	团队间的竞争愈发激烈	
12	竞争对手的行为愈发多样	
13	获取资源越来越困难	

目前广泛使用的 Tan 和 Litscher（1994）开发的量表能够对技术转移团队面临的环境不确定性进行全面评估，可以系统反映环境不确定性的整体内容。由表 4–23 可知，该量表的题项涵盖了访谈分析整理的内容，验证了该量表同样适用于中国技术转移情境下的分析，为进一步采用问卷方

法检验环境不确定性提供了依据。Li（2009）引用 Tan 和 Litscher（1994）开发的量表，通过研究环境不确定性对知识管理战略实施效果的影响，在中国转型经济的环境下进行了实证研究，进一步支持了该量表的适用性。因此，本书研究的环境不确定性变量题项基于 Tan 和 Litscher（1994）开发的量表，结合访谈分析进行中国技术转移情境下的修改，调整了题项顺序以利于中国情境下研究对象的逻辑理解。修改后的环境不确定性量表题项见表 4-24。

表 4-24 环境不确定性测量量表

序号	题项	访谈分析
EU1	技术需方不断对技术和服务提出新的要求	
EU2	技术需方的需求变化情况很难预测	
EU3	团队所面临的市场环境经常剧烈地变化	
EU4	竞争者行为很难预测	
EU5	技术需方对技术的需求在很大程度上受到社会文化、政治因素或社会事件、政策导向等非市场因素的影响	引用量表的题项生涩，中国情境下的调研对象难以理解。本题项结合访谈资料进行修改
EU6	技术供方的技术标准在很大程度上受到社会文化、政府政策等因素的影响	引用量表的题项生涩，中国情境下的调研对象难以理解。本题项结合访谈资料进行修改
EU7	技术转移团队的运营在很大程度上受到政府、社会公众、媒体等的影响	
EU8	技术转移团队很多市场行为受到政府部门的管控和影响	
EU9	技术需方要求越来越高	
EU10	技术转移团队与同行之间的竞争强度越来越激烈	
EU11	竞争者行为越来越多样化	
EU12	团队所需资源越来越难获取	
EU13	技术供方力量越来越强大	

4.3.6 测量变量题项汇总

综上所述，本书研究的测量变量题项见表 4-25。

表 4-25 测量变量题项汇总表

变量	题项	内容	来源
任务依赖性	TD1	在没有来自其他成员的工作信息或材料的情况下，我无法完成工作	Michaela 等人（1993）
	TD2	其他成员也必须依赖我的工作信息或材料来完成工作	
	TD3	我的工作和其他员工的工作是相互关联的	
任务复杂性	TF1	任务包含许多变化	Jehn（1995）
	TF2	任务的主要工作是解决复杂问题	
任务复杂性	TF3	任务难以量化	Jehn（1995）
	TF4	任务需要大量信息或备选方案	
	TF5	任务包括许多不同要素	
任务时间压力	TT1	技术转移项目的时间紧迫	Brown 和 Miller（2000）
	TT2	技术转移团队成员面临大量工作	
	TT3	技术转移团队成员没有时间干其他事情	
	TT4	技术转移团队成员总觉得时间太少	
团队跨界活动	TB1	团队可以承受来自团队外部的压力，以避免团队成员的工作受到干扰	Ancona 和 Caldwell（1992a）
	TB2	团队保护成员不受外界干预	
	TB3	团队经常拒绝外部人员向团队提出的过多要求	
	TB4	团队可以说服其他人：本团队的项目很重要	
	TB5	团队会审视组织环境，以了解对本团队的威胁	
	TB6	团队会向外界展示自身	
	TB7	团队能够说服他人支持团队的决定	
	TB8	团队经常从外部获得团队所需的资源（包括资金、设备等）	
	TB9	团队会向更高的组织层面报告进展	
	TB10	团队了解组织中的其他人是否支持团队活动	
	TB11	团队了解组织中可能影响该项目的策略或政策信息	
	TB12	团队会让组织里的其他团队了解团队自身的项目	
	TB13	团队经常与相关部门或外单位人员合作来解决问题	

续表

变量	题项	内容	来源
团队跨界活动	TB14	团队经常协调与团队相关外部活动	Ancona 和 Caldwell （1992a）
	TB15	从组织其他团体或个人采购团队需要的东西	
	TB16	团队能够与外单位人员协商成果交付期限事宜	
	TB17	团队经常与相关部门或外单位人员共同开展项目评审等活动	
	TB18	团队关注竞争对手在相似项目和活动上的动态	
	TB19	团队关注组织内外部环境中的市场信息或动态	
	TB20	团队关注组织外部环境中的个人技术信息专业知识或动态	
	TB21	团队关注组织内部环境中的技术信息专业知识或动态	
	TB22	团队能够保守组织内部的团队秘密	
	TB23	团队经常避免向组织内其他人公开信息以保护团队形象或正在进行的项目	
	TB24	团队能够控制信息的公开，只展示应该公开的文件	
团队绩效	TP1	技术需方对转移的技术和技术转移的服务表示满意	Ralf 和 Rodney （2007）
	TP2	技术供方表示满意	
	TP3	技术转移团队的成员表示满意	
	TP4	技术转移的其他利益方表示满意	
	TP5	技术转移未能达到其总体绩效（功能、预算等）	
	TP6	技术转移达到了技术需方的要求	
	TP7	转移的技术未能达到其预定的技术性能	
	TP8	技术需方愿意与技术转移团队再次合作	
	TP9	技术供方愿意与技术转移团队再次合作	
	TP10	技术转移达到了技术转移团队自身制定的目标	
团队效能感	TE1	本团队成员对团队非常有信心	Guzzo 等人 （1993）
	TE2	团队干了很多事情	
	TE3	对本团队而言，没有特别困难的任务	
	TE4	本团队能够高质量完成任务	
	TE5	本团队的工作是富有成效的	
	TE6	本团队能够解决任何问题	
	TE7	本团队的工作效率较高	
	TE8	本团队有着较高的影响力	

续表

变量	题项	内容	来源
团队沟通	TC1	团队成员对项目目标有清晰的了解	Hirst 和 Mann (2004)
	TC2	项目目标得到所有团队成员的理解	
	TC3	关于项目优先事项缺乏明确性	
	TC4	项目目标清楚地传达给了所有成员	
	TC5	技术转移团队对绩效有清晰的反馈	
	TC6	团队成员对其工作的质量会获得清晰的反馈	
	TC7	项目的信息在整个团队循环，保证所有人都了解	
	TC8	对工作中的重要问题，通常难以获得解答	
	TC9	团队成员可以获得为有效完成工作所需的全部信息	
	TC10	团队成员对技术需方的要求有清晰的认知	
	TC11	团队会与技术需方充分讨论项目目标	
	TC12	技术需方会提供关于技术转移项目结果的明确指示	
	TC13	团队经常收到技术需方的反馈	
环境不确定性	EU1	技术需方不断对技术和服务提出新的要求	Tan 和 Lischert (1994)
	EU2	技术需方的需求变化情况很难预测	
	EU3	团队所面临的市场环境经常剧烈地变化	
	EU4	竞争者行为很难预测	
	EU5	技术需方对技术的需求在很大程度上受到社会文化、政治因素或社会事件、政策导向等非市场因素的影响	
	EU6	技术供方的技术标准在很大程度上受到社会文化、政府政策等因素的影响	
	EU7	技术转移团队的运营在很大程度上受到政府、社会公众、媒体等的影响	
	EU8	技术转移团队很多市场行为受到政府部门的管控和影响	
	EU9	技术需方要求越来越高	
	EU10	技术转移团队与同行之间的竞争强度越来越激烈	
	EU11	竞争者行为越来越多样化	
	EU12	团队所需资源越来越难获取	
	EU13	技术供方力量越来越强大	

4.3.7 控制变量

控制变量指对因变量产生重大影响,但又不在本书研究范围内的变量。也就是说,控制变量是没有进入正式模型,但对模型中的某些变量具有潜在影响的因素。

控制变量的存在使得研究人员对自变量与因变量之间的关系不能做出因果推断(Shea and Howell, 1998)。Atinc 和 Simmering(2012)的数据分析显示,在发表于 2005—2009 年的管理类 4 个主流期刊的 1 200 篇文章中,有 813 篇文章使用了控制变量,所占比例高达 67.7%。为了消除控制变量的影响,通常采用统计控制的方式进行事后处理,即研究人员在事后通过将控制变量纳入多元回归分析来消除它的影响,目的是获得自变量对因变量的纯粹效应。并且,在使用问卷调查的管理研究中,使用分层回归分析的方法,将控制变量先放入第一层已经成为一种标准做法。然而,近年的一些研究指出,未经审慎的思考而盲目地使用控制变量可能会导致自变量和因变量之间的概念关系模糊不清,对统计结果进行不恰当的解释,从而得出错误的统计推断和研究结论(Newcombe, 2003)。Ma(2002)指出,统计控制可以用于不同的研究目的,而统计控制中经常使用的分层回归分析并不是一把"万能钥匙",只能使用在有限的场合,需要审慎使用。周浩(2004)通过对文献的内容分析发现,研究人员很少清晰地汇报其为何采用控制变量,以及控制变量的采用是否达到了预期目的。Lu(2002)指出在对控制变量进行统计控制的同时,也会排除一部分自变量与因变量间的共同变异,从而减少自变量对因变量的统计效应。

从现有的团队跨界活动与绩效研究文献来看,这些控制变量通常包括团队规模、团队成立时间、团队所处阶段、团队所属行业、机构规模、机构所有权性质、机构所在地区等,因此在研究中要剥离掉这些变量对绩效的影响。本书控制变量的测量采用单项选择方法,即根据调查对象在被调查时的实际情况,在相应的选项中进行选择。

(1)团队规模:借鉴关于团队跨界活动的有关研究,根据员工人数将团队规模分为5个水平。统计分析时，1表示员工人数为0~5人，2表示员工人数为6~10人，3表示员工人数为11~15人，4表示员工人数为16~20人，5表示员工人数在20人以上。

（2）团队成立时间：借鉴关于团队跨界活动的有关研究，根据团队成立时间分为5个水平。统计分析时，1表示团队成立0~3个月，2表示团队成立4~6个月，3表示团队成立7~12个月，4表示团队成立1~3年，5表示团队成立3年以上。

（3）团队所处阶段：借鉴关于团队生命周期的研究，根据团队规模分为5个水平。统计分析时，1表示团队处于组建期，2表示团队处于磨合期，3表示团队处于规范期，4表示团队处于成熟期，5表示团队处于衰退期。

（4）团队所属行业：由于本书研究的是中国制造业技术转移团队跨界活动的团队绩效，而不同行业的技术转移团队跨界活动存在显著差异，这种差异可能会对团队跨界活动的团队绩效产生影响。统计分析时，制造业编码为1，非制造业编码为0。

（5）机构规模：机构规模对团队具有重要影响，不仅影响着团队过去的绩效，也影响着当前的绩效。与大企业相比，规模较小的机构其组织结构和运行过程相对较为简单。研究表明，机构大小均对技术转移的结果有正向影响（Powers，2003；Markman，et al.，2005；Lach and Schankerman，2008）。因而，不同规模的机构在组织结构和运行过程上存在差异，机构规模是影响团队跨界活动团队绩效的重要因素。为了控制机构规模对团队跨界活动团队绩效的影响，本书参照目前执行的工业和信息化部等部门于2011年联合制定的《中小企业划型标准规定》（工信部联企业〔2011〕300号），经适当修改，根据员工人数将企业规模分为5个水平：统计分析时，1表示员工数在100人以下，2表示101~300人，3表示301~500人，4表示501~1 000人，5表示1 000人以上。

（6）机构所有权性质：由于多种原因，国有机构（含国有控股）与非国有机构在管理方式上往往存在显著差异，这种差异可能会对团队跨界活动的团队绩效产生影响。统计分析时，国有机构（含国有控股）编码为1，非国有机构编码为0。

（7）机构所在地区：机构所在地区（本书指总部所在地区）也可能对团队跨界活动的团队绩效产生影响。统计分析时，1表示机构所在地区为中部地区，2表示机构所在地区为东部地区，3表示机构所在地区为西部地区。根据全国人大六届四次会议于1986年通过的"七五"计划，我国划分为东部、中部、西部3个地区。历经调整，东部地区目前包括北京、天津、河北、辽宁、上海、江苏、浙江、福建、山东、广东和海南11个省级行政区；中部地区目前包括山西、吉林、黑龙江、安徽、江西、河南、湖北、湖南8个省级行政区；西部地区目前包括四川、重庆、贵州、云南、西藏、陕西、甘肃、青海、宁夏、新疆、广西、内蒙古12个省级行政区。

4.3.8 调查问卷

本书采用问卷调查进行研究，包括7个控制变量，以及由80个题项组成的8个测量变量。本书采用在实际中运用较为广泛的李克特七点量表（7-point Likert Scale）。由受访者对调查问卷的问题按照"1=非常不同意，2=不同意，3=有点不同意，4=一般，5=有点同意，6=同意，7=非常同意"进行选择打分，分数越高代表受访者对该问题的赞同度越高。

为解决同源方差问题，本书将自变量和因变量分离，分别放在团队成员和团队主管作答的调查问卷中进行测量，避免测量的样本数据来自同一填写者。因此，本书将调查问卷设计成A、B两种，详见附录C和附录D。A卷由团队主管填写，测量变量EU和TP。B卷由团队成员填写，测量变量TB、TD、TF、TT、TE和TC。

4.4 小样本分析

为了保证变量测量在中国技术转移情境下的稳定性和适用性，本书采用预调研方式验证调查问卷的测量变量量表、检验变量题项的信度和效度。

4.4.1 小样本

为了保证抽样的代表性，本书遵循 Rong（2005）提出的抽样程序筛选样本。

（1）定义抽样母体：鉴于本书的研究，抽样的母体是中国范围内服务制造业的技术转移中介。结合本书所述，制造业技术重点关注集聚程度较高的化学纤维制造业、通信设备、计算机及电子设备制造业、仪器仪表及文化办公用机械制造业等产业。

（2）确定抽样框：考虑到时间、费用等限制条件，结合中国制造业排名前五的省级行政区（广东、江苏、山东、浙江和上海）都在中国的东部的情况，本次预调研将抽样的重点区域限定为中国的东部。并且，将可能联系到的技术转移中介制成调研目录，构成本书的抽样框。

（3）确定抽样单位：本书所选择的技术转移团队主要分布在技术转移中介的项目部、合作部等部门。技术转移团队的形式可以是项目组、项目小组、项目办、项目部等，团队成员不少于4人。

（4）选择抽样方法：为了确保调研工作的顺利开展，本书的抽样将遵循简单随机抽样原则进行（Wang，2001；Ma，2002）。因此，本次预调研实行完全随机抽样。

（5）制订抽样计划：为了确保调研工作顺利开展，在预调研前做好了详尽准备，包括调研时间、通过介绍信和电话预约等方式确定技术转移中介联系人、问卷发放与回收方式、问卷填写要求、问卷发放过程中可能出现的问题及应对策略。

（6）确定样本大小：结构方程模型建模需要一定数量的样本，Bagozzi 和 Yi（1998）认为样本数量不少于50个，最好达到量表题项的5倍以上。Hou 等人（2004）建议结构方程建模需要 100～200 个样本。然而，Huang（2003）指出样本太大会使最大似然估计方法变得非常敏感，并使拟合度指标变差。因此，本书预调研样本大约100个。

（7）选择样本：首先，根据事先确定的调查名录，从中随机抽取100

家技术转移中介。其次，根据每个技术转移中介的规模和实际拥有的技术转移团队数量，随机抽取 1～3 个技术转移团队。最后，邀请每个技术转移团队的 1 名团队主管和 3 名团队成员共同完成一套调查问卷。

本书选择广东、江苏、山东、浙江和上海作为调查问卷发放区域。本次调查集中在 2017 年 7 月 29 日—2017 年 8 月 28 日，共历时 1 个月。本书的研究定位在团队层面，为保证数据质量与可用性，每套调查问卷由同一技术转移团队的 1 名团队主管（填写 A 卷）及 3 名团队成员（填写 B 卷）共同填写。这样，被调查者比较熟悉其所在团队的整体运作情况，能够客观填写量表。

本次预调研主要通过 3 种途径发放调查问卷。第一种是现场发放：此类调查问卷为拜访时现场发放，并现场解答疑问，共发出此类调查问卷 55 套（每套包含 4 份问卷），回收完整问卷 55 套，回收率为 100%。第二种是网络发放：通过网络平台以在线作答形式发出调查问卷 59 套，经过反复沟通与跟催，回收完整问卷 35 套，回收率为 59.3%。第三种是委托发放：通过委托亲友协助发放问卷共发出调查问卷 42 套，回收完整问卷 33 套，回收率为 78.6%。根据以下 5 个标准对回收的完整问卷进行筛选：①问卷填写不完整；②同一个团队的有效问卷少于 4 份；③同一团队的问卷存在明显雷同；④问卷填写呈现明显规律，如所有选项均选择同一选项等；⑤设计反向问题，若正向和反向问题都是非常极端而且数值接近或者为同一数值，则把此种问卷剔除。最终对回收的 132 套完整问卷进行初步检查，删除了 11 套不符合上述标准的调查问卷，得到有效问卷 121 套，共计 484 份。

根据有效问卷可以得到技术转移中介的区域分布情况，具体见表 4-26。从表 4-26 中可以看出技术转移中介共有 63 家，其中广东 21 家、上海 15 家、江苏 13 家。广东、上海和江苏三地合计为 49 家，累计达到 77.77%。

表 4-26 技术转移中介区域分布

地区	企业数/家	企业占比/%	团队数/个	团队占比/%
广东	21	33.33	39	32.23
上海	15	23.81	27	22.31
江苏	13	20.63	24	19.83
浙江	9	14.29	18	14.88
山东	5	7.94	13	10.75
合计	63	100	121	100

根据有效问卷可以得到技术转移中介单位基本情况，具体见表 4-27。在单位性质方面，国有单位居多，有 45 家，占 71.43%；团队数量 82 个，占 67.77%。在单位规模方面，绝大多数样本技术转移中介的规模在 100 人及以下，达到 62 家，占 98.41%；团队数量 118 个，占 97.52%。

表 4-27 小样本团队所在单位基本情况

统计内容（N=63）		测量代码	单位数/家	单位占比/%	团队数/个	团队占比/%
单位性质	国有单位(含国有控股)	1	45	71.43	82	67.77
	非国有企业	0	18	28.57	39	22.23
单位规模	100 人及以下	1	62	98.41	118	97.52
	101～300 人	0	1	11.59	3	2.48
	301～500 人		0	0	0	0
	501～1000 人		0	0	0	0
	1 000 人以上		0	0	0	0

根据有效问卷可以得到技术转移中介的人员描述性统计情况，具体见表 4-28。从表 4-28 中可以看出，样本技术转移团队的规模主要集中在 6～10 人（占 66.94%），这样的规模对有效运营而言是较为合适的；样本技术转移团队成立时间主要集中在 1～3 年（占 55.37%），样本技术转移团队所处阶段以磨合期为主（占 61.16%）。这说明样本技术转移团队对所承担的技术转移任务有一定的认识，研究的结论可以反映出技术转移团队现有的技术转移活动情况。有效问卷技术转移团队共有 484 名技术转移人员，其中包括 121 名团队主管和 363 名团队成员。从人口描述统计特征可以发现，样本技术转移团队成员的如下信息：以男性为主（占 76.03%），年龄主要

集中在26～35岁之间（占52.89%），参加工作时间主要集中在6～10年（占46.07%），目前岗位工作年限主要集中在4～5年（占40.50%），在团队工作的时间主要集中在1～3年（占38.64%），接受教育的程度以本科/专科学历为主（占81.61%）。这说明样本技术转移团队成员大多是高学历的年轻男性且比较稳定。

表4-28 小样本团队基本情况

统计内容（N=121）		团队数/个	团队占比/%	统计内容（N=484）		成员数/个	成员占比/%
团队规模	5人及以下	23	19.01	成员性别	男	368	76.03
	6～10人	81	66.94		女	116	23.97
	11～15人	14	11.57	成员教育程度	高中/中专及以下	22	4.55
	15～20人	1	0.83		本科/专科	395	81.61
	20人以上	2	1.65		硕士及博士（后）	67	13.84
团队成立时间	0～3个月	8	6.61	成员年龄	25岁及以下	104	21.49
	4～6个月	12	9.92		26～35岁	256	52.89
	7～12个月	30	24.79		36～45岁	78	16.12
	1～3年	67	55.37		46～55岁	37	7.64
	3年以上	4	3.31		55岁以上	9	1.86
团队所处阶段	组建期	37	30.58	成员参加工作时间	1年及以下	6	1.24
	磨合期	74	61.16		1～3年	61	12.61
	规范期	8	6.61		4～5年	50	10.33
	成熟期	2	1.65		6～10年	223	46.07
	衰退期	0	0.00		10年以上	144	29.75
				成员目前岗位工作年限	1年及以下	132	27.27
					1～3年	120	24.79
					4～5年	196	40.50
					6～10年	31	6.41
					10年以上	5	1.03
				成员在团队工作的时间	0～3个月	35	7.23
					4～6个月	147	30.37
					7～12个月	106	21.90
					1～3年	187	38.64
					3年以上	9	1.86

4.4.2 信度和效度分析

从方法论的角度观察，研究者们通常从信度与效度两项指标评价研究的科学性及其价值（Li，2004）。在统计学中，信度主要考察调查问卷测量的可靠性，是对测量结果内部一致性程度的一种考察。它是评价潜变量量表是否具有一定可靠性或稳定性的统计分析方法（Lu，2002）。效度主要考查调查问卷测量的正确性，即实证测量潜变量量表在多大程度上反映了概念的真实含义。因此，效度系数越高，表明测量工具越能准确捕捉所要测量的概念。只有在潜变量量表的信度与效度得到保证后，基于潜变量之间的统计关系所做出的推论才具有实际意义。因此，本书对潜变量量表的信度和效度进行了系统考察。

4.4.2.1 潜变量信度检验

将本书的 8 个潜变量统计数据用 SPSS 21.0 做可靠性分析，结果见表 4-29。基于信度分析的 α 信度系数法，总量表的克龙巴赫 α 系数最好在 0.8 以上，0.7~0.8 为可以接受；分量表的克龙巴赫 α 系数最好在 0.7 以上，0.6~0.7 为可以接受。克龙巴赫 α 系数如果在 0.6 以下，则需考虑重新设计调查问卷。

本书潜变量的克龙巴赫 α 系数值均大于 0.7，表明 8 个潜变量的数据是可靠的，变量量表通过了信度检验，调查问卷具有较高的内部一致性。因此，整个调查问卷的可信度都是可以接受的范围。

表 4-29 信度检验

潜变量	克龙巴赫 α 系数	题项数量 / 个
TD	0.757	3
TF	0.865	5
TT	0.833	4
TB	0.952	24
TP	0.883	10
TE	0.879	8
TC	0.910	13
EU	0.792	13

4.4.2.2 量表效度检验

效度分内容效度、准确效度和架构效度。大部分研究主要对架构效度进行检验。架构效度主要是用来检验量表是否可以真正度量出所要的度量结果。通常采用探索性因子分析对调查问卷的架构效度进行检验。

将本书的调查数据用 SPSS 21.0 做效度分析,结果见表 4–30。分析可知,调查问卷数据的抽样适合性(Kaiser-Meyer-Olkin,KMO)值为 0.852。当 KMO 值大于 0.6 时,表明调查问卷的效度是可以接受的。调查问卷通过了显著性水平为 0.05 的巴特利特球形检验,说明调查问卷的数据适合做因子分析。

表 4–30 效度检验

KMO 值		0.852
巴特利特球形检验	近似卡方值	1 678.836
	自由度	28
	检验值	0.000

对调查问卷的题项进行因子分析以检验量表的构念效度。因子分析用以决定构念维度的构成,主要通过分析样本数据的内在联系,对潜变量的题项提取若干个因子,所提取的因子最大限度地解释了所要测量的构念(Feng,2009)。根据研究目的,因子分析可以分为探索性因子分析和验证性因子分析。探索性因子分析主要应用在数据分析的初期,用来解释潜变量包含多少个可能的潜在因子(或维度)。在明确因子的维度结构后,还需要进一步应用验证性因子分析每个潜在因子与该潜在因子对潜变量影响程度的关联程度(Zhang,2002)。是否适合采用因子分析,主要观察 KMO 值与巴特利特球形检验的结果(Ma,2002)。KMO 值越接近于 1,表明数据越适合进行因子分析。一般将 0.7 作为进行因子分析的临界值,但 KMO 值大于 0.50 也可以进行因子分析。当巴特利特球形检验值达到显著水平时,则表明数据适合进行因子分析。由表 4–30 可知,该调查问卷的 KMO 值为 0.852;巴特利特球形检验值为 0.000,达到了显著水平。因此,

该调查问卷适合做因子分析。本书采用的是极大似然法来验证模型的拟合度。下面将利用 Amos 22.0 软件对样本进行效度检验，即验证性因子分析。

4.4.2.2.1 任务依赖性的验证性分析

潜变量任务依赖性的题项共有 3 个。先对潜变量任务依赖性进行探索性分析，提取因子载荷较大的 3 个题项（TD1、TD2、TD3）；再应用 Amos 22.0 对各题项的调查数据进行验证性因子分析，结果见表 4-31。

表 4-31 任务依赖性验证性因子分析（N=121）

匹配指数	卡方/自由度	残差均方根值	均方根误差逼近度	规范拟合指数	Tucker-Lewis 指数	临界值识别指数
匹配标准	<3	<0.05	<0.08	>0.90	>0.90	>0.90
结果	—	0.000	—	1	—	1.000

标准化回归权重					
路径	估计值	S.E.	C.R.	显著性
TD3<--- task dependence	0.798			
TD2<--- task dependence	0.648	5.994	5.994	***
TD1<--- task dependence	0.765	6.273	6.273	***

注：表示达到显著水平。

任务依赖性的验证性因子分析结果见表 4-31，表 4-31 中的所有指标均符合标准，因此该模型拟合度非常好。

由表 4-31 可知，C.R. 的绝对值大于 1.96，表示参数估计值达到 0.05 显著性水平。根据结构方程模型，当标准化回归权重估计值介于 0.4 与 0.95 之间时，所有回归系数均达到 0.01 显著性水平，这表明潜变量任务依赖性具有较好的聚合效度。

4.4.2.2.2 任务复杂性的验证性分析

潜变量任务复杂性的题项共有 5 个。先对潜变量任务复杂性进行探索性分析，提取因子载荷较大的 5 个题项（TF1、TF2、TF3、TF4、

TF5）；再应用Amos 22.0对各题项的调查数据进行验证性因子分析，结果见表4-32。

表4-32 任务复杂性验证性因子分析（N=121）

模型拟合摘要						
匹配指数	卡方/自由度	残差均方根值	均方根误差逼近度	规范拟合指数	Tucker-Lewis指数	临界值识别指数
匹配标准	<3	<0.05	<0.08	>0.90	>0.90	>0.90
结果	2.122	0.013	0.097	0.963	0.959	0.980
标准化回归权重						
路径		估计值	S.E.	C.R.		显著性
TF5<--- task complexity		0.748				
TF4<--- task complexity		0.689	0.127	7.275		***
TF3<--- task complexity		0.786	0.109	8.329		***
TF2<--- task complexity		0.763	0.080	8.079		***
TF1<--- task complexity		0.820	0.112	8.665		***

注：*** 表示达到显著水平。

任务复杂性的验证性因子分析结果见表4-32。表4-32中的所有指标均符合标准，因此该模型拟合度非常好。

由表4-32可知，C.R.的绝对值大于1.96，表示参数估计值达到0.05显著性水平。根据结构方程模型，当标准化回归权重估计值介于0.4与0.95之间时，所有回归系数均达到0.01显著性水平，这表明潜变量任务复杂性具有较好的聚合效度。

4.4.2.2.3 任务时间压力的验证性分析

潜变量任务时间压力的题项共有4个。先对潜变量任务时间压力进行探索性分析，提取因子载荷较大的4个题项（TT1、TT2、TT3、TT4）；再应用Amos 22.0对各题项的调查数据进行验证性因子分析，结果见表4-33。

表 4-33 任务时间压力验证性因子分析（N=121）

匹配指数	卡方/自由度	残差均方根值	均方根误差逼近度	规范拟合指数	Tucker-Lewis指数	临界值识别指数
模型拟合摘要						
匹配标准	<3	<0.05	<0.08	>0.90	>0.90	>0.90
结果	0.321	0.003	0.000	0.997	1.021	1.000
标准化回归权重						
路径		估计值	S.E.	C.R.	显著性	
TT4<--- task time pressure		0.838			***	
TT3<--- task time pressure		0.765	0.102	8.695	***	
TT2<--- task time pressure		0.795	0.075	9.037	***	
TT1<--- task time pressure		0.649	0.121	7.210	***	

注：*** 表示达到显著水平。

任务时间压力的验证性因子分析结果见表 4-33。表 4-33 中的所有指标均符合标准，因此该模型拟合度非常好。

由表 4-33 可知，C.R. 的绝对值大于 1.96，表示参数估计值达到 0.05 显著性水平。根据结构方程模型，当标准化回归权重估计值介于 0.4 与 0.95 之间时，所有回归系数均达到 0.01 显著性水平，这表明潜变量任务时间压力具有较好的聚合效度。

4.4.2.2.4 团队跨界活动的验证性分析

潜变量团队跨界活动的题项共有 24 个。先对潜变量团队跨界活动进行探索性分析，提取因子载荷较大的 11 个题项（TB1、TB2、TB3、TB6、TB14、TB16、TB17、TB18、TB19、TB23、TB24）；再应用 Amos22.0 对各题项的调查数据进行验证性因子分析，结果见表 4-34。

表 4-34 团队跨界活动验证性因子分析（N=121）

模型拟合摘要						
匹配指数	卡方/自由度	残差均方根值	均方根误差逼近度	规范拟合指数	Tucker-Lewis指数	临界值识别指数
匹配标准	< 3	< 0.05	< 0.08	> 0.90	> 0.90	> 0.90
结果	4.336	0.022	0.167	0.891	0.855	0.912
标准化回归权重						
路径	估计值		S.E.	C.R.		显著性
TB24<---team boundary-spanning activities	0.773					
TB23<---team boundary-spanning activities	0.899		0.134	10.856		***
TB19<---team boundary-spanning activities	0.574		0.148	6.845		***
TB18<---team boundary-spanning activities	0.396		0.144	4.928		***
TB17<---team boundary-spanning activities	0.849		0.094	10.84		***
TB16<---team boundary-spanning activities	0.840		0.150	8.662		***
TB14<---team boundary-spanning activities	0.681		0.132	8.142		***
TB6<---team boundary-spanning activities	0.707		0.097	8.481		***
TB3<---team boundary-spanning activities	0.625		0.103	7.499		***
TB2<---team boundary-spanning activities	0.431		0.137	5.329		***
TB1<---team boundary-spanning activities	0.989		0.174	8.934		***

注：*** 表示达到显著水平。

团队跨界活动的验证性因子分析结果见表 4-34 所示。表 4-34 中的残差均方根值和临界值识别指数符合标准，因此该模型拟合较好。

由表 4-34 可知，C.R. 的绝对值大于 1.96，表示参数估计值达到 0.05 显著性水平。根据结构方程模型，当标准化回归权重估计值介于 0.4 与 0.95 之间时，所有回归系数均达到 0.01 显著性水平，这表明潜变量团队跨界活动具有较好的聚合效度。

4.4.2.2.5 团队绩效的验证性分析

潜变量团队绩效的题项共有 10 个。先对潜变量团队绩效进行探索性分析，提取因子载荷较大的 5 个题项（TP2、TP4、TP6、TP8、TP10）；

再应用 Amos 22.0 对各题项的调查数据进行验证性因子分析，结果见表4-35。

表 4-35 团队绩效验证性因子分析（*N*=121）

模型拟合摘要					
匹配指数	卡方/自由度	残差均方根值	均方根误差逼近度	规范拟合指数	Tucker-Lewis指数	临界值识别指数
匹配标准	< 3	< 0.05	< 0.08	> 0.90	> 0.90	> 0.90
结果	1.526	0.011	0.066	0.989	0.987	0.996

标准化回归权重				
路径	估计值	S.E.	C.R.	显著性
TP10<--- team performance	1.001			
TP8<--- team performance	0.670	0.076	9.026	***
TP6<--- team performance	0.785	0.066	11.730	***
TP4<--- team performance	0.658	0.072	8.790	***
TP2<--- team performance	0.502	0.081	6.116	***

注：*** 表示达到显著水平。

团队绩效的验证性因子分析结果见表 4-35 所示。表 4-35 中的所有指标均符合标准，因此该模型拟合度非常好。

由表 4-35 可知，C.R. 的绝对值大于 1.96，表示参数估计值达到 0.05 显著性水平。根据结构方程模型，当标准化回归权重估计值介于 0.4 与 0.95 之间时，所有回归系数均达到 0.01 显著性水平，这表明潜变量团队绩效具有较好的聚合效度。

4.4.2.2.6 团队效能感的验证性分析

潜变量团队效能感的题项共有 8 个。先对潜变量团队效能感进行探索性分析，提取因子载荷较大的 6 个题项（TE2、TE3、TE4、TE5、TE6、TE7）；再应用 Amos 22.0 对各题项的调查数据进行验证性因子分析，结果见表 4-36。

表 4-36　团队效能感验证性因子分析（N=121）

匹配指数	卡方/自由度	残差均方根值	均方根误差逼近度	规范拟合指数	Tucker-Lewis指数	临界值识别指数
模型拟合摘要							
匹配标准	< 3	< 0.05	< 0.08	> 0.90	> 0.90	> 0.90
结果	0.359	0.005	0.000	0.990	1.034	1
标准化回归权重							
路径	估计值	S.E.	C.R.	P
TE7<--- team efficacy	0.615			
TE6<--- team efficacy	0.604	0.145	6.180	***
TE5<--- team efficacy	0.687	0.144	6.064	***
TE4<--- team efficacy	0.836	0.126	6.890	***
TE3<--- team efficacy	0.684	0.159	8.096	***
TE2<--- team efficacy	0.725	0.140	6.858	***

注：*** 表示达到显著水平。

团队效能感的验证性因子分析结果见表 4-36。表 4-36 中的所有指标均符合标准，因此该模型拟合度非常好。

由表 4-36 可知，C.R. 的绝对值大于 1.96，表示参数估计值达到 0.05 显著性水平。根据结构方程模型，当标准化回归权重估计值介于 0.4 与 0.95 之间时，所有回归系数均达到 0.01 显著性水平，这表明潜变量团队效能感具有较好的聚合效度。

4.4.2.2.7　团队沟通的验证性分析

潜变量团队沟通的题项共有 13 个。先对潜变量团队沟通进行探索性分析，提取因子载荷较大的 6 个题项（TC1、TC2、TC5、TC6、TC10、TC13）；再应用 Amos 22.0 对各题项的调查数据进行验证性因子分析，结果见表 4-37。

表 4-37　团队沟通验证性因子分析（N=121）

模型拟合摘要					
匹配指数	卡方/自由度	残差均方根值	均方根误差逼近度	规范拟合指数	Tucker-Lewis指数	临界值识别指数
匹配标准	<3	<0.05	<0.08	>0.90	>0.90	>0.90
结果	3.052	0.006	0.131	0.967	0.951	0.977

标准化回归权重					
路径	估计值	S.E.	C.R.	显著性
TC13<--- team communication	0.677			
TC10<--- team communication	0.793	0.108	10.809	***
TC6<--- team communication	0.920	0.160	9.072	***
TC5<--- team communication	0.649	0.160	6.659	***
TC2<--- team communication	0.959	0.163	9.281	***
TC1<--- team communication	0.664	0.161	6.806	***

注：*** 表示达到显著水平。

团队沟通的验证性因子分析结果见表 4-37。表 4-37 中的残差均方根值、规范拟合指数、Tucker-Lewis 指数、临界值识别指数均符合标准，因此该模型拟合度较好。

由表 4-37 可知，C.R. 的绝对值大于 1.96，表示参数估计值达到 0.05 显著性水平。根据结构方程模型，当标准化回归权重估计值介于 0.4 与 0.95 之间时，所有回归系数均达到 0.01 显著性水平，这表明潜变量团队沟通具有较好的聚合效度。

4.4.2.2.8　环境不确定性的验证性分析

潜变量环境不确定性的题项共有 13 个。先对潜变量环境不确定性进行探索性分析，提取因子载荷较大的 6 个题项（EU2、EU3、EU4、EU5、EU6、EU8）；再应用 Amos22.0 对各题项的调查数据进行验证性因子分析，结果见表 4-38。

表 4-38　环境不确定性验证性因子分析（N=121）

匹配指数	模型拟合摘要					
	卡方/自由度	残差均方根值	均方根误差逼近度	规范拟合指数	Tucker-Lewis指数	临界值识别指数
匹配标准	<3	<0.05	<0.08	>0.90	>0.90	>0.90
结果	2.565	0.032	0.114	0.916	0.898	0.945

标准化回归权重			
路径	估计值	S.E.	C.R.	显著性
EU8<--- environmental uncertainty	0.686	0.132	5.761	***
EU6<--- environmental uncertainty	0.740	0.104	8.274	***
EU5<--- environmental uncertainty	0.366	0.096	4.026	***
EU4<--- environmental uncertainty	0.559	0.110	6.196	***
EU3<--- environmental uncertainty	0.623	0.105	6.919	***
EU2<--- environmental uncertainty	0.879			

注：*** 表示达到显著水平。

环境不确定性的验证性因子分析结果见表 4-38。表 4-38 中的卡方/自由度、残差均方根值、规范拟合指数、临界值识别指数均符合标准，因此该模型拟合度较好。

由表 4-38 可知，C.R. 的绝对值大于 1.96，表示参数估计值达到 0.05 显著性水平。根据结构方程模型，当标准化回归权重估计值介于 0.4 与 0.95 之间时，所有回归系数均达到 0.01 显著性水平，这表明潜变量环境不确定性具有较好的聚合效度。

综上所述，本书研究的 8 个测量变量量表，都通过了探索性因子分析和验证性分析。因此，本书设计的调查问卷可以用于正式调查研究。

第 5 章　大样本分析与结论

5.1　样本与数据

5.1.1　大样本

（1）选择抽样方法：为了确保调研工作的顺利开展，本书的抽样将遵循简单随机抽样原则进行（Wang，2001；Ma，2002）。因此，本次大样本调查实行完全随机抽样。

（2）制订抽样计划：为了确保调研工作顺利开展，在大样本调查前做好了详尽准备，包括调研时间、通过介绍信和电话预约等方式确定技术转移中介联系人、问卷发放与回收方式、问卷填写要求、问卷发放过程中可能出现的问题及应对策略。

（3）确定样本大小：从理论上讲，样本容量越大越好。Bozeman（1988）建议，样本容量最少大于100，最好大于200以上。对于不同的模型，要求有所不一样。一般要求如下：$N/P > 10$；$N/t > 5$。其中，N 为样本容量，p 为指标数目，t 为自由估计参数的数目。本书的调查问卷题项为80项，相应的样本容量至少大于400（$N > t \times 5 = 80 \times 5 = 400$）。小样本数据分析，8个潜变量有46个因子，相应的大样本容量至少大于460（$N > 46 \times 10 = 460$）。因此，大样本调查的样本容量至少大于400。

（4）选择样本：中国科技部批复的453家国家技术转移示范机构，从地域分布看，东部地区示范机构275家（占60.70%），中部地区81家（占17.88%），西部地区97家（占21.42%）。首先，根据事先整理的调查名录，从中随机抽取300家技术转移中介。按照国家技术转移示范机构的东部、中部、西部的占比进行分配，即从东部11个省级行政区中抽取180家技术转移中介，从中部8个省级行政区中抽取54家技术转移中介，从西部12个省级行政区中抽取66家技术转移中介。其次，根据每家技术转移中介规模和实际拥有的技术转移团队数量随机抽取1～5个技术转移团队。最后，邀请同一团队的1名团队主管和3名团队成员共同完成一套问卷。

结合科技部于2018年第一季度在全国范围内开展的453家国家技术转移示范机构年度统计工作开展调查，本次调查集中在2018年1月2日—2018年3月31日，共历时3个月。本书的研究定位在团队层面，为保证数据质量与可用性，每套问卷由技术转移团队的1名团队主管（填写A卷）及3位团队成员（填写B卷）共同填写。这样，被调查者比较熟悉其所在团队的整体运作情况，能够客观填写量表。

本次调查主要通过3种途径发放调查问卷，共计发放585套调查问卷，回收443套完整问卷。第一种是现场发放：此类调查问卷为拜访时现场发放，并现场解答疑问，共发出调查问卷60套（每套包含4份问卷），回收完整问卷60套，回收率为100%。第二种是网络发放：通过网络平台以在线作答形式发出调查问卷346套，经过反复沟通与跟催，回收完整问卷235套，回收率为67.92%。第三种是委托发放：通过委托亲友协助发放问卷，共发出调查问卷179套，回收完整问卷148套，回收率为82.68%。根据以下4个标准对回收的问卷进行筛选：①问卷填写不完整；②同一个团队的有效问卷少于4份；③同一团队的问卷存在明显雷同；④问卷填写呈现明显规律，如所有选项均选择同一选项等。最终对回收的443套调查问卷进行初步检查，删除了41套不符合上述标准的调查问卷，得到有效问卷402

套，共计1 608份。由于采用现场发放、网络发放等多种方式收集调查问卷，因此需要检验这些调查方法对样本的独立性、有效性等是否产生影响，以验证所有调查是否来自同一样本母体（Zhang and Li，2009）。

5.1.2 无应答偏差分析

本书通过两种方法对样本数据进行无应答偏差检验。首先，检查调查问卷是否有拒绝填写的情况。结果表明，未发现因调查问卷设计不妥或者对调查问卷中相关潜变量测量的异议等而被拒绝填写的情形。其次，根据Armstong和Overton（1997）的建议，采用模拟外推法检验调查问卷回答在背景资料方面的差异性。具体操作是将后期回收的一半问卷与前期回收的另一半问卷进行方差检验。我们对调查问卷第一阶段回收的201个团队样本数据与第二阶段回收的201个团队样本数据进行独立样本t检验，以分析不同阶段回收样本之间的差异。

本书独立样本t检验的结果见表5-1。其中，原假设（H0）表示两阶段调查所获取的样本数据在总体均值上不存在显著差异。结果中第一行数据表示假设方差相等的t检验结果，第二行数据为假设方差不相等的t检验结果（Tao，2011）。由表5-1可知，H1的"均值方程的t检验"中的显著性水平（双侧）都大于0.05，即接受假设方差不相等。双侧方差与均值齐性检验结果显示潜变量在前后两个阶段不存在显著差异，即本书的大样本数据不存在无应答偏差问题，可用于下一阶段的数据分析。

表5-1 小样本t检验分析

检验项目		方差方程的Levene检验		均值方程的t检验					差分的95%置信区间	
		均值齐性检验结果	显著性水平	t	自由度	显著性水平（双侧）	均值	差值标准	上限	下限
EU	假设方差相等	8.571	0.004	−0.796	119	0.427	−0.051	0.064	−0.177	0.076
	假设方差不相等			−0.799	108.249	0.426	−0.051	0.064	−0.177	0.075

续表

检验项目		方差方程的 Levene 检验		均值方程的 t 检验						
		均值齐性检验结果	显著性水平	t	自由度	显著性水平（双侧）	均值	差值标准	差分的 95%置信区间	
									上限	下限
TP	假设方差相等	17.612	0.000	−1.433	119	0.155	−0.1057	0.0738	−0.2518	0.0404
	假设方差不相等			−1.438	103.064	0.154	−0.1057	0.0735	−0.2516	0.0401
TB	假设方差相等	1.642	0.202	0.439	119	0.661	0.034	0.076	−0.118	0.185
	假设方差不相等			0.440	117.001	0.661	0.034	0.076	−0.117	0.184
TE	假设方差相等	3.124	0.080	0.140	119	0.889	0.011	0.078	−0.143	0.165
	假设方差不相等			0.140	118.124	0.889	0.011	0.078	−0.143	0.164
TC	假设方差相等	0.428	0.514	0.288	119	0.774	0.024	0.084	−0.142	0.191
	假设方差不相等			0.288	118.940	0.774	0.024	0.084	−0.142	0.191
TD	假设方差相等	0.918	0.340	0.769	119	0.444	0.068	0.089	−0.108	0.244
	假设方差不相等			0.768	116.527	0.444	0.068	0.089	−0.108	0.244
TF	假设方差相等	0.242	0.624	0.487	119	0.627	0.044	0.091	−0.136	0.225
	假设方差不相等			0.487	117.367	0.627	0.044	0.091	−0.137	0.226
TT	假设方差相等	0.257	0.613	0.498	119	0.619	0.045	0.090	−0.133	0.222
	假设方差不相等			0.498	117.754	0.620	0.045	0.090	−0.133	0.222

5.2 大样本描述性统计

根据有效问卷可以得到技术转移团队所在机构的区域分布情况,具体见表 5-2。由表 5-2 中可以看出,技术转移中介共有 247 家,其中东部 135 家(占 54.66%),中部 41 家(占 16.56%),西部 71 家(占 28.78%)。对比 453 家国家技术转移示范机构的地域分布比例,东部 275 家(占 60.71%),中部 81 家(占 17.88%),西部 97 家(占 21.41%),可以看出样本的地域分布与获批为国家技术转移示范机构的区域分布比例大致相当。西部的相对偏高,其原因可能是笔者目前工作于中国科学院重庆绿色智能技术研究院所处西部。

表 5-2 大样本技术转移中介区域分布

地区	企业数/家	企业占比/%	团队数/个	团队占比/%
东部	135	54.66	253	62.94
中部	41	16.56	71	17.66
西部	71	28.78	78	19.40
合计	247	100	402	100

根据有效问卷可以得到技术转移中介的基本情况,具体见表 5-3。在单位性质方面,国有单位居多,有 196 家,占 79.35%;团队数量 308 个,占 76.62%。在单位规模方面,绝大多数样本单位的规模在 100 人及以下,达到 245 家,占 99.19%;团队数量 397 个,占 98.76%。

表 5-3 大样本抽样团队所在单位基本情况

	统计内容($N=247$)	测量代码	单位数量	所占比例	团队数量	所占比例
单位性质	国有单位(含国有控股)	1	196	79.35%	308	76.62%
	非国有企业	0	51	20.65%	39	23.38%
单位规模	100 人及以下	1	245	99.19%	397	98.76%
	101~300 人	0	2	0.81%	5	1.24%
	301~500 人		0	0	0	0
	501~1000 人		0	0	0	0
	1 000 人以上		0	0	0	0

根据有效问卷可以得到技术转移团队及其人口描述性统计情况，具体见表5-4。由表5-4可知，样本技术转移团队的规模主要集中在6～10人（为259个团队，占64.43%），这样的规模对团队有效运营而言是较为合适的；样本技术转移团队成立时间主要集中在1～3年（248个团队，占61.69%），样本技术转移团队所处阶段以磨合期为主（252个团队，占62.69%）。这说明样本技术转移团队对所承担的技术转移任务有一定的认识，研究的结论可以反映出团队现有的技术转移活动情况。有效样本团队共有1 608名技术转移人员，其中包括402名团队主管和1 206名团队成员。从人口描述统计特征可以发现，样本技术转移团队成员以男性为主（1 132人，占70.40%），年龄主要集中在26～35岁（861人，占53.54%），参加工作时间主要集中在10年以上（563人，占35.01%），目前岗位工作年限主要集中在4～5年（584人，占36.32%），在团队工作的时间主要集中在1～3年（586人，占36.44%），接受教育的程度以本科/专科学历为主（1 243人，占77.30%）。这说明样本技术转移团队成员大多是高学历的年轻男性且比较稳定。

表5-4 大样本抽样团队基本情况

统计内容（N=402）		团队数/个	团队占比/%	统计内容（N=1 206）		成员数	成员占比/%
团队规模	5人及以下	85	21.14	成员性别	男	1 132	70.40
	6～10人	259	64.43		女	476	29.60
	11～15人	42	10.45	成员教育程度	高中/中专及以下	152	9.45
	15～20人	11	2.74		本科/专科	1 243	77.30
	20人以上	5	1.24		硕士及博士（后）	213	13.25
团队成立时间	0～3个月	0	0.00	成员年龄	25岁及以下	293	18.22
	4～6个月	1	0.25		26～35岁	861	53.54
	7～12个月	93	23.13		36～45岁	247	15.36
	1～3年	272	67.66		46～55岁	162	10.07
	3年以上	36	8.96		55岁以上	45	2.80

续表

统计内容（N=402）		团队数/个	团队占比/%	统计内容（N=1 206）		成员数	成员占比/%
团队所处阶段	组建期	101	25.12	成员参加工作时间	1年及以下	26	1.62
	磨合期	252	62.69		1~3年	271	16.85
	规范期	43	10.70		4~5年	303	18.84
	成熟期	6	1.49		6~10年	445	27.67
	衰退期	0	0.00		10年以上	563	35.01
				成员目前岗位工作年限	1年及以下	341	21.21
					1~3年	452	28.11
					4~5年	584	36.32
					6~10年	196	12.19
					10年以上	35	2.18
				成员在团队工作的时间	0~3个月	325	20.21
					4~6个月	341	21.21
					7~12个月	586	36.44
					1~3年	314	19.53
					3年以上	42	2.61

5.3 变量描述性统计

5.3.1 前因变量

本书研究的前因变量的描述性统计见表5-5。由表5-5可知，所有题项的最小值、最大值均在合理范围之内，并且偏度均小于2，峰度均小于5，可以认为数据服从正态分布。

表 5–5　前因变量的描述性统计

变量名称	题项	N	最小值	最大值	均值	标准差	偏度	峰度
任务依赖性	TD1	1 206	4.000	7.000	5.733	0.662	−0.264	3.096
	TD2	1 206	4.000	7.000	5.588	0.756	0.251	2.512
	TD3	1 206	5.000	7.000	5.783	0.675	0.291	2.166
任务复杂性	TF1	1 206	4.000	7.000	5.776	0.739	−0.163	2.718
	TF2	1 206	4.000	7.000	5.730	0.656	−0.319	3.179
	TF3	1 206	5.000	7.000	5.787	0.672	0.280	2.180
	TF4	1 206	4.000	7.000	5.990	0.747	0.234	2.526
	TF5	1 206	4.000	7.000	5.990	0.713	−0.040	2.119
任务时间压力	TT1	1 206	4.000	7.000	5.588	0.756	0.274	2.501
	TT2	1 206	4.000	7.000	5.723	0.663	−0.221	3.025
	TT3	1 206	5.000	7.000	5.798	0.679	0.274	2.145
	TT4	1 206	4.000	7.000	5.769	0.740	−0.205	2.779

5.3.2　自变量

本书研究的自变量的描述性统计见表 5–6。由表 5–6 可知，所有题项的最小值、最大值均在合理范围之内，并且偏度均小于 2，峰度均小于 5，可以认为数据服从正态分布。

表 5–6　自变量的描述性统计

变量名称	题项	N	最小值	最大值	均值	标准差	偏度	峰度
团队跨界活动	TB1	1 206	4.000	7.000	6.051	0.731	−0.347	2.676
	TB2	1 206	4.000	7.000	6.042	0.748	−0.366	2.648
	TB3	1 206	4.000	7.000	5.864	0.772	−0.108	2.361
	TB4	1 206	4.000	7.000	6.160	0.732	−0.461	2.623
	TB5	1 206	4.000	7.000	6.169	0.745	−0.548	2.789
	TB6	1 206	4.000	7.000	6.071	0.725	−0.370	2.726
	TB7	1 206	4.000	7.000	5.983	0.783	−0.291	2.421
	TB8	1 206	4.000	7.000	6.196	0.730	−0.499	2.603
	TB9	1 206	4.000	7.000	5.926	0.731	−0.218	2.651
	TB10	1 206	4.000	7.000	6.093	0.756	−0.422	2.596
	TB11	1 206	4.000	8.000	5.721	0.766	0.065	2.512
	TB12	1 206	4.000	7.000	6.048	0.727	−0.371	2.790

续表

变量名称	题项	N	最小值	最大值	均值	标准差	偏度	峰度
团队跨界活动	TB13	1 206	4.000	7.000	6.184	0.733	−0.479	2.561
	TB14	1 206	4.000	7.000	6.036	0.758	−0.358	2.583
	TB15	1 206	4.000	7.000	6.166	0.727	−0.486	2.722
	TB16	1 206	4.000	7.000	6.087	0.786	−0.375	2.789
	TB17	1 206	4.000	7.000	6.043	0.748	−0.427	2.828
	TB18	1 206	4.000	7.000	6.175	0.737	−0.551	2.835
	TB19	1 206	4.000	7.000	5.886	0.791	−0.178	2.373
	TB20	1 206	4.000	7.000	6.196	0.724	−0.539	2.809
	TB21	1 206	4.000	7.000	6.039	0.758	−0.329	2.492
	TB22	1 206	4.000	7.000	6.162	0.744	−0.537	2.783
	TB23	1 206	4.000	7.000	6.065	0.751	−0.425	2.733
	TB24	1 206	4.000	7.000	5.738	0.671	−0.197	2.985

5.3.3 因变量

本书研究的因变量的描述性统计见表5-7。其中，由于本书设置了反向题项，因此把反向题项（TP5、TP7）的分数正向化之后才进行数据分析。由表5-7可知，所有题项的最小值、最大值均在合理范围之内，并且偏度均小于2，峰度均小于5，可以认为数据服从正态分布。

表5-7 因变量的描述性统计

变量名称	题项	N	最小值	最大值	均值	标准差	偏度	峰度
团队绩效	TP1	402	5.000	7.000	6.443	0.549	−0.268	2.016
	TP2	402	5.000	7.000	6.363	0.592	−0.321	2.315
	TP3	402	5.000	7.000	6.440	0.563	−0.352	2.151
	TP4	402	5.000	7.000	6.355	0.556	−0.109	2.219
	TP5	402	5.000	6.000	5.559	0.497	−0.240	1.057
	TP6	402	5.000	7.000	6.318	0.593	−0.237	2.363
	TP7	402	4.000	6.000	5.544	0.546	−0.637	2.276
	TP8	402	5.000	7.000	6.303	0.597	−0.227	2.382
	TP9	402	5.000	7.000	6.465	0.551	−0.353	2.050
	TP10	402	5.000	7.000	6.452	0.564	−0.398	2.172

5.3.4 中介变量

本书研究的中介变量的描述性统计见表5-8。其中，由于本书设置了反向题项，因此把反向题项（TC3、TC8）的分数正向化之后才进行数据分析。由表5-8可知，所有题项的最小值、最大值均在合理范围之内，并且偏度均小于2，峰度均小于5，可以认为数据服从正态分布。

表5-8 中介变量的描述性统计

变量名称	题项	N	最小值	最大值	均值	标准差	偏度	峰度
团队效能感	TE1	1 206	5.000	7.000	6.248	0.665	−0.327	2.210
	TE2	1 206	5.000	7.000	6.162	0.685	−0.218	2.118
	TE3	1 206	5.000	7.000	5.776	0.681	0.313	2.138
	TE4	1 206	5.000	7.000	5.873	0.613	0.079	2.577
	TE5	1 206	5.000	7.000	5.830	0.717	0.262	1.963
	TE6	1 206	5.000	7.000	5.975	0.660	0.026	2.292
	TE7	1 206	5.000	7.000	6.285	0.641	−0.341	2.292
	TE8	1 206	5.000	7.000	6.324	0.630	−0.383	2.317
团队沟通	TC1	1 206	5.000	7.000	6.318	0.641	−0.405	2.294
	TC2	1 206	5.000	7.000	6.336	0.621	−0.381	2.328
	TC3	1 206	4.000	6.000	5.481	0.506	−0.002	1.195
	TC4	1 206	5.000	7.000	6.300	0.637	−0.357	2.302
	TC5	1 206	5.000	7.000	6.319	0.645	−0.418	2.286
	TC6	1 206	5.000	7.000	6.350	0.614	−0.383	2.333
	TC7	1 206	5.000	7.000	6.347	0.613	−0.375	2.333
	TC8	1 206	4.000	6.000	5.575	0.507	−0.459	1.583
	TC9	1 206	5.000	7.000	6.294	0.642	−0.359	2.293
	TC10	1 206	5.000	7.000	6.387	0.600	−0.413	2.326
	TC11	1 206	5.000	7.000	6.349	0.618	−0.395	2.332
	TC12	1 206	5.000	7.000	6.374	0.600	−0.382	2.324
	TC13	1 206	5.000	7.000	6.268	0.657	−0.349	2.240

5.3.5 调节变量

本书研究的调节变量的描述性统计见表5-9。由表5-9可知，所有题项的最小值、最大值均在合理范围之内，并且偏度均小于2，峰度均小于5，可以认为数据服从正态分布。

表5-9 调节变量的描述性统计

变量名称	题项	N	最小值	最大值	均值	标准差	偏度	峰度
环境不确定性	EU1	402	5.000	7.000	6.316	0.601	−0.267	2.359
	EU2	402	5.000	7.000	6.301	0.679	−0.455	2.188
	EU3	402	5.000	7.000	6.344	0.711	−0.607	2.159
	EU4	402	5.000	7.000	6.374	0.699	−0.663	2.252
	EU5	402	5.000	7.000	6.261	0.643	−0.303	2.294
	EU6	402	5.000	7.000	6.269	0.687	−0.404	2.137
	EU7	402	5.000	7.000	6.274	0.651	−0.344	2.263
	EU8	402	5.000	7.000	6.311	0.636	−0.375	2.305
	EU9	402	5.000	7.000	6.259	0.626	−0.256	2.356
	EU10	402	5.000	7.000	6.361	0.621	−0.433	2.334
	EU11	402	5.000	7.000	6.154	0.671	−0.168	2.347
	EU12	402	5.000	7.000	6.167	0.643	−0.168	2.347
	EU13	402	5.000	7.000	6.169	0.725	−0.269	1.929

5.4 信度和效度分析

5.4.1 前因变量

5.4.1.1 任务依赖性

为了有效检验本书所使用的任务依赖性测量量表的信度和效度，本书对该测量量表先进行探索性因子分析，再进行验证性因子分析。

在进行探索性因子分析之前，本书首先开展KMO样本测度和巴特利特球形检验，以确保可以进行探索性因子分析。通常认为当KMO值大于0.6且巴特利特球形检验值显著时，可以进行探索性因子分析（Ma，2002）。任务依赖性测量量表的KMO样本测度和巴特利特球形检验的结果见表5-10。

表 5-10　任务依赖性测量量表的 KMO 样本测度和巴特利特球形检验结果

KMO 样本充分性检验值		0.635
巴特利特球形检验	卡方值	377.930
	自由度	3
	显著性检验值	0.000

由表 5-10 可知，KMO 值为 0.635，大于 0.60；巴特利特球形检验值达到显著性水平。这说明对本书所用样本而言，任务依赖性测量量表可以进行探索性因子分析。因此，本书采用主成分分析法提取因子，并按照最大方差法进行因子旋转，将特征值大于 1 作为因子提取标准，任务依赖性测量量表的探索性因子分析结果见表 5-11。

表 5-11　任务依赖性测量量表的探索性因子分析结果

测量题项	描述性统计分析				因子
	最小值	最大值	平均值	标准差	任务依赖性
TD1	4.000	7.000	5.733	0.662	0.742
TD2	4.000	7.000	5.588	0.756	0.778
TD3	5.000	7.000	5.783	0.675	0.722
特征值					1.677
解释的变异 / %					55.892
累计解释的变异 / %					55.892

由表 5-11 可知，任务依赖性测量量表较好地提取了 3 个因子，这与本书构建的测量指标体系是一致的。从因子载荷分布来看，各个测量题项都较好地根据预期归入了单个因子，累计解释了 55.892 % 的方差变异。

接下来，本书运用 SPSS 22.0 软件对任务依赖性的单个因子进行信度检验，检验结果见表 5-12。由表 5-12 可知，大多数题项 - 总体相关系数大于 0.4，同时任务依赖性整体量表的克龙巴赫 α 系数达到了 0.60 的可接受值，并且删除每一题项的克龙巴赫 α 系数都小于原量表克龙巴赫 α 系数。这表明任务依赖性测量量表各题项之间具有较好的内部一致性，任务依赖性测量量表具有较好的信度。

表 5-12　任务依赖性测量量表的信度检验结果

变量名称	题项	题项 – 总体相关系数	复相关系数平方	删除此题项后克龙巴赫 α 值	克龙巴赫 α 值
任务依赖性	TD1	0.409	0.170	0.512	0.605
	TD2	0.447	0.200	0.455	
	TD3	0.389	0.152	0.539	

在上述探索性因子分析与信度检验的基础上，本书对任务依赖性测量量表开展验证性因子分析，以期更好地对其效度进行检验。本书运用 Amos 22.0 软件对任务依赖性测量量表进行验证性因子分析，分析参数估计见表 5-13，验证性因子分析的拟合情况见表 5-14。

表 5-13　任务依赖性测量量表验证性因子分析参数估计

题项	标准化估计值	非标准化估计值	平均变异数抽取量
TD1	0.563	0.746	0.343
TD2	0.662	1.000	
TD3	0.524	0.707	

表 5-14　任务依赖性测量量表验证性因子分析拟合指标

测量模型	卡方检测值	自由度	卡方/自由度	均方根误差逼近度	临界值识别指数	基准匹配度指标	基准匹配度指标	比较匹配度指标
独立模型	0.000	1						
验证模型	3.785	3	1.261	0.032	1.000	1.000	1.000	1.000
评估标准			<3.000	<0.070	>0.900	>0.90	>0.900	

由表 5-13、表 5-14 可知，任务依赖性测量量表所有题项的标准化因子载荷均大于门槛值 0.4，且均在 $p < 0.001$ 的水平上显著，基于各测量指标在其对应变量的标准化因子载荷计算得出各变量的平均变异数抽取量大于 0.3，这说明任务依赖性测量量表具备收敛效度。

5.4.1.2　**任务复杂性**

为了有效检验本书所使用的任务复杂性测量量表的信度和效度检验，

本书对该测量量表先进行探索性因子分析，再进行验证性因子分析。

在进行探索性因子分析之前，本书首先开展 KMO 样本测度和巴特利特球形检验，以确保可以进行探索性因子分析。通常认为当 KMO 值大于 0.7 且巴特利特球形检验值显著时，适合进行探索性因子分析（Ma，2002）。任务复杂性测量量表的 KMO 样本测度和巴特利特球形检验的结果见表 5-15。

表 5-15　任务复杂性测量量表的 KMO 样本测度和巴特利特球形检验结果

KMO 样本充分性检验值		0.776
巴特利特球形检验	卡方值	1 642.784
	自由度	10
	显著性检验值	0.000

由表 5-15 可知，KMO 值为 0.776，大于 0.70；巴特利特球形检验值达到显著性水平。这说明对本书所用样本而言，任务复杂性测量量表适合进行探索性因子分析。因此，本书采用主成分分析法提取因子，并按照最大方差法进行因子旋转，将特征值大于 1 作为因子提取标准，任务复杂性测量量表的探索性因子分析结果见表 5-16。

表 5-16　任务复杂性测量量表的探索性因子分析结果

测量题项	描述性统计分析				因子
	最小值	最大值	平均值	标准差	任务复杂性
TF1	4.000	7.000	5.776	0.793	0.649
TF2	4.000	7.000	5.730	0.656	0.557
TF3	5.000	7.000	5.787	0.672	0.552
TF4	4.000	7.000	5.990	0.747	0.524
TF5	4.000	7.000	5.990	0.713	0.391
特征值					2.674
解释的变异 / %					53.474
累计解释的变异 / %					53.474

由表 5-16 可知，任务复杂性测量量表较好地提取了一个因子，这与本书构建的测量指标体系是一致的。从因子载荷分布来看，各个测量题项

都较好地根据预期归入了单个因子，累计解释了 53.474% 的方差变异。

接下来，本书运用 SPSS 22.0 软件对任务复杂性的单个因子进行信度检验，检验结果见表 5-17。由表 5-17 可知，大多数题项-总体相关系数大于 0.5，同时任务复杂性整体量表的克龙巴赫 α 系数也高于 0.70 的门槛值，并且删除每一题项的克龙巴赫 α 系数都小于原量表克龙巴赫 α 系数。这表明任务复杂性测量量表各题项之间具有较好的内部一致性，任务复杂性测量量表具有较好的信度。

表 5-17　任务复杂性测量量表的信度检验结果

变量名称	题项	题项-总体相关系数	复相关系数平方	删除此题项后克龙巴赫 α 系数	克龙巴赫 α 系数
任务复杂性	TF1	0.633	0.481	0.711	0.780
	TF2	0.565	0.404	0.736	
	TF3	0.568	0.333	0.735	
	TF4	0.557	0.325	0.738	
	TF5	0.454	0.241	0.772	

在上述探索性因子分析与信度检验的基础上，本书对任务复杂性测量量表开展验证性因子分析，以期更好地对其效度进行检验。本书运用 Amos 22.0 软件对任务复杂性测量量表进行验证性因子分析，分析系数估计见表 5-18，验证性因子分析的拟合情况见表 5-19。

表 5-18　任务复杂性测量量表验证性因子分析参数估计

题项	标准化估计值	非标准化估计值	平均变异数抽取量
TF1	0.807	1.333	0.423
TF2	0.710	1.021	
TF3	0.643	1.000	
TF4	0.594	1.117	
TF5	0.471	0.860	

表 5-19　任务复杂性测量量表验证性因子分析拟合指标

测量模型	卡方检测值	自由度	卡方/自由度	均方根误差逼近度	临界值识别指数	基准匹配度指标	非标准匹配度指标	比较匹配度指标
独立模型	25.392	13						
验证模型	24.619	15	1.641	0.079	0.961	0.962	0.957	0.995
评估标准			<3.000	<0.080	>0.900	0.9000	>0.900	

由表 5-18、表 5-19 可知，任务复杂性测量量表所有题项的标准化因子载荷均大于门槛值 0.4，且均在 $p<0.001$ 的水平上显著，基于各测量指标在其对应变量的标准化因子载荷计算得出各变量的平均变异数抽取量大于 0.4，这说明任务复杂性测量量表具备收敛效度。

5.4.1.3　任务时间压力

为有效检验本书所使用的任务时间压力测量量表的信度和效度，本书对该测量量表先进行探索性因子分析，再进行验证性因子分析。

在进行探索性因子分析之前，本书首先开展 KMO 样本测度和巴特利特球形检验，以确保可以进行探索性因子分析。通常认为当 KMO 值大于 0.7 且巴特利特球形检验值显著时，适合进行探索性因子分析（Ma，2002）。任务时间压力测量量表的 KMO 样本测度和巴特利特球形检验的结果见表 5-20。

表 5-20　任务时间压力测量量表的 KMO 样本测度和巴特利特球形检验结果

KMO 值		0.747
巴特利特球形检验	卡方值	1 109.059
	自由度	6
	显著性检验值	0.000

由表 5-20 可知，KMO 值为 0.747，大于 0.70；巴特利特球形检验值达到显著性水平。这说明对本书所用样本而言，任务时间压力测量量表适合进行探索性因子分析。因此，本书采用主成分分析法提取因子，并按照最大方差法进行因子旋转，将特征值大于 1 作为因子提取标准，任务时间压力测量量表的探索性因子分析结果见表 5-21。

表 5-21 任务时间压力测量量表的探索性因子分析结果

测量题项	描述性统计分析				因子
	最小值	最大值	平均值	标准差	任务时间压力
TT1	4.000	7.000	5.588	0.756	0.473
TT2	4.000	7.000	5.723	0.663	0.580
TT3	4.000	7.000	5.798	0.679	0.579
TT4	4.000	7.000	5.769	0.740	0.666
特征值					2.299
解释的变异 / %					57.443
累计解释的变异 / %					57.443

由表 5-21 可知，任务时间压力测量量表较好地提取了一个因子，这与本书构建的测量指标体系是一致的。从因子载荷分布来看，各个测量题项都较好地根据预期归入了单个因子，累计解释了 53.474% 的方差变异。

接下来，本书运用 SPSS 22.0 软件对任务时间压力的单个因子进行信度检验，检验结果见表 5-22。由表 5-22 可知，所有的题项 – 总体相关系数均大于 0.4，同时任务时间压力整体量表的克龙巴赫 α 系数也高于 0.70 的门槛值，并且删除每一题项的克龙巴赫 α 系数都小于原量表克龙巴赫 α 系数。这表明任务时间压力测量量表各题项之间具有较好的内部一致性，任务时间压力测量量表具有较好的信度。

表 5-22 任务时间压力测量量表的信度检验结果

变量名称	题项	题项 – 总体相关系数	复相关系数平方	删除此题项后克龙巴赫 α 系数	克龙巴赫 α 系数
任务时间压力	TT1	0.471	0.224	0.735	0.752
	TT2	0.552	0.322	0.689	
	TT3	0.551	0.323	0.689	
	TT4	0.641	0.405	0.651	

在上述探索性因子分析与信度检验的基础上，本书对任务时间压力测量量表开展验证性因子分析，以期更好地对其效度进行检验。本书运用 Amos 22.0 软件对任务时间压力测量量表进行验证性因子分析，分析参数估计见表 5-23，验证性因子分析的拟合情况见表 5-24。

表 5-23　任务时间压力测量量表验证性因子分析参数估计

题项	标准化估计值	非标准化估计值	平均变异数抽取量
TT1	0.539	0.901	0.447
TT2	0.669	0.983	
TT3	0.664	1.000	
TT4	0.781	1.289	

表 5-24　任务时间压力测量量表验证性因子分析拟合指标

测量模型	卡方检测值	自由度	卡方/自由度	均方根误差逼近度	临界值识别指数	基准匹配度指标	非标准匹配度指标	比较匹配度指标
独立模型	1.620	1						
验证模型	3.028	2	1.514	0.079	0.952	0.953	0.948	0.995
评估标准			<3.000	<0.080	>0.900	>0.9000	>0.900	

由表 5-23、表 5-24 可知，任务时间压力测量量表所有题项的标准化因子载荷均大于门槛值 0.4，而且均在 $p<0.001$ 的水平上显著，基于各测量指标在其对应变量的标准化因子载荷计算得出各变量的平均变异数抽取量大于 0.4，这说明任务时间压力测量量表具备收敛效度。

5.4.2　自变量

为了有效检验本书所使用的团队跨界活动测量量表的信度和效度，本书对该测量量表先进行探索性因子分析，再进行验证性因子分析。

在进行探索性因子分析之前，本书首先开展 KMO 样本测度和巴特利特球形检验，以确保可以进行探索性因子分析。通常认为当 KMO 值大于 0.7 且巴特利特球形检验值显著时，适合进行探索性因子分析（Ma，2002）。团队跨界活动测量量表的 KMO 样本测度和巴特利特球形检验的结果见表 5-25。

表 5-25 团队跨界活动测量量表的 KMO 样本测度和巴特利特球形检验结果

KMO 值		0.842
巴特利特球形检验	卡方值	20 175.981
	自由度	276
	显著性检验值	0.000

由表 5-25 可知，KMO 值为 0.842，大于 0.70；巴特利特球形检验值达到显著性水平。这说明对本书所用样本而言，团队跨界活动测量量表适合进行探索性因子分析。因此，本书采用主成分分析法提取因子，并按照最大方差法进行因子旋转，将特征值大于 1 作为因子提取标准，团队跨界活动测量量表的探索性因子分析结果见表 5-26。

表 5-26 团队跨界活动测量量表的探索性因子分析结果

测量题项	描述性统计分析				因子
	最小值	最大值	平均值	标准差	团队跨界活动
TB1	4.000	7.000	6.051	0.731	0.805
TB2	4.000	7.000	6.042	0.748	0.782
TB3	4.000	7.000	5.846	0.772	0.717
TB4	4.000	7.000	6.160	0.732	0.803
TB5	4.000	7.000	6.169	0.745	0.797
TB6	4.000	7.000	6.071	0.725	0.738
TB7	4.000	7.000	5.983	0.783	0.784
TB8	4.000	7.000	6.196	0.730	0.730
TB9	4.000	7.000	5.926	0.731	0.629
TB10	4.000	7.000	6.093	0.756	0.603
TB11	4.000	7.000	5.721	0.766	0.641
TB12	4.000	7.000	6.048	0.727	0.700
TB13	4.000	7.000	6.184	0.733	0.696
TB14	4.000	7.000	6.036	0.758	0.683
TB15	4.000	7.000	6.166	0.727	0.744

续表

测量题项	描述性统计分析				因子
	最小值	最大值	平均值	标准差	团队跨界活动
TB16	4.000	7.000	6.087	0.786	0.199
TB17	4.000	7.000	6.043	0.748	0.751
TB18	4.000	7.000	6.175	0.737	0.758
TB19	4.000	7.000	5.886	0.791	0.702
TB20	4.000	7.000	6.196	0.724	0.739
TB21	4.000	7.000	6.039	0.758	0.712
TB22	4.000	7.000	6.162	0.744	0.718
TB23	4.000	7.000	6.065	0.751	0.612
TB24	4.000	7.000	5.738	0.671	0.635
特征值					1.900
解释的变异 / %					26.644
累计解释的变异 / %					69.493

由表 5-26 可知，团队跨界活动测量量表较好地提取了一个因子，这与本书构建的测量指标体系是一致的。从因子载荷分布来看，各个测量题项都较好地根据预期归入了单个因子，累计解释了 69.493% 的方差变异。

接下来，本书运用 SPSS 22.0 软件对团队跨界活动的单个因子进行信度检验，检验结果见表 5-27。由表 5-27 可知，所有的题项－总体相关系数均大于 0.6，同时团队跨界活动整体量表的克龙巴赫 α 系数也高于 0.70 的门槛值，并且 24 个题项中有 23 个题项在删除此题项后克龙巴赫 α 系数都小于原量表克龙巴赫 α 系数，这表明团队跨界活动测量量表各题项之间具有较好的内部一致性，团队跨界活动测量量表具有较好的信度。

表 5-27 团队跨界活动测量量表的信度检验结果

变量名称	题项	题项-总体相关系数	复相关系数平方	删除此题项后克龙巴赫α系数	克龙巴赫α系数
团队跨界活动	TB1	0.621	0.443	0.820	0.865
	TB2	0.675	0.467	0.819	
	TB3	0.601	0.307	0.825	
	TB4	0.646	0.452	0.820	
	TB5	0.677	0.469	0.819	
	TB6	0.613	0.408	0.822	
	TB7	0.606	0.330	0.824	
	TB8	0.616	0.425	0.821	
	TB9	0.698	0.547	0.817	
团队跨界活动	TB10	0.691	0.496	0.818	0.865
	TB11	0.610	0.368	0.823	
	TB12	0.611	0.409	0.822	
	TB13	0.613	0.418	0.821	
	TB14	0.615	0.441	0.820	
	TB15	0.623	0.458	0.820	
	TB16	0.622	0.454	0.867	
	TB17	0.616	0.426	0.821	
	TB18	0.631	0.455	0.820	
	TB19	0.607	0.331	0.824	
	TB20	0.609	0.397	0.822	
	TB21	0.603	0.329	0.824	
	TB22	0.621	0.453	0.820	
	TB23	0.613	0.427	0.821	
	TB24	0.692	0.577	0.816	

在上述探索性因子分析与信度检验的基础上，本书对团队跨界活动测量量表开展验证性因子分析，以期更好地对其效度进行检验。本书运用 Amos 22.0 软件对团队跨界活动测量量表进行验证性因子分析，分析参数估计见表 5-28，验证性因子分析的拟合情况见表 5-29。

表 5-28 团队跨界活动测量量表验证性因子分析参数估计

题项	标准化估计值	非标准化估计值	平均变异抽取量
TB1	0.903	2.527	
TB2	0.704	2.228	
TB3	0.534	0.922	
TB4	−0.001	−0.125	
TB5	−0.070	−0.317	
TB6	0.861	2.293	
TB7	−0.173	−1.812	
TB8	−0.027	−0.153	
TB9	0.458	1.000	
TB10	0.289	1.287	
TB11	0.192	0.626	
TB12	0.753	2.334	0.295
TB13	−0.032	0.672	
TB14	0.638	4.818	
TB15	−0.052	1.000	
TB16	0.299	−4.883	
TB17	0.809	−5.782	
TB18	0.878	1.000	
TB19	−0.067	−0.471	
TB20	0.672	1.000	
TB21	0.590	9.117	
TB22	0.926	−1.181	
TB23	0.177	1.000	
TB24	0.434	0.531	

表 5-29 团队跨界活动测量量表验证性因子分析拟合指标

测量模型	卡方检测值	自由度	卡方/自由度	均方根误差逼近度	临界值识别指数	基准匹配度指标	非标准匹配度指标	比较匹配度指标
独立模型	737.081	246						
验证模型	312.291	276	1.131	0.021	0.971	0.928	0.943	0.961
评估标准			<3.000	<0.080	>0.900	>0.9000	>0.900	

由表 5-28、表 5-29 可知，团队跨界活动测量量表所有题项的标准化因子载荷均在 $p<0.001$ 的水平上显著，基于各测量指标在其对应变量的标准化因子载荷计算得出各变量的平均变异数抽取量大于 0.2，这说明团队跨界活动测量量表具有良好的收敛效度。

5.4.3 因变量

为了有效检验本书所使用的团队绩效测量量表的信度和效度检验，本书对该测量量表先进行探索性因子分析，再进行验证性因子分析。

在进行探索性因子分析之前，本书首先开展 KMO 样本测度和巴特利特球形检验，以确保可以进行探索性因子分析。通常认为当 KMO 值大于 0.7 且巴特利特球形检验值显著时，适合进行探索性因子分析（Ma，2002）。团队绩效测量量表的 KMO 样本测度和巴特利特球形检验的结果见表 5-30。

表 5-30　团队绩效测量量表的 KMO 样本测度和巴特利特球形检验结果

KMO 值		0.759
巴特利特球形检验	卡方值	1 765.373
	自由度	45
	显著性检验值	0.000

由表 5-30 可知，KMO 值为 0.759，大于 0.70；巴特利特球形检验值达到显著性水平。这说明对本书所用样本而言，团队绩效测量量表适合进行探索性因子分析。因此，本书采用主成分分析法提取因子，并按照最大方差法进行因子旋转，将特征值大于 1 作为因子提取标准，团队绩效测量量表的探索性因子分析结果见表 5-31。

表 5-31　团队绩效测量量表的探索性因子分析结果

测量题项	描述性统计分析				因子
	最小值	最大值	平均值	标准差	团队绩效
TP1	5.000	7.000	6.443	0.549	0.790
TP2	5.000	7.000	6.363	0.592	0.795
TP3	5.000	7.000	6.440	0.563	0.731
TP4	5.000	7.000	6.355	0.556	0.751
TP5	5.000	6.000	5.559	0.497	0.532
TP6	5.000	7.000	6.318	0.593	0.751
TP7	4.000	6.000	5.544	0.546	0.725
TP8	5.000	7.000	6.303	0.579	0.778
TP9	5.000	7.000	6.465	0.551	0.762
TP10	5.000	7.000	6.452	0.564	0.818
特征值					3.802
解释的变异 / %					38.018
累计解释的变异 / %					74.334

由表 5-31 可知，团队绩效测量量表较好地提取了一个因子，这与本书构建的测量指标体系是一致的。从因子载荷分布来看，各个测量题项都较好地根据预期归入了单个因子，累计解释了 74.334% 的方差变异。

接下来，本书运用 SPSS 22.0 软件对团队绩效的单个因子进行信度检验，检验结果见表 5-32。由表 5-32 可知，大多数题项 – 总体相关系数大于 0.5，同时团队绩效整体量表的克龙巴赫 α 系数也高于 0.70 的门槛值，并且删除每一题项的克龙巴赫 α 系数都小于原量表克龙巴赫 α 系数。这表明团队绩效测量量表各题项之间具有较好的内部一致性，团队绩效测量量表具有较好的信度。

表 5-32　团队绩效测量量表的信度检验结果

变量名称	题项	题项-总体相关系数	复相关系数平方	删除此题项后克龙巴赫α系数	克龙巴赫α系数
团队绩效	TP1	0.586	0.402	0.725	0.785
	TP2	0.594	0.411	0.719	
	TP3	0.525	0.392	0.722	
	TP4	0.605	0.427	0.717	
	TP5	0.510	0.395	0.729	
	TP6	0.712	0.479	0.714	
团队绩效	TP7	0.340	0.296	0.724	0.785
	TP8	0.728	0.524	0.712	
	TP9	0.661	0.436	0.718	
	TP10	0.724	0.522	0.717	

在上述探索性因子分析与信度检验的基础上，本书对团队绩效测量量表开展验证性因子分析，以期更好地对其效度进行检验。本书运用 Amos 22.0 软件对团队绩效测量量表进行验证性因子分析，分析参数估计见表 5-33，验证性因子分析的拟合情况见表 5-34。

表 5-33　团队绩效测量量表验证性因子分析参数估计

题项	标准化估计值	非标准化估计值	平均变异抽取量
TP1	−0.560	10.060	0.319
TP2	0.657	−13.079	
TP3	−0.616	11.336	
TP4	0.811	−14.747	
TP5	−0.020	1.000	
TP6	0.707	−13.715	
TP7	−0.017	0.304	
TP8	0.641	−12.507	
TP9	0.500	9.011	
TP10	0.477	8.802	

表 5-34　团队绩效测量量表验证性因子分析拟合指标

测量模型	卡方检测值	自由度	卡方/自由度	均方根误差逼近度	临界值识别指数	基准匹配度指标	非标准匹配度指标	比较匹配度指标
独立模型	40.412	31						
验证模型	80.853	45	1.796	0.071	0.980	0.981	0.974	0.993
评估标准			<3.000	<0.080	>0.900	>0.9000	>0.900	

由表 5-33、表 5-34 可知，团队绩效测量量表所有题项的标准化因子载荷均在 $p<0.001$ 的水平上显著，基于各测量指标在其对应变量的标准化因子载荷计算得出各变量的平均变异数抽取量大于 0.3，这说明团队绩效测量量表具有较好的收敛效度。

5.4.4　中介变量

5.4.4.1　团队效能感

为了有效检验本书所使用的团队效能感测量量表的信度和效度，本书对该测量量表先进行探索性因子分析，再进行验证性因子分析。

在进行探索性因子分析之前，本书首先开展 KMO 样本测度和巴特利特球形检验，以确保可以进行探索性因子分析。通常认为当 KMO 值大于 0.7 且巴特利特球形检验值显著时，适合进行探索性因子分析（Ma，2002）。团队效能感测量量表的 KMO 样本测度和巴特利特球形检验的结果见表 5-35。

表 5-35　团队效能感测量量表的 KMO 样本测度和巴特利特球形检验结果

KMO 值		0.705
巴特利特球形检验	卡方值	1 630.881
	自由度	28
	显著性检验值	0.000

由表 5-35 可知，KMO 值为 0.705，大于 0.70；巴特利特球形检值达到显著性水平。这说明对本书所用样本而言，团队效能感测量量表适合进行

探索性因子分析。因此，本书采用主成分分析法提取因子，并按照最大方差法进行因子旋转，将特征值大于 1 作为因子提取标准，团队效能感测量量表的探索性因子分析结果见表 5-36。

表 5-36　团队效能感测量量表的探索性因子分析结果

测量题项	描述性统计分析				因子
	最小值	最大值	平均值	标准差	团队效能感
TE1	5.000	7.000	6.248	0.665	0.556
TE2	5.000	7.000	6.162	0.685	0.522
TE3	5.000	7.000	5.776	0.681	0.533
TE4	5.000	7.000	5.873	0.613	0.410
TE5	5.000	7.000	5.830	0.717	0.473
TE6	5.000	7.000	5.975	0.660	0.492
TE7	5.000	7.000	5.975	0.660	0.582
TE8	5.000	7.000	6.324	0.630	0.588
特征值					2.455
解释的变异 / %					30.685
累计解释的变异 / %					51.957

由表 5-36 可知，团队效能感测量量表较好地提取了一个因子，这与本书构建的测量指标体系是一致的。从因子载荷分布来看，各个测量题项都较好地根据预期归入了单个因子，累计解释了 51.957% 的方差变异。

接下来，本书运用 SPSS 22.0 软件对团队效能感的单个因子进行信度检验，检验结果见表 5-37。由表 5-37 可知，多数题项 – 总体相关系数大于 0.4，同时团队效能感整体量表的克龙巴赫 α 系数也达到 0.60 的可接受值，并且 8 个题项中有 5 个题项的删除此题项后克龙巴赫 α 系数都小于原量表克龙巴赫 α 系数。这表明团队效能感测量量表各题项之间具有较好的内部一致性，团队效能感测量量表具有较好的信度。

表 5-37 团队效能感测量量表的信度检验结果

变量名称	题项	题项-总体相关系数	复相关系数平方	删除此题项后克龙巴赫α系数	克龙巴赫α系数
团队效能感	TE1	0.213	0.229	0.648	0.644
	TE2	0.245	0.226	0.641	
	TE3	0.524	0.319	0.563	
	TE4	0.446	0.220	0.589	
	TE5	0.471	0.269	0.577	
	TE6	0.509	0.286	0.569	
	TE7	0.181	0.250	0.654	
	TE8	0.153	0.234	0.660	

在上述探索性因子分析与信度检验的基础上，本书对团队效能感测量量表开展验证性因子分析，以期更好地对其效度进行检验。本书运用 Amos 22.0 软件对团队效能感测量量表进行验证性因子分析，分析参数估计见表 5-38，验证性因子分析的拟合情况见表 5-39。

表 5-38 团队效能感测量量表验证性因子分析参数估计

题项	标准化估计值	非标准化估计值	平均变异抽取量
TE1	0.284	0.416	0.232
TE2	0.345	0.512	
TE3	0.667	1.000	
TE4	0.516	0.697	
TE5	0.599	0.946	
TE6	0.608	0.885	
TE7	0.286	0.403	
TE8	0.222	0.307	

表 5-39　团队效能感测量量表验证性因子分析拟合指标

测量模型	卡方检测值	自由度	卡方/自由度	均方根误差逼近度	临界值识别指数	基准匹配度指标	非标准匹配度指标	比较匹配度指标
独立模型	22.673	14						
验证模型	35.631	28	1.272	0.079	0.932	0.933	0.925	0.977
评估标准			<3.000	<0.080	>0.900	>0.9000	>0.900	

由表 5-38、表 5-39 可知，团队效能感测量量表所有题项的标准化因子载荷大于 0.2，且均在 $p<0.001$ 的水平上显著，基于各测量指标在其对应变量的标准化因子载荷计算得出各变量的平均变异数抽取量大于 0.2，这说明团队效能感测量量表具备收敛效度。

5.4.4.2　团队沟通

为了有效检验本书所使用的团队沟通测量量表的信度和效度检验，本书对该测量量表先进行探索性因子分析，再进行验证性因子分析。

在进行探索性因子分析之前，本书首先开展 KMO 样本测度和巴特利特球形检验，以确保可以进行探索性因子分析。通常认为当 KMO 值大于 0.6 且巴特利特球形检验值显著时，可以进行探索性因子分析（Ma，2002）。团队沟通测量量表的 KMO 样本测度和巴特利特球形检验的结果见表 5-40。

表 5-40　团队沟通测量量表的 KMO 样本测度和巴特利特球形检验结果

KMO 值		0.683
巴特利特球形检验	卡方值	6 853.600
	自由度	78
	显著性检验值	0.000

由表 5-40 可知，KMO 值为 0.683，大于 0.60；巴特利特球形检验值达到显著性水平。这说明对本书所用样本而言，团队沟通测量量表可以进行探索性因子分析。因此，本书采用主成分分析法提取因子，并按照最大方差法进行因子旋转，将特征值大于 1 作为因子提取标准，团队沟通测量量表的探索性因子分析结果见表 5-41。

表 5-41　团队沟通测量量表的探索性因子分析结果

测量题项	描述性统计分析				因子
	最小值	最大值	平均值	标准差	团队沟通
TC1	5.000	7.000	6.318	0.641	0.806
TC2	5.000	7.000	6.336	0.621	0.721
TC3	4.000	6.000	5.481	0.506	0.460
TC4	5.000	7.000	6.300	0.637	0.838
TC5	5.000	7.000	6.319	0.645	0.815
TC6	5.000	7.000	6.350	0.614	0.790
TC7	5.000	7.000	6.347	0.613	0.683
TC8	4.000	6.000	5.575	0.507	0.751
TC9	5.000	7.000	6.294	0.642	0.833
TC10	5.000	7.000	6.387	0.600	0.731
TC11	5.000	7.000	6.349	0.618	0.806
TC12	5.000	7.000	6.374	0.600	0.779
TC13	5.000	7.000	6.268	0.657	0.661
特征值					3.621
解释的变异/%					27.857
累计解释的变异/%					74.417

由表 5-41 可知，团队沟通测量量表较好地提取了一个因子，这与本书构建的测量指标体系是一致的。从因子载荷分布来看，各个测量题项都较好地根据预期归入了单个因子，累计解释了 74.414% 的方差变异。

接下来，本书运用 SPSS 22.0 软件对团队沟通的单个因子进行信度检验，检验结果见表 5-42。由表 5-42 可知，多数题项-总体相关系数大于 0.3，同时团队沟通整体量表的克龙巴赫 α 系数也达到了 0.60 可接受值，并且 8 个题项中有 5 个题项的删除此题项后克龙巴赫 α 系数都小于原量表克龙巴赫 α 系数，这表明团队沟通测量量表各题项之间具有较好的内部一致性，团队沟通测量量表具有较好的信度。

表 5-42　团队沟通测量量表的信度检验结果

变量名称	题项	题项-总体相关系数	复相关系数平方	删除此题项后克龙巴赫α系数	克龙巴赫α系数
团队沟通	TC1	0.292	0.600	0.585	0.612
	TC2	0.328	0.652	0.578	
	TC3	0.023	0.018	0.634	
	TC4	0.245	0.584	0.594	
	TC5	0.285	0.597	0.587	
	TC6	0.342	0.711	0.576	
	TC7	0.254	0.521	0.593	
	TC8	0.081	0.013	0.619	
	TC9	0.310	0.597	0.582	
	TC10	0.208	0.553	0.601	
	TC11	0.322	0.683	0.580	
	TC12	0.258	0.659	0.592	
	TC13	0.340	0.273	0.575	

在上述探索性因子分析与信度检验的基础上，本书对团队沟通测量量表开展验证性因子分析，以期更好地对其效度进行检验。本书运用 Amos 22.0 软件对团队沟通测量量表进行验证性因子分析，分析参数估计见表 5-43，验证性因子分析的拟合情况见表 5-44。

表 5-43　团队沟通测量量表验证性因子分析参数估计

题项	标准化估计值	非标准化估计值	平均变异抽取量
TC1	−0.552	−4.582	0.361
TC2	−0.793	−6.379	
TC3	−0.014	−0.093	
TC4	0.121	1.000	
TC5	0.548	1.000	
TC6	0.762	1.322	
TC7	0.877	1.829	
TC8	0.029	0.051	
TC9	0.458	1.000	
TC10	−0.320	−1.062	
TC11	0.923	3.152	
TC12	0.840	2.787	
TC13	0.275	1.000	

表 5-44 团队沟通测量量表验证性因子分析拟合指标

测量模型	卡方检测值	自由度	卡方/自由度	均方根误差逼近度	临界值识别指数	基准匹配度指标	非标准匹配度指标	比较匹配度指标
独立模型	142.623	52						
验证模型	182.827	78	2.343	0.083	0.915	0.916	0.907	0.978
评估标准			<3.000	<0.080	>0.900	>0.9000	>0.900	

由表 5-43、表 5-44 可知，团队沟通测量量表多数题项的标准化因子载荷均大于门槛值 0.4，且均在 $p<0.001$ 的水平上显著，基于各测量指标在其对应变量的标准化因子载荷计算得出各变量的平均变异数抽取量都大于 0.5，这说明团队沟通测量量表具有较好的收敛效度。

5.4.5 调节变量

为了有效检验本书所使用的环境不确定性测量量表的信度和效度检验，本书对该测量量表先进行探索性因子分析，再进行验证性因子分析。

在进行探索性因子分析之前，本书首先开展 KMO 样本测度和巴特利特球形检验，以确保可以进行探索性因子分析。通常认为当 KMO 值大于 0.6 且巴特利特球形检验值显著时，可以进行探索性因子分析（Ma，2002）。环境不确定性测量量表的 KMO 样本测度和巴特利特球形检验的结果见表 5-45。

表 5-45 环境不确定性测量量表的 KMO 样本测度和巴特利特球形检验结果

KMO 值		0.649
巴特利特球形检验	卡方值	1 505.261
	自由度	78
	显著性检验值	0.000

由表 5-45 可知，KMO 值为 0.649，大于 0.60；巴特利特球形检验值达到显著性水平。这说明对本书所用样本而言，环境不确定性测量量表可以进行探索性因子分析。因此，本书采用主成分分析法提取因子，并按照最大方差法进行因子旋转，将特征值大于 1 作为因子提取标准，环境不确定

性测量量表的探索性因子分析结果见表 5-46。

表 5-46 环境不确定性测量量表的探索性因子分析结果

测量题项	描述性统计分析				因子
	最小值	最大值	平均值	标准差	环境不确定性
EU1	5.000	7.000	6.316	0.601	0.714
EU2	5.000	7.000	6.301	0.679	0.711
EU3	5.000	7.000	6.344	0.711	0.703
EU4	5.000	7.000	6.374	0.699	0.551
EU5	5.000	7.000	6.261	0.643	0.756
EU6	5.000	7.000	6.269	0.687	0.601
EU7	5.000	7.000	6.274	0.651	0.576
EU8	5.000	7.000	6.311	0.636	0.556
EU9	5.000	7.000	6.258	0.626	0.524
EU10	5.000	7.000	6.361	0.621	0.593
EU11	5.000	7.000	6.154	0.671	0.455
EU12	5.000	7.000	6.167	0.643	0.707
EU13	5.000	7.000	6.169	0.725	0.507
特征值					3.086
解释的变异/%					23.742
累计解释的变异/%					61.180

由表 5-46 可知,环境不确定性测量量表较好地提取了一个因子,这与本书构建的测量指标体系是一致的。从因子载荷分布来看,各个测量题项都较好地根据预期归入了单个因子,累计解释了 61.180% 的方差变异。

接下来,本书运用 SPSS 22.0 软件对环境不确定性的单个因子进行信度检验,检验结果见表 5-47。由表 5-47 可知,大多数题项-总体相关系数大于 0.20,同时环境不确定性整体量表的克龙巴赫 α 系数也达到可接受值 0.60,并且删除每一题项的克龙巴赫 α 系数都小于原量表克龙巴赫 α 系数。这表明环境不确定性测量量表各题项之间具有较好的内部一致性,环境不确定性测量量表具有较好的信度。

表 5-47　环境不确定性测量量表的信度检验结果

变量名称	题项	题项-总体相关系数	复相关系数平方	删除此题项后克龙巴赫α系数	克龙巴赫α系数
环境不确定性	EU1	0.220	0.407	0.638	0.648
	EU2	0.387	0.522	0.611	
	EU3	0.190	0.615	0.645	
	EU4	0.193	0.487	0.644	
	EU5	0.286	0.591	0.629	
	EU6	0.345	0.441	0.618	
	EU7	0.239	0.409	0.636	
	EU8	0.278	0.338	0.630	
	EU9	0.212	0.316	0.640	
	EU10	0.239	0.351	0.636	
	EU11	0.419	0.260	0.606	
	EU12	0.303	0.193	0.626	
	EU13	0.331	0.226	0.620	

在上述探索性因子分析与信度检验的基础上，本书对环境不确定性测量量表开展验证性因子分析，以期更好地对其效度进行检验。本书运用 Amos 22.0 软件对环境不确定性测量量表进行验证性因子分析，分析参数估计见表 5-48，验证性因子分析的拟合情况见表 5-49。

表 5-48　环境不确定性测量量表验证性因子分析参数估计

题项	标准化估计值	非标准化估计值	平均变异抽取量
EU1	-0.249	-0.406	0.221
EU2	0.543	1.000	
EU3	0.829	1.599	
EU4	0.642	1.216	
EU5	-0.524	-1.860	
EU6	0.240	0.907	
EU7	-0.324	-1.164	
EU8	0.285	1.000	
EU9	0.441	0.681	

续表

题项	标准化估计值	非标准化估计值	平均变异抽取量
EU10	0.656	1.000	
EU11	0.291	0.479	0.221
EU12	0.282	0.446	
EU13	0.323	0.576	

表 5-49 环境不确定性测量量表验证性因子分析拟合指标

测量模型	卡方检测值	自由度	卡方/自由度	均方根误差逼近度	临界值识别指数	基准匹配度指标	非标准匹配度指标	比较匹配度指标
独立模型	148.623	52						
验证模型	140.893	78	1.806	0.113	0.915	0.916	0.901	0.992
评估标准			<3.000	<0.080	>0.900	>0.900	>0.900	

由表 5-48、表 5-49 可知，环境不确定性测量量表所有题项的标准化因子载荷均在 $p<0.001$ 的水平上显著，基于各测量指标在其对应变量的标准化因子载荷计算得出各变量的平均变异数抽取量大于 0.2，这说明环境不确定性测量量表具备收敛效度。

5.4.6 控制变量

本书所有控制变量均采用编码化处理，属于典型的分类变量，因此采用单因子方差分析可以检验控制变量对潜变量的影响（Rong，2005）。本书由于聚焦于团队层面，团队成员的个体属性（如性别、职位、学历等变量）的影响可以暂时不予考虑（Yang，2006）。因此，本书的控制变量一共 7 个，分别为机构规模、机构所有权性质、机构所在地区、团队规模、团队成立时间、团队所处阶段、团队服务行业。本书回收的大样本的团队均是服务制造业的技术转移团队，没有涉及其他行业，所以不用分析团队服务行业的影响。因此，本书的大样本在分析控制变量的影响时，仅需讨论机构规模、机构所有权性质、机构所在地区、团队规模、团队成立时间、团队所处阶段这 6 个控制变量。

5.4.6.1 机构规模对潜变量的影响分析

由表 5-50 可知，不同机构规模在潜变量上均不存在显著差异。

表 5-50　机构规模对潜变量影响分析

分析项目		方差和	自由度	平均方差	均值齐性检验结果	显著性
TD	未假定差异相等	0.049	1	0.049	0.264	0.608
	假设差异相等	73.646	400	0.184		
	未假定差异相等	73.694	401			
TF	假设差异相等	0.071	1	0.071	0.371	0.543
	未假定差异相等	76.721	400	0.192		
	假设差异相等	76.792	401			
TT	未假定差异相等	0.111	1	0.111	0.580	0.447
	假设差异相等	76.749	400	0.192		
	未假定差异相等	76.861	401			
TB	假设差异相等	0.022	1	0.022	0.257	0.612
	未假定差异相等	34.906	400	0.087		
	假设差异相等	34.928	401			
TP	未假定差异相等	0.062	1	0.062	1.005	0.317
	假设差异相等	24.609	400	0.062		
	未假定差异相等	24.671	401			
TE	未假定差异相等	0.134	1	0.134	1.443	0.230
	假设差异相等	37.170	400	0.093		
	未假定差异相等	37.304	401			
TC	假设差异相等	0.004	1	0.004	0.068	0.794
	未假定差异相等	26.016	400	0.065		
	假设差异相等	26.020	401			
EU	假设差异相等	0.061	1	0.061	0.727	0.394
	未假定差异相等	33.622	400	0.084		
	假设差异相等	33.683	401			

5.4.6.2 机构所有权性质对潜变量的影响分析

由表 5-51 可知，不同机构所有权性质在潜变量上均不受显著影响。

表 5-51 机构所有权性质对潜变量影响分析

分析项目		方差和	自由度	平均方差	均值齐性检验结果	显著性
TD	未假定差异相等	0.002	1	0.002	0.011	0.917
	假设差异相等	73.692	400	0.184		
	未假定差异相等	73.694	401			
TF	假设差异相等	0.016	1	0.016	0.085	0.771
	未假定差异相等	76.775	400	0.192		
	假设差异相等	76.792	401			
TT	未假定差异相等	0.002	1	0.002	0.010	0.920
	假设差异相等	76.859	400	0.192		
	未假定差异相等	76.861	401			
TB	假设差异相等	0.002	1	0.002	0.021	0.884
	未假定差异相等	34.927	400	0.087		
	假设差异相等	34.928	401			
TP	未假定差异相等	0.106	1	0.106	1.726	0.190
	假设差异相等	24.565	400	0.061		
	未假定差异相等	24.671	401			
TE	未假定差异相等	0.012	1	0.012	0.130	0.719
	假设差异相等	37.292	400	0.093		
	未假定差异相等	37.304	401			
TC	假设差异相等	0.002	1	0.002	0.028	0.866
	未假定差异相等	26.018	400	0.065		
	假设差异相等	26.020	401			
EU	假设差异相等	0.073	1	0.073	0.867	0.352
	未假定差异相等	33.610	400	0.084		
	假设差异相等	33.683	401			

5.4.6.3 机构所在地区对潜变量的影响分析

由表 5-52 可知，不同机构所在地区在潜变量上均不存在显著差异。

表 5-52 机构所在地区对潜变量影响分析

	分析项目	方差和	自由度	平均方差	均值齐性检验结果	显著性
TD	未假定差异相等	0.014	2	0.007	0.039	0.962
	假设差异相等	73.680	399	0.185		
	未假定差异相等	73.694	401			
TF	假设差异相等	0.010	2	0.005	0.026	0.974
	未假定差异相等	76.781	399	0.192		
	假设差异相等	76.792	401			
TT	未假定差异相等	0.015	2	0.008	0.039	0.962
	假设差异相等	76.846	399	0.193		
	未假定差异相等	76.861	401			
TB	假设差异相等	0.179	2	0.090	1.030	0.358
	未假定差异相等	34.749	399	0.087		
	假设差异相等	34.928	401			
TP	未假定差异相等	0.330	2	0.165	2.708	0.068
	假设差异相等	24.341	399	0.061		
	未假定差异相等	24.671	401			
TE	未假定差异相等	0.172	2	0.086	0.922	0.399
	假设差异相等	37.133	399	0.093		
	未假定差异相等	37.304	401			
TC	假设差异相等	0.094	2	0.047	0.723	0.486
	未假定差异相等	25.926	399	0.065		
	假设差异相等	26.020	401			
EU	假设差异相等	0.050	2	0.025	0.299	0.742
	未假定差异相等	33.633	399	0.084		
	假设差异相等	33.683	401			

5.4.6.4 团队规模对潜变量的影响分析

由表 5-53 和表 5-54 可知，不同团队规模在任务依赖性、任务复杂性、任务时间压力、团队跨界活动、团队效能感、团队沟通、环境不确定性上均不存在显著差异；在团队绩效上差异显著，6～10 人和 15～20 人的显著性水平大于 5 人及以下的。

表 5-53 团队规模对潜变量影响分析

分析项目		方差和	自由度	平均方差	均值齐性检验结果	显著性
TD	未假定差异相等	0.662	4	0.165	0.899	0.464
	假设差异相等	73.032	397	0.184		
	未假定差异相等	73.694	401			
TF	假设差异相等	0.337	4	0.084	0.438	0.781
	未假定差异相等	76.454	397	0.193		
	假设差异相等	76.792	401			
TT	未假定差异相等	0.695	4	0.174	0.905	0.461
	假设差异相等	76.166	397	0.192		
	未假定差异相等	76.861	401			
TB	假设差异相等	0.089	4	0.022	0.253	0.908
	未假定差异相等	34.840	397	0.088		
	假设差异相等	34.928	401			
TP	未假定差异相等	0.660	4	0.165	2.726	0.029
	假设差异相等	24.012	397	0.060		
	未假定差异相等	24.671	401			
TE	未假定差异相等	0.573	4	0.143	1.548	0.188
	假设差异相等	36.732	397	0.093		
	未假定差异相等	37.304	401			
TC	假设差异相等	0.110	4	0.027	0.420	0.794
	未假定差异相等	25.910	397	0.065		
	假设差异相等	26.020	401			
EU	假设差异相等	0.624	4	0.156	1.873	0.114
	未假定差异相等	33.059	397	0.083		
	假设差异相等	33.683	401			

表 5-54 团队规模对潜变量多重性分析

因变量	（I）团队时间	（J）团队时间	平均差值（I-J）	标准误差	显著性	95% 置信区间 下限	95% 置信区间 上限
TP	1.00	2.00	−0.084 4*	0.030 7	0.006	−0.145	−0.024
		3.00	−0.062 5	0.046 4	0.179	−0.154	0.029
		4.00	−0.178 5*	0.078 8	0.024	−0.333	−0.024
		5.00	−0.178 5	0.113 2	0.115	−0.401	0.044
	2.00	1.00	0.084 4*	0.030 7	0.006	0.024	0.145
		3.00	0.022 0	0.040 9	0.592	−0.058	0.102
		4.00	−0.094 1	0.075 7	0.215	−0.243	0.055
		5.00	−0.094 1	0.111 0	0.397	−0.312	0.124
	3.00	1.00	0.062 5	0.046 4	0.179	−0.029	0.154
		2.00	−0.022 0	0.040 9	0.592	−0.102	0.058
		4.00	−0.116 1	0.083 3	0.164	−0.280	0.048
		5.00	−0.116 1	0.116 3	0.319	−0.345	0.113
	4.00	1.00	0.178 5*	0.078 8	0.024	0.024	0.333
		2.00	0.094 1	0.075 7	0.215	−0.055	0.243
		3.00	0.116 1	0.083 3	0.164	−0.048	0.280
		5.00	0.000 0	0.132 6	1.000	−0.261	0.261
	5.00	1.00	0.178 5	0.113 2	0.115	−0.044	0.401
		2.00	0.094 1	0.111 0	0.397	−0.124	0.312
		3.00	0.116 1	0.116 3	0.319	−0.113	0.345
		4.00	0.000 0	0.132 6	1.000	−0.261	0.261

注：* 表现显著性水平为 0.05。

5.4.6.5 团队成立时间对潜变量的影响分析

由表 5-55 可知，不同团队成立时间对任务依赖性、任务复杂性、任务时间压力、团队跨界活动、团队效能感、团队沟通、环境不确定性均没有产生显著影响，在团队绩效上差异不显著。

表 5-55　团队成立时间对潜变量影响分析

分析项目		方差和	自由度	平均方差	均值齐性检验结果	显著性
TD	未假定差异相等	0.718	3	0.239	1.305	0.272
	假设差异相等	72.977	398	0.183		
	未假定差异相等	73.694	401			
TF	假设差异相等	0.853	3	0.284	1.490	0.217
	未假定差异相等	75.939	398	0.191		
	假设差异相等	76.792	401			
TT	未假定差异相等	1.051	3	0.350	1.839	0.139
	假设差异相等	75.810	398	0.190		
	未假定差异相等	76.861	401			
TB	假设差异相等	0.176	3	0.059	0.672	0.569
	未假定差异相等	34.752	398	0.087		
	假设差异相等	34.928	401			
TP	未假定差异相等	0.817	3	0.272	4.546	0.004
	假设差异相等	23.854	398	0.060		
	未假定差异相等	24.671	401			
TE	未假定差异相等	0.385	3	0.128	1.385	0.247
	假设差异相等	36.919	398	0.093		
	未假定差异相等	37.304	401			
TC	假设差异相等	0.121	3	0.040	0.617	0.604
	未假定差异相等	25.900	398	0.065		
	假设差异相等	26.020	401			
EU	假设差异相等	0.114	3	0.038	0.450	0.717
	未假定差异相等	33.569	398	0.084		
	假设差异相等	33.683	401			

5.4.6.6　团队所处阶段对潜变量的影响分析

由表 5-56 和表 5-57 可知，不同团队所处阶段在任务依赖性、任务复杂性、任务时间压力、团队跨界活动、团队效能感、团队沟通、环境不确定性上均不存在显著差异；在团队绩效上差异显著，规范期和磨合期显著性水平高于组建期。

表5-56 团队所处阶段对潜变量影响分析

分析项目		方差和	自由度	平均方差	均值齐性检验结果	显著性
TD	未假定差异相等	0.328	3	0.109	0.593	0.620
	假设差异相等	73.366	398	0.184		
	未假定差异相等	73.694	401			
TF	假设差异相等	0.537	3	0.179	0.935	0.424
	未假定差异相等	76.254	398	0.192		
	假设差异相等	76.792	401			
TT	未假定差异相等	0.878	3	0.293	1.532	0.206
	假设差异相等	75.983	398	0.191		
	未假定差异相等	76.861	401			
TB	假设差异相等	0.116	3	0.039	0.443	0.722
	未假定差异相等	34.812	398	0.087		
	假设差异相等	34.928	401			
TP	未假定差异相等	0.577	3	0.192	3.175	0.024
	假设差异相等	24.095	398	0.061		
	未假定差异相等	24.671	401			
TE	未假定差异相等	0.332	3	0.111	1.190	0.313
	假设差异相等	36.973	398	0.093		
	未假定差异相等	37.304	401			
TC	假设差异相等	0.075	3	0.025	0.385	0.764
	未假定差异相等	25.945	398	0.065		
	假设差异相等	26.020	401			
EU	假设差异相等	0.244	3	0.081	0.967	0.408
	未假定差异相等	33.439	398	0.084		
	假设差异相等	33.683	401			

表 5-57　团队所处阶段对潜变量多重性分析

因变量	（I）团队时间	（J）团队时间	平均差值（I-J）	标准误差	显著性	95% 置信区间 下限	95% 置信区间 上限
TP	1.00	2.00	-0.078 8*	0.029 0	0.007	-0.136	-0.022
		3.00	-0.094 0*	0.044 8	0.036	-0.182	-0.006
		4.00	-0.172 5	0.103 4	0.096	-0.376	0.031
		5.00	0.078 8*	0.029 0	0.007	0.022	0.136
	2.00	1.00	-0.015 3	0.040 6	0.707	-0.095	0.065
		3.00	-0.093 8	0.101 6	0.357	-0.294	0.106
		4.00	0.094 0	0.044 8	0.036	0.006	0.182
		5.00	0.015 3	0.040 6	0.707	-0.065	0.095
	3.00	1.00	-0.078 5	0.107 2	0.465	-0.289	0.132
		2.00	0.172 5	0.103 4	0.096	-0.031	0.376
		4.00	0.093 8	0.101 6	0.357	-0.106	0.294
		5.00	0.078 5	0.107 2	0.465	-0.132	0.289
	4.00	1.00	-0.078 8*	0.029 0	0.007	-0.136	-0.022
		2.00	-0.094 0*	0.044 8	0.036	-0.182	-0.006
		3.00	-0.172 5	0.103 4	0.096	-0.376	0.031
		5.00	0.078 8*	0.029 0	0.007	0.022	0.136
	5.00	1.00	-0.015 3	0.040 6	0.707	-0.095	0.065
		2.00	-0.093 8	0.101 6	0.357	-0.294	0.106
		3.00	0.094 0*	0.044 8	0.036	0.006	0.182
		4.00	0.015 3	0.040 6	0.707	-0.065	0.095

注：* 表现显著性水平为 0.05。

5.5　模型分析与结果

在进行结构方程模型分析之前，先进行各潜变量之间的相关性及线性相关关系分析。根据之前的分析，本书的样本容量以及测量量表的信度与效度均达到结构方程建模的要求,在此基础上进行所有潜变量的简单相关分析。

5.5.1 相关分析

统计学中,皮尔逊相关系数是衡量两个定距变量间的线性关系强度的常用指标。皮尔逊相关系数的值在 –1 与 1 之间,其绝对值越大表明两者的相关性越强。皮尔逊相关系数绝对值大于 0.6 时通常被认为两者间有较强的相关性。皮尔逊相关系数大于 0,说明两者是正相关关系;反之,则是负相关关系,皮尔逊大于 0.8 说明可能存在多重共线性问题。此外,判断相关关系需要综合考虑相关系数和显著性水平,只有在皮尔逊相关系数大于 0 且显著性水平小于 0.05 的情况下才能说明变量之间是相关的。因此,本书在进行验证提出的研究假设之前,先对研究中各变量进行描述性统计以及它们之间的相关性分析,结果见表 5-58 和表 5-59。表 5-58 和表 5-59 报告了自变量、控制变量、中介变量、调节变量以及因变量均值、标准差和它们两两之间的皮尔逊相关系数。

表 5-58 变量的描述性统计分析汇总

序号	变量	最小值	最大值	平均值	标准差
1	机构规模	1.000	2.000	1.012	0.110
2	机构所有权性质	1.000	2.000	1.233	0.423
3	机构所在地区	1.000	3.000	2.017	0.609
4	团队规模	1.000	5.000	1.985	0.733
5	团队成立时间	2.000	5.000	3.853	0.556
6	团队所处阶段	1.000	4.000	1.885	0.637
7	任务依赖性	4.000	7.000	5.702	0.703
8	任务复杂性	4.000	7.000	5.776	0.717
9	任务时间压力	4.000	7.000	5.719	0.709
10	团队跨界活动	4.000	8.000	6.045	0.744
11	团队绩效	4.000	7.000	6.220	0.560
12	团队效能感	5.000	7.000	6.059	0.661
13	团队沟通	4.000	7.000	6.207	0.607
14	环境不确定性	5.000	7.000	6.273	0.661

表 5-59　变量间的相关系数矩阵

变量	1	2	3	4	5	6	7	8	9	10	11	12	13	14
1	1													
2	0.203**	1												
3	-0.003	0.216**	1											
4	0.462**	0.453**	0.229	1										
5	0.232**	0.271**	0.074	0.668**	1									
6	0.373**	0.376**	0.147**	0.788**	0.859**	1								
7	-0.026*	-0.070*	-0.014	-0.021	-0.044	-0.052	1							
8	-0.030	-0.016	0.003	-0.044	-0.074	-0.079	0.846	1						
9	-0.038	-0.006	0.014	-0.065	-0.079	-0.086*	0.755**	0.819**	1					
10	-0.026	-0.007	-0.036	-0.038	-0.035	-0.050	0.656**	0.712**	0.724**	1				
11	0.054	0.016	0.011	0.087*	0.120*	0.080	0.170**	0.204**	0.164**	0.213**	1			
12	0.060	0.018	-0.037	-0.039	-0.041	-0.015	0.624**	0.628**	0.607**	0.619**	0.252**	1		
13	-0.024	0.005	-0.024	-0.019	-0.043	-0.042	0.532**	0.462**	0.513**	0.495**	0.110*	0.584**	1	
14	0.042	-0.045	0.000	0.025	0.010	-0.006	0.195**	0.183**	0.182**	0.282**	0.093*	0.177**	0.094*	1

注：** 表示在 0.01 水平（双侧）上显著相关，* 表示在 0.05 水平（双侧）上显著相关。

任务依赖性与团队跨界活动表现出较强的正相关关系（$r=0.656$，$p<0.01$），这为本书提出的假设 1 的验证提供了初步的支持。

任务复杂性与团队跨界活动表现出较强的正相关关系（$r=0.712$，$p<0.01$），这为本书提出的假设 2 的验证提供了初步的支持。

任务时间压力与团队跨界活动表现出较强的正相关关系（$r=0.724$，$p<0.01$），这为本书提出的假设 3 的验证提供了初步的支持。

团队跨界活动与团队绩效表现出较强的正相关关系（$r=0.213$，$p<0.01$），这为本书提出的假设 4 的验证提供了初步的支持。

当然，以上研究假设还需回归分析和结构方程建模的进一步检验。

5.5.2　前因变量对自变量的回归分析

根据以往文献和本书假设，任务依赖性、任务复杂性及任务时间压力这 3 个前因变量对团队跨界活动这个自变量会产生影响。上述变量间的相关分析结果也表明，任务依赖性、任务复杂性及任务时间压力与团队跨界活动显著相关，这说明它们之间可能会存在一种因果关系。本书为了验证假设 1、假设 2 及假设 3，首先将团队跨界活动作为因变量，将任务依赖性、任务复杂性及任务时间压力作为自变量；其次考虑机构规模、机构所有权性质、机构所在地区、团队规模、团队成立时间、团队所处阶段这 6 个可能的潜在影响因素，将它们作为控制变量代入回归方程；再次把自变量代入方程；最后查验前后两种模型的调整后 R^2 的变化以及相应自变量对因变量的回归系数是否显著。

回归分析结果见表 5-60。模型 1-1 是控制变量对因变量的回归方程模型，模型 1-2 是控制变量、自变量（任务依赖性）对因变量的回归方程模型，模型 1-3 是控制变量、自变量（任务复杂性）对因变量的回归方程模型，模型 1-4 是控制变量、自变量（任务时间压力）对因变量的回归方程模型，模型 1-5 是控制变量、自变量（任务依赖性、任务复杂性及任务时间压力）对因变量回归的全模型。

表 5-60 前因变量对自变量的影响

项目	模型 1-1	模型 1-2	模型 1-3	模型 1-4	模型 1-5
机构规模	0.072	0.079	0.077	0.075	0.077
机构所有权性质	−0.008	−0.009	−0.009	−0.011	−0.009
机构所在地区	0.003	0.004	0.003	0.002	0.002
团队规模	0.014	0.012	0.012	0.015	0.012
团队成立时间	0.073	0.074	0.075	0.075	0.075
团队所处阶段	−0.046	−0.042	−0.040	−0.042	−0.040
任务依赖性		0.08***			−0.009
任务复杂性			0.096***		0.102
任务时间压力				0.078***	0.001
R^2	0.019	0.049	0.064	0.049	0.064
调整后的 R^2	0.004	0.032	0.047	0.032	0.042
ΔR^2		0.030	0.045	0.030	0.045
均值齐性检验结果	1.304***	2.933**	3.857***	2.918***	2.989**

注：*、**、*** 表示显著性水平分别为 0.1、0.05、0.01。

模型 1-1 显示机构规模、机构所有权性质、机构所在地区、团队规模、团队成立时间、团队所处阶段对团队跨界活动没有显著影响。

比较模型 1-2 和模型 1-1 发现，在控制变量的基础上增加自变量（任务依赖性）后，回归模型的解释力有了显著提高（$\Delta R^2 = 0.03$，$p < 0.01$）；而且模型 1-2 中自变量的回归系数表明，任务依赖性对团队跨界活动具有显著的正向作用（$\beta = 0.174$，$p < 0.01$）。这说明任务依赖性越大，团队越有可能进行跨界活动，因此本书提出的假设 1 得到支持。

比较模型 1-3 和模型 1-1 发现，在控制变量的基础上增加自变量（任务复杂性）后，回归模型的解释力有了显著提高（$\Delta R^2 = 0.045$，$p < 0.01$）；而且模型 1-3 中自变量的回归系数表明，任务复杂性对团队跨界活动具有显著的正向作用（$\beta = 0.212$，$p < 0.01$）。这说明任务复杂性越大，团队越有可能进行跨界活动，因此本书提出的假设 2 得到支持。

比较模型 1-4 和模型 1-1 发现，在控制变量的基础上增加自变量（任务时间压力）后，回归模型的解释力有了显著提高（ΔR^2=0.03，$p < 0.01$）；而且模型1-4中自变量的回归系数表明，任务时间压力对团队跨界活动具有显著的正向作用（$\beta = 0.174$，$p < 0.01$）。这说明任务时间压力越大，团队越有可能进行跨界活动，因此本书提出的假设3得到支持。

模型1-5显示，在控制变量的基础上同时增加自变量（任务依赖性、任务复杂性及任务时间压力）后，模型的解释力较模型1-1有了显著提高（ΔR^2=0.045，$p < 0.01$），此时任务依赖性、任务复杂性及任务时间压力具有显著的正向影响（β=0.205，$p < 0.01$；β=0.226，$p < 0.01$；$\beta = 0.003$，$p < 0.01$），进一步支持了假设1、假设2和假设3。

5.5.3　自变量对因变量的回归分析

根据以往文献和本书假设，自变量团队跨界活动对因变量团队绩效会产生影响。上述变量间的相关分析结果也表明，团队跨界活动与团队绩效显著相关，这说明两者之间存在某种因果关系。本书为了验证假设4，首先将团队绩效作为因变量，将团队跨界活动作为自变量；其次考虑机构规模、机构所有权性质、机构所在地区、团队规模、团队成立时间、团队所处阶段这6个可能的潜在影响因素，将它们作为控制变量代入回归方程；再次把自变量代入方程；最后检验前后两种模型的调整后R^2的变化以及相应自变量对因变量的回归系数是否显著。

回归分析结果见表5-61。模型2-1是控制变量对因变量的回归方程模型，模型2-2是控制变量、自变量（团队跨界活动）对因变量（团队绩效）的回归方程模型。

表5-61　自变量对因变量的影响

项目	模型2-1	模型2-2
机构规模	0.072	0.077
机构所有权性质	−0.008	−0.011
机构所在地区	0.003	0.005
团队规模	0.014	0.014
团队成立时间	0.073	0.072

续表

项目	模型 2-1	模型 2-2
团队所处阶段	−0.046	−0.041
团队跨界活动		0.145***
R^2	0.019	0.066
调整后的 R^2	0.004	0.049
ΔR^2		0.047
均值齐性检验结果	1.304***	3.985***

注：*、**、*** 表示显著性水平分别为 0.1、0.05、0.01。

模型 2-1 显示机构规模、机构所有权性质、机构所在地区、团队规模、团队成立时间、团队所处阶段对团队跨界活动没有显著影响。

比较模型 2-2 和模型 2-1 发现，在控制变量的基础上增加自变量团队跨界活动后，回归模型的解释力有了显著提高（$\Delta R^2 = 0.047$，$p < 0.01$）；而且模型 2-2 中自变量的回归系数表明，团队跨界活动对团队绩效具有显著的正向作用（$\beta = 0.217$，$p < 0.01$）。这说明团队跨界活动越多，越有可能获得更多的绩效回报，因此本书提出的假设 4 得到支持。

5.5.4　中介变量的回归分析

5.5.4.1　团队效能感在团队跨界活动与团队绩效关系中中介作用的回归分析

为了验证团队效能感在团队跨界活动与团队绩效间关系的中介作用（即假设 5），本书采用 Baron 和 Kenny（1986）建议的中介作用检验方法进行层级回归分析。具体而言，首先检验团队跨界活动对团队绩效是否具有显著的正向影响作用，其次检验团队跨界活动对团队效能感是否具有显著的正向影响，最后检验当团队跨界活动和团队效能感同时对团队绩效进行回归时，团队跨界活动对团队绩效的正向影响作用是否仍然显著。检验结果见表 5-62。模型 3-1、模型 3-3 的因变量是团队绩效，模型 3-2 的因变量是团队效能感。

表 5-62 团队效能感在团队跨界活动与团队绩效关系中的中介作用

项目	模型 3-1	模型 3-2	模型 3-3
机构规模	0.077	0.258	0.043
机构所有权性质	−0.011	0.022	−0.014
机构所在地区	0.005	−0.004	0.006
团队规模	0.014	−0.052	0.021
团队成立时间	0.072	−0.051	0.079
团队所处阶段	−0.041	0.071	−0.051
团队跨界活动	0.145***	0.640***	0.060
团队效能感			0.134***
R^2	0.066	0.396	0.092
调整后的 R^2	0.049	0.385	0.073
ΔR^2			0.026
均值齐性检验结果	3.985***	36.879***	4.958***

注：*、**、*** 表示显著性水平分别为 0.1、0.05、0.01。

模型 3-1 表明团队跨界活动对团队绩效具有显著的正向影响（β =0.217，$p < 0.01$）。模型 3-2 表明团队跨界活动正向影响团队效能感（β =0.620，$p < 0.01$）。模型 3-3 表明，在模型 3-1 的基础上加上中介变量团队效能感后，模型的解释力有了显著提升（ΔR^2=0.026，$p < 0.01$），此时团队跨界活动对团队绩效仍有显著的预测作用，但路径系数由 0.145 下降到 0.060。这说明团队跨界活动除了自身对团队绩效有直接影响外，还通过团队效能感对团队绩效产生间接效应，即团队效能感在团队跨界活动与团队绩效关系中发挥部分中介作用，因此假设 5 得到支持。

5.5.4.2 团队沟通在团队跨界活动与团队绩效关系中中介作用的回归分析

为了验证团队沟通在团队跨界活动与团队绩效间关系的中介作用（即假设 6），本书采用 Baron 和 Kenny（1986）建议的中介作用检验方法进行层级回归分析。具体而言，首先检验团队跨界活动对团队绩效是否具有显著的正向影响作用，其次检验团队跨界活动对团队沟通是否具有显著的正向影响，最后检验当团队跨界活动和团队沟通同时对团队绩效进行回归时，团队跨界活动对团队绩效的正向影响作用是否仍然显著。检验结果见

表 5-63。模型 4-1、模型 4-3 的因变量是团队绩效，模型 4-2 的因变量是团队沟通。

表 5-63　团队沟通在团队跨界活动与团队绩效关系中的中介作用

项目	模型 4-1	模型 4-2	模型 4-3
机构规模	0.077	−0.042	0.077
机构所有权性质	−0.011	0.006	−0.011
机构所在地区	0.005	−0.006	0.005
团队规模	0.014	0.013	0.014
团队成立时间	0.072	−0.020	0.072
团队所处阶段	−0.041	0.000	−0.041
团队跨界活动	0.145***	0.374***	1.41***
团队沟通			0.010
R^2	0.066	0.247	0.066
调整后的 R^2	0.049	0.233	0.047
ΔR^2			0.000
均值齐性检验结果	3.985***	18.377***	3.483***

注：*、**、*** 表示显著性水平分别为 0.1、0.05、0.01。

模型 4-1 表明团队跨界活动对团队绩效具有显著的正向影响（$\beta=0.217$，$p<0.01$）。模型 4-2 表明团队跨界活动正向影响团队沟通（$\beta=0.494$，$p<0.01$）。模型 4-3 表明，在模型 4-1 的基础上加上中介变量团队沟通后，模型的解释力没有显著变化（$\Delta R^2=0.000$，$p>0.1$），$\beta=0.011$，$p>0.1$，因此假设 6 没有得到支持。

5.5.5　调节变量的调节效应分析

根据以往文献和本书假设，调节变量环境不确定性影响着团队跨界活动与团队绩效之间的关系。环境不确定性的调节效应涉及变量间的相互作用，结构方程模型在验证交互作用及调节效应时存在诸多不足（Song, et al., 2005），因此本书运用层级线性回归方程方法来验证环境不确定性对团队跨界活动与团队绩效关系间的调节作用。在检验环境不确定性的调节效应时，本书仍然对可能影响团队绩效的潜在变量，如机构规模、机构所有权性质、机构所在地区、团队规模、团队成立时间、团队所处阶段进行控制。具体而言，首先将团队绩效作为因变量，让控制变量先进入回归方程；其次加入团队跨界活动与环境不确定性变量；最后引入团队跨界活动与环境不确定性的交互项（乘积）进行回归。回归程序结束后，检查引入交互项前后两种回归模型调整后 R^2 的变化以及相应交互项的回归系数是否显著。

回归分析结果见表 5-64。模型 5-1 是控制变量对因变量的回归方程模型，模型 5-2 在控制变量的基础上，增加了自变量（团队跨界活动）对团队绩效的影响，模型 5-3 是控制变量、自变量、调节变量的主效应模型，模型 5-4 为控制变量、自变量和调节变量以及交互项的全效应模型。在计算交互项时，本书首先将自变量和调节变量进行中心化处理，以便最大程度地降低交互项与自变量、调节变量之间的多重共线性问题（Aiken，West，and Reno，1991）。从各模型的最大方差膨胀因子值也可以看出，各模型的最大方差膨胀因子值远小于 10，这说明各模型并不存在严重的多重共线性问题。

表 5-64 环境不确定性对"团队跨界活动—团队绩效"关系的调节作用

项目	模型 5-1	模型 5-2	模型 5-3	模型 5-4
机构规模	0.072	0.077	0.075	0.081
机构所有权性质	−0.008	−0.011	−0.010	−0.011
机构所在地区	0.003	0.005	0.005	0.007
团队规模	0.014	0.014	0.013	0.008
团队成立时间	0.073	0.072	0.071	0.062*
团队所处阶段	−0.046	−0.041	−0.041	−0.033
团队跨界活动		0.145***	0.140***	2.096***
环境不确定性			0.019	1.908***
团队跨界活动 × 环境不确定性				−0.253
均值齐性检验结果	1.304***	3.985***	3.517***	4.649***
R^2	0.019	0.066	0.066	0.096
调整后的 R^2	0.004	0.049	0.047	0.075
ΔR^2			0.000	0.030
最大方差膨胀因子值	1.019	1.071	1.071	1.106

注：*、**、*** 表示显著性水平分别为 0.1、0.05、0.01。

模型 5-4 表明,虽然在主效应模型 5-3 的基础上增加交互项后,模型的解释力有显著提升(ΔR^2=0.030,$p<0.01$),但是从团队跨界活动与环境不确定性的交互项的回归系数来看并不显著(β=-4.095,$p>0.1$)。因此,环境不确定性对团队跨界活动与团队绩效间的关系并没有发挥显著的调节作用,即无论环境不确定性的程度如何,团队跨界活动对团队绩效的影响都不会显著加强或减弱,因此假设 7 没有获得支持。

5.5.6 假设检验结果汇总

综上所述,本书假设的检验结果见表 5-65。

表 5-65 7 个假设检验结果

项目	假设	结果
假设 1	任务依赖性对团队跨界活动有正向作用	支持
假设 2	任务复杂性对团队跨界活动有正向作用	支持
假设 3	任务时间压力对团队跨界活动有正向作用	支持
假设 4	团队跨界活动对团队绩效有正向作用	支持
假设 5	团队效能感在团队跨界活动与团队绩效中发挥中介作用	支持
假设 6	团队沟通在团队跨界活动与团队绩效中发挥中介作用	不支持
假设 7	环境不确定性正向调节团队跨界活动对团队绩效的影响	不支持

5.6 结论

技术转移团队跨界活动是为了完成技术转移任务,而与外部关键相关方建立互动关系的过程。虽然在欧美国家已有一些关于团队跨界活动的研究,但缺乏针对技术转移团队的细化研究与探索,也缺乏在中国情境下的实证研究。本书基于团队有效性理论的 IMOI 模型,结合技术转移团队的特征与中国技术转移的实践,探讨团队跨界活动在技术转移情境下的团队绩效表现。结合参考文献和访谈分析,本书拓展了对团队跨界活动的认识,并构建包含 8 个潜变量的理论模型,提出了 7 个假设。用 SPSS 22.0 分析大样本数据后,有 5 个假设得到了支持。

5.6.1 团队跨界活动的前置因素

假设 1、假设 2，以及假设 3。这 3 个假设都得到了支持，这表明资源依赖理论可以拓展到团队跨界活动的研究。任务因素（如任务依赖性、任务复杂性、任务时间压力）对技术转移情境的团队跨界活动具有正向作用，也就意味着是任务因素在驱动着团队跨界活动，拓展了资源依赖理论在团队跨界活动的研究。

5.6.2 团队跨界活动对团队绩效的作用分析

假设 4 得到支持，验证了团队有效性理论 IMOI 模型适用于中国技术转移情境。以往研究团队跨界活动对团队绩效影响的结论有正向（Ancona and Caldwell，1992a；Marrone，Tesluk，and Carson，2007）、负向（Keller，2001；Hirst and Mann，2004）和调节关系（Faraj and Yan，2009；Joshi，Pandey，and Han，2009）等多种。本书拓展了技术转移的研究视角，验证了技术转移团队跨界活动正向影响着团队绩效。

5.6.3 团队效能感与团队沟通的中介作用分析

（1）变量团队效能感的中介效应分析。假设 5 被验证是成立的，这说明团队有效性理论 IMOI 模型的突现状态适用于技术转移情境，团队效能感在本书中被验证在技术转移情境下是团队跨界活动对团队绩效的中介变量。本书从新的视角探索了技术转移情境下的可行性，验证了技术转移团队的团队效能感正向影响着技术转移绩效。

（2）变量团队沟通的中介效应分析。假设 6 没有得到支持，这表明团队沟通被验证在技术转移情境下团队跨界活动对团队绩效不具有中介作用，这意味着团队有效性理论 IMOI 模型的过程状态不一定适用于技术转移情境。本书研究的团队沟通没有得到支持，可能源于以下原因：团队沟通不是团队跨界活动对团队绩效的中介变量；团队有效性理论 I-O-P 模型不能解释技术转移情境下团队沟通在团队跨界活动对团队绩效中的作用；

本书研究的样本数据不予以支持。

（3）假设 5 得到支持，假设 6 没有得到支持。本书基于团队有效性理论"IMOI"模型进行的研究，团队效能感得到支持，团队沟通没有得到支持，团队有效性理论可能适用于技术转移情境。

5.6.4　环境不确定性的调节作用分析

假设 7 没有得到支持，可能源于以下原因：开放系统理论的环境因素不适用于技术转移情境下的团队跨界活动对团队绩效的调节影响；本书研究的样本数据不予以支持。

第6章　实证课题1：科教融合体制下技术转移能力培养与毕业生职业发展调查研究

本课题在"国家技术转移体系"构建的战略背景之下，以科教融合体制建设为契机，借助于中国科学院大学的教学平台，以问卷调查＋半结构访谈的方法，调研当前中国科学院大学毕业生对中国科学院大学技术转移课程的满意度及授课倾向。

总体上，毕业生对于中国科学院大学所开设的培训课程表示了极高的满意度，且愿意将技术转移的课程分享给其他的同事及合作者。但是，毕业生也暴露出了一些问题，体现为毕业生对技术转移的理论学习不够深入、认知不深刻、缺乏实践能力。可见，毕业生对于技术转移能力的认知及应用能力依然还流于表面，还有较大的提升空间。为推动中国科学院大学技术转移课程建设，本课题提出以下发展对策：第一，技术转移授课需强化学历教育和非学历教育的衔接；第二，加大高端技术转移人才培养力度；第三，推动中国科学院大学技术转移线上教学平台建设，以"技术商品"为落脚，推动案例式教学。

6.1 课题背景

6.1.1 课题研究背景和意义

当前,世界正处于百年未有之大变局加速演进的关键时期,新一轮科技革命和产业变革与中国加快转变经济发展方式形成历史性交汇。在全球范围争夺科技和产业制高点、西方国家试图通过技术封锁等手段维护霸权地位的背景下,习近平总书记强调,核心技术、关键技术、国之重器必须立足于自身,一些重大核心技术必须靠自己攻坚克难。①党的二十大也做出"加快实现高水平科技自立自强"的战略部署。高水平科技自立自强是塑造发展新动能、形成新质生产力、赢得战略主动的系统工程。其中,高质量科技成果转化是实现高水平科技自立自强的重要抓手。习近平总书记高度重视科技成果转化应用,指出要在推进科技创新和科技成果转化上同时发力,强化企业主体地位,推进创新链、产业链、资金链、人才链深度融合,发挥科技型骨干企业引领支撑作用,促进科技型中小微企业健康成长,不断提高科技成果转化和产业化水平②。

随着经济社会不断发展、科技不断进步,中国的经济结构正面临转型,世界工厂这个亮眼的标签正随着劳动力成本的日益高涨渐渐失去光彩。一方面,西方发达国家长期占领着高科技领域市场;另一方面,传统市场面临着被新兴发展中国家抢占的困境,尤其在人口红利褪去的当下。处于这样的大环境中,经济发展更要以科技发展作为内生动力。高校孕育了海量的知识,也研究设计出了各类科技成果,但如何将科技成果转化为经济发展的重要推手是当今中国正面临的机遇和挑战。技术转移是一个复杂而专

---

① 胡琴. 人民网评:核心技术是强国之匙[ED/OL]. (2018-04-27)[2024-06-12]. http://opinion.people.com.cn/n1/2018/0427/c1003-29954478.html.

② 沈慎. 人民网评:掌握核心技术,才不会被卡脖子[ED/OL]. (2018-04-27)[2024-06-12]. http://opinion.people.com.cn/BIG5/n1/2018/0427/c1003-29955061.html.

业的过程，作为一个理论实践化的过程，对社会生产力的提高开辟了一条重要的路径。高校作为技术转移的前沿阵地，是科研成果向社会输送的源泉，也是科学技术向社会的重要辐射体，是在技术转移路径上的关键角色，占据着举足轻重的地位。因此，如何协助高校高效、高质地进行技术转移是关乎高校发展改革和社会进步发展共同涉及的重要课题，一直是国内外学者研究的焦点。虽然目前研究结果表明，高校在大力推进科研技术商业化，但当前高校技术转移对企业创新的贡献的研究多聚焦于技术转移成果对企业创新帮助，对高校技术转移自身能力如何影响商业化的研究相对不足，忽视了技术转移能力对企业创新驱动力影响因素的研究。在研究商业化成果之前，要理清哪些因素会对高校技术转移产生影响，它们又是如何影响技术商业化效果的。而对于不同行业及企业，高校技术转移能力对商业化效果的影响至关重要。因此，有必要研究高校技术转移能力本身对企业创新驱动力的影响。

然而，尽管技术转移人才培养已经得到业界的广泛重视，技术转移人才体系建设依然存在众多问题，高素质复合型技术转移人才更是凤毛麟角。无论是学历教育还是职业培训，师资队伍的质量始终是人才培养的关键。技术转移领域的特殊性对师资提出了更高要求：一方面，教师需要具备相当扎实的理论功底；另一方面，他们需要具有丰富的实践经历，从而为学员提供实践指导。就技术转移人才发展现状看，优秀的技术转移人才更多是通过自身不断地实践积累和奋斗成长起来的。在技术转移人才需求量持续增加的情况下，缺乏高质量的师资队伍，很难完成大规模的人才培养。

中国科学院拥有全国最多最先进的大科学装置。在科教融合体制下，中国科学院大学的学生可以顺畅地利用这些科研条件，从而培养学生技术专业化能力。毕业生快速将在校期间获取的技术专业化能力转化为立足岗位的职业能力，有助于其构建全生命周期专业化能力。学生技术转移能力培养已是重要一环，可以充分利用科教融合办学优势，结合研究所在科技成果转移转化方面的实践，培养学生创新意识和实践能力，又好又快又多地培养国家紧缺高端科技人才。

在科教融合体制下，毕业生职业发展与其在校期间获取的技术转移能力息息相关。开展高质量技术转移能力培养，提升毕业生全生命周期专业化能力，这是理论与实践相融互促的新时代趋势。

6.1.2 国内外研究现状综述

在科教融合方面，我国学者围绕科研和教育协同的理念、路径和优化对策以及实践等方面展开了研究。金祥雷等人（2013）以吉林大学与中国科学院及其所属的科研院所联合实施科教结合协同育人实践为例进行分析，提出应不断优化协同育人的培养方案和教学体系，健全和完善协同育人的质量评价机制等以构建科教协同育人平台。古京等人（2013）通过调查"科教结合协同育人行动计划"，发现在培养制度、理念更新与协作模式等方面仍然存在问题，需要对评价标准激励与资助政策、培养制度和协作模式等采取优化措施。李琦等人（2012）提出要实现高水平的科学研究与高水平创新人才培养的相互促进，就要将科研成果融入人才培养全过程，包括人才培养理念更新、课程资源开发、学生创新能力培养。熊梅等人（1994）认为要创新高校教师管理文化，基于不同高校教师的利益诉求建立教学与科研相互融通的政策引导机制。国外相关研究大多聚焦于"产学研合作"模式，探讨如何提升各主体综合实力与核心竞争力，其中对大学和研究所相互合作协同培养高质量人才的驱动力、沟通协调机制、信任机制、利益机制、保障机制等问题进行了深入探讨，为协同培养人才实践提供了有效的理论指导。在此过程中，政府的支持对促进企业和大学之间的合作至关重要。大学和企业需要建立有效的沟通协调机制。注重科学教育和科技人才培养是相关实践的显著特征。除了资助研究项目外，发达国家的资助机构还关注教育体系和人才培养。例如美国国家科学基金会设立了教育与人力资源理事会。2022年，教育与人力资源理事会更名为STEM教育理事会，其主要使命是推动STEM教育卓越发展。STEM教育理事会致力于实现研究和教育的融合，每年拨款约9亿美元，占美国国家科学基金会整体预算的12%。刘佳宇（2005）指出，英国经济和社会研究理事会计划与其他学科研究理事会，如英国医学研究理事会和英国艺术与人文研究理事会等展开合作，致力于解决社会科学博士生在获取资助方面的不平等问题。在英国经济与社会研究理事会的倡导下，一些博士生培养合作伙伴已经开始提供专项资金以支持代表性不足的特定社会科学博士生群体，并积极吸引外部信托组织和基金会设立专用奖学金，以帮助解决社会科学博士生入学机会不平等的问题。王辉（2003）对德国国际科技人才资助计划的布局进行了梳理，将其划分为博士后资助计划、初级科研人员资助计划、资深科研人员资助计划、国际顶级科学家资助计划以及人才发现配套资助计划。这为构建具备全球竞争力的人才制度体系，充分发挥科研机构在人才市场中的主导作用提供了指导。

在技术转移方面，学术界研究创新政策的文献方兴未艾。相关制度安排包括但不限于区域建设（如创新型城市试点政策和国家高新区创建政策）、财税政策（Mukheriee, et al., 2017；安同良，千慧雄，2021）、产业政策、司法保护（黎文靖 等，2021）等，目的在于激励科技创新。与之不同，国家技术转移中心的建设着力于构建共性技术研发与扩散的公共科技服务体系，立足于推动技术转移和科技成果转化（江飞涛，2021）。现有关于技术转移的研究主要集中在技术引进、技术市场及研发联盟等方面。第一，自主研发支撑国家创新发展，但投入大、时间长、不确定性高（Messinis and Ahmed, 2013），通过引进国外技术提升生产水平可推动经济发展（韩品，2012；Nabin, et al., 2013）；然而，国外技术引进存在边际递减效应的负向影响，国内技术购买则可对产业创新和技术创新产生积极的溢出效应（李勃昕 等，2021）。第二，技术市场通过技术聚集效应、知识溢出效应及技术扩散效应促进科技创新（Roth, 2008；俞立平 等，2021），国际技术转让可推动中国技术市场发展（Zheng, et al., 2018），技术市场发展可打破知识与技术间的壁垒（叶祥松，刘敬，2018），提升高技术产品出口技术复杂度（戴魁早，2018）。

6.1.3 研究思路

本课题以中国科学院重庆绿色智能技术研究院承担培养任务的中国科学院大学毕业生为调查对象，以影响其职业发展和规划的因素为研究主题，运用问卷调查法、访谈法等研究方法，重点分析在毕业生职业发展和规划中不同技术转移能力培养因素和环境对其职业发展带来的影响，并展开调查研究。希望通过本课题的调查对中国科学院大学毕业生未来的职业发展规划和选择提供一些参考与借鉴。

本课题的创新点是引入技术转移能力培养，同时结合培养模式满意度分析。本课题分为 4 部分，如图 6-1 所示。

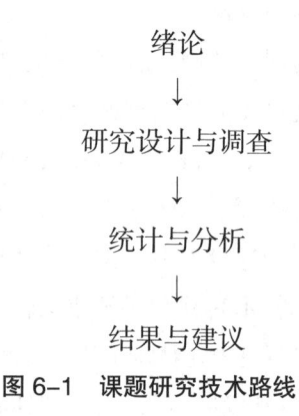

绪论
↓
研究设计与调查
↓
统计与分析
↓
结果与建议

图 6-1　课题研究技术路线

6.1.4 研究方法

首先，本课题运用调查问卷和访谈两种方法，结合技术转移能力和职业发展规划相关的量表，包括问卷设计原则、问卷调查、问卷设计和试测、设计访谈提纲、访谈的内容和形式等，调查中国科学院大学毕业生的职业发展现状。本课题的调查问卷针对中国科学院大学毕业生职业发展设计，从毕业生的基本情况、职业发展与薪资、技术转移课程设置与教学方式、对中国科学院大学教育整体评价等四大方面涉及的问题，对已经毕业的中国科学院大学毕业生进行问卷调查。同时，随机挑选毕业生进行访谈，本课题运用半结构式访谈法，采用目的抽样拟对 6 类不同就业领域类型的 35 位毕业生进行个案访谈。通过不同就业领域典型案例访谈的对比分析，探究不同就业领域的就业和职业发展影响因素，总结对就业有帮助的技术转移课程、需要的入职准备、应该具备的职业素养、优秀员工的职业特征、就业待提升的职业能力。

其次是进行统计与分析。统计学分析数据库由"问卷星"程序自动生成，运用 Excel 建立数据库，并进行逻辑核对。全部数据核对无误后采用 SPSS 16.0 对问卷数据进行统计描述分析，计数资料以例数或百分比表示。数据统计工具采用频数分析、描述分析、交叉分析和相关分析的方法，对所收集的问卷进行数据分析。使用软件对访谈内容进行质性分析，通过提取相同主题对访谈材料进行汇总和分类，以分析和归纳影响就业的共同观点和相同因素。对问卷与访谈的实测情况以及所得结果进行描述与分析，探讨影响中国科学院大学毕业生职业发展的因素。

6.2 研究设计与调查

6.2.1 问卷设计原则

6.2.1.1 合理性

合理性指的是问卷必须紧密与调查主题相关。若偏离了主题，即便问卷设计得再精美，其调查结果也将失去价值。因此，在问卷设计之初，必须明确与调查主题相关的核心要素，确保每个问题都能有效服务于研究目标。

6.2.1.2 一般性

一般性指问题的设置应具有普遍适用性，避免出现常识性错误。若问卷中存在不合理或脱离实际的问题，不仅会影响数据质量，还可能降低调查委托方对研究者的信任。因此，问题设计应基于广泛适用的逻辑，确保调查结果具有可推广性。

6.2.1.3 逻辑性

问卷的设计要有整体感，这种整体感即问题与问题之间要具有逻辑性。独立的问题本身也不能出现逻辑上的谬误。问题设置紧密相关，有助于获得比较完整的信息；同时，调查对象也会感到问题集中、提问有章法。相反，假如问题是发散的、带有意识流痕迹的，就会降低问卷的严谨性，进而影响调查的可信度。因此，逻辑性的要求与问卷的条理性、程序性分不开的。已经看到，在一个综合性的问卷中，调查者将差异较大的问卷分块设置，从而保证了每个模块的问题都密切相关。

6.2.1.4 明确性

所谓明确性，事实上是问题设置的规范性。这一原则具体是指命题要准确，提问要明确、便于回答，以及被访者能够对问题做出明确的回答等。

6.2.1.5 非诱导性

非诱导性指的是问题要设置在中性位置、不参与提示或主观臆断，完全将被访问者的独立性与客观性摆在问卷操作的限制条件的位置上。如果设置具有了诱导和提示性，就会在不自觉中掩盖了事物的真实性。

6.2.1.6 便于整理、分析

成功的问卷设计除了考虑到紧密结合调查主题与方便信息收集外，还要考虑到调查结果的容易得出和调查结果的说服力。这就需要考虑到问卷在调查后的整理与分析工作。首先，这要求调查指标是能够累加和便于累加的；其次，指标的累计与相对数的计算是有意义的；再次，能够通过数据清楚明了地说明所要调查的问题。只有这样，调查工作才能收到预期的效果。

6.2.2 问卷设计和试测

本课题所设计的科教融合问卷主要包括以下3个板块：第一，参与中

国科学院大学毕业生的基本情况分布；第二，参与培训学员对于技术转移课程的体验度及满意度；第三，参与培训学员对于技术转移课程的偏好。（具体问卷内容详见附录 D）。

为进一步测试所设置问卷测验结果的一致性、稳定性及可靠性以及有效性，本课题将使用 SPSS 软件进行信度以及效度分析。信度分析结果见表 6-1。发现问卷的克龙巴赫 α 系数为 0.916，大于 0.8，可见问卷结果处于高信度。表 6-2 为问卷结果的效度分析，其中 KMO 值为 0.827，且巴特利特球形检验的近似卡方值的显著性概率为 0.000（小于 0.001），可见问卷的测验具有很强的有效性。

表 6-1 信度分析

样本量 / 个	项目数 / 个	克龙巴赫 α 系数
119	14	0.916

表 6-2 效度分析

项目	因子 1	因子 2	因子 3	因子 4	共同度
Q1. 您的性别？	0.17	−0.10	−0.62	−0.18	0.454
Q2. 您的年龄？	−0.64	0.20	0.13	0.39	0.619
Q3. 您的学历？	0.23	−0.54	0.50	0.06	0.605
Q4. 您来自哪里？	0.14	0.15	−0.00	0.55	0.344
Q5. 您在单位中处于什么职位？	0.59	−0.22	−0.55	0.05	0.694
Q6. 您的薪资区间是多少？（万元 / 年）	−0.04	0.03	0.78	−0.20	0.651
Q7. 您之前是否接触过技术转移课程？	−0.01	−0.16	0.09	0.78	0.640
Q8. 您认为技术转移能力对于您的职业发展是否重要？	−0.52	−0.20	0.47	−0.20	0.566
Q10. 您认为哪种技术转移能力最为重要？	0.13	0.72	0.14	−0.06	0.551
Q11. 您对于技术转移课程的授课主体的偏好是什么？	0.05	0.76	0.15	0.13	0.617
Q12. 您对于技术转移课程的授课形式的偏好是什么？	−0.22	0.58	−0.04	0.27	0.455
Q13. 您参加技术转移课程培训的目的是什么？	0.14	0.57	−0.09	0.04	0.359
Q14. 您对于中国科学院大学教育技术转移课程的整体评价如何？	−0.84	−0.12	0.08	−0.15	0.757
Q15. 您是否愿意向其他朋友、同事及合作者，推荐中国科学院大学教育技术转移课程？	0.12	0.21	−0.21	0.66	0.534

续表

项目	因子1	因子2	因子3	因子4	共同度
Q16.您认为中国科学院大学教育技术转移课程对于您本身的职业是否有帮助？	0.81	0.15	0.02	0.25	0.743
特征根值（旋转前）	3.19	2.50	1.48	1.41	—
方差解释率（旋转前）%	21.29%	16.65%	9.89%	9.42%	—
累积方差解释率（旋转前）%	21.29%	37.94%	47.83%	57.26%	—
特征根值（旋转后）	2.60	2.31	1.89	1.79	—
方差解释率（旋转后）%	17.31%	15.39%	12.63%	11.92%	—
累积方差解释率（旋转后）%	17.31%	32.70%	45.33%	57.26%	—
KMO值	colspan=4	0.827	—
巴特利特球形检验的近似卡方值的显著性概率	colspan=4	0.000	—
巴特利特球形值	colspan=4	457.756	—
自由度	colspan=4	105.000	—
显著性水平	colspan=4	—	—

6.2.3 问卷调查

本问卷通过微信发放问卷星的方式，进行问卷调查，共发放119份问卷，得到119份有效问卷（图6-2），问卷有效率为100%。其中，2024年4月17日搜集到的问卷内容占83.33%（图6-3）；调研对象以重庆地区为主，占89%（图6-4）。

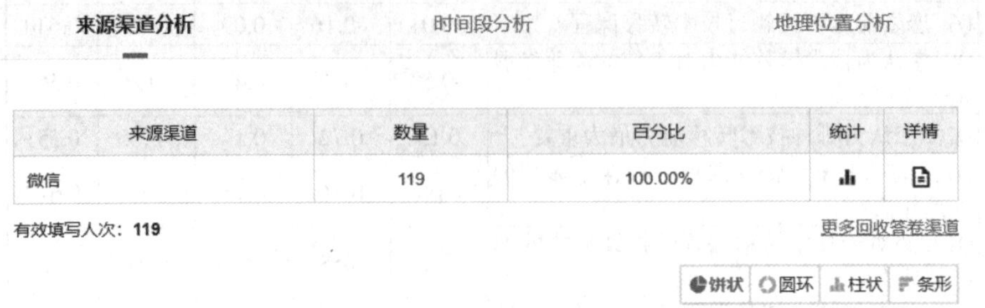

图6-2 问卷来源渠道

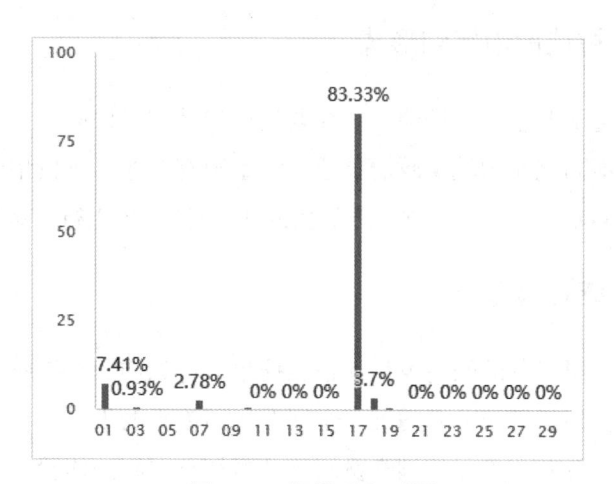

图 6-3　问卷采集时间

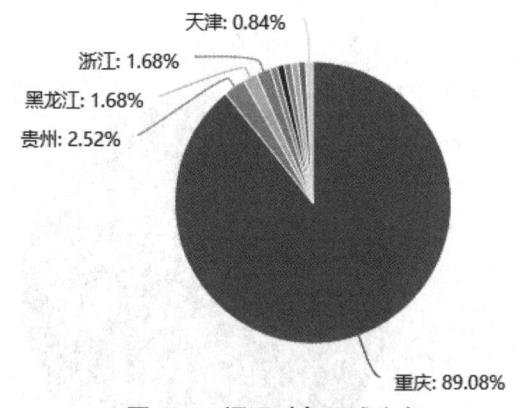

图 6-4　调研对象区域分布

6.2.4　访谈提纲设计

访谈内容采用半结构式访谈法，主要涉及不同就业领域的就业情况、职业发展影响因素、对就业有帮助的技术转移课程、需要的入职准备、应该具备的职业素养、优秀员工的职业特征、就业待提升的职业能力几个部分（详见附录 E）。

6.2.5　访谈的内容和形式

随机挑选毕业生进行访谈，本课题运用半结构式访谈法，采用目的抽样拟对6类不同就业领域（政府单位、大型国有企业、科技型中小企业、民营企业、事业单位、自主创业）类型的35位毕业生进行个案访谈。

6.2.6　统计与分析

根据对调研对象的问卷及访谈信息搜集，得到如图6-5所示的科教融合问卷数据受访者区域分布情况。本课题按照参与的中国科学院大学毕业生的基本情况分布、参与培训学员对于技术转移课程的体验度及满意度、参与培训学员对于技术转移课程的偏好3个维度来阐述统计分析结论。

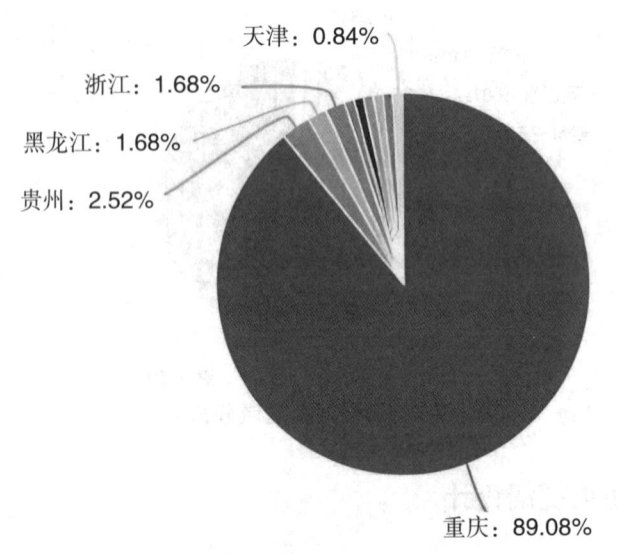

图6-5　科教融合问卷数据分析

天津：0.84%
浙江：1.68%
黑龙江：1.68%
贵州：2.52%
重庆：89.08%

6.2.6.1　参与的中国科学院大学毕业生的基本情况分布

根据对样本对象的性别统计（图6-6），发现参与调研的中国科学院大学毕业生中，男性占60%，女性占40%。

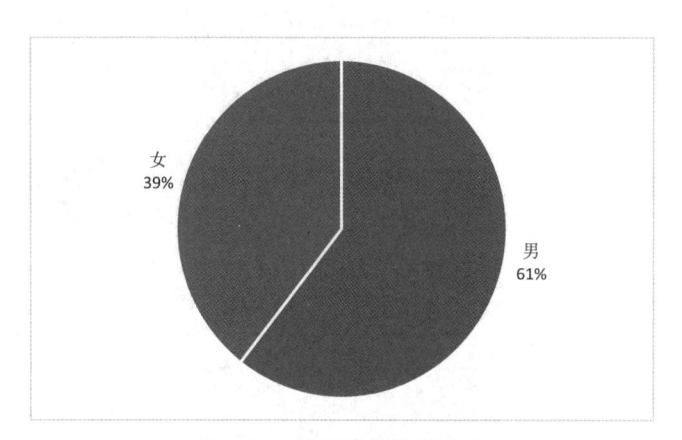

第6章 实证课题1：科教融合体制下技术转移能力培养与毕业生职业发展调查研究

图 6-6 样本对象性别分布

根据对样本对象的年龄统计（图 6-7），本次被调研对象的中国科学院大学毕业生群体多在 20～30 岁，占 50%；31～40 岁的占 30%。这两个年龄段的毕业生的职业生涯在 8 年以内。

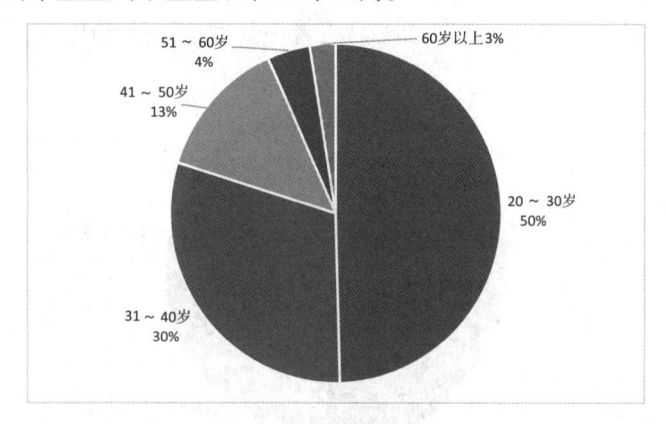

图 6-7 样本对象年龄分布

根据对样本对象的学历统计（图 6-8），本次被调研对象的中国科学院大学毕业生群体的学历分布以硕士为主，占 63%；博士次之，占 19%。高学历群体大多从事智力密集型的行业，对于技术迁移能力的需求相对较大。

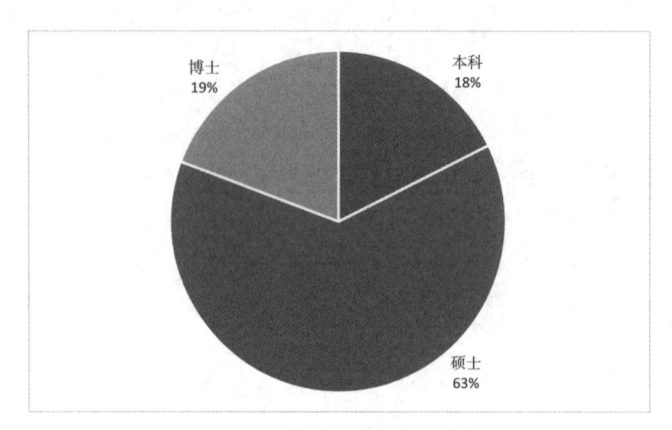

图 6-8　样本对象学历分布

根据对样本对象的职业统计（图6-9），本次被调研对象的中国科学院大学毕业生的职业分布涉及政府单位、大型国有企业、科技型中小企业、民营企业、事业单位、自主创业，相对来说分布较为均匀，其中大型国企和事业单位的去向各占23%、25%，二者一共占整体的50%。

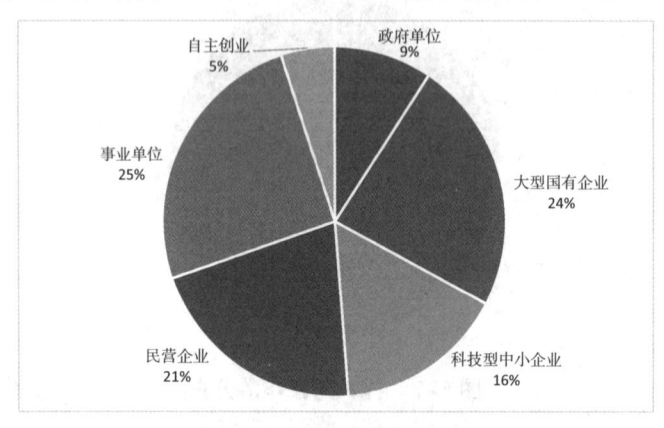

图 6-9　样本对象职业分布

根据对样本对象的职位统计（图6-10），中国科学院大学毕业生所从事职业的岗位类型以基层技术人员为主，占54%；其次是中层管理人员，占27%。

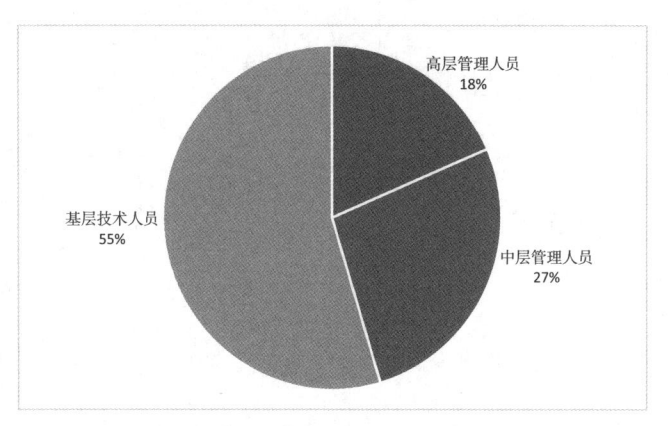

第6章 实证课题1：科教融合体制下技术转移能力培养与毕业生职业发展调查研究

图 6–10 样本对象职位分布

从薪资区间的角度（图 6–11），65% 的毕业生的薪酬处于 10 ~ 30 万元 / 年的水平。

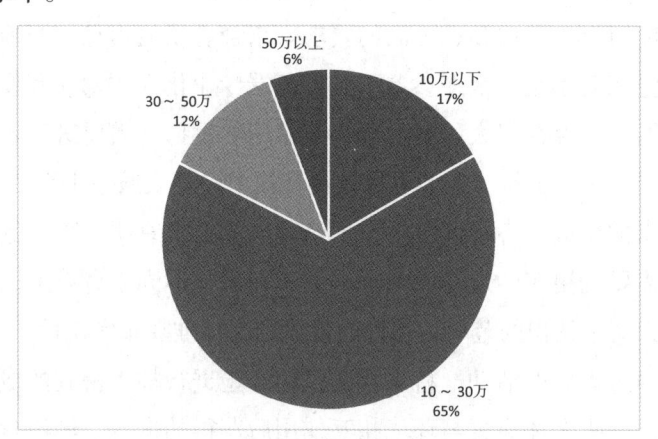

图 6–11 样本对象薪资区间分布

6.2.6.2 参与培训学员对于技术转移课程的体验度及满意度

从参加技术转移课程培训学员对技术转移课程的了解程度（图 6–12）来看，47% 的学员表示之前了解过技术转移的概念及内容，22% 的学员表示有部分学习过，10% 的学员有系统学习过技术转移的经历，21% 的学员表示从未接触过这个概念。

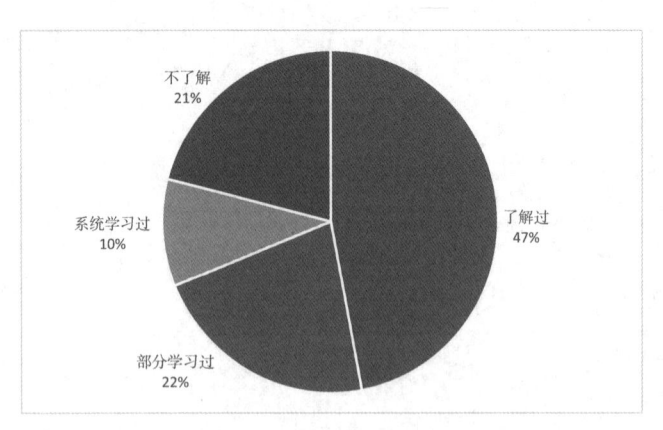

图 6-12　样本对象对技术转移课程了解程度

  随着科技和经济的深度结合和推动科技成果转移转化需要的持续增长，社会对技术经理人的需求日益旺盛，期望值日益增加，对技术经理人的素质和能力提出了更多、更高的要求。结合访谈的信息，当前技术经理人存在数量相对不足、水平参差不齐、高端专业化人才稀缺和职业认可度不高等问题，已经在很大程度上影响其作用的发挥，需要进一步加强与规范技术经理人培育工作，才能更有效提升技术经理人服务水平。

  在要求的层面，各领域对于技术经理人的要求有所提高。其中，技术经理人所需要的更多的是隐性知识。关于知识，不同学者有不同的见解，本质上知识属于认识的范畴，知识的价值判断标准在于实用性。一般而言，知识是指通过人脑的活动，将来自实践的经验进行加工得到的成果。心理学上，知识是指个体通过与环境相互作用后获得的信息。经济学上，知识是指能够直接形成产品或是能够提高生产要素使用效率的一种生产要素。知识经过传播不会减少，而会产生倍增效应。在不同的分类标准下知识可以分为不同的类别，如可依据反映活动深度的不同分为感性和理性知识；依据功能的不同分为陈述性和程序性知识；依据能否清晰地表述和有效地转移分为显性和隐性知识。

  掌握技术转移的能力，对于学员在实际的工作岗位中的作用也是巨大的。对于在企业就职的员工来说，可以降低信息不对称性，并降低合作盲区。企业为了自身产品机密和防止恶性市场竞争，和高校合作过程中会有意无意地规避和隐瞒某些机密，这就导致校企双方合作的初期沟通存在障碍，双方不能专业、直观、准确地表达项目所需技术难题和技术参数，双方都出于谨慎的考虑很难达到信息的对称。企业急于解决技术难题，高校很少有专职做技术成果转化的教授，因此调配人手、技术申报、立项等都需要烦琐的流程，也就导致了合作进度缓慢。反向来说，企业对科研技术的投入资金还达不到企业年收入的2%，导致高校研发新技术很难受到企业重视。

如图6-13所示，45%的学员认为技术转移能力对于他们的职业发展非常重要，而48%的学员选择了"一般"，只有7%的学员认为这种能力对于其职业发展不重要。可见，学员对于技术转移能力的认知及应用能力还有较大的提升空间。

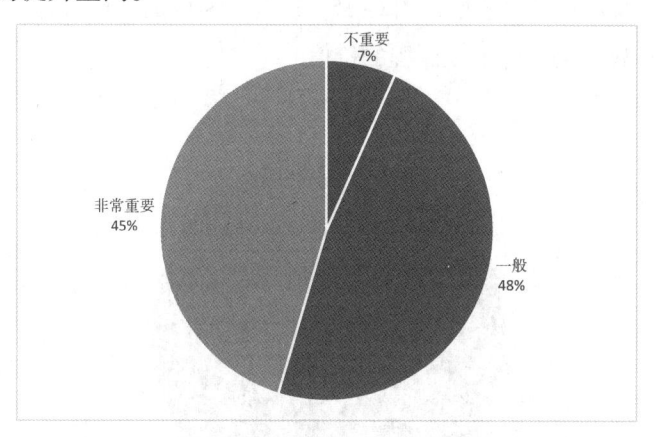

图6-13 技术转移能力对职业发展的重要性统计

如图6-14所示，学员对中国科学院大学技术转移课程的满意度，没有学员选择"不满意"，24%的学员选择了"非常满意"，有46%的学员选择了"比较满意"，30%的学员选择了"满意"。

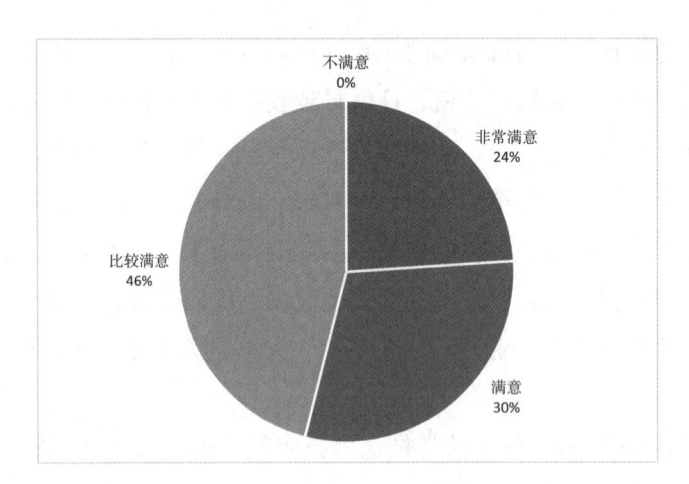

图 6-14　样本对象对中国科学院大学技术转移课程的满意度统计

从接受过中国科学院大学技术转移课程的学员，愿意将该课程推荐给朋友、同事及合作者的意愿（图 6-15）来看，94% 的学员选择了"愿意"，可见绝大多数学员认可了该课程的价值。

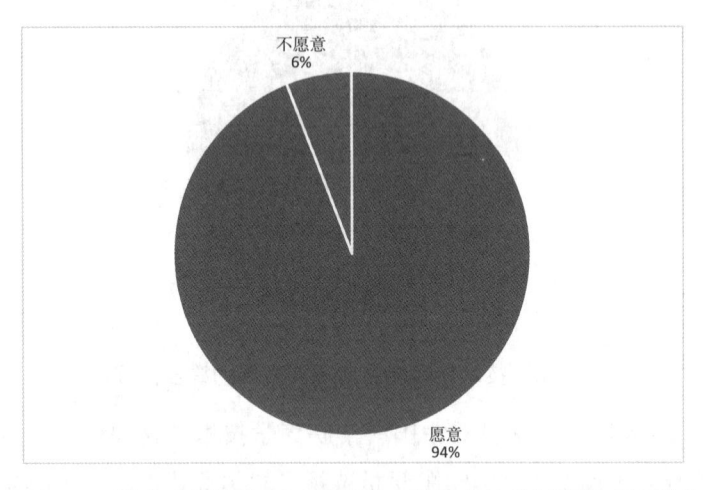

图 6-15　样本对象推荐中国科学院大学技术转移课程的意愿统计

根据中国科学院大学技术转移课程能否促进学员的职业效力（图 6-16）来看，只有不到 1% 的学员认为是"没有帮助"，而有 48% 的学员选择了有"非常大的帮助"。

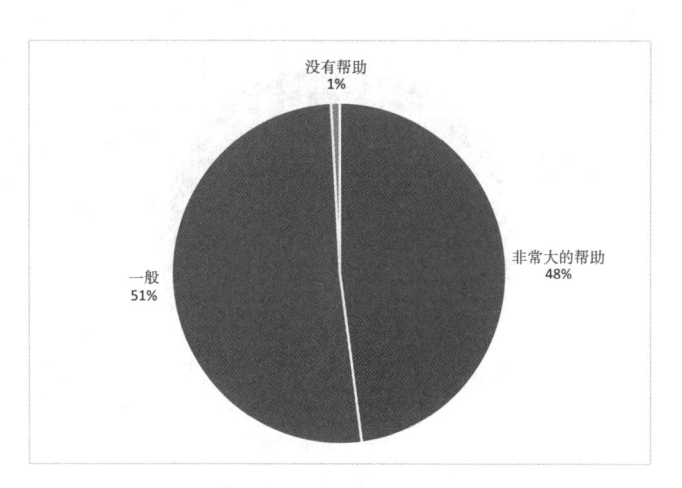

第6章 实证课题1：科教融合体制下技术转移能力培养与毕业生职业发展调查研究

图 6-16 中国科学院大学技术转移课程对于职业的促进效力统计

6.2.6.3 参与培训学员对于技术转移课程的偏好

根据培训学员对技术转移领域的偏好统计（图6-17）来看，"技术交易模式"相对来说是学员最感兴趣的领域，占据27%，"知识产权及政策""法律法规"以及"商务谈判"3个领域，份额较为接近，大约为20%。

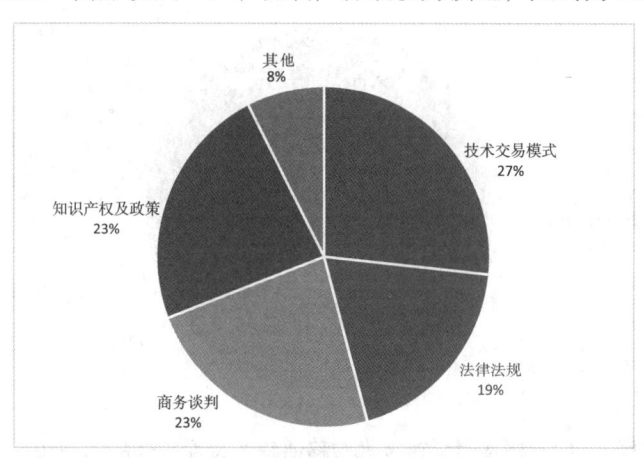

图 6-17 样本对象对技术转移课程最关注的领域分布

根据培训学员最为关注的技术转移能力的调研（图6-18），发现大部分学员（43%）更关注应用研究能力，其次是中介运营能力（占32%）。

—183—

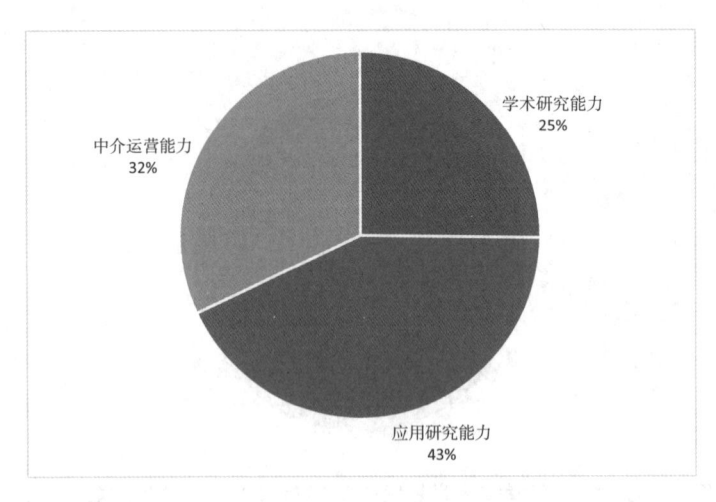

图 6–18　样本对象最关注的技术转移能力分布

根据培训学员对技术转移课程的授课主体的偏好（图 6-19）来看，绝大多数学员更倾向于让技术转移中介从业者（45%）来进行授课，其次是企业工程师（占 27%）。

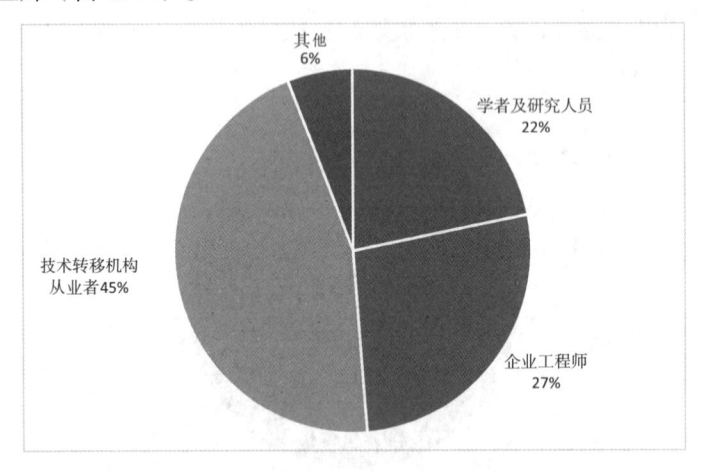

图 6–19　样本对象对技术转移课程的授课主体的偏好统计

根据培训学员对技术转移课程授课形式的偏好（图 6-20）来看，大部分学员倾向于线上授课（占 46%），其次是分类型选修授课（占 19%）。

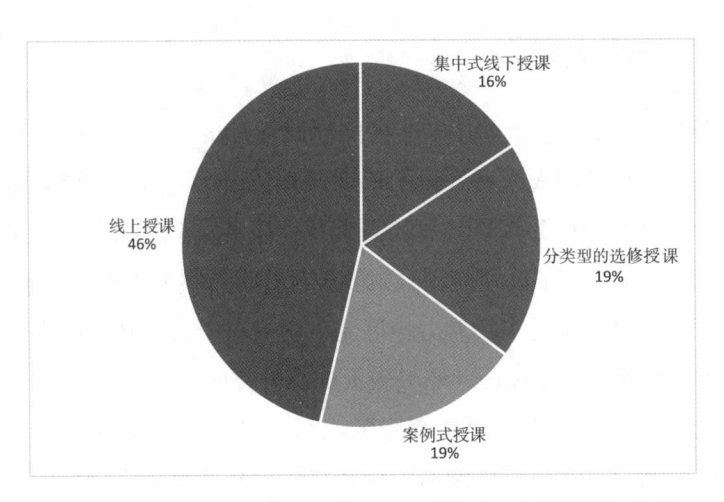

第 6 章 实证课题 1：科教融合体制下技术转移能力培养与毕业生职业发展调查研究

图 6-20 样本对象对技术转移课程的授课形式的偏好统计

根据培训学员参加技术转移课程的目的统计（图 6-21），30% 的学员是为了明确职业身份发展体系，29% 的学员希望了解技术转移的行业动态，18% 的学员希望掌握技术转移的理论方法，16% 的学员的目的是希望寻找合作伙伴。

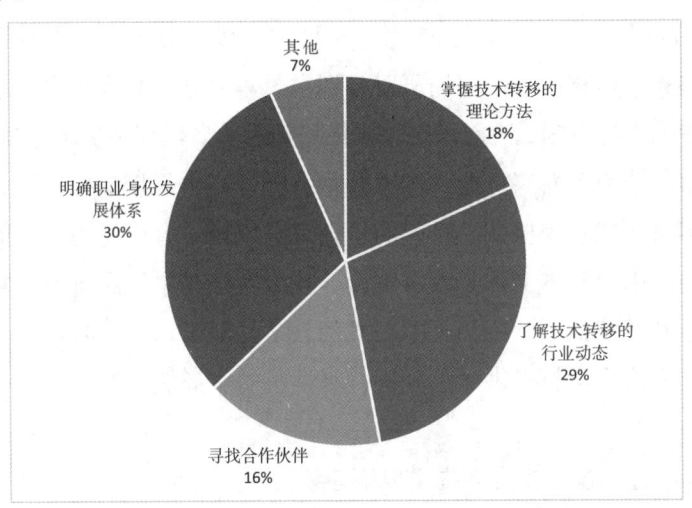

图 6-21 样本对象参加技术转移课程培训的目的统计

6.2.7 结果与建议

根据对中国科学院大学毕业生的问卷调查及访谈分析,发现总体来看,学员对于中国科学院大学所开设的培训课程,表示了很高的满意度,且愿意将技术转移的课程分享给其他的同事及合作者。但是当前,学员在技术转移方面,也暴露出了一些问题,如学员对技术转移的理论学习不够深入,认知不深刻,以及缺乏实践能力。可见,学员对于技术转移能力的认知及应用能力,依然还流于表面,还有较大的提升空间。

根据调研内容,学员更感兴趣的领域为"技术交易模式",且关注于应用研究能力。学员也更倾向于让转移机构从业者来进行授课。学员参与技术转移课程的目的是明确职业身份发展体系及了解技术转移的行业动态。授课形式上,学员更倾向于不受地理空间约束的线上授课。

从技术转移课程形式的现状来看,技术转移是一门极其复杂的工作,涉及的专业领域广,对从业人员综合素养要求非常高,这就决定了技术转移人才的培养是一个长期的、循序渐进的过程。而目前的技术转移培训班多以短期培训为主,一般为35天,培训内容极为有限,培训效果有待提高。一些技术转移的高端培训班对参训学员本身素质具有较高要求,从而限制了参训人群范围,不能满足大规模培训需求。培训师资水平参差不齐。技术转移行业属于新兴行业,领军人物有限,高水平培训导师更为稀缺,培训内容及方式较为机械。目前的培训方式以理论宣讲为主,一般培训班提供的培训内容基本上都是政策解读、技术转移基本概念讲解、常规工作流程演示和部分案例分析。其中,案例教学受限于培训学时或技术保密,很多时候无法为学员提供深入分析,对学员的实务能力提升很难有实质性帮助。

基于上述情况,本课题提出以下建议:

第一,技术转移授课需强化学历教育和非学历教育的衔接。技术转移人才需要扎实而广泛的知识基础和丰富的行业阅历,所以不管是长期的单一学历教育还是短期的培训都不能够培养出符合行业要求的优秀技术转移人才。在这一方面，中国科学院大学需借鉴了欧美等先进专业技术转移人才的培养模式，通过将技术转移工作所需要应用的专业知识和学生在学历教育中需要学习的知识体系相结合，帮助学生在学历教育中除了学习专业知识之外，进一步培养学生的创新思维以及对技术转移过程的理解。

第二，加大高端技术转移人才培养力度。从我国已经进行了几十年的技术转移人才培养效果来看，我国在技术转移人才培养上往往出现专业知识过硬但是实践经验不足的问题，这也正是中国科学院大学毕业生最为关注的能力。因此一味地学历教育不能够满足技术转移工作的需要，非学历教育仍然是技术转移人才培养的重点。目前，在我国的技术转移人才资格证获取方面，部分城市和地区的技术经理人资格考试刚刚进入常态。因此，需要我国全面加强技术转移人才的资格认证，并建成相应的培训体系。应打破一切创新发展资源流动的行政壁垒，为企业创新发展打造良好的营商环境。

第三，推动中国科学院大学技术转移线上教学平台建设，以"技术商品"为落脚，推动案例式教学。不同于其他行业，技术转移人才所面对的是技术商品，技术转移人才只有深入参与技术商品全生命周期开发，充分发挥其经纪服务作用，才能顺利完成技术转移工作。通常来说，技术商品的生命周期从研发立项开始，经历基础研究、中试熟化，再到产业化落地与推广，而后再经历技术升级。技术转移人才在各阶段都应参与其中，促成科技成果的落地转化。

第 7 章 实证课题 2：新型电力系统能源评价模式及绿色低碳技术转移转化的示范与推广

本课题为笔者应用技术转移理论方法模型于绿色低碳领域，探讨如何实现绿色低碳技术在新型电力建设中得到规模化应用。该课题"新型电力系统能源评价模式及绿色低碳技术转移转化的示范与推广"参加 2024 年度全球卓越工程师大赛，荣获"十佳成果转化奖"。

7.1 新型电力系统背景下能源评价方法

在新型电力系统构建的大背景下，当前源网荷储各环节存在技术开发孤立、评价尺度单一、集成应用能力薄弱的问题。本课题拟构建涉及源网荷储全链条的新型综合智慧能源系统能效评估体系及精确计算策略，以期为高效综合智慧能源系统规划建设、调度优化、运行维护等环节提供理论指导。

能源在世界各国的发展过程中占据着不可或缺的关键地位。我国在实现中华民族伟大复兴的过程中，生产和生活的能源需求量飞速增长，但能源的供应却面临着短缺的困境，同时非清洁能源的使用也带来了严峻的环

第7章 实证课题2：新型电力系统能源评价模式及绿色低碳技术转移转化的示范与推广

境问题。在全球能源形势日益严峻的今天，实现能源经济、高效、安全、清洁利用的需求日益迫切。综合能源系统的概念作为未来能源问题的潜在解决方案被引入，通过电能、天然气、热能和冷能等多种能源形式的协同与互补，展现出显著的资源优化配置优势。综合智慧能源系统集成多种能源形式，深度挖掘资源禀赋，实现资源梯级利用，具有能耗低、较为灵活和可靠等优点，基于可再生能源的利用，通过能源利用技术实现不同类型能源在生产、转换、传输、利用过程中深度融合与协调互补，促进了能源供应与利用的清洁性与高效性。综合智慧能源系统可以提升各类能源的利用效率、加快可再生能源大规模开发，对于推动清洁低碳、安全高效的现代能源体系建设具有重要作用。

能源利用效率分析是能源协同规划、能效提升等研究领域的重要基础，精确、完备的能源利用效率评价方法对于综合能源系统的可持续发展至关重要。高效的综合智慧能源系统能效诊断精确评估策略能够在充分考虑系统多种能量之间的耦合关系、转化效率的基础上，兼顾系统投资的经济效益以及社会效益（低碳排放）等因素，指导综合能源系统的规划建设、调度优化、运行维护等环节，实现包含电、热、冷、水、气、储、氢等多种类型能源在内的综合能源系统多能流优化运行，全面提升能源综合利用率，助力我国能源系统绿色低碳转型。

当前的能源评价方法，存在标准不统一、边界不统一等问题。业内在探讨节能及减碳、降污策略方面，对于是采取直接消耗及排放、间接消耗及排放，还是全生命周期尺度下的消耗与排放，存在较大的争议和不确定性。这就导致我们在评价能源体系问题的时候，会因为评价尺度选择的不同，而得到较大的结论差异，从而也就产生缺乏可比性的局限性，该问题引发学术界及工业界的共同关注。综合能效的评估方法分别基于热力学第一、二定律展开，在此基础上进一步考虑多维度评价体系（包括全生命周期尺度下的能效、㶲效、成本、碳排放）可以对系统进行能效诊断评估，从而指导综合能源系统高效经济运行。在打通电力系统技术适用瓶颈方面，课题组运用技术转移模型，对能源电力系统的协同控制及产业转化进行跨领域、多学科的论证。

7.2 研究内容及研究问题

7.2.1 研究内容

本课题运用物联网和先进传感技术,研究大数据背景下的包含电、热、冷、水、气、储、氢等多种类型能源在内的综合智慧能源系统多能流"量"与"质"。本课题考虑能源转换效率、供应效率、可靠性、供应质量、经济效益和社会效益在内的能效诊断与精确评估体系,诊断分析当前区域综合智慧能源系统运行状态以及优化提升空间,为园区建设规划、园区综合能效管理提供精确的数据支持和决策依据。

7.2.2 研究问题

(1)基于物联网和大数据的多能流预测、数据采集和计算分析技术。
(2)考虑多能流耦合的综合智慧能源系统精确建模技术。
(3)考虑能源"量"与"质"的多类型综合智慧能源系统能效诊断评估技术。
(4)考虑实时反馈的综合智慧能源系统优化调度与控制技术。

7.3 研究方法、技术路线及可行性分析

7.3.1 研究方法

电力建设绿色低碳技术的综合智慧能源系统综合能效诊断和评估需要综合运用多种技术和方法,包括系统建模、数据采集和处理、能效评估指标、诊断分析、优化决策和实时监控等,以全面深入地揭示能源系统的能效特征和优化潜力,为能源系统的高效运行和可持续发展提供科学依据和技

支持。其中，能效评估指标包含多个维度，需要采用层次分析法、优劣解距离法等将多目标进行整合。

7.3.2 技术路线

7.3.2.1 技术路线图

本课题主要技术路线示意如图7-1所示。

能效评价指标　+　系统建模及数据采集
↓
综合智慧能源系统能效诊断精确评估系统
↓
电力建设绿色低碳技术转移转化机制协同创新

图7-1　技术路线

（1）能效评价指标：效益方面（社会效益、经济效益）和能源方面（供应效率、供应质量、转化效率、可靠性）。

（2）系统建模及数据采集：数据采集（大数据技术、物联网技术）和系统建模（系统能量转换设备、系统能量存储设备）。

（3）综合智慧能源系统能效诊断精确评估系统：系统多能流状态分析及系统综合能效评估、基于评估结果的优化调度控制策略和实施监控反馈调节机制。

7.3.2.2 技术路线简介

按照能效诊断评估流程，本课题具体技术路线介绍如下。

（1）系统建模：建立综合智慧能源系统的能量流模型，主要包括系统能量转换设备和能量存储设备两大类，基于热力学第一、第二定律分析各种能源的输入、转换、输出和能量损失等过程，分析能量流动的基本规律和影响因素。

（2）数据采集：运用先进传感技术、物联网技术、大数据技术等技术采集综合智慧能源系统中各种能源输入和输出的数据，包括电力、燃气、蒸汽、热水等多种能源的用量和质量等信息，同时还需要采集环境因素、设备状态等相关数据。

（3）数据处理：对采集到的数据进行处理和分析，包括数据清洗、数据预处理、特征提取和数据建模等步骤，以获取能源系统的运行状态和能效性能指标。

（4）能效评估：考虑能源转换效率、供应效率、可靠性、供应质量、经济效益和社会效益等多个评价维度，对综合智慧能源系统的能效进行评估，揭示能源系统的能效现状以及改进潜力。

（5）诊断分析：对能效评估结果进行分析，找出能源系统中存在的问题和瓶颈，针对性地提出改进方案和措施，以提高综合智慧能源系统的能效。

（6）优化决策：基于能效评估和诊断分析结果，制定优化决策方案，包括优化控制策略、设备改进和能源结构调整等方案，以实现能源系统的高效运行和可持续发展。

（7）运行监控：将优化决策落实到实际操作中，并通过实时监控将系统运行状态反馈到数据采集步骤当中，对能源系统的运行进行调整和优化，保证能效改进效果的实现。

7.3.3 可行性分析

7.3.3.1 研发能力可行性

基于笔者作为第一作者于2021年1月27日在技术转移领域顶级期刊 *The Journal of Technology Transfer* 发表的 *Team boundary-spanning activities and performance of technology transfer organizations：evidence from China*，本课题将围绕电力建设绿色低碳技术深入探讨技术转移转化机制协同创新。前期关于技术转移团队的研究，已深入阐述并发展了一种研究团队的多层次方法，通过整合宏观和微观层面的理论研究，中观层面引入团队有效性理论，深入讨论技术转移情境下团队跨界活动的前因、行为和后果。

结合组织结构"自上而下"安排的任务因素和团队成员跨界活动时"自下而上"反馈的环境因素，引用团队有效性理论 IMOI 模型探讨团队跨界活动与团队绩效的关系。研究已实证分析团队跨界活动在中国技术转移情境下的团队绩效，并针对性地提出过管理优化的建议。

7.3.3.2 技术路线可行性

目前，电力建设绿色低碳技术转移转化机制协同创新所需的技术和方法已经基本成熟，包括系统动力学建模、数据采集和处理、能效评估指标、诊断分析、优化决策和实时监控等，都已经有了较为成熟的技术解决方案。从技术角度来看，电力建设绿色低碳技术转移转化机制协同创新的可行性较高。

7.3.3.3 数据可行性

电力建设绿色低碳技术转移转化机制协同创新需要大量的数据支持，包括能源输入输出数据、环境和设备状态数据等。在实际操作中，数据采集难度较大，需要采用多种手段进行数据采集和处理，如传感器、监测系统等技术。目前随着先进传感技术、物联网技术和大数据技术的发展，数据采集和处理的难度已经逐渐降低，因此电力建设绿色低碳技术转移转化机制协同创新在数据方面也具有较高可行性。

7.3.3.4 经济、社会可行性

当前在国家能源战略的推动下，为提升能源利用效率，降低区域碳排放，电力建设绿色低碳技术转移转化机制协同创新已经成为能源领域发展的重要方向。从长远看，综合能源系统能够基于精确完备的诊断和评估结果进行优化调节，从而实现系统经济、高效、低碳运行，有效提高能源利用率，降低能源成本和系统能耗水平。因此，在经济、社会方面从而实现经济上的可行性。

7.3.4 技术应用情况

研究团队人员配备合理，具有扎实的相关工作基础。团队所在实验室

具有较为完备的实验和研究条件，长期从事电力建设绿色低碳技术与技术转移转化机制协同创新等领域的研究，在项目所述技术路线和实验方案方面具有较深厚的研究基础。该技术由中国科学院重庆绿色智能技术研究院提出，并在中国电建集团重庆工程有限公司的工程场景得到示范应用。目前已获授权10多件涉及智能施工、可再生能源协同控制、能源调控等领域的中国发明专利，应用于中国电建集团重庆工程有限公司工程现场。

7.3.5 目标成果、社会经济效益

7.3.5.1 目标成果

通过对综合智慧能源系统进行精确高效的能效诊断和评估，可以提高系统能源利用率，促进能源节约和减排，实现电力建设绿色低碳技术转移转化机制协同创新，符合国家能源战略需求。本课题预期突破包含电、热、冷、水、气、储、氢等能源类型在内的综合智慧能源系统全流程能效精确诊断评估方法，考虑能源的"量"与"质"，形成包含5种类型异质能源能效测评方法并指导系统建设及优化运行，实现综合能效提升5%以上。

7.3.5.2 社会经济效益

（1）促进能源系统清洁高效转型：通过综合智慧能源系统的诊断和评估，可以发现能源系统中存在的问题和瓶颈，提出优化方案和措施，进一步提高能源利用效率，减少能源消耗和碳排放。这对于实现能源的高效利用、低碳可持续发展具有重要意义。

（2）降低系统成本：在综合智慧能源系统的规划建设、调度优化、运行维护等环节，基于能效诊断精确评估结果可以优化综合能源系统当中的能源利用和管理过程，降低系统当中能源成本和生产成本，提高园区级综合智慧能源系统经济效益。

（3）推动智慧城市建设：综合智慧能源系统综合能效诊断和评估可以为智慧城市建设提供支持，提高城市能源利用效率，降低城市能源成本，助力城市能源系统的智能化、低碳化发展趋势，提高城市形象。

第 8 章 实证课题 3：中国电建集团重庆工程有限公司科技创新战略规划研究咨询项目系列课题

本课题实证得到了中国电建集团重庆工程有限公司的大力支持。中国电建集团重庆工程有限公司先后立项"中国电建集团重庆工程有限公司科技创新战略规划研究咨询项目""边坡生态修复技术项目""光伏发电综合能源关键技术""智慧综合能源系统平台技术开发""光伏综合能源生态技术项目"等课题。谢开骥作为课题负责人或课题骨干，与其他作者及编委多人共同参与课题研究，取得了系列成果。

8.1 战略规划

8.1.1 科技创新 3 年近期战略规划提纲

8.1.1.1 公司科技创新发展回顾

（1）公司科技创新能力现状分析。

（2）现有组织结构、流程、制度等体系管理分析。

（3）优秀企业先进做法分析。

（4）改善现状的方向性建议。

8.1.1.2 公司科技创新 3 年近期规划的技术方向与趋势分析

（1）行业前沿技术清单（包括风电、光伏、特高压、新基建、生态保护、"双碳"等领域）。

（2）综合能源与"双碳"技术现状与展望。

（3）综合能源的前沿技术、成熟技术、实用技术分析。

（4）生态环境的前沿技术、成熟技术、实用技术分析。

（5）基础设施的前沿技术、成熟技术、实用技术分析。

8.1.1.3 主营业务领域技术应用场景、市场需求

（1）行业内科技创新发展路径分析。

（2）科技创新总体发展思路和发展战略。

（3）科技创新应用需求分析、经验梳理。

（4）业务发展中科技创新存在的问题。

8.1.1.4 主营业务领域科技组织和科技发展路线图

（1）科技创新体系（组织、流程、制度等）策划。

（2）企业综合能源与"双碳"技术的企业布局。

（3）企业综合能源与生态环境"双碳"技术的获取渠道与方式。

（4）企业基础设施建设技术获取渠道与推广实施。

（5）分阶段前沿科技与实用科技的规划与应用。

8.1.1.5 科技创新合作模式策划

（1）内部科技资源整合再造。

（2）外部科技 + 投融资 +EPC 创新。

（3）市场开发模式策划。

（4）科技创新成果策划。

（5）实施顶层设计方案与宣贯。

（6）明确任务分解，协助分解落实。

8.1.2 科技创新 4～10 年中长期战略规划提纲

8.1.2.1 公司科技创新发展回顾

（1）公司科技创新能力现状分析。

（2）现有组织结构、流程、制度等体系管理分析。

（3）优秀企业先进做法分析。

（4）改善现状的方向性建议。

8.1.2.2 公司科技创新"十五五"和中长期技术方向与趋势分析

（1）行业前沿技术清单。

（2）综合能源与"双碳"技术现状与展望。

（3）综合能源的前沿技术、成熟技术、实用技术分析。

（4）生态环境的前沿技术、成熟技术、实用技术分析。

（5）基础设施建设的前沿技术、成熟技术、实用技术分析。

8.1.2.3 主营业务领域技术应用场景、市场需求

（1）行业内科技创新发展路径分析。

（2）科技创新总体发展思路和发展战略。

（3）科技创新应用需求分析，经验梳理。

（4）业务发展中科技创新存在的问题。

8.1.2.4 主营业务领域科技组织和科技发展路线图

（1）科技创新体系（组织、流程、制度等）策划。

（2）企业综合能源与"双碳"技术的企业布局。

（3）企业综合能源与生态环境"双碳"技术的获取渠道与方式。

（4）企业基础设施建设技术获取渠道与推广实施。

（5）分阶段前沿科技与实用科技的规划与应用。

8.1.2.5 科技创新合作模式策划

（1）内部科技资源整合再造（"技术-设计-项目部-市场"协同）。

（2）外部科技+投融资+EPC 创新（"科技+金融"）。

（3）市场开发模式策划。

（4）科技创新成果策划。

（5）实施顶层设计方案与宣贯。

（6）明确任务分解，协助分解落实。

8.1.3　科技创新战略规划执行重点任务清单

（1）召开项目启动会，制订项目实施计划，收集资料并进行分析，对高层领导和主要业务部门及职能部门负责人进行深度访谈；开展问卷调查，回顾公司科技创新发展和科技创新战略规划评估分析。

（2）对现有组织结构、流程、制度等体系管理，公司科技创新能力现状，优秀企业先进做法进行分析；提出改善现状的方向性建议。

（3）梳理行业前沿技术清单，分析主营业务领域技术应用场景、市场需求和技术路线图、行业内科技创新发展路径；不定期召开科技创新战略发展研讨会，提出科技创新总体发展思路和发展战略；开展科技创新应用需求分析，经验梳理；研讨业务发展中科技创新存在的问题。

（4）考虑科技系统岗位设置的可行性，明确职责划分与定岗定责。根据市场需求，重新建立技术体系，重新梳理技术中心运行规则，使总承包部、技术分中心、设计中心、数字中心、科技子公司，在公司科技委员会（其办公室设在科技部）领导下协同运行。

（5）内外部资源整合，明确各技术中心的职责、目标与考核，协助科技部落实。协助将方案逐步实施到位，加强对规划的理解，开展规划方案的培训、研讨等。

8.2　技术成果

8.2.1　技术发明1：一种便于组装的分布式储能系统用配电柜

本发明涉及电力设备技术领域，具体涉及一种便于组装的分布式储能系统用配电柜（图8-1），包括底板、设置于底板上的柜体和覆盖在柜体上的顶板。柜体包括与底板可拆卸连接的立柱和与立柱可拆卸连接的侧板组件，侧板组件包括多个竖直设置的侧单板，侧单板的一长侧边设置有第一拼接槽，侧单板的另一长侧边设置有与拼接槽配合的第一拼接条，相邻侧单板通过第一拼接槽与第一拼接条插接，立柱的一侧壁设置有与第一拼接条配合的第二拼接槽，立柱的与第二拼接槽所在的侧壁相邻的另一侧壁设置有与第一拼接槽配合的第二拼接条。本发明能够根据实际需要快速拼接出不同规格可扩展的配电柜以适应分布式储能系统的电气件安装。

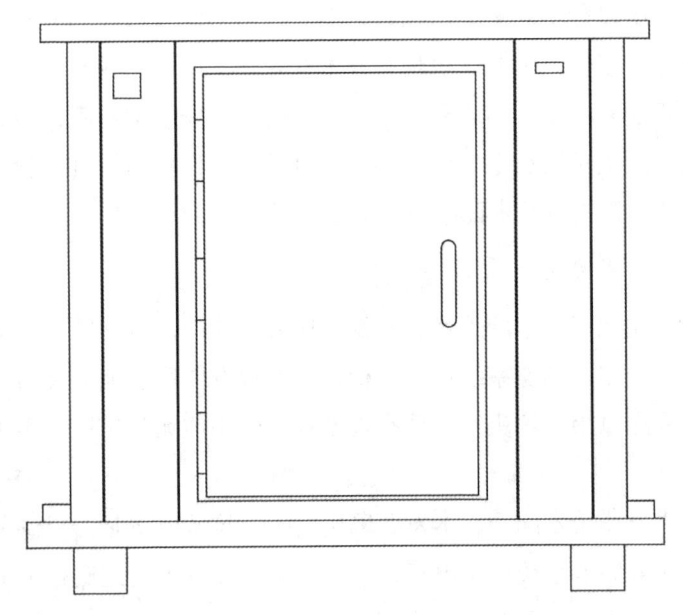

图 8-1　发明图示：一种便于组装的分布式储能系统用配电柜

8.2.1.1　技术领域

本发明涉及电力设备技术领域，具体涉及一种便于组装的分布式储能系统用配电柜。

8.2.1.2　背景技术

分布式储能系统用于各区域的电源的协同优化，可通过削峰填谷、调频、可再生能源消纳等方式来提高供电可靠性和电能质量。分布式储能系统需要使用大量电气件，也需要使用多种不同规格的配电柜来安装不同规格、不同数量的电气件。目前配电柜的框架制作多是采用传统的焊接方式制作。传统方式存在以下缺点：组装麻烦、费工费时、焊接时会产生有害气体对安装环境造成污染。

为了解决上述问题，现有技术公开了一种便于组装的配电柜。该现有技术主要通过将预先制作好的柜体与底板可拆卸连接来达到快速组装成配电柜的目的。但当需要使用多种规格不一样的配电柜时，上述现有技术是需要先加工出多种不同规格的板材，然后再用不同规格尺寸的板材来制作成不同规格的柜体。因此，该现有技术存在加工麻烦、成本高、完成后的柜体无法扩展等问题。当现有配电柜内的电气件安装饱和后，现有技术制作的配电柜无法再增加电气件，必须通过重新制作新的板材再制作新的配电柜。因此，该现有技术配电柜的实用性不高。

8.2.1.3 发明内容

针对上述现有技术的不足，本发明所要解决的技术问题是，提供一种便于组装的分布式储能系统用配电柜，以实现方便快速地组装出不同规格的可扩展的配电柜，解决上述现有技术存在的柜体无法扩展、实用性不高的技术问题。

为解决上述技术问题，本发明采用的一个技术方案是，提供一种便于组装的分布式储能系统用配电柜，包括底板、设置于所述底板上的柜体和覆盖在所述柜体上的顶板。所述柜体包括与所述底板可拆卸连接的立柱和与所述立柱可拆卸连接的侧板组件，所述侧板组件包括多块竖直设置的侧单板，所述侧单板的一长侧边设置有第一拼接槽，侧单板的另一长侧边设置有与所述第一拼接槽配合的第一拼接条，相邻所述侧单板间通过第一拼接槽与所述第一拼接条插接在一起，所述立柱的一侧壁设置有与所述第一拼接条配合的第二拼接槽，立柱的与所述第二拼接槽所在的侧壁相邻的另一侧壁设置有与所述第一拼接槽配合的第二拼接条。

进一步，所述第一拼接条和所述第二拼接条均为竖直设置的 T 形条，所述第一拼接槽和所述第二拼接槽均为竖直设置的 T 形通槽。

进一步，所述第一拼接条、所述第二拼接条均与所述第一拼接槽和所述第二拼接槽均间隙配合。间隙配合的摩擦力小，方便侧单板间和侧单板与立柱间的快速插接。

进一步，所述侧单板上设置有将所述第一拼接条或所述第二拼接条锁紧于所述第一拼接槽的第一锁紧机构，所述立柱上设置有将所述第一拼接条锁紧于所述第二拼接槽的第二锁紧机构。

进一步，所述第一锁紧机构包括设置于所述第一拼接槽内壁上的第一凹槽、设于所述第一凹槽内与所述侧单板转动连接的第一卡块和推动所述第一卡块转动的第一螺杆，所述第一螺杆竖直设置，所述侧单板上设有与所述第一螺杆螺纹配合的第一螺孔，第一螺孔的上端贯穿所述侧单板的上表面，第一螺孔的下端与所述第一凹槽连通；所述第二锁紧机构包括设置于所述第二拼接槽内壁的第二凹槽、设于所述第二凹槽内与所述立柱转动连接的第二卡块和推动所述第二卡块转动的第二螺杆，所述第二螺杆竖直设置，所述立柱上设有与所述第二螺杆螺纹配合的第二螺孔，第二螺孔的上端贯穿所述立柱的上表面，第二螺孔的下端与所述第二凹槽连通。所述第一卡块和所述第二卡块均呈梯形块。

将侧单板间、侧单板和立柱间依次拼接后旋动第一螺杆向下挤压第一卡块使第一卡块转动抵紧第一拼接条或第二拼接条，旋动第二螺杆向下挤压第二卡块使第二卡块转动抵紧第一拼接条，进而使得相互连接的侧单板间、侧单板与立柱间抵紧接触，防止侧单板间、侧单板与立柱间沿侧单板宽度方向移动，以提高整个柜体的稳定性。

进一步，所述第一拼接条的侧壁上设置有与所述第一卡块或所述第二卡块卡合的第一卡槽，所述第二拼接条的侧壁上设置有与所述第一卡块卡合的第二卡槽。

当第一卡块和第二卡块转动卡设在对应的第一卡槽或第二卡槽内时，可以防止相互连接的侧单板间、侧单板与立柱间沿侧单板厚度方向移动，进一步提高整个柜体的稳定性。

进一步，所述底板上设置有将柜体内部空间与柜体外部空间连通的进气孔。所述侧单板内设有第一空腔，所述第一空腔靠近柜体内部的侧壁上设置有多个将所述第一空腔与柜体内部空间连通的排气孔，所述第一空腔靠近柜体外部的侧壁上部设置有排气窗。

进一步，所述侧单板的上端设置有第二空腔，所述第二空腔位于所述第一空腔上方并与第一空腔隔绝，所述第二空腔内滑动连接滑块，滑块的第一侧设置有弹性气囊，滑块的第二侧固定连接齿条，所述第二空腔内沿所述滑块的滑动方向水平设置弹簧，所述弹簧的一端与所述齿条固定连接，弹簧的另一端与所述侧单板固定连接，侧单板内竖直设置传动轴，所述传动轴与所述侧单板转动连接，所述传动轴的上端位于所述第二空腔内，传动轴的下端位于所述第一空腔内，传动轴的上端固定连接与所述齿条啮合的齿轮，传动轴的下端固定连接与所述排气窗配合的挡板。

进一步，所述柜体还包括一设置于两侧单板间的门体。

8.2.1.4 本发明的原理及有益效果

根据所需配电柜的规格使用不同数量的侧单板与立柱插接得到不同长、宽规格的配电柜。装配时，将侧单板上的第一拼接条依次与另一侧单板上的第一拼接槽插接，形成长度方向的侧板组或宽度方向的侧板组。根据需要在长度方向的侧板组或宽度方向的侧板组上固定连接门体，再将各侧板组依次与4根立柱插接形成一方体形柜体。当侧单板间、侧单板与立柱间插接时，第一螺杆和第二螺杆的下端均为接触第一卡块或第二卡块。第一拼接条、第二拼接条与所述第一拼接槽和所述第二拼接槽均间隙配合，因此在侧单板间、侧单板与立柱间插接时相互间摩擦力较小，从而可以方便、快速地插接在一起。插接形成柜体后，使用工具旋动各第一螺杆和各第二螺杆，使各第一螺杆和各第二螺杆向下移动。第一螺杆和第二螺杆的下端挤压各第一卡块和各第二卡块，使各第一卡块和各第二卡块卡入对应的第一卡槽和第二卡槽，进一步使得相邻的侧单板间以及侧单板与立柱间卡紧在一起，防止相邻的侧单板间以及侧单板与立柱间在平面方向上移动。

将4根立柱与底板螺栓紧固连接，再在柜体上端连接上顶板，并根据需要在柜体内连接电气件安装板即可得到所需配电柜。

当柜体内的温度为低温或常温时，弹性气囊处于收缩状态或膨胀度不大无法推动滑块带动齿条移动。此时，挡板将排气窗封堵，从而导致柜体内的空气流通速率降低。在冬季等较低温度环境下，电气件散发的温度可以提升柜体内的温度，避免电气件长期在较低温度环境下工作。当环境温度升高使得柜体内的温度升高时，弹性气囊受热膨胀推动滑块带动齿条移动，与齿条啮合的齿轮转动使挡块跟随转动将排气窗打开，加快了柜体内外空气交换速率，从而对柜体进行有效降温。温度越高弹性气囊受热膨胀越大，挡块转动角度越大，排气窗开口越大。

8.2.1.5 本发明的有益效果

与现有技术中通过焊接等形成固定尺寸的配电柜相比，本发明至少具有以下有益效果。

（1）本发明仅通过立柱和不同数量的侧单板就可以根据需要快速拼接出不同规格的配电柜，装配简单，可扩展性强。

（2）本发明的侧单板和立柱的规格均是固定的，不用预先制作不同规格的原材料，加工方便，可更换性强。

（3）本发明相邻连接件间隙配合，插接拼接时摩擦力小，插接和拆卸速度快。

（4）本发明设置锁紧机构，通过物理阻挡的形封闭方式在水平方向限制相邻构件间的移动，结构强度高，稳定性好。

（5）本发明还具有根据配电柜温度自动调整配电柜内部气流的流通速率以保温或加速散热，使配电柜内的电气件保持在合适的工作温度，有利于延长电气件的使用寿命。

8.2.2 技术发明2：一种光伏电站的土体单元应力主轴防旋转预警装置

本发明公开了一种光伏电站的土体单元应力主轴防旋转预警装置（图

8-2），属于太阳能接收装置结构技术领域。传动部由传动电机的转动，使传动齿产生转动，传动齿的转动带动传动曲杆做横向的位移，传动曲杆带动传动框移动，传动框上设置的若干齿条分别驱动第一螺纹柱和第二螺纹柱的转动，第一螺纹柱和第二螺纹柱在连接梁上的相反方向竖直移动。此结构能保证上半筒和下半筒同步夹持和远离主轴，使上半筒和下半筒包裹住主轴，对主轴的转动提供限制，因连接梁与第一螺纹柱和第二螺纹柱的单向传动性，上半筒和下半筒的远离和夹持均需要传动框驱动所有第一螺纹柱和第二螺纹柱的转动以产生位移，因此上半筒和下半筒不会受应力的影响向外扩张，进而防止主轴夹持失效。

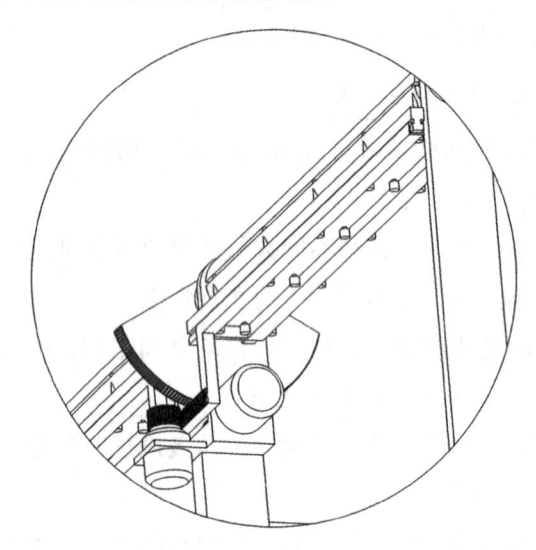

图 8-2 发明图示：一种光伏电站的土体单元应力主轴防旋转预警装置

8.2.2.1 技术领域

本发明属于太阳能接收装置结构技术领域，具体涉及一种光伏电站的土体单元应力主轴防旋转预警装置。

8.2.2.2 背景技术

太阳能源是持续、稳定的绿色能源，如果得到合理的利用，人类的生活和环境都能得到很大的改善。光伏电站是由若干太阳能接收单位组成的空间场，能接收太阳能并将其转化为电能。光伏电站一般设置在无遮挡、紫外线较强的西北区域。这些区域的风力较大，因此克服风力对光伏电站的破坏是设立光伏电站需要着重考虑的问题。

现有的光伏电站中，每个土地单元上分布的单个太阳能板均设置主轴。主轴通过电机驱动转动，从而使太阳能板跟随太阳转动。由于太阳能板的主轴受若干支撑柱支撑，以保证太阳能板的悬空和180°转动，主轴横向分布在太阳能板的底面，转动和定位均只受电机的控制，在大风天气，风吹向太阳能板，太阳能板极易受风力影响克服电机的制动产生转动，造成能源接收率下降以及太阳能板损坏的情况。

8.2.2.3 发明内容

有鉴于此，本发明的目的在于提供一种光伏电站的土体单元应力主轴防旋转预警装置，对太阳能板的主轴进行有效的制动。

为达到上述目的，本发明提供如下技术方案。

本发明包括太阳能板，所述太阳能板底侧固接有一根主轴，还包括固定在地面的支撑柱，所述主轴转动设置在所述支撑柱顶端，其中位于所述主轴中段的支撑柱上设有驱动电机，所述主轴中段设有扇形齿，所述驱动电机输出端设有驱动齿，所述驱动齿啮合于所述扇形齿；还包括锁紧部，所述锁紧部位于相邻所述支撑柱之间，所述锁紧部包括半筒状的上半筒和下半筒，所述上半筒和下半筒分别位于所述主轴的上下侧，相邻所述支撑柱之间设有连接梁，所述连接梁上设有驱动所述上半筒和下半筒相互靠近并夹持所述主动的传动部。

进一步，所述上半筒倒扣位于所述主轴的上侧，所述上半筒两截面向下固设有第一连柱，所述第一连柱下端同轴转动连接有第一螺纹柱，所述第一螺纹柱穿过并螺纹连接于所述连接梁，所述第一螺纹柱下端固设有第一齿柱；所述下半筒开口朝上并位于所述主轴的下侧，所述下半筒的下侧端固设有第二连柱，所述第二连柱下端同轴转动连接有第二螺纹柱，所述第二螺纹柱穿过并螺纹连接于所述连接梁，所述第二螺纹柱下端固设有第二齿柱；所述传动部包括传动电机，所述驱动电机输出端设有传动齿，所述连接梁下侧滑动设有传动框，所述传动框上设有若干同向延伸的齿条，所述齿条分别与所述第一齿柱和第二齿柱啮合，所述传动框固接有传动曲杆，所述传动齿啮合于所述传动曲杆，随着所述传动框的横向移动，所述第一螺纹柱和第二螺纹柱相反方向竖直移动。

进一步，所述传动电机固定在位于所述主轴中段的支撑柱上，若干所述传动框通过传动曲杆相互连接，使所述传动电机同时驱动所有所述传动框横向位移。

进一步，每根所述上半筒上设有若干第一连柱，所述第一连柱沿所述上半筒延伸方向阵列分布；每根所述下半筒上设有若干第二连柱，所述第二连柱沿所述下半筒延伸方向阵列分布。

进一步，所述主轴的外侧以及所述上半筒和下半筒的内侧均设有防滑胶层。

8.2.2.4 本发明的有益效果

本发明传动部由传动电机的转动，使传动齿产生转动，传动齿的转动带动传动曲杆做横向的位移，传动曲杆带动传动框移动，传动框上设置的若干齿条分别驱动第一螺纹柱和第二螺纹柱的转动，齿条和第一齿柱、第二齿柱的啮合位置不同，因此第一螺纹柱和第二螺纹柱的转动方向相反，使第一螺纹柱和第二螺纹柱与连接梁的相对位移不同，第一螺纹柱和第二螺纹柱在连接梁上的相反方向竖直移动。此结构能保证上半筒和下半筒同步夹持和远离主轴，使上半筒和下半筒包裹住主轴，对主轴的转动提供限制。因连接梁与第一螺纹柱和第二螺纹柱的单向传动性，上半筒和下半筒的远离和夹持均需要传动框驱动所有第一螺纹柱和第二螺纹柱的转动以产生位移，因此上半筒和下半筒不会受应力的影响向外扩张而导致主轴夹持失效。

本发明的其他优点、目标和特征将在随后的说明书中进行阐述，并且在某种程度上对本领域技术人员而言是显而易见的，或者本领域技术人员可以从本发明的实践中得到教导。本发明的目标和其他优点可以通过阅读说明书来实现和获得。

8.2.3 技术发明3：一种过热预警保护交直流转换装置的电气设备

本发明公开了一种过热预警保护交直流转换装置的电气设备（图8-3），涉及过热预警保护领域，包括电气箱。所述电气箱的内部设置有金属热交换管道，所述电气箱的上方设置有报警器。本发明在罐体的内壁上固定设置有用于刮除温度传感器探头外表面水垢的刮环。刮环呈圆锥形结构，远离罐体内壁的一端活动贴合在温度传感器探头的外圈处，为弹性板。当温度传感器探头用于监测金属热交换管道中水温时，温度传感器探头在金属热交换管道内部和罐体内部之间来回伸缩一次，因此温度传感器探头上的水垢被刮环刮除干净。这样，温度传感器探头监测金属热交换管道内部水温时便免受了水垢的影响，监测的数据更为准确，提高预警保护监测时的准确性。

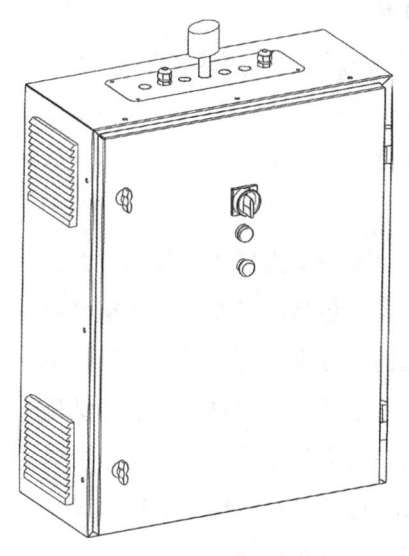

图8-3 发明图示：一种过热预警保护交直流转换装置的电气设备

8.2.3.1 技术领域

本发明涉及过热预警保护领域，特别涉及一种过热预警保护交直流转换装置的电气设备。

8.2.3.2 背景技术

电气箱用于存放电气设备，现有技术中常规的电气设备都是通过风冷进行散热。为了增加电气设备的散热效果，在电气箱中还设置有水冷散热机构，通过循环流通的水将电气箱内部的热量带走，从而实现更好的散热效果。

然而，由于水吸收热量会被一定程度的加热，容易产生水垢。并且，水冷散热的方式也通常在水管中设置有温度传感器，通过监测水温变化来更加准确地判断电气设备整体热量是否过高。水垢容易黏结在温度传感器表面，影响温度传感器的监测精度，导致监测的数据不准确，从而不能在电气设备整体热量过高时进行预警保护。

因此，提出一种过热预警保护交直流转换装置的电气设备来解决上述问题很有必要。

8.2.3.3 发明内容

本发明的目的在于提供一种过热预警保护交直流转换装置的电气设备，以解决水垢容易黏结在温度传感器表面，影响温度传感器的监测精度，导致监测的数据不准确，从而不能在电气设备整体热量过高时进行预警保护的问题。

为实现上述目的，本发明提供如下技术方案：一种过热预警保护交直流转换装置的电气设备，包括电气箱。所述电气箱的内部设置有金属热交换管道，所述电气箱的上方设置有报警器，所述电气箱的上方设置有第一管道和第二管道，所述金属热交换管道呈框体结构贴合在金属热交换管道的后方内壁，所述第一管道和第二管道均与金属热交换管道的内部连通，所述金属热交换管道上设置有通风槽，所述通风槽设置有多个，多个通风槽呈等距离分布，所述金属热交换管道的侧面还设置有散热口，金属热交换管道的内壁上安装有与散热口对应的风扇，所述第一管道和第二管道上均密封有密封塞，所述金属热交换管道的一侧设置有监测开口，所述监测开口处对接设置有罐体，所述罐体呈圆筒状结构，罐体靠近金属热交换管道的一端一体设置有连接管，所述连接管远离罐体的一端外圈处一体设置有安装板，所述安装板通过螺钉固定在金属热交换管道的外表面，所述罐体中设置有在金属热交换管道内部和罐体内部之间伸缩的温度传感器探头，所述罐体的内壁上固定设置有用于刮除温度传感器探头外表面水垢的刮环，所述刮环呈圆锥形结构，所述刮环远离罐体内壁的一端活动贴合在温度传感器探头的外圈处。

优选的，所述刮环贴合温度传感器探头外圈处的一端固定套设有橡胶套。

优选的，所述橡胶套的内圈处设置有多个斜槽，多个斜槽之间形成斜齿。

优选的，所述罐体远离金属热交换管道的一端内壁固定设置有电磁阀，所述电磁阀靠近金属热交换管道的一侧设置有磁铁，所述磁铁固定设置在移动板上，所述温度传感器探头通过温度传感器本体固定安装在移动板远离磁铁的一面，所述移动板远离金属热交换管道的一面固定焊接有第二弹簧，所述第二弹簧远离移动板的一端固定焊接在罐体远离金属热交换管道的一端内壁上。

优选的，所述罐体远离金属热交换管道一端的内壁上固定焊接有导向杆，所述移动板上设置有供导向杆活动穿过的导向孔。

优选的，所述刮环靠近金属热交换管道的一面固定设置有第一弹簧，所述第一弹簧远离刮环的一端固定连接在罐体靠近金属热交换管道一端的内壁上。

优选的，所述罐体靠近连接管的一端设置有连通口，所述连通口连通在罐体内部与监测开口之间。

优选的，所述连接管的内圈处固定设置有橡胶密封圈，所述橡胶密封圈呈环形结构，橡胶密封圈的内部设置有加压腔室，所述橡胶密封圈朝向金属热交换管道、罐体的两端端部均设置有斜面。

优选的，所述刮环将罐体的内部隔成过渡腔室和收集腔室，过滤腔室位于罐体靠近金属热交换管道的一端，收集腔室位于罐体远离金属热交换

—209—

管道的一端，所述过渡腔室的底部设置有贯穿罐体下表面的第二清理口，所述收集腔室的底部设置有贯穿罐体下表面的第一清理口，所述第二清理口中通过螺纹配合连接有第二螺纹塞，所述第一清理口中通过螺纹配合连接有第一螺纹塞。

优选的，所述金属热交换管道呈矩形格框结构，所述电气箱的内壁上固定安装有多个安装板，多个安装板分别位于矩形格框结构中对应的格子区域内。

8.2.3.4 本发明的技术效果和优点

本发明在罐体的内壁上固定设置有用于刮除温度传感器探头外表面水垢的刮环。刮环呈圆锥形结构，远离罐体内壁的一端活动贴合在温度传感器探头的外圈处，为弹性板。当温度传感器探头用于监测金属热交换管道中水温时，温度传感器探头在金属热交换管道内部和罐体内部之间来回伸缩一次，因此温度传感器探头上的水垢被刮环刮除干净。这样温度传感器探头监测金属热交换管道内部水温时便免受了水垢的影响，监测的数据更为准确，提高预警保护监测时的准确性。

由于刮环为弹性板，当温度传感器探头向罐体中收缩时，刮环贴合温度传感器探头外圈的一端是趋于朝向远离金属热交换管道的一端弹性变形的。也就是说，刮环上小开口的一端直径会变大，使得黏附在温度传感器探头上的水垢容易通过刮环而到达刮环远离金属热交换管道的一侧。当温度传感器探头向金属热交换管道中伸出时，由于温度传感器探头的限制作用，刮环上小开口的一端无法再继续变小，使得刮环能够轻易地刮除温度传感器探头上的水垢，且刮除的水垢被收集在刮环远离金属热交换管道的一侧，使得伸入金属热交换管道中的温度传感器探头表面不存在水垢。

本发明利用移动式的温度传感器探头解决了传统固定式的温度传感器探头容易受水垢影响的问题。

8.2.4 技术发明4：一种生态沟渠及其构建方法

本发明涉及并公开了一种生态沟渠及其构建方法（图8-4），包括具有水流通道的沟渠本体。水流通道设有呈阶梯式分布的顶部敞口的第一种植槽和第二种植槽，第一种植槽和第二种植槽内均种植有水生植物；水流通道间隔设置有若干挡板，各挡板的一侧边具有供水通过的过道，各挡板上均设置有调整部。沟渠本体内种植水生植物，能够分层吸收污染物，提升净化效果；挡板能够用于挡住水流通道内的部分水流，使得水流在挡板的阻扰下大大降低了流速，从而增加水与水生植物之间的接触时间，使水中的污染物能够更多地被水生植物去除。连续的挡板和水生植物的配合，能够大大提升对水的净化能力，从而保护水资源和环境。

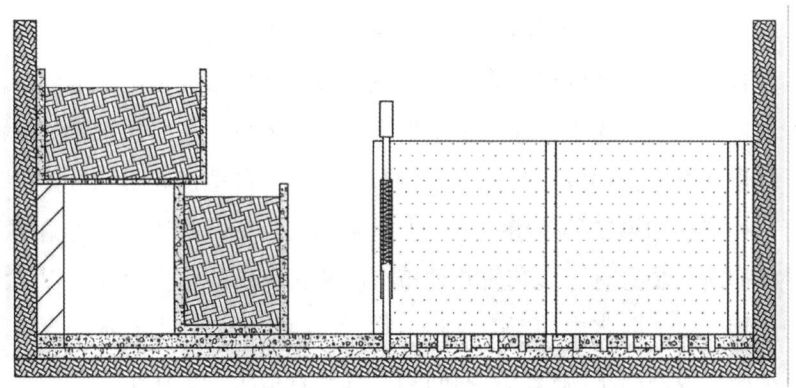

图 8-4　发明图示：一种生态沟渠及其构建方法

8.2.4.1　技术领域

本发明涉及生态修复技术领域，特别涉及一种生态沟渠及其构建方法。

8.2.4.2　背景技术

近年来随着经济和社会的发展，城镇建设步伐的加快，工业废水与生活污水的产生量及排放量与日俱增，使河流黑臭污染日益严重，造成巨大的生态破坏和经济损失。同时，农业生产中的传统水渠正面临着污染问题，对于污水中的污染物质氮磷，往往需要外界人工方式进行治理。为了避免这些问题，现有的一些沟渠通过在沟渠中种植水生植物的方式有效去除水中的氮磷等污染物，从而使沟渠中的水得到净化，使水质更干净。

然而，在大雨天气时，未被阻断水流的流速加快，快速地从沟渠的来水端流入出水端，因此水流中的污染物同样快速流向出水端，导致水生植物对氮磷等污染物的去除效果大打折扣，给出水端增加负担，污染下游水质。

8.2.4.3 发明内容

针对上述现有技术的不足，本发明所要解决的技术问题是，提供一种生态沟渠及其构建方法以解决水流流速过大时去氮磷效果、水质净化效果差的问题。

为解决上述技术问题，本发明采用的一个技术方案是，提供一种生态沟。所述沟渠本体上设置有驳岸，在所述沟渠本体的底部沿驳岸的长度方向铺设有底层，以使沟渠本体内侧形成一条具有来水端和出水端的水流通道。水从来水端进入水流通道，从出水端排至下游。在所述水流通道内沿驳岸的长度方向分别设置有顶部敞口布置的第一种植槽和第二种植槽，所述第一种植槽和第二种植槽一下一上呈阶梯式分布，所述第一种植槽和第二种植槽内均装置有土壤基质并种植有能够去氮磷的水生植物，以使水生植物能够有效去除水中的氮磷等污染物，以净化水质，提升水的含氧量；所述水流通道内沿水流顺流方向间隔设置有若干用于挡住水流的挡板，以使顺流而下的水流撞向挡板而对水流进行减速，减速的同时，部分水流被挡板挡住而方向流动形成乱流，从而增加水生植物与水的接触时间，提升去氮磷效果；各所述挡板的一侧边具有供水通过的过道，当水位低于挡板顶部时，水流则可从过道顺流而下，保证水路畅通，当水位高于挡板顶部时，水流能够从过道以及挡板顶部通过；各所述挡板上均设置有用于调整挡板弯折角度的调整部，以能够根据需要调整挡板的弯折角度，而不同角度的挡板对水流碰撞后形成的水流方向和旋涡均不同，因此改变了挡板对水的阻断效果。

所述第一种植槽的两侧均与沟渠本体的两侧驳岸相间隔，各所述挡板和调整部均位于第一种植槽的一侧，所述第一种植槽的另一侧靠近驳岸的位置处设置有高度与第一种植槽相同的挡墙，所述第二种植槽位于挡墙上且底部分别支承于挡墙顶部和第一种植槽的顶部,以使第一种植槽和第二种植槽呈阶梯式布局。第一种植槽则主要用于对沟渠本体内处于底层和中下层的水流进行净化,而第二种植槽则主要用于对沟渠本体处于中上层的水流进行净化,从而更好地达到净化效果。

所述第一种植槽和第二种植槽上均分布有若干连通槽内外的孔隙,以使水流能够浸入第一种植槽和第二种植槽内,使槽内的土壤基质保持水分,并在植物在根系生长之际能够通过孔隙蔓延,避免被第一种植槽和第二种植槽限制。

所述土壤基质中均匀拌入有去氮磷的吸附基质,在水通过孔隙进入第一种植槽和第二种植槽内时,吸附基质能够将水中的氮磷等污染物进行吸附以达到去除氮磷的效果。

各所述相邻两挡板的一侧边分别靠近驳岸和第一种植槽,且各相邻两挡板的另一侧边处形成所述过道,以使任意相邻两挡板的过道的位置相对于顶板刚好相反。水流在各挡板之间呈连续的S形流动方式顺流而下,不仅能够更好地带动并搅动水流,同时大大降低水流的流速,保证植物有较为充分的时间来吸附水流中的氮磷。

所述挡板包括左侧板和右侧板,所述左侧板和右侧板相向的一侧相铰接;所述调整部包括分别设置在左侧板和右侧板底面上的并沿竖直方向布置的两转轴,以及两端分别铰接于左侧板和右侧板且沿水流通道宽度方向布置的伸缩件,两所述转轴以及伸缩件的两端均分别位于左侧板和右侧板相远离的一侧上,两转轴的底端转动设置在底层上,以使左侧板和右侧板能够以所在转轴为轴沿圆周方向转动,在左侧板和右侧板转动的同时,伸缩件进行对应伸缩以改变左侧板和右侧板之间的夹角,从而改变挡板的弯折角度;所述伸缩件包括一端铰接于左侧板的螺杆、一端铰接于右侧板的连接块以及转动连接于连接块且内部中空的套筒,所述套筒远离连接块的一端敞口,螺杆与套筒的内腔螺纹配合,通过转动套筒则能够使螺杆相对于套筒的内腔移动,从而使套筒和螺杆之间的长度能够调节,而螺杆和套筒则能够限制左侧板和右侧板之间的角度并给左侧板和右侧板提供支撑。

所述挡板上沿竖直方向贯通开设有对应于其中一转轴所在位置的穿孔，与穿孔相对应的转轴沿竖直方向滑动穿设在转轴内且两端均延伸至穿孔外，在所述转轴上套设有一弹簧且所述弹簧位于穿孔内，在所述穿孔的内壁以及位于穿孔内的转轴的外壁上均设置有限位块，所述弹簧的两端分别抵靠在两限位块上，在无外力作用下，所述弹簧推动所述转轴朝下移动，以使转轴能够自然朝下穿出穿孔外；所述底层上对应于挡板挡住水流和平行于驳岸两种状态下的转轴位置处，分别下凹形成有第一定位孔和第二定位孔，当整个挡板以未设置弹簧的转轴为轴进行转动后，挡板套设有弹簧的一转轴的底端能够插装于第一定位孔或第二定位孔内，当转轴插装于第一定位孔/第二定位孔内时，挡板整体沿垂直于水流流动的方向布置，使挡板能够挡住水流以改变流速，当转轴插装于第二定位孔/第一定位孔时，挡板整体平行于水流流动的方向以使挡板不再对水流的流动造成太大影响，仅撞向挡板侧边的水流在挡板的两侧绕过而顺流而下，以能够在泄洪时期加快水流流动。

所述水流通道内设置有喷淋部，在所述水流通道的底面上铺设有管网组，所述喷淋部连通管网组，当喷淋部运行时，所述喷淋部通过管网组将水流通道位于底层的水抽向上层并输出，从而将位于底层的水流喷洒至上层甚至水面之上，以提升底层水流的含氧量，同时降低水流底层的还原反应，降低水流中氮磷元素的释放。

所述底层包括由下至上依次浇筑在水流通道底部上的垫层和河床层。

8.2.4.4 构建方法

本发明的生态沟渠构建方法包括如下步骤。

（1）河道清理：清理河道内淤泥及碎石等杂物。

（2）浇筑底层：①沿沟渠本体的底部浇筑垫层，所述垫层由厚度为10cm、强度C15的混凝土浇筑形成，在所述垫层的面层涂刷沥青防水层；②沿沟渠本体的底部浇筑河床层，所述河床层由厚度为10cm、粒径为5～10mm的碎石集料混凝土浇筑形成；③保留第一定位孔和第二定位孔。

（3）浇筑种植槽：①首次支模。沿沟渠本体的底部搭建第一浇筑模板。②浇筑第一种植槽。向第一浇筑模板内侧浇筑厚度为 10～15cm、粒径为 10～20mm 的碎石集料混凝土并整捣成型，随后养护 12～24h 后拆模并保湿养护，以形成第一种植槽。③在河床层上位于第一种植槽远离第一定位孔和第二定位孔的一侧上浇筑连接于驳岸且高度与第一种植槽一致的挡墙。④二次支模。沿沟渠本体的长度方向在第一种植槽和挡墙的顶部搭建第二浇筑模板。⑤浇筑第二种植槽。向第二浇筑模板内侧浇筑厚度为 10～15cm、粒径为 10～20mm 的碎石集料混凝土并整捣成型，随后养护 12～24h 后拆模并保湿养护，以形成第二种植槽。

（4）植物种植：①向第一种植槽和第二种植槽内回填土壤基质，并向土壤基质中均匀拌入吸附基质；②向第一种植槽内种植水生植物再力花和苦草，向第二种植槽内种植水生植物睡莲和千屈菜。

（5）安装所述挡板和调整部，根据沟渠本体的宽度选择合适尺寸的挡板，并在挡板上安装调整部后，根据沟渠本体的长度确定挡板的数量后，将所述挡板沿水流通道的长度方向依次错位分布，以使相邻两挡板之间的过道所在位置相反布置。

（6）铺设管网组，并安装喷淋部。

采用上述方法后，能够建立一个具有净化水质的生态沟渠，通过设置阶梯式的第一种植槽和第二种植槽，使槽内的水生植物能够分层对水流进行净化，在第一种植槽内种植吸附能力强于第二种植槽内的水生植物，从而针对不同层次的水流进行针对性的净化，提升对水质的净化能力。同时，挡板能够降低水流的流速，从而加长水在水生植物周边停留的时间，保证水中的污染物更好地被去除。角度可调的挡板能够根据不同时期的流速变化适应性调整，从而使得挡板对水流流速的阻挡效果尽可能与流速和水位适配。

本发明的生态沟渠及其构建方法，至少具有如下有益效果：在沟渠本体内设置阶梯式的第一种植槽和第二种植槽并种植水生植物，能够分层吸收水流通道内的氮磷等污染物，以应对于水流中不同位置处的水含氧量进行针对性净化，实现净化水质的同时提升净化效果；通过调整部与挡板之间的配合，挡板能够用于挡住水流通道内的部分水流，使得水流在挡板的阻扰下大大降低了流速，提升了水与水生植物之间的接触时间，使水中的污染物能够更多地被水生植物去除，加之连续的挡板和水生植物的配合，能够大大提升对水的净化能力，从而保护水资源和环境。

8.2.5 技术发明5：一种模块化快速安装的光伏支架及其使用方法

本发明属于光伏支架技术领域，具体涉及一种模块化快速安装的光伏支架及其使用方法（图8-5），包括主架以及用于连接光伏板与主架的光伏板连接结构。主架包括支撑架以及与支撑架可拆卸连接的横圆筒，横圆筒沿其长度方向间隔设有若干组贯穿横圆筒相对两侧的条形安装孔。光伏板连接结构包括连接壳、连接件以及第一弹性件，连接壳设有圆杆滑槽，连接壳前后两侧均设有弧形板。连接件包括圆杆、连接部以及条形插接件，第一弹性件设于连接部与连接壳之间。该光伏支架由两个模块构成，两个模块之间能够实现快速拆装，拆装过程无须使用工具，可徒手进行，能在一定程度上提升光伏板的铺设效率和维护效率，利于市场推广使用。

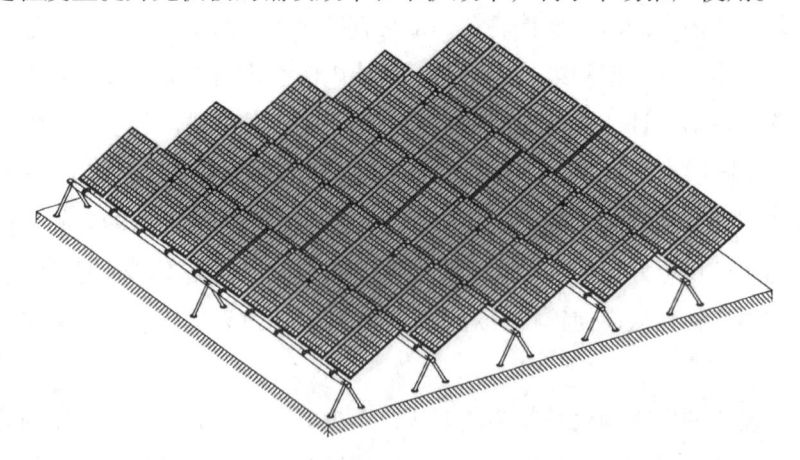

图8-5 发明图示：一种模块化快速安装的光伏支架及其使用方法

8.2.5.1 技术领域

本发明属于光伏支架技术领域,具体涉及一种模块化快速安装的光伏支架及其使用方法。

8.2.5.2 背景技术

光伏支架,是用于安装光伏板(太阳能电池板)的支架。光伏发电作为一种新能源,主要通过光伏板吸收太阳光,将太阳光辐射能通过光电效应或者光化学效应直接或间接转换为电能。光伏支架作为光伏板的安装载体在光伏板应用过程中极为重要,传统的光伏支架通常由多个架构件通过螺栓固定实现安装。此种结构在安装过程需要进行复杂的对接操作,且还需拧紧多颗螺栓,整体安装过程较为烦琐,效率低下。拆卸过程同样如此,不利于拆装维护。

8.2.5.3 发明内容

为克服相关技术中存在的问题,本发明公开提供了一种模块化快速安装的光伏支架及其使用方法。

为实现上述目的,本发明采用如下一个技术方案。

一种模块化快速安装的光伏支架,包括主架以及用于连接光伏板与主架的光伏板连接结构,所述主架包括支撑架以及与支撑架可拆卸连接的横圆筒,所述横圆筒沿其长度方向间隔设有若干组贯穿所述横圆筒相对两侧的条形安装孔,所述条形安装孔的长度方向与所述横圆筒的长度方向平行。所述光伏板连接结构包括连接壳、与所述连接壳连接的连接件以及连接在所述连接件与所述连接壳之间的第一弹性件。所述连接壳设有上下贯穿的圆杆滑槽,所述连接壳前后两侧均设有能包覆于所述横圆筒外侧的弧形板,所述连接件包括与所述圆杆滑槽纵向滑动装配的圆杆、设于圆杆上端用于连接光伏板的连接部,以及固接在圆杆下端且能向下伸出连接壳下端并能贯穿所述条形安装孔的条形插接件,所述条形插接件的形状为能包覆于所述横圆筒外侧的圆弧形,所述第一弹性件设于所述连接部与所述连接壳之间。

进一步的，所述光伏板连接结构还包括纵向滑动装配于所述连接壳内侧、能插入所述条形安装孔内且形状与所述条形安装孔相适配的筒形插接件，固接在所述连接壳与所述筒形插接件之间的第二弹性件，所述条形插接件以及所述圆杆均能贯穿所述筒形插接件。所述圆杆侧面开设有组合滑槽，所述组合滑槽包括贯穿圆杆下端且与所述圆杆轴线平行的第一竖槽、连接于所述第一竖槽上端且沿圆杆周面开设的横槽，以及连接于所述横槽远离所述第一竖槽一端且沿所述圆杆轴线向上延伸的第二竖槽。在所述圆杆轴线的法线面上，所述第一竖槽与所述圆杆轴线之间的连线与所述第二竖槽与所述圆杆轴线之间的连线的夹角为90°。所述筒形插接件设有滑动装配于所述组合滑槽内的滑动部，所述第二竖槽上端与圆杆下端之间的距离减去滑动部上端与筒形插接件下端之间的距离，小于条形安装孔上下端之间的距离。

进一步的，所述筒形插接件侧面设有贯穿所述连接壳的拨动件，所述连接壳侧面开设有供所述拨动件上下滑动的拨动槽，所述拨动件能向下滑出所述拨动槽。所述连接壳由两个连接壳半壳拼接而成，两个所述连接壳半壳中，其中一个所述连接壳半壳的拼接面设有多个插销，另一个连接壳半壳的拼接面设有供多个所述插销插入的多个插销槽。所述圆杆滑槽由两个圆杆滑槽半槽拼接而成，两个所述圆杆滑槽半槽分别位于两个所述连接壳半壳上，所述弧形板由两个弧形板半板拼接而成，两个所述弧形板半板分别位于两个所述连接壳半壳上，所述拨动槽由两个拨动槽半槽拼接而成，两个所述拨动槽半槽分别位于两个所述连接壳半壳上。所述筒形插接件位于两个所述连接壳半壳内的部分均设有纵向设置的楔形滑块，两个所述连接壳半壳内均设有供所述楔形滑块纵向插入的楔形滑槽。

进一步的，所述连接壳半壳侧面开设有第一插孔，所述筒形插接件侧面开设有第二插孔。

进一步的，同侧所述连接壳半壳与同侧所述弧形板半板为一体成形结构。

进一步的，每组所述条形安装孔均具有多个条形安装孔，且每组所述条形安装孔的多个条形安装孔绕所述横圆筒周面均匀分布。

进一步的，所述支撑架包括连接筒、固接在连接筒侧面的多个支撑件以及固接在支撑件下端的安装板，所述横圆筒与所述连接筒可拆卸连接。

进一步的，所述连接筒侧面具有若干个插条，所述横圆筒套设于所述连接筒外侧，所述横圆筒两端开设有与若干个所述插条一一对应的插条槽。

一种模块化快速安装的光伏支架的安装方法，包括以下步骤。

（1）将所述支撑架固定于安装地，并将所述横圆筒与所述支撑架安装。

（2）将所述连接件的连接部与所述光伏板固接。

（3）将所述弧形板贴附于所述横圆筒外侧，并让条形插接件与其中一组所述条形安装孔的其中一个条形安装孔对齐。随后，克服第一弹性件的弹力下压所述连接件，使条形插接件插入该条形安装孔。待条形插接件完全穿过该条形安装孔后将其转动 90 度，之后松开所述连接件，使所述第一弹性件回弹，配合所述条形插接件与所述弧形板夹紧于所述横圆筒外侧即可。

本发明提供了一种模块化快速安装的光伏支架，该光伏支架由两个模块构成，两个模块之间能够实现快速拆装，拆装过程无须使用工具，可徒手进行，能在一定程度上提升光伏板的铺设效率和维护效率，利于市场推广使用。

8.2.6 技术发明 6：一种曝气系统及电站水污染治理系统

本发明公开了一种曝气系统及电站水污染治理系统（图 8-6），包括池体、曝气单元、罩体和气体回收处理单元。池体包括曝气池和臭氧氧化池。罩体罩设在池体上方以形成一隔绝空间，罩体上形成有若干吸气通道，若干吸气通道连通隔绝空间。气体回收处理单元包括依次连接的抽气机构和处理机构，抽气机构的输入端与各吸气通道连接，处理机构与臭氧氧化池连接。罩体、气体回收处理单元以及池体之间的配合，能够将曝气池内挥发的有害气体进行隔离并净化，避免环境被污染，同时避免工作人员吸入有害气体而影响健康。通过罩体便于直观观察到曝气池和臭氧氧化池内情况，且罩体能够隔绝曝气单元产生的噪声，维护环境的舒适性。

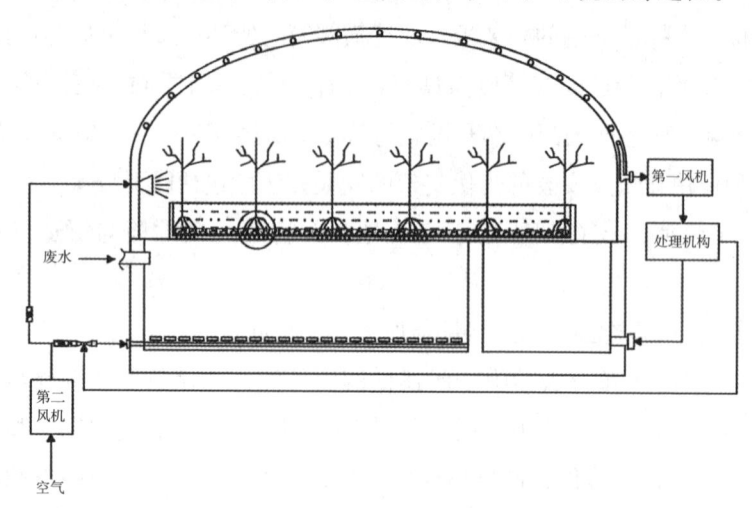

图 8-6　发明图示：一种曝气系统及电站水污染治理系统

8.2.6.1　技术领域

本发明涉及电站废水治理领域，特别涉及一种曝气系统及电站水污染治理系统。

8.2.6.2　背景技术

电站是实现水能到电能转换的枢纽工程，发电工程烦琐而复杂，各个工序间也会产生不同的废水，如含油废水、脱硫废水、冲灰废水和化工废水等。这些废水中多含有大量重金属、悬浮物、有机物等污染环境的成分，直接排放会破坏环境的生态，造成严重后果，因此废水的治理尤为关键。

脱硫废水是锅炉烟气湿法脱硫过程中吸收塔的排放水，其内部包含了悬浮物、过饱和的亚硫酸盐、硫酸盐以及重金属等种类众多的污染物。曝气池则作为脱硫废水治理的重要组成部分，其主要利用活性污泥法进行废水治理，给废水提供一定的停留时间，满足好氧微生物所需要的氧气含量以及污水活性污泥充分接触的混合条件。

传统的曝气池往往露天设置，在曝气池的废水中具有如硫醇、VOCs

（挥发性有机物）等具有高浓度、刺激性的易挥发气体。它们在废水中短暂停留后散发至空气当中，长时间接触人体会对身体健康产生危害。同时，这些有害气体散溢至四处也会对环境造成一定程度的污染。

8.2.6.3 发明内容

针对上述现有技术的不足，本发明所要解决的技术问题是，提供一种曝气系统及电站水污染治理系统以解决曝气池产生的有害气体扩散污染环境和影响人体健康的问题。

为解决上述技术问题，本发明采用如下一个技术方案。

提供一种曝气系统，具体包括池体、用于向曝气池内输送气体的曝气单元、罩体以及气体回收处理单元。所述池体的顶部敞口布置，池体包括分隔设置的曝气池以及臭氧氧化池。所述罩体由透明、吸声材质制成并罩设在池体上方以形成一隔绝空间，以将曝气池内挥发的各种有害气体隔绝，避免污染空气和自然环境。在所述罩体上形成有呈树状分布的若干吸气通道，若干所述吸气通道的输入端连通所述隔绝空间、输出端汇聚于一主通道，以能够分布于罩体的各个部分。所述气体回收处理单元包括依次连接的抽气机构和处理机构。所述抽气机构的输入端与主通道连接，通过各吸气通道将隔绝空间内的有害气体抽出，保证工作人员能安全进入隔绝空间内查看曝气池等的情况，甚至即使不进入隔绝空间内，通过透明的罩体也能够观察到曝气池的情况，从而避免曝气池内废水产生的有害气体给人体带来的危害，所述处理机构的输出端与臭氧氧化池连接；处理机构能够将隔绝空间内抽出的有害气体进行净化，并通入臭氧养护池进一步降解有害气体的危害，以此循环，解决曝气池产生的有害气体危害人体健康和污染环境的问题。

进一步的，所述处理机构包括连通抽气机构输出端的燃烧部以及输入端连通燃烧部输出端的过滤部。燃烧部以燃烧的方式将有害气体转换为无害物，能够有效消除有害气体。过滤部则进一步过滤燃烧后的有害气体，将一些燃烧和高温无法转换的有害物进行拦截。所述过滤部的输出端连通所述臭氧氧化池，以使得过滤后的气体被输送至臭氧氧化池中催化氧化，达到多重净化的目的，保证净化效果。

进一步的，所述处理机构还包括壳体，所述燃烧部设置在所述壳体上。所述燃烧部包括形成于壳体内部的燃烧室、设置于壳体上且输出端连通至燃烧室内以用于向燃烧室内输送天然气体的燃气输送部、设置在燃气输送部输出端处的火花塞以及用于向燃烧室内输送空气的送风部。所述燃烧室上具有连通抽气机构的第一进气口和连通过滤部的第一出气口，在第一出气口处设置有第一阀门，从而能够在抽气机构内通过点燃燃气的方式燃烧有害气体。

进一步的，所述过滤部包括形成于壳体内的过滤室，以及设置在过滤室内并将过滤室分隔成过渡腔和过滤腔的过滤网。在所述过滤室上具有分设在过滤网两侧的连通第一出气口的第二进气口和连通臭氧氧化池的第二出气口。所述过渡腔位于靠近第二进气口一侧，过渡腔使得燃烧室内燃烧后的气体在一定程度上进行冷却。所述过滤腔位于靠近第二出气口一侧，在所述过滤腔内填充有滤料，滤料则对燃烧后的有害气体中的部分转换物质进行截留过滤，使得过滤后的气体送向臭氧氧化池内。

进一步的，所述处理机构还包括设置在壳体上的热量回收部。所述热量回收部包括形成于壳体内并环设于燃烧室布置的与燃烧室相独立的换热室，可在有害气体燃烧时对高温的燃烧室内进行换热。所述换热室具有第三进气口和第三出气口，所述第三出气口与所述曝气单元相连接以能够向曝气池内输送高温气体，以在满足好氧微生物的氧气含量的同时提高好氧微生物的活性，同时提高设备和滤料的使用寿命。所述送风部包括设置在壳体外的第一风机以及形成于壳体内的入气通道。所述入气通道的输入端与所述第一风机的输出端连接，所述入气通道的输出端一分为二分别连通于燃烧室和第三进气口，以使燃烧和气体换热同时进行。

进一步的，所述曝气单元包括位于罩体外的第二风机、输入端与第二风机的输出端连接的第一管道，以及设置在曝气池底部的曝气机构。所述第一管道的输出端一分为二包括第一支管和第二支管，所述第一支管连接于曝气机构，且第一支管上设置有一文丘里管，所述第二支管延伸至隔绝空间内。所述第三出气口通过第二管道连接于所述第一支管,且所述第二管道的输出端连接于文丘里管的喉管段处,以避免第二管道内气体倒灌。

进一步的,所述曝气机构包括设置于曝气池底部并连通第一支管的曝气管,以及沿曝气管的长度方向等间距设置在曝气管上并连通曝气管内腔的若干曝气头。所述曝气头包括连接于曝气管上的底座、转动设置在底座上以能够沿底座圆周方向转动的头部。所述底座和头部之间共同开设形成有一连通曝气管内腔的密封的出气腔,在头部的外侧壁上绕头部一周等间距设置有若干导风罩,在所述头部上形成有若干个适配于导风罩的连通出气腔并向外贯穿导风罩的出气孔,且所述出气孔远离出气腔的一端端末处的轴向方向相切于头部布置,以使高压气体在进入出气腔内后,经出气孔输出以能够带动整个头部进行旋转,从而搅动曝气池底部,避免沉淀的杂质堆积于曝气头上。同时,位于侧方的各导风罩一定程度上避免出气孔因沉积而被堵住。

进一步的,所述底座包括沿竖直方向布置且底端连接并连通于曝气管的内管、固定套设在内管外壁上的固定套、滑动套设在内管上的滑动套以及设置在固定套和滑动套之间的弹簧。所述头部同轴于滑动套和内管,且所述头部的底面上开设有一滑槽以滑动密封套设在内管上。所述出气孔连通于所述滑槽内腔。所述头部的底面转动连接于滑动套的顶面,以使头部能够相对于内筒进行转动和滑动。当向曝气管内输送气体时,高压气体将头部朝向远离曝气管一侧推动,使所述滑动套和头部沿内管轴向方向朝向远离曝气管一侧滑动,所述弹簧处于拉伸状态,所述滑槽和内管内腔共同围设形成所述的出气腔,以向曝气池内输送气体并形成气泡,保证好氧微生物的氧气需求。当未向曝气管内输送气体时,出气腔内失去推力,弹簧回弹收缩拉动滑动套和头部朝向曝气管一侧滑动,直至所述弹簧处于正常状态,所述内管堵住所述出气孔,避免静止后的曝气头被沉积的杂质堵住,同时也能够在一定程度上防止废水倒灌至曝气管内。

进一步的,本发明的曝气系统还包括设置在罩体内的种植单元。所述种植单元包括设置在曝气池顶部边缘位置处的种植槽、填充于种植槽内的种植土以及种植于种植土内的绿植。所述种植槽内且位于种植土的底部铺设有若干粒径大于 1.5cm 的透气基质，且在所述种植槽内的底面上开设有若干连通曝气池内的穿孔，以使绿植能够吸收部分有害气体。绿植的根系通过透气基质和穿孔能够吸收曝气池内存在的部分重金属和有害物质，在提升废水治理效果的同时，提升罩体内空气质量，美化罩体内环境。透明的罩体使得绿植仍能够进行光合作用。

本发明还提供一种电站水污染治理系统，包括依次设置的初沉池、中和箱、沉降箱、絮凝箱、澄清器以及加药机构。在澄清器的输出端分别连接有用于处理污泥的压滤机和用于处理废水的混合箱；混合箱的输出端连接有清水池；所述加药机构用于向各个部分添加相对应的药剂，以对脱硫废水进行处理；所述初沉池包括前述内容限定的曝气系统，能够对挥发性有机物进行处理。

8.2.6.4 有益效果

本发明的曝气系统及电站水污染治理系统，至少具有如下有益效果。

罩体、气体回收处理单元以及池体之间的配合，能够将曝气池内挥发的有害气体进行隔离，避免环境被污染，同时避免工作人员在罩体外的工作环境内吸入有害气体而影响健康，工作人员也可以直接通过罩体观察到曝气池和臭氧氧化池内情况，无须进入罩体内，以进一步保证工作人员的健康；同时，吸声材质的罩体能够隔绝曝气单元产生的噪声，维护环境的舒适性；气体回收处理单元将罩体内的有害气体进行收集并净化处理，并最终将净化后的气体排入臭氧氧化池内进一步净化，如此循环，避免罩体内长时间堆积高浓度有害气体而损坏设施设备。

8.2.7 技术发明 7：一种适用于多种气象环境的高荷载配电箱

本发明涉及配电箱技术领域，具体涉及一种适用于多种气象环境的高载荷配电箱（图 8-7），包括箱体、设置于箱体上方的防水盖、设置于箱体内用于安装电气件的安装板。箱体的底板上设置进气孔，箱体的侧壁上设置排气窗口，侧壁内竖直设置有上端与排气窗口连通的竖向滑道，竖向滑道内滑动连接封板。安装板包括水平设置的外板、设置外板下端面的凹槽、与凹槽滑动连接的内板、设置于内板与外板间的热变形件、弹簧二和设置于内板两端的推杆。外板靠近封板的两侧壁上均水平设置将凹槽的内腔与凹槽的外部空间连通的通槽。推杆的一端与内板固定连接，推杆的另一端穿过通槽与封板连接。在本发明能适应更多的气象环境下稳定工作。

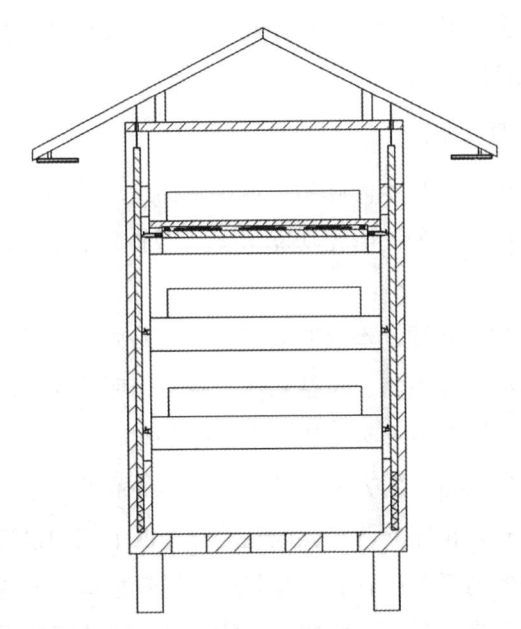

图 8-7　发明图示：一种适用于多种气象环境的高荷载配电箱

8.2.7.1　技术领域

本发明涉及配电箱技术领域，具体涉及一种适用于多种气象环境的高载荷配电箱。

8.2.7.2　背景技术

国家提倡的推进源网荷储一体化和多能互补发展，目标之一是要在供给侧整合风、光、水、天然气、煤炭等多类型能源资源，在需求侧整合电、热、冷、气等多类型能源需求，破除不同能源品类之间的壁垒，探索多类型电源协同运行、多类型能源需求转换替代等技术，为可再生能源消纳提供充足的灵活性资源与辅助服务，有效解决可再生能源出力波动平抑和出力追踪等难题。

建立多类型电源的协同运行系统，需要在不同的自然环境下对各种发电源头进行电能的调控和控制，有时需要在户外环境下配置大量的配电箱来安装各种电气件以控制和调控电能。现有的配电箱结构和功能单一，不能满足在不同气象环境下稳定工作的需要，有必要设计一种能适用于多种气象环境的高载荷配电箱。

8.2.7.3 发明内容

本发明所要解决的技术问题是，提供一种适用于多种气象环境的高载荷配电箱，以解决现有的配电箱功能单一，不能满足可以在不同气象环境下稳定工作的问题。

为解决上述技术问题，本发明采用的一个基础方案是：一种适用于多种气象环境的高载荷配电箱，包括箱体、设置于所述箱体上方的防水盖、水平设置于所述箱体内用于安装电气件的安装板。

所述箱体呈四周封闭的方形空腔体，箱体的底部设置支撑腿，箱体的底板上设置进气孔，箱体的两对立设置的侧壁的上端均设置排气窗口。排气窗口所在的侧壁内竖直设置有上端与所述排气窗口连通的竖向滑道，所述竖向滑道内滑动连接封板，所述封板的下端与所述竖向滑道的底壁间设置弹簧一。

所述安装板包括水平设置的外板、设置所述外板下端面的凹槽、与所述凹槽滑动连接的内板、设置于所述内板与所述外板间的热变形件、弹簧二和设置于所述内板两端的推杆。所述外板的两端分别与所述箱体的两排气窗口所在的侧壁固定连接，弹簧二的上下两端分别与所述外板和所述内板固定连接，所述推杆水平设置于所述内板靠近所述封板的两端，所述凹槽为竖直设置的矩形槽，所述外板靠近所述封板的两侧壁上均水平设置将所述凹槽的内腔与凹槽的外部空间连通的通槽，所述推杆的一端与所述内板固定连接，推杆的另一端穿过所述通槽与所述封板连接。

所述防水盖包括两对称倾斜设置的将所述箱体的上端遮盖的防水板，两防水板的上端密封连接，防水板的下端向远离所述排气窗口所在的侧壁方向向下倾斜，所述防水盖通过固定杆与所述箱体固定连接。

在上述基础方案中，热变形件在寒冷气象环境下不变形，无法推动内板向下滑动，进而在弹簧一的弹力下封板的上端与箱体的顶板接触将箱体上端的排气窗口封闭，出气通道被封堵使得箱体内部空气不流动，电气件工作时产生的热量可以提高箱体内的温度以提高如用于储能的锂电池等电气件的性能，使得电气件稳定工作；当箱体内的温度升高使得热变形件变形时，热变形件推动内板向下移动并通过推杆推动封板向下移动将排气窗口打开形成出气通道，箱体内的温度越高，热变形件的变形程度越大，内板向下移动距离越大，进而封板向下移动也越大，使得出气通道越大，箱体内的气体流动也越快，对电气件的散热也越快；下雨时，防水盖遮蔽雨水防止雨水由排气窗口进入箱体内。与现有结构功能单一的配电箱相比，本发明能适应更多气象环境下的稳定工作。

进一步，所述防水板上设置防水单元。所述防水单元包括沿防水板倾斜方向设置于防水板上表面的多个排水沟、与所述防水板的下端铰接的挡雨板、与所述排水沟对应竖直贯穿所述防水板的排水通道、沿防水板倾斜方向设置于防水板内的斜滑道、设置于所述斜滑道内与斜滑道滑动连接的斜滑板、设置于所述斜滑板与所述斜滑道的底壁间的弹簧三、设置于所述斜滑道内的滑轮和一端与所述斜滑板的上端连接另一端经所述滑轮换向后与所述封板的上端连接的拉绳，所述挡雨板与所述防水板铰接的一端设置迫使挡雨板处于水平状态的扭簧。挡雨板的另一端为自由端，挡雨板内设置积水腔，挡雨板靠近所述排水通道的上部侧壁上设置将积水腔内外连通的进水孔，所述进水孔处设置亲水性导流布，所述导流布的上端与所述排水通道的下端口固定连接，导流布的下端经所述进水孔伸入所述积水腔内与挡雨板固定连接，所述斜滑道与所述排水通道交叉连通，所述弹簧三的下端与所述斜滑道的底壁固定连接，弹簧三的上端与所述斜滑板的下端固定连接。

　　为了提高排气窗口处热气的散发速率，防水板的下端不宜设置过低以保证排气窗口处的通风速率。当在箱体内部温度较高迫使封板下移使得封板的上端低于防水板的下端时，如果此时下雨会造成雨水容易由打开的排气窗口飘进箱体内，在上述方案中，当箱体内散热需要迫使封板下移使封板的上端低于防水板的下端檐口时，与封板连接的拉绳拉动斜滑板向上滑动使得排水通道贯通，排水沟里的雨水经排水通道沿导流布流入挡雨板的积水腔里使挡雨板重量加重，进而挡雨板克服扭簧弹力翻转处于竖直状态以在水平方向上将打开的排气窗口遮挡以防止雨水进入箱体内。当封板的上端高于防水板的下端时，弹簧三迫使斜滑板滑动将排水通道封堵使得雨水无法进入挡雨板的积水腔内，此时挡雨板不能翻转，不降低排气窗口处的通风速率。

　　进一步，所述挡雨板上侧壁上设置有将所述积水腔内外空间连通的排流微孔。

　　停止下雨时积水腔里的水体由排流微孔缓慢排出，在扭簧的弹力下挡雨板向上翻转以提高排气窗口处通风速率。

　　进一步，所述箱体内由上至下依次间隔设置多个安装板，所述推杆包括一端开口的外筒和与所述外筒滑动设置的滑柱，所述滑柱的内端位于所述外筒内，滑柱的外端位于外筒外，外筒内设置弹簧四，所述弹簧四的一端与外筒的内底壁固定连接，弹簧四的另一端与所述滑柱的内端固定连接，所述排气窗口所在的箱体侧壁上竖直设置将所述竖向滑道与箱体内腔连通的竖槽一，所述竖槽一内竖直固定连接有与所述外板对应的固定板，所述滑柱的外端柱面上设置与所述固定板对应的斜面使得当滑柱向上移动与固定板接触时固定板通过斜面迫使滑柱向靠近外筒方向收缩。所述封板靠近所述外板的端面上竖直设置有与所述竖槽一对齐的竖槽二，所述竖槽二的一内壁上由上至下依次凹设若干安装槽，若干所述安装槽内均倾斜设置挡杆，所述挡杆的较低端与所述安装槽的内壁转动连接，挡杆的较低端设置扭簧迫使挡杆的较高端旋转伸出所述安装槽外并与竖槽二上安装槽所在内壁对立的另一内壁接触。

在上述方案中，当电气件温度较低时，热变形件不变形，不推动内板向下移动，弹簧二迫使内板靠近外板，这时固定板挤压斜面使得滑柱向靠近外筒方向收缩使得滑柱外端离开竖槽二；当电器件温度升高使热变形件变形迫使内板向下移动时，滑柱跟随下移使得斜面离开固定板，弹簧四迫使滑柱滑动伸入竖槽二内，当内板继续下移时滑柱向下推动挡杆使得封板向下移动直至热变形件不再产生形变。封板向下移动增大排气窗口的打开程度以提高箱体内空气对流速度达到降温效果。在封板处于稳定状态下，当某一电气件的温度相对其他电气件的温度升高时，与该高温电气件对应的内板继续下移使封板向下移动。封板下移过程中遇到其他已经伸入竖槽二中但不再向下移动的滑柱时，与该不动的其他滑柱接触的挡杆会向上翻转避开该滑柱后再被扭簧驱动翻转与竖槽二的内壁接触。因此，上述方案可以使得某一安装板的内板的滑动不影响其他安装板上内板的滑动，所有的内板均能独立驱动封板滑动，无须考虑箱体内的平均温度来决定是否驱动封板滑动，温度敏感性更高，反应更快。

进一步，所述热变形件包括气囊。当该气囊受热时气囊内腔的空气膨胀使得气囊膨胀以推动内板向下移动。

进一步，箱体的侧壁设置门扇。

8.2.7.4 有益效果

与现有技术相比，本发明至少具有的有益效果如下。

（1）本发明的配电箱在寒冷气象环境下热变形件不变形，无法推动内板向下滑动，进而在弹簧一的弹力下封板的上端与箱体的顶板接触将箱体上端的排气窗口封闭，出气通道被封堵使得箱体内部空气不流动，电气件工作时产生的热量可以提高箱体内的温度以提高如用于储能的锂电池等电气件的性能，使得电气件稳定工作。

（2）本发明能根据箱体内温度的高低来控制排气窗口的打开程度，提高散热速率。

（3）在本发明中当封板下移使得封板的上端低于防水板的下端檐口时，在下雨情况下挡雨板能翻转处于竖直状态以在水平方向上将打开的排气窗口遮挡以防止雨水进入箱体内；当封板的上端高于防水板的下端时，挡雨板不能翻转以提高排气窗口处的通风速率。

（4）本发明可以使得某一安装板的内板的滑动不影响其他安装板上内板的滑动。所有的内板均能独立驱动封板滑动，无须考虑箱体内的平均温度来决定是否驱动封板滑动，温度敏感性更高，反应更快。

8.2.8 技术发明 8：一种滩涂光伏电站桩基的加固装置及其使用方法

本发明涉及光伏设备技术领域，尤其涉及一种滩涂光伏电站桩基的加固装置及其使用方法（图 8-8），包括均套设在桩基外的与桩基同轴设置的加固筒和环形板。所述加固筒竖直设置，加固筒的上下两端开口，加固筒与桩基外壁间留有间隙。所述环形板设置于所述加固筒与所述桩基之间，环形板的外壁与所述加固筒的内壁滑动连接，环形板的内壁与所述桩基的外壁滑动连接。在本发明中，当桩基受到竖向载荷时，加固筒与桩基间被夯实的土层阻挡环形板向下移动，起到加强桩基竖向承载能力作用，有效防止桩基沉降。

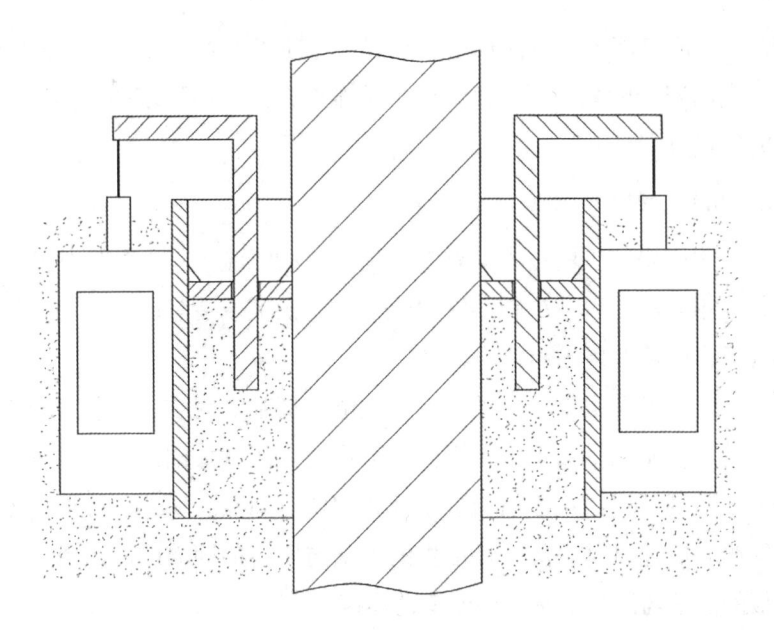

图 8-8　发明图示：一种滩涂光伏电站桩基的加固装置及其使用方法

8.2.8.1　技术领域

本发明涉及光伏设备技术领域，具体涉及一种滩涂光伏电站桩基的加固装置及其使用方法。

8.2.8.2　背景技术

滨海滩涂太阳光伏发电技术是研究太阳能光伏发电在滩涂施工中的新技术、新方法、新施工工艺。对于开发利用沿海滩涂资源、节约土地、发展绿色环保、节能减排、发展国民经济有着十分重要的意义。滩涂是中国重要的后备土地资源，主要分布在我国众多的沿海省份，具有面积大、分布集中、区位条件好等特点。并且，滩涂阳光照射充足，适合建立光伏电站。光伏发电因具有节约能源、环境友好、设备简单、成本低等优点，近年来得到迅速的普及。目前，已经有许多的光伏发电项目分布在滩涂等软土区域。

目前滩涂建设光伏电站的难点在于滩涂或软土地基上的光伏支架桩基的建设，这为滩涂光伏电站的建设带来了挑战。这是因为滩涂软土的承载力较低,造成桩基的稳定性较差,容易发生桩基下降、倾斜、脱空等危险,存在一定的安全隐患。因此,设计一种滩涂光伏电站桩基的加固装置是当前研究的重点。

8.2.8.3 发明内容

本发明所要解决的技术问题是,提供一种滩涂光伏电站桩基的加固装置及其使用方法,以解决在滩涂中建设的光伏桩基在竖向载荷的作用下桩基易沉降,稳定性差的问题。

第一,本发明提供了一种滩涂光伏电站桩基加固装置,包括均套设在桩基外的与桩基同轴设置的加固筒和环形板。所述加固筒竖直设置,加固筒的上下两端开口,加固筒与桩基外壁间留有间隙。所述环形板设置于所述加固筒与所述桩基之间,环形板的外壁与所述加固筒的内壁滑动连接,环形板的内壁与所述桩基的外壁滑动连接。

在上述基础方案中,首先加固筒套在桩基外并将加固筒底部振动打入滩涂的密实土层中,加固筒的上端位于滩涂土面以上;其次将环形板套设在桩基外并位于加固筒与桩基之间,对环形板向下锤击使环形板下沉将加固筒的内壁与桩基外壁间的土层挤压夯实;最后将环形板的外壁和内壁分别与加固筒和桩基焊接或其他方式固定连接在一起,这样当桩基受到竖向载荷时,加固筒与桩基间被夯实的土层阻挡环形板向下移动,起到加强桩基竖向承载能力作用,有效防止桩基沉降。

进一步,所述环形板上均布多个竖直贯穿环形板的通孔。当环形板受到锤击向下移动挤压加固筒与桩基之间的土层时,通孔有利于该空间内土层中蕴含的水体由通孔透出,以释放加固筒与桩基之间的土层里的水体压力,使环形板在受到锤击时能快速向下移动,将环形板下方土层夯实。

进一步,所述加固筒的外壁沿周均布翼板。所述翼板竖直设置,翼板与加固筒外壁固定连接。

进一步,所述翼板上沿翼板厚度方向贯穿翼板设置滑孔,翼板内沿翼板中线竖直设置滑道,所述滑道与所述滑孔连通,所述滑道向上贯穿所述翼板，所述滑道内滑动连接滑柱，所述滑柱的上端向上伸出所述滑道，位于所述滑孔内的所述滑柱上凸设有与滑柱同轴设置的锥台，所述滑孔内沿翼板的厚度方向在所述滑柱的两侧分别设置有与所述滑孔滑动连接的第一滑块和第二滑块，所述第一滑块靠近所述锥台的端面上设置有与所述锥台配合的第一锥孔，所述第二滑块靠近所述锥台的端面上均设置有与所述锥台配合的第二锥孔，所述第一滑块和所述第二滑块间设置有弹簧，所述弹簧的一端与第一滑块固定连接，弹簧的另一端与第二滑块固定连接，在所述弹簧的弹力下所述第一滑块和所述第二滑块贴近所述锥台。所述加固筒内设置联动杆，所述联动杆包括竖直杆和设置于所述竖直杆的上端与竖直杆一体成型的横杆，所述竖直杆的下端经所述通孔插入加固筒与桩基间被夯实的土层中，所述横杆与所述滑柱的上端可拆卸连接。

进一步，所述翼板内与滑柱同轴设置环形腔，位于所述环形腔内的滑柱外壁上固定连接环形推板和环形气囊。所述环形推板位于所述环形气囊的下方，所述锥台靠近所述第一滑块和所述第二滑块的锥面上分别固定连接第一气囊和第二气囊，所述第一气囊和所述第二气囊通过设置于所述滑柱内的气道与所述环形气囊连通。

进一步，所述滑柱通过拉绳与所述横杆连接。

进一步，所述滑柱的下端设置为方形柱段，所述滑道的下端设置为与所述方形柱段配合的方形孔。

第二，本发明还提供了一种滩涂光伏电站桩基加固装置的使用方法，采用前述的加固装置，包括以下步骤：

（1）安装加固筒，将加固筒与桩基同轴套设在桩基外，通过锤击设备将加固筒连通加固筒上的翼板一同向下打入滩涂的土层中。

（2）安装环形板，环形板放入加固筒与桩基之间和锤击环形板使环形板向下移动两个步骤，将加固筒与桩基之间的间隙的土层压实固结。

（3）固定环形板，通过焊接或螺栓连接等方式将环形板与加固筒和桩机固定连接。

（4）安装联动杆，在通孔处通过锤击等方式使竖直杆竖直插入加固筒与桩基之间的密实土层里并使横杆位于对应的滑柱上方,利用拉绳将滑柱与横杆连接在一起使拉绳的上端与横杆钩接或绑接在一起,拉绳的下端与滑柱的上端固定连接。

8.2.8.4 有益效果

本发明的原理及至少具有的有益效果如下。

(1)设置加固筒并配合可滑动的环形板,经过环形板挤压后的土层结构密实,将环形板与加固筒固定后密实土层能有效防止环形板向下移动,进而起到加固桩基提高桩基稳定性防止桩基沉降的作用。

(2)翼板的设置有效增大在水平载荷下桩基侧向移动的阻力,进一步提高桩基的稳定性。

(3)当桩基在竖向载荷下沉时,第一竖杆由于不受竖向载荷,被压实的土层阻碍竖直杆向下移动,通过横杆对滑柱的限制作用,滑柱也不会向下移动。当翼板跟随桩基和加固筒相对滑柱向下移动时,在锥台的锥面与第一锥孔和第二锥孔的作用下第一滑块和第二滑块伸出翼板外,增加翼板与土层的摩擦力和阻力,提高桩基稳定性。

(4)当潮流、风力等水平载荷循环作用于桩基和桩基上的风电设备时,翼板两侧的土层与翼板端面间会出现宽度不同的间隙,当翼板随桩基向下沉降使得环形推板挤压环形气囊并使得第一气囊和第二气囊膨胀时,翼板两侧的间隙宽度不一样,在第一气囊和第二气囊的膨胀推动下第一滑块或第二滑块的伸出长度不一样,并且最终使得翼板两侧的第一滑块和第二滑块对土层的水平方向的挤压力相同,不会出现由于翼板两侧受力不均而导致翼板向某一侧偏移的现象。这样,伸出翼板的第一滑块和第二滑块自适应性地填补翼板两侧的间隙,减小在水平方向的循环载荷下翼板两侧间隙的扩大速率。

8.2.9 技术发明9:一种用于工业园区的能源配置设备

本发明公开了一种用于工业园区的能源配置设备(图8-9),涉及热

第 8 章　实证课题 3：中国电建集团重庆工程有限公司科技创新战略规划研究咨询项目系列课题

泵装置领域，包括热泵装置、预热箱和能源设备，预热箱中设置有第一过滤层和第二过滤层。本发明中水泵启动将地下水抽入预热箱内部，经过第一电加热丝的加热后再送入热泵装置内部使用；而将预热箱中的地下水预先加热，可去除地下水中的大部分水垢；水垢被第一过滤层和第二过滤层隔离在预热箱的内部，不会进入热泵装置的内部，避免水垢堵塞管道，使得供热设备使用寿命有所增加。

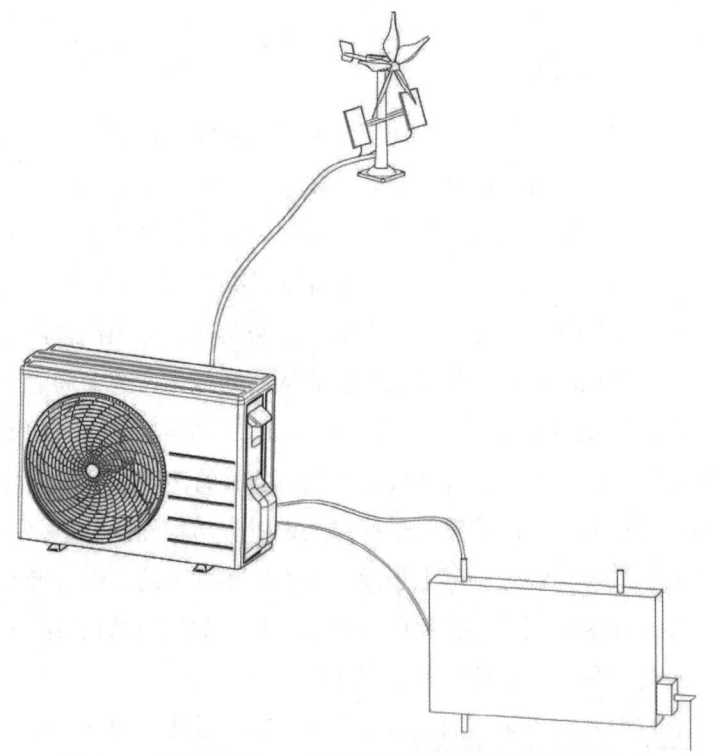

图 8-9　发明图示：一种用于工业园区的能源配置设备

8.2.9.1　技术领域

本发明涉及用于热泵装置领域，特别涉及一种用于工业园区的能源配置设备。

8.2.9.2　背景技术

供热设备作为工业园区常用的能源配置设备，可用于给车间内供暖，

-235-

通常在较冷的天气下使用,而现有技术中供热设备使用的能源通常包括地热能、电能、太阳能等。当使用地热能给供热设备供热时,是将具有一定温度的地下水抽至地面,再对这部分水进行加热后达到指定的温度,从而供应给房间。而地下水含有的杂质较多,在加热时会产生大量的水垢,水垢容易堵塞输水管道,使得供热设备容易损坏。

因此,提出一种用于工业园区的能源配置设备来解决上述问题很有必要。

8.2.9.3 发明内容

本发明的目的在于提供一种用于工业园区的能源配置设备,以解决当使用地热能给供热设备供热时水垢堵塞输水管道使供热设备损坏的问题。

为实现上述目的,本发明提供如下技术方案。一种用于工业园区的能源配置设备,包括热泵装置、预热箱和能源设备。所述预热箱的内部底面固定设置有竖向隔板,所述竖向隔板的上方与预热箱的内部顶面之间形成通水槽,所述竖向隔板的一侧固定设置有横向隔板,所述横向隔板将预热箱的下端内部隔成回流腔室,所述回流腔室的底部连通设置有地下水排出管道,所述回流腔室的后方连通设置有回流连接管道,所述横向隔板的上方设置有第二过滤层,所述第二过滤层上设置有出水连接管道,所述出水连接管道的上端贯穿预热箱的上表面,出水连接管道的下端延伸至第二过滤层的下方,所述竖向隔板远离第二过滤层的一面贴合设置有第一过滤层,所述第一过滤层呈矩形块状结构,所述第一过滤层上方设置有排气管,所述排气管固定设置在预热箱的上表面,所述第一过滤层的下方设置有转动板和第一电加热丝,所述第一电加热丝的两端均通过固定座连接在预热箱的内壁上,所述第一电加热丝设置有多个,多个第一电加热丝呈等距离设置,所述转动板设置于第一电加热丝远离竖向隔板的一侧,所述转动板固定套设在转动套的外圈处,转动板设置有多个,所述转动套设在支撑轴的外圈处,所述支撑轴固定连接在预热箱的内壁上,所述转动板上设置有气体分离孔,所述气体分离孔包括第一圆孔和第二圆孔,所述第二圆孔设置于第一圆孔的两端，第二圆孔呈喇叭开口结构，第一圆孔的直径小于喇叭开口结构最大开口直径，所述第二圆孔贯穿转动板的表面，所述第一圆孔设置于转动板的内部，所述预热箱的侧面设置有水泵，所述水泵上连接有地下水吸入管道，所述水泵与预热箱的内部连通，且水泵与预热箱内部连通的位置对应于转动板远离第一电加热丝的一侧。

优选的，所述热泵装置的前侧面设置有扇叶罩，所述热泵装置的内部固定安装有电机固定座，电机固定座上固定安装有电机，电机的转轴上固定连接有扇叶。所述热泵装置的后侧面安装有金属换热管道，所述热泵装置的一侧面一体设置有进出水连接座。进出水连接座上设置有第一水管和第二水管，所述第一水管与出水连接管道之间通过进水管道连接，所述回流连接管道与第二水管之间通过出水管道连接。

优选的，所述金属换热管道呈来回弯折的管道结构，相邻的管道之间形成通风间隙。所述金属换热管道的一端设置有工作箱，所述工作箱中设置有切换机构。切换机构包括电动推杆、切换板、第二软管道和第一软管道，所述工作箱的上端内壁上固定焊接有固定支撑板。所述电动推杆竖向布置，电动推杆的上端固定安装在固定支撑板的底面，电动推杆的下端固定安装有移动支撑板。所述切换板固定焊接在移动支撑板的底面，所述切换板上从上到下依次设置有同时贯穿切换板两侧面的第一连接口、第二连接口、第三连接口和第四连接口，所述第一连接口、第二连接口、第三连接口和第四连接口中均设置有开关电磁阀。所述第二软管道可拆卸的与金属换热管道的一端连接，所述第一软管道可拆卸的与金属换热管道的另一端连接，所述第一软管道和第二软管道远离金属换热管道端部的一端均设置有两个分管道，第二软管道上的两个分管道分别与第二连接口和第三连接口连接，第一软管道上的两个分管道分别与第一连接口和第四连接口连接。所述第一水管和第二水管的端部均伸入工作箱的内部，且第一水管和第二水管伸入工作箱内部的一端活动贴合在切换板远离金属换热管道的一面，第一水管与第三连接口、第一连接口对应设置，第二水管与第二连接口、第四连接口对应设置。

优选的，所述金属换热管道的内部设置有水通道，水通道的中部设置有第二电加热丝。所述第二电加热丝沿着金属换热管道的走向分布。

优选的，所述金属换热管道的内部设置有清垢组件，所述清垢组件包括移动环、连接条、清理齿支撑环和动力叶片。所述移动环的中部设置有圆锥槽，移动环呈环形结构，移动环的外圈处固定设置有弹性圈，所述弹性圈活动贴在水通道的内圈壁上，所述第二电加热丝活动穿过圆锥槽的中部，所述连接条固定焊接在移动环的一端面，所述动力叶片固定焊接在移动环的另一端面，所述连接条远离移动环的一侧固定设置有清理齿支撑环，所述清理齿支撑环远离连接条的一面且靠近清理齿支撑环外缘的位置固定设置有清理齿，所述清理齿设置有多个，多个清理齿呈等角度沿着清理齿支撑环的轴线分布，所述动力叶片设置有多个，多个动力叶片呈等角度沿着移动环的轴线分布。

优选的，所述清垢组件还包括网筒和过滤孔。所述网筒呈圆筒状结构，圆筒状结构的一端开口，开口与圆锥槽连通，网筒固定在移动环远离连接条的一面。所述过滤孔同时贯穿网筒的内外壁，过滤孔设置有多个。所述网筒远离移动环的一面中部设置有供第二电加热丝活动穿过的预留圆孔。

优选的，所述能源设备包括支撑杆、叶片和太阳能板。所述支撑杆的底面固定设置有底座，所述底座通过螺钉固定在地面或房顶，所述支撑杆的上端安装有能源转换箱。所述叶片设置于能源转换箱的一侧。所述支撑杆的中段外圈处固定设置有安装架。所述太阳能板固定安装在安装架上。

优选的，所述能源转换箱的内部设置有太阳能转换设备和蓄电池。所述叶片的转轴上连接有发电设备，发电设备还与蓄电池连接。所述太阳能转换设备的一端与太阳能板上连接的发电设备连接。太阳能转换设备的另一端与蓄电池连接。所述蓄电池的输出端与第一电加热丝、第二电加热丝连接。

优选的，所述地下水排出管道和地下水吸入管道上均连接有引水管道。引水管道远离地下水排出管道和地下水吸入管道的一端均深入到地下水源中。

优选的，两个引水管道之间的间隔距离大于 20 m。

8.2.9.4 本发明的技术效果和优点

本发明中水泵启动将地下水抽入预热箱内部，经过第一电加热丝的加热后再送入热泵装置内部使用；而将预热箱中的地下水预先加热，可去除地下水中的大部分水垢；水垢被第一过滤层和第二过滤层隔离在预热箱的内部，不会进入热泵装置的内部，避免水垢堵塞管道，使得供热设备使用寿命有所增加。

本发明中当地下水通过水泵抽入预热箱的内部时正好冲击在转动板的侧面，地下水推动转动板转动，从而使得地下水中的气体被充分排出，气体排出到预热箱的上端内部后再通过排气管排出。这样可避免含有大量气体的水被输送到热泵装置内部加热，造成加热效率降低、管道内壁容易氧化的现象，也相应地减少了水垢的产生。

本发明中地下水经过转动板上的气体分离孔时依次经过第二圆孔和第一圆孔。由于地下水高速流动，地下水再经过口径较大的第二圆孔后进入第一圆孔会被压缩，经过第一圆孔后排出的地下水被再次释放，从而使得含在地下水中的气体更好地释放出来，极大程度地减少了地下水中的气体含量。

本发明中第一过滤层和第二过滤层可使用活性炭过滤层、PP 棉层、过滤棉层等复合过滤层结构，使地下水经过第一过滤层和第二过滤层时得到过滤。这特别适用于工业园区等地下水被污染的地区，既利用地下水中的热量又对地下水起到了净化效果，节能且环保。

在本发明中当地下水经过水通道的内部时推动动力叶片，使得动力叶片转动，动力叶片转动时移动环同步转动，移动环转动时利用清理齿支撑环上的清理齿刮擦金属换热管道内壁，清理齿支撑环一边转动一边利用多个清理齿刮擦金属换热管道的内壁可将金属换热管道上黏附的水垢清除掉，从而实现清除管道内壁水垢的目的，解决管道内壁水垢不易清理的问题。

在本发明中当移动环沿着金属换热管道内部移动时，清理掉的水垢能够通过圆锥槽被收集进入网筒的内部，从而实现收集水垢的目的，使得水垢被集中收集在网筒的内壁而不会残留在金属换热管道中，而地下水则可顺利通过过滤孔进出网筒，使用方便。

在本发明中当清理网筒中的水垢时，将金属换热管道端部的第二软管道拆除，然后将网筒取出即可进行清理。考虑到清垢组件只能在金属换热管道中沿着一个方向移动无法回程，因此本发明中设置了切换组件。当电动推杆启动时推动切换板下降，将第一连接口与第一水管对接，第二水管与第二连接口对接，此时进入金属换热管道中的地下水会反向移动，从而推动清垢组件回程，实现了清垢组件在金属换热管道中循环移动的目的，且地下水推动清垢组件回程时可更好地将金属换热管道中的水垢等杂质冲击到网筒中进行收集。

8.2.10 技术发明10：一种用于海上风电安装的桩基防冲刷保护装置

本发明涉及电力设备技术领域，具体涉及一种用于海上风电安装的桩基防冲刷保护装置（图8-10），包括固沙单元和缓流单元。固沙单元包括套设在位于海水中的桩基外并与桩基固定连接的固定筒和套设在固定筒的下部外的固沙组件。固沙组件包括套设在固定筒外并与固定筒固定连接的内筒和套设在内筒外并与内筒滑动连接的外筒，外筒与内筒之间设置有制动组件以使得外筒只能沿内筒的外壁向下单向滑动，内筒和外筒的底部均与海床接触。缓流单元包括套设在固定筒的上部外与固定筒转动连接的旋转筒、与旋转筒固定连接的导流弧板和导向板。本发明能够使得外筒与桩基之间始终填满沙土，冲刷坑只能形成于外筒周围，并且使得外筒能对桩基提供支撑，提高了桩基的稳定性。

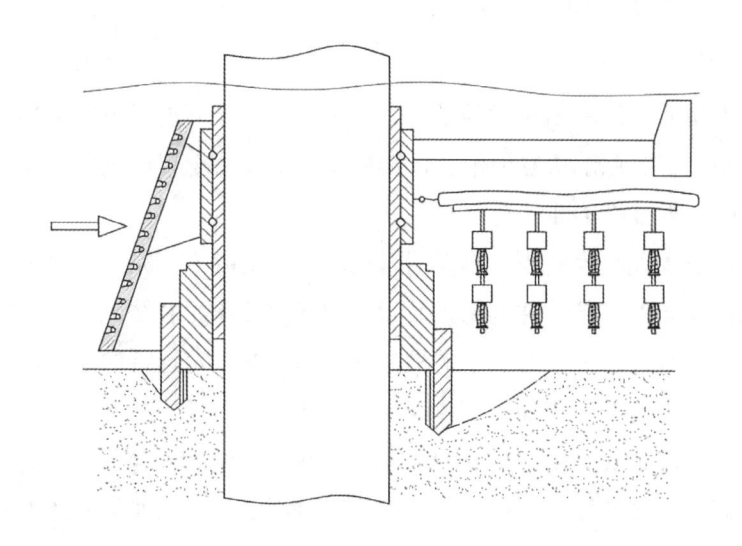

第8章 实证课题3：中国电建集团重庆工程有限公司科技创新战略规划研究咨询项目系列课题

图 8-10 发明图示：一种用于海上风电安装的桩基防冲刷保护装置

8.2.10.1 技术领域

本发明涉及海上风电工程技术领域，具体涉及一种用于海上风电安装的桩基防冲刷保护装置。

8.2.10.2 背景技术

海上风力发电是一种清洁环保的发电方式，各国都在大力推广。风能发电仅次于水力发电占到全球可再生资源发电量的16%。我国的海上风力机装机容量也逐年增加，而海上风电桩基基础是支撑整个海上风力机的关键所在。由于桩基的存在改变了桩基周围的水流状态，在波浪或涌流靠近桩基时桩基前方区域的水流压力增加形成潜水流，从而卷起桩基前方的沙土。而桩基两侧的水体流速会加速并在桩基的后方区域形成漩涡并卷起桩基后方区域的沙土。当桩基后方区域的漩涡在桩基后方两侧周期性地产生涡旋脱落（以下简称"涡脱"）时，被漩涡卷起的泥沙散开并被海流带离桩基周围使桩基周围形成冲刷坑。在海上风电的桩基周围形成的冲刷坑会导致桩基的入泥深度变浅。桩基的承载力、抗拔力和抗扭转力都变小，给

-241-

机组的安全运行带来严重威胁。

8.2.10.3 发明内容

本发明所要解决的技术问题是，提供一种用于海上风电安装的桩基防冲刷保护装置，以解决在波浪和涌流的作用下在海上风电桩基周围形成的冲刷坑降低桩基稳定性的问题。

为解决上述技术问题，本发明采用的一个基础方案是，提供一种用于海上风电安装的桩基防冲刷保护装置，包括固沙单元和缓流单元。所述固沙单元包括套设在位于海水中的桩基外并与桩基固定连接的固定筒以及套设在所述固定筒的下部外的固沙组件。所述固沙组件包括套设在所述固定筒外与所述固定筒固定连接的内筒和套设在所述内筒外与所述内筒滑动连接的外筒，所述外筒与所述内筒之间设置有制动组件以使得所述外筒只能沿所述内筒的外壁向下单向滑动，所述内筒和所述外筒的底部均与海床接触。所述缓流单元包括套设在所述固定筒的上部外与固定筒转动连接的旋转筒、与所述旋转筒固定连接的导流弧板和导向板，所述导流弧板与所述旋转筒间留有间隙，所述导流弧板通过第一连接板与所述旋转筒固定连接，所述导流弧板呈半圆形弧板体，所述导流弧板的上端向靠近所述旋转筒方向向上倾斜设置，所述导向板设置于所述旋转筒的背离所述导流弧板的一侧，所述导向板用于在海流来袭时迫使所述旋转筒旋转以使得所述导流弧板朝向海流来袭方向。

在上述基础方案中，海流或涌流冲击并推动导向板使得导向板带动旋转筒转动，从而使导流弧板朝向涌流来袭方向。由于导流弧板向上倾斜设置，可以起到将桩基前方来袭的流动水体向上抬升的作用，防止桩基前方水流向下流动，进而减小海流卷动并带走桩基前方沙土的数量。因为外筒与桩基间设置有内筒，所以外筒与桩基间具有一定距离。当海流流经外筒侧面将外筒周围沙土卷走使得外筒底部无沙土支撑外筒时，外筒在自重下自动向下滑动并始终接触海床，进而使得桩基下部与外筒外部空间之间始终处于被外筒隔离状态，防止外筒与桩基之间的沙土被海流带走使得冲刷坑只能形成于外筒周围。外筒与桩基之间始终填满沙土,提高了桩基稳定性。因为外筒只能沿内筒外壁向下滑动,所以所述内筒和所述外筒均能对桩基进行支撑以防止桩基发生倾斜,进一步提高了桩基的稳定性。

进一步,所述导向板竖直设置,导向板的中心平面与所述桩基的轴线共面设置,导向板通过第二连接板与所述旋转筒固定连接。所述第二连接板沿所述桩基的径向设置,所述第二连接板的一端与所述旋转筒固定连接,第二连接板的另一端与所述导向板固定连接。

进一步,导流弧板上设置有若干导流孔。所述导流孔的一端贯穿所述缓流弧板的背离所述导向板的弧面,另一端位于靠近所述缓流弧板的两侧端处并沿与所述第二连接板的轴线垂直的方向水平贯穿所述缓流弧板的背离所述桩基的弧面。

进一步,所述外筒包括多个沿外筒周向依次滑动连接的固沙筒,所述内筒的外壁上竖直设置有与所述固沙筒对应的T形滑轨,所述固沙筒的内壁上设置有与所述T形滑轨配合的T形滑槽,所述制动组件包括多个分别对应于所述T形滑轨与所述T形滑槽设置的制动机构,所述制动机构包括凹设于所述T形滑轨上的多个卡槽和设置于所述T形滑槽内的卡块,多个所述卡槽由上至下依次设置,所述T形滑槽的底壁上凹设有安装槽,所述安装槽内转动连接有与所述卡槽卡合的卡块,所述安装槽内设置有弹性件,在所述弹性件的弹力下所述卡块向斜上方倾斜地伸出所述安装槽外,当所述固沙筒向下滑动时,所述卡块受所述T形滑轨的挤压而转动收回所述安装槽内。

进一步,所述固沙筒内设置有的上端开口的存沙腔,所述固沙筒的下端设置成尖锥状,固沙筒的开口处设置有将沙筒的开口封闭的单向弹片,固沙筒的外壁设置有泄水孔,泄水孔内设置有过滤网。

进一步,所述缓流单元还包括悬浮组件,所述悬浮组件包括多个与所述旋转筒的靠近所述导向板的一侧铰接的长条形的悬浮气囊,所述悬浮气囊的底部竖直设置多根连接杆,所述连接杆上设置有重块。

进一步,所述重块穿设在所述连接杆上与所述连接杆滑动连接,所述重块下方固定连接挡块，所述挡块与上方所述重块间的连接杆上套设有弹簧。

进一步，所述连接杆上设置有消能伞，所述消能伞包括沿所述连接杆的周向均布的多组变形杆，所述变形杆包括一端相互铰接的上连杆和下连杆，所述上连杆的上端与所述重块铰接，所述下连杆的下端与所述挡块铰接。相邻的上连杆之间以及相邻的下连杆之间均连接有柔性布。

进一步，所述连接杆上设置至少两个重块和与重块分别配合设置的挡块和消能伞。

8.2.10.4 有益效果

本发明至少具有以下有益效果。

（1）缓流单元的悬浮组件在桩基后方区域对海流进行耗能和干扰，使得海流不能在桩基的后方区域形成周期性的连续漩涡和涡脱，有效降低海床沙粒被漩涡卷起并被海流带走；消能伞随着悬浮链的晃动而展开，悬浮链的晃动速度越快、幅度越大消能伞就展开越大，消能伞展开时消能伞在水体里移动的阻力增大，使得消能伞有效牵引悬浮链减缓悬浮链晃动速度和幅度，进而达到减小海流动能，降低形成漩涡和涡脱的概率，进一步减少海床表面泥沙被卷起。

（2）使用该方案时，不需要将外筒打入海床中，施工简单快捷，当海流流经外筒侧面将外筒周围沙土卷走使得外筒底部无沙土支撑外筒时，在各固沙筒的自重下固沙筒自动向下滑动并使固沙筒的下端始终接触海床，使得桩基下部与外筒外部空间始终处于被外筒隔离的状态，防止外筒与桩基之间的沙土被海流带走使得冲刷坑只能形成于外筒周围，外筒与桩基之间始终填满沙土，提高了桩基稳定性。

（3）由于外筒只能沿内筒外壁向下滑动，所以内筒和外筒均能对桩基进行支撑以防止桩基发生倾斜，进一步提高了桩基的稳定性。

（4）导流弧板向上倾斜设置，当海流冲击导流弧板时海水被向上抬升，防止在海流冲击下桩基前方形成下潜水流，进而防止桩基前方周围的沙粒被下潜水流卷起。

（5）由于导流弧板与桩基间设置有间隙，在导流弧板的阻挡下，导流弧板与桩基之间的水体紊流速度相对减小，被卷起的沙粒在导流弧板与桩基之间区域被沉降。

（6）设置的导向板能根据海流方向自动改变导流弧板的位置，使得导流弧板始终朝向海流来袭方向，并使得悬浮组件始终位于桩基后方区域以减少桩基后方区域形成的漩涡和涡脱数量。

（7）固沙筒设置上端开口的存沙腔并在存沙腔的开口端设置单向弹片，固沙筒的外壁设置有安装了过滤网的泄水孔。由于过滤网透水不透沙，当海流快速流过固沙筒外侧时，固沙筒内部的水体会由泄水孔被吸出存沙腔使得存沙腔内形成负压，沙腔内形成负压迫使单向弹片向下打开，固沙筒周围含有沙土的水体由固沙筒的开口处进入固沙筒内，水体里含有的沙土最后被截留在固沙筒内以提高整个外筒的稳定性。

（8）导流弧板上设置了导流孔，当海流冲击导流弧板前端弧面时，部分高速水体经导向孔的导向后由导流弧板的两侧端处的弧面高速冲出形成多股高速水柱。该多股高速水柱沿垂直于涌流流向的方向冲击流经桩基两侧的涌流，进而导致流经桩基两侧的涌流的方向变化并降低涌流流速，进而减少由于涌流高速流经桩基两侧后在桩基后方区域形成漩涡和涡脱的数量，进一步降低桩基后方区域海床上沙土被卷起带走的数量。

（9）本发明通过设置缓流单元，能有效减少在桩基周围形成漩涡和涡脱现象以减少桩基周围沙粒被卷动带走，通过固沙单元防止在贴近桩基的周围直接形成冲刷坑，提高了桩基的稳定性。

8.2.11 技术发明11：一种用于海上风电的深水桩筒组合基础

本发明涉及海上风电工程技术领域，具体涉及一种用于海上风电的深水桩筒组合基础（图8-11），包括塔杆和固沙筒。所述塔杆竖直设置，塔杆的下部插入海床中，塔杆的上部向上伸出海平面用于安装风电机组。所述固沙筒包括套设在所述塔杆外壁的竖筒和与所述竖筒的下端一体成型的水平板，所述水平板呈水平设置的环形板覆盖在所述塔杆沿周的海床表面上。在本发明中，水平板覆盖在塔杆周围的海床表面上，能有效防止塔杆周围的海床表面的沙土被流经塔杆的涌流带走，同时固沙筒也起到对塔杆支撑防止塔杆倾斜的作用，提高了塔杆的稳定性和抗倾覆能力。

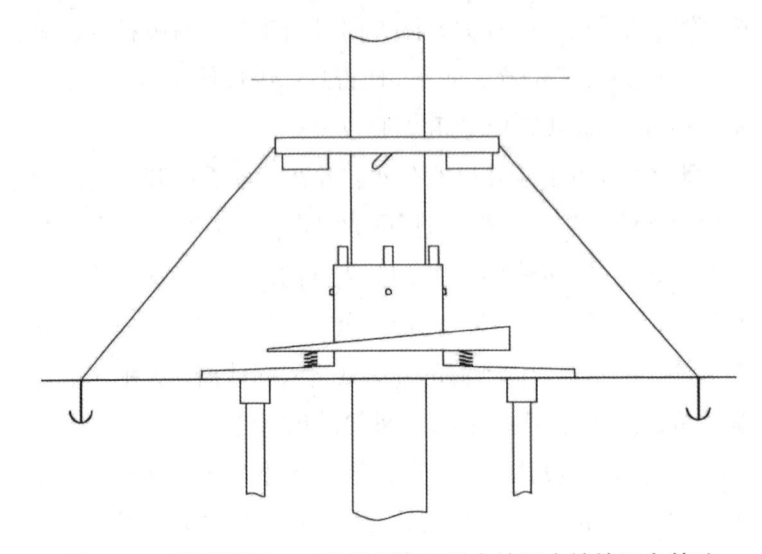

图 8-11　发明图示：一种用于海上风电的深水桩筒组合基础

8.2.11.1　技术领域

本发明涉及海上风电工程技术领域，具体涉及一种用于海上风电的深水桩筒组合基础。

8.2.11.2　背景技术

海上风力发电是一种清洁环保的发电方式，各国都在大力推广。风能发电仅次于水力发电，占到全球可再生资源发电量的16%。我国的海上风力机装机容量也逐年增长。深水海域的海上风电机组是安装在塔杆上端，塔杆是支撑整个海上风电机组的关键所在。目前，用于安装海上风电机组的塔杆通常经过锤击方式贯入海床土层中。深海水域中时刻存在涌流，这种涌流不仅会对海水中的塔杆产生冲击导致塔杆倾斜，还会在塔杆周围形成涡旋带走塔杆周围沙土进而导致塔杆的入泥深度变浅，使得塔杆的稳定性降低导致塔杆的承载力、抗倾覆力变小,给安装在塔杆上的风电机组的安全运行带来严重威胁。

8.2.11.3 发明内容

本发明所要解决的技术问题是,提供一种用于海上风电的深水桩筒组合基础,以解决在海水涌流的冲击下塔杆稳定性降低和塔杆抗倾覆力变小的问题。

为解决上述技术问题,本发明采用的一个基础方案是,提供一种用于海上风电的深水桩筒组合基础,包括塔杆和固沙筒。所述塔杆竖直设置,塔杆的下部插入海床中,塔杆的上部向上伸出海平面用于安装风电机组。所述固沙筒包括套设在所述塔杆外壁的竖筒和与所述竖筒的下端一体成型的水平板,所述水平板呈水平设置的环形板覆盖在所述塔杆沿周的海床表面上。

在上述基础方案中,水平板覆盖在塔杆周围的海床表面上,能有效防止塔杆周围的海床表面的沙土被流经塔杆的涌流带走。同时,固沙筒也起到对塔杆支撑防止塔杆倾斜的作用,提高了塔杆的稳定性和抗倾覆能力。

进一步,所述竖筒套设在所述塔杆外与所述塔杆间隙设置。

进一步,所述塔杆四周均布多根深层桩,多根所述深层桩均竖直设置并嵌入海床中,所述水平板的底面固定连接与所述深层桩配合的套筒,所述深层桩的上端插入所述套筒内与套筒滑动连接。

进一步,所述套筒为竖直设置的两端开口的筒状体,所述套筒的上端与所述水平板的下表面密封固定连接。

进一步,所述竖筒外套设有变流板,所述变流板呈上表面倾斜设置的环形板,所述变流板的下方沿竖筒的周向均布多个第一弹簧,所述第一弹簧的上端与所述变流板接触,第一弹簧的下端与所述水平板固定连接。

进一步,所述固沙筒上方的塔杆外套设有浮动环,所述浮动环包括同轴设置的内环板和外环板。所述内环板套设在所述塔杆外与塔杆滑动连接。所述外环板通过多个沿所述内环板的四周均布的连接板与所述内环板固定连接。多个所述连接板均沿内环板的径向设置，所述连接板的中部下表面均沿所述内环板的径向设置开口向下的倒V形槽。所述倒V形槽内沿所述内环板的径向设置两端均与所述连接板转动连接的转轴。所述转轴上竖直设置翻板。所述翻板的上端与所述转轴固定连接，翻板的下端为自由端。所述塔杆的四周均布多个锚固于海床的锚杆，塔杆四周设置与所述锚杆对应的锚链。所述锚链的上端与所述外环板连接，锚链的下端与所述锚杆连接。

进一步，所述竖筒的上表面均布多个竖直设置的滑道。所述滑道与所述套筒对应设置，所述滑道内设置有滑柱和第二弹簧，所述滑柱与所述滑道密封滑动连接，所述滑柱的上端伸出所述滑道外。所述第二弹簧的上端与所述滑柱的底部固定连接，第二弹簧的下端与所述滑道的底壁固定连接。所述竖筒上设置将所述滑道的下部内腔与竖筒的外部空间连通的泄流道，所述泄流道的外端口处设置仅许流体由所述滑道的下部内腔流向所述竖筒的外部空间的单向阀。固沙筒的体内设置有与所述套筒对应的气道，所述气道的上端与所述滑道的底部内腔连通，气道的下端与所述套筒的内腔连通。

进一步，所述深层桩有4根均布于所述塔杆四周。

进一步，所述连接杆有8根均布于所述内环板四周。

进一步，所述锚杆有4根均布于所述塔杆四周。

8.2.11.4 有益效果

本发明的原理及至少具有的有益效果如下。

（1）由于水平板覆盖在塔杆沿周的海床表面，使得覆盖范围内的沙土不被形成的涡旋带走，提高了海床沙土对塔杆的抱夹力度，提高塔杆的抗倾覆力。

当涌流流经变流板时，由于变流板上斜面的存在，变流板会自动旋转到使斜面朝向涌流来袭方向，在涌流及变流板上表面的斜面作用下变流板向下移动通过第一弹簧压紧水平板并使得流经变流板上方的涌流向上流动。向上流动的水流降低了水流在塔杆四周形成涡旋的概率，进一步降低了塔杆四周沙土被涡旋带走的概率。

（2）使用该发明时，固沙筒与塔杆无须采用螺栓连接或采用焊接等方式固定，无须人工长时间水下作业。由于竖筒与塔杆间歇设置，在塔杆发生允许的微小摆动和倾斜的情况下固沙筒不受到塔杆的作用力，使得固沙筒的使用寿命得以延长。无论怎样对塔杆进行加固，在频繁的普通涌流的冲击下塔杆始终会发生微小倾斜或摆动，而这种微小的倾斜或摆动对塔杆本身不会产生损伤。若采用本发明的连接方式，当塔杆发生允许的微小摆动时，固沙筒和深层桩均不会受塔杆微小摆动的作用，只有在发生较大强度涌流使得塔杆倾斜或摆动超过一定程度时，固沙筒才会对塔杆进行限位支撑帮助塔杆抵抗涌流冲击，因此固沙筒的使用寿命得以延长。

（3）当强度较大的涌流冲击塔杆时，涌流也冲击翻板使翻板转动，在倒V形槽的限制下翻板呈倾斜状并产生向上推力使浮动环上升张紧锚链，锚链对塔杆进行牵拉限位进一步起到加强塔杆抗倾覆力的作用。由于翻板可以自由转动，在与倒V形槽的配合下，任何方向的涌流冲击均能使翻板转动成倾斜状态以对连接板产生向上推力的作用，使得任何方向的较强涌流的冲击均能使浮动环向上移动张紧锚链，以在发生大强度涌流时提高塔杆的抗倾覆能力。

（4）当普通涌流无法推动浮动环上升张紧锚链时，浮动环和锚链的重力作用在滑柱上使滑柱向下滑动使得滑道内腔的流体由单向阀流出竖筒外。当发生较高强度的涌流冲击塔杆时，涌流对翻板的推力加大使浮动环向上移动离开滑柱，浮动环上升使得锚链张紧，对塔杆进行拉支撑，防止塔杆倾斜。浮动环离开滑柱后，在第二弹簧的弹力下滑柱向上滑动使套筒内腔形成负压，从而使得水平板被吸附压紧海床表面，以提高竖筒对塔杆的支撑力度。

8.2.12 技术发明12：一种碳排放检测分析仪

本发明涉及一种碳排放检测分析仪（图8-12），包括电机、设于电机上用于将电机与其他物体进行固定或者对电机进行保护的第一连接件、气体检测分析器以及用于连接电机的输出轴与气体检测分析器的第二连接件。气体检测分析器内置有用于检测温室气体的温室气体检测器、分析和处理数据的电路板、通信器以及蓄电池，气体检测分析器侧面具有若干与温室气体检测器相通的透气孔，气体检测分析器连接于第二连接件不与输出轴同轴位置处。该碳排放检测分析仪置于检测环境中对温室气体检测时，气体检测分析器将绕圈转动进行检测，以此大幅扩大检测面积，相较于定点检测能获得更多检测数据，为计算分析提供更多的计算样本，以此提升分析结果的准确性。

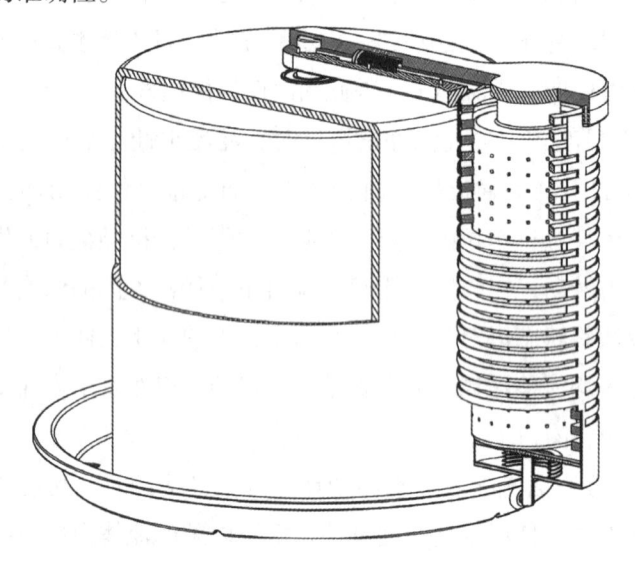

图 8-12　发明图示：一种碳排放检测分析仪

8.2.12.1　技术领域

本发明属于碳排放检测技术领域，具体涉及一种碳排放检测分析仪。

8.2.12.2　背景技术

随着我国工业及农牧业的发展，温室气体的排放量逐年升高，这导致全球以前所未有的速度变暖并给人类带来了一系列环境问题。现有技术中已出现多种温室气体检测分析仪，以对环境中的温室气体进行检测分析。

但多数分析仪是置于检测区域不动，由空气自然流动接触传感器实现检测，这种定点检测所检测的区域较小，获得的检测数据也相应较少。检测数据的量将决定检测分析结果的准确性，因此为提升分析结果的准确性，我们提出了一种碳排放检测分析仪。

8.2.12.3 发明内容

针对上述现有技术的不足，本发明所要解决的技术问题是，提供一种碳排放检测分析仪。

为解决上述技术问题，本发明采用如下一个技术方案。

一种碳排放检测分析仪，包括电机、设于电机上用于将电机与其他物体进行固定或者对电机进行保护的第一连接件、气体检测分析器以及用于连接电机的输出轴与气体检测分析器的第二连接件。所述气体检测分析器内置有用于检测温室气体的温室气体检测器、分析和处理数据的电路板、与电路板连接且通过无线网络与外部计算机通信的通信器，以及用于为温室气体检测器、电路板和通信器供电的蓄电池。所述气体检测分析器侧面具有若干与温室气体检测器相通的透气孔，所述气体检测分析器连接于所述第二连接件不与所述输出轴同轴位置处。

进一步的，所述第二连接件包括连接壳、开设于连接壳下端且与输出轴相匹配的第一装配槽、与连接壳滑动装配且一端能够伸入第一装配槽内的滑动件、固接于滑动件上且贯穿连接壳的拨块、设于连接壳上用于将滑动件向第一装配槽一侧推挤的第一弹性件，以及开设于连接壳上用于容纳滑动件、拨块和第一弹性件的第二装配槽。所述输出轴侧面开设有供滑动件插入的锁槽。所述连接壳通过第一装配槽套在输出轴上且滑动件插入锁槽内时，所述连接壳将与输出轴固接，所述气体检测分析器连接于所述第二连接件下端。

进一步的，所述第一连接件包括底座、第一罩壳以及固接于底座或第一罩壳上的环板。所述环板下端高于底座下端且与输出轴同轴设置，所述电机固接于底座上，所述第一罩壳罩于电机外侧且与底座固接，所述输出轴贯穿第一罩壳。

进一步的，所述碳排放检测分析仪还包括设于第二连接件下端的清洁机构，所述清洁机构包括固接在连接壳上且将气体检测分析器罩住的第二罩壳、纵向滑动连接于所述第二罩壳内的第三罩壳、设于第二罩壳内用于将第三罩壳向连接壳一侧推挤的第二弹性件、固接于第三罩壳远离连接壳一端且纵向滑动贯穿第二罩壳的拉杆，以及开设于第二罩壳上供拉杆穿过的拉杆槽。所述第二罩壳与第三罩壳侧面分别开设有若干纵向分布的第一透气槽与第二透气槽。所述第三罩壳靠近第二连接件一端与第二连接件抵接时，若干所述第二透气槽将分别与若干所述第一透气槽对齐。所述第三罩壳内部具有与气体检测分析器侧面接触的清洁件。

进一步的，所述拉杆不能相对于拉杆槽转动。所述清洁机构还包括转动连接于所述拉杆侧面的滚轮，所述滚轮位于环板下侧且与环板下端接触，所述环板下端设有向下凸出的凸起，所述滚轮绕输出轴公转时将经过所述凸起。

进一步的，所述清洁件限定为海绵或毛刷中的一种。

进一步的，所述第二连接件还包括开设于连接壳下端的第三装配槽，所述气体检测分析器固接于第三装配槽内，所述滑动件远离第一装配槽一端能伸入第三装配槽内，所述滑动件靠近第三装配槽一端具有第一导向斜面，所述第一导向斜面由上至下自第三装配槽一侧向第一装配槽一侧倾斜，所述第三罩壳上端具有第二导向斜面，所述第二导向斜面由上至下自第三罩壳中部向第三罩壳边缘倾斜。

当所述第二连接件与所述输出轴装配在一起时，所述滑动件一端将在第一弹性件的弹力作用下插入所述锁槽内。此状态下，所述滑动件远离第一装配槽一端将伸入第三装配槽内。所述第三罩壳向上运动时能够与滑动件抵接，抵接时若干所述第二透气槽将分别与若干所述第一透气槽对齐。

当所述第二连接件未与所述输出轴装配在一起时，所述滑动件一端将在第一弹性件的弹力作用下抵接在第一装配槽内壁上。此状态下，所述滑动件远离第一装配槽一端未伸入第三装配槽内。所述第三罩壳向上运动时能够与第三装配槽顶壁抵接，抵接时若干所述第二透气槽将分别与若干所述第一透气槽完全错开，若干所述第二透气槽外侧将被第二罩壳内壁封闭，若干所述第一透气槽内侧将被第三罩壳外壁封闭。

进一步的，若干所述第一透气槽和若干所述第二透气槽均为纵向等距分布，若干所述第一透气槽中各第一透气槽规格相同，若干所述第二透气槽中各第二透气槽规格相同，所述第一透气槽的高度等于相邻两个第一透气槽之间的距离，所述第二透气槽的高度等于相邻两个第二透气槽之间的距离。

进一步的，所述第二罩壳螺纹连接于所述第三装配槽内。

进一步的，所述连接壳由两个半壳通过多颗螺丝固接而成，所述第二装配槽由分别位于两个所述半壳上的两部分拼合而成。

8.2.12.4 有益效果

本发明提供的一种碳排放检测分析仪置于检测环境中对温室气体检测时，气体检测分析器将绕圈转动进行检测，以此大幅扩大检测面积，相较于定点检测能获得更多检测数据，为计算分析提供更多的计算样本，以此提升分析结果的准确性。

8.2.13 技术发明13：一种分布式储能与分布式电源的聚合优化连接结构

本发明公开了一种分布式储能与分布式电源的聚合优化连接结构（图8-13），涉及分布式储能与分布式电源领域，包括供电站总电源和分布式电源。供电站总电源通过总电源线与分布式电源连接。本发明中当打开总电源线靠近分布式电源的位置设置的开关时，供电站总电源能够向分布式电源中输送电能，以解决供电站总电源中电量满后无处继续存储的现象，而发电模块中转化的电能能够直接输送用户，无须先存储至分布式电源中再输送向用户，提高电能的利用率。当用户需求量大于发电模块发电的量时，分布式电源中存储的电能能够向用户供应，维持供应向用户的电量充足稳定。

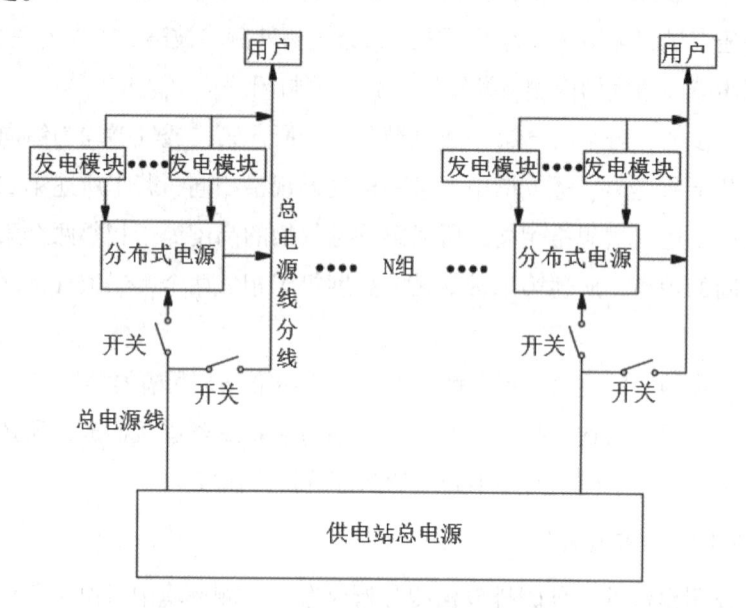

图 8-13　发明图示：一种分布式储能与分布式电源的聚合优化连接结构

8.2.13.1　技术领域

本发明涉及分布式储能与分布式电源领域，特别涉及一种分布式储能与分布式电源的聚合优化连接结构。

8.2.13.2　背景技术

分布式储能与分布式电源是指将储能和电源分布为多个，从而达到稳定供应电能的目的。例如，电厂同时对多个区域进行供电，若是电量不足，则导致供电不稳定，且总线路一旦出现问题，多个区域会同时断电。若是在每个区域中均建立有电源和储能，即使电厂的总线路损坏后也不影响多个区域中独立的电源和储能对用户进行供电。

但这种分布式储能和电源存在以下弊端：分布式电源中的多个发电模块（如风能发电组、太阳能发电组、水力发电组）产生的多余电量通常直接丢弃造成浪费，或者通过另布置一组连接供电站总电源的线路输送至供电站总电源，由供电站总电源存储多余的电量后再在需要时输送用户，电量一来一回损耗的量较大，且用户和供电站总电源之间的距离较远，布线成本高。

因此，提出一种分布式储能与分布式电源的聚合优化连接结构来解决上述问题很有必要。

8.2.13.3 发明内容

本发明的目的在于提供一种分布式储能与分布式电源的聚合优化连接结构，以解决上述背景技术中提出的问题。

为实现上述目的，本发明提供如下技术方案：一种分布式储能与分布式电源的聚合优化连接结构，包括供电站总电源和分布式电源。所述供电站总电源通过总电源线与分布式电源连接，供电站总电源给分布式电源供电，总电源线靠近分布式电源的位置设置有总电源线分线，总电源先分线给用户供电，总电源线靠近分布式电源的位置和总电源线分线靠近总电源线的位置均设置有开关。分布式电源设置有若干组，分布式电源的输入端与发电模块的输出端连接，发电模块的输出端还与用户的输入端连接，发电模块和分布式电源均向用户供电。

优选的，所述分布式电源输入端连接的发电模块设置有若干组。

优选的，所述发电模块包括但不限于风能发电组、太阳能发电组、水力发电组。

优选的，所述供电站供电源和分布式电源均包括用于存储直流电的电池。

优选的，所述供电站总电源和分布式电源均通过直流交流转换器将电转化为交流电提供给用户使用。

优选的，所述直流交流转换器上设置有连接端导线，所述连接端导线上连接有总导线，所述连接端导线和总导线的连接处设置有连接结构，所述连接结构包括安装筒、密封帽，所述连接端导线和总导线的内部均设置有导电芯，所述安装筒的内部固定设置有第一圆柱形电性连接块，所述连接端导线内部的导电芯伸入安装筒的内部并与第一圆柱形电性连接块之间固定连接，所述密封帽的内部活动设置有第二圆柱形电性连接块，所述总导线内部的导电芯伸入密封帽的内部并与第二圆柱形电性连接块之间固定连接，所述密封帽靠近安装筒的一端套设在安装筒的外圈处，且密封帽内圈与安装筒外圈之间通过螺纹配合连接，所述安装筒远离密封帽的一端与连接端导线之间固定连接，所述密封帽靠近总导线的一端转动套设在总导线的外圈处，所述总导线穿过密封帽的位置密封设置有密封圈。

优选的，所述安装筒靠近密封帽的一端与密封帽远离安装筒的一端内壁之间形成环形空腔，环形空腔中设置有绝缘空心环体，所述绝缘空心环体呈环形结构，绝缘空心环体围绕在第二圆柱形电性连接块的外圈，且绝缘空心环体的外圈处固定连接在密封帽的内圈壁体上，所述绝缘空心环体中设置有金属导热片，所述密封帽的外圈处设置有多个第一气孔和第二气孔，所述第一气孔与第二气孔均与绝缘空心环体的内部连通。

优选的，所述总导线的外圈处设置有散热阻燃组件，所述散热阻燃组件包括套设环、转动环和扇叶。所述套设环和转动环均呈半环形结构，套设环和转动环均设置有两个，两个套设环套设在总导线的外圈处形成环形支撑结构，所述套设环的外圈处设置有环形转动槽，两个转动环绕设在环形转动槽的外圈处形成环形转动结构。所述扇叶固定设置在转动环的外圈处，两个转动环相互靠近的一端均固定设置有端部连接板，两个对应的端部连接板之间通过螺栓固定，每个套设环的内圈处均固定设置有阻燃式阻尼橡胶圈，所述阻燃式阻尼橡胶圈活动贴合在总导线的外圈处，套设环的两端均设置有钢环，所述钢环的两端分别通过螺钉固定在套设环的端部。

优选的，所述钢环的中段设置有连接段。

优选的，两个套设环相互靠近的一面均固定设置有磁性片，两个对应的磁性片之间相吸。

8.2.13.4 本发明的技术效果和优点

在本发明中当打开总电源线分线靠近总电源线的位置设置的开关时，供电站总电源中的电能能够直接提供给用户使用；当打开总电源线靠近分布式电源的位置设置的开关时，供电站总电源能够向分布式电源中输送电能，以解决供电站总电源中电量满后无处继续存储的现象，而发电模块中转化的电能能够直接输送向用户，无须先存储至分布式电源中再输送向用户，提高电能的利用率。当发电模块发电的量大于用户需求量时，发电模块中的电能才输送向分布式电源存储，用于暂时存储电能；当用户需求量大于发电模块发电的量时，分布式电源中存储的电能能够向用户供应，维持供应向用户的电量充足稳定。

分布式电源和发电模块直接通过并联的方式连接在用户和总电源线之间，无须布置两根总电源线，节省布线成本，且减少了电能因长距离输送而损耗过多的现象。

本发明中连接端导线和总导线连接处通过直径较大的第一圆柱形电性连接块和第二圆柱形电性连接块对接，从而减少了第一圆柱形电性连接块和第二圆柱形电性连接块对通过的电流的阻值，提高了连接端导线和总导线连接处通过电流大小的冗余值，使得连接端导线和总导线连接处不易损坏。

转动密封帽，既能实现安装筒和密封帽之间的连接，将第一圆柱形电性连接块和第二圆柱形电性连接块卡紧在安装筒和密封帽之间，连接端导线和总导线之间对接方便，且结构稳定，第一圆柱形电性连接块和第二圆柱形电性连接块之间不易出现接触不良的现象，提高了设备的稳定性。

等外部的风力机构将风吹到连接端导线和总导线连接处时，风力从第二气孔或第一气孔进入绝缘空心环体的内部，风力经过金属导热片的导向后呈螺旋状流经第二圆柱形电性连接块的外圈处，可将第二圆柱形电性连接块外圈处的热量充分地带出，增加了散热效率，且绝缘空心环体设置在密封帽内壁，绝缘空心环体的厚度较薄，导热能力较好，使得第一圆柱形电性连接块和第二圆柱形电性连接块连接处兼具良好的保护性和散热性。

散热阻燃组件能够实现将不同方向的风力经过引导使得风力呈螺旋

状沿总导线长度方向输送的目的，增加了总导线的散热效果，且散热阻燃组件能够在总导线失火时阻隔火力的蔓延，减少了电力火灾发生时的损失程度。

8.2.14　技术发明 14：一种土壤原位热脱附修复电加热装置

本发明属于污染土壤复原技术领域，具体涉及一种土壤原位热脱附修复电加热装置（图 8-14），包括上连接座、下连接座、加热件以及密封件。该电加热装置能根据修复地的修复深度进行延长或者缩短。各部件之间的固定由负压实现，因此无须在各部件外表面设置凸起结构进行连接。这样电加热装置表面便可制作成光滑平整形态，如此在进行导热材料回填时，导热材料便不会受到凸起结构遮挡，导热材料能在电加热装置的四周各处填实，以避免导热效率受到影响。当将电加热装置从地下取出时，因为没有凸起结构的干涉，不存在凸起结构与导热填料配合形成的纵向阻挡，所以能较为顺畅取出，提升电加热装置回收效率，保障电加热装置的回收质量。

8.2.14.1　技术领域

本发明属于污染土壤复原技术领域，具体涉及一种土壤原位热脱附修复电加热装置。

8.2.14.2　背景技术

随着我国工业化、城镇化和农业现代化深入推进，工业"三废"的无序排放、矿山的粗放式开采及农业生产过程中化肥和农药的过度使用，造成资源能源消耗和人为活动强度持续增加，但并未及时重视其污染物排放的监管和治理，致使重金属和有机物污染等污染通过各种途径进入土壤环境中，污染越来越严重，危及人类的生命和健康，土壤污染修复问题迫在眉睫。随着全国各地环保意识的提高，急需发展高效率、无二次污染的土壤原位处理技术。

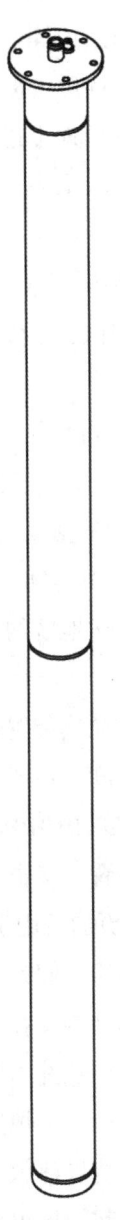

图 8-14　发明图示：一种土壤原位热脱附修复电加热装置

土壤热脱附修复技术是一种针对有机污染场地的修复手段，包括原位热脱附和异位热脱附两种。原位热脱附系统主要包括土壤加热系统、气体收集系统、尾气处理系统、控制系统等。其技术原理是通过升高污染物区域的温度，改变污染物物理化学性质，促进土壤污染物脱附进入气相与水相，再被抽提脱离地下环境，转移至地上进行处理。它作为一种非燃烧技术，原位热脱附技术有以下几个优点。

（1）广谱、高效。

（2）可同步处理污染土壤和地下水。

（3）相对于其他的特别是异位技术，该技术无二次污染，对周围环境干扰少。

（4）系统灵活，移动性好，可重复使用。

（5）可与原位淋洗、化学氧化、生物修复配合使用。

（6）特别适用不可开挖场地的修复。

原位热脱附技术在我国已有10多例中试及工程利用，在我国具有比较好的应用前景，尤其在经济发达地区的高风险有机污染场地上，具有极大应用潜力。

原位热脱附系统主要采用电加热装置进行加热。在以前加热器都是不可加长或缩短，仅仅是有固定长度，不能灵活运用于不同污染深度的土壤修复当中。为此，申请号为CN201910106222.4的中国发明申请公开了一种土壤原位热脱附修复电加热装置。该电加热装置通过设计加热棒连接部件，能将加热棒延长或者缩短，更加适用于不同污染深度的场地修复当中。然而在该方案中，加热棒与加热棒之间是采用法兰盘进行连接，因此会在加热棒侧面形成不可避免的凸起结构。在实际应用中，为提升加热装置的热传导效率，会在插入加热棒的加热井内回填导热填料。而凸起结构的存在，导致导热填料难以在凸起结构下侧填实，甚至还可能造成凸起结构下侧无导热填料的情况。这便会影响导热效率，降低修复能力。另外，在将加热棒从加热井向上取出时，凸起结构也会结合导热填料对加热棒取出形成阻碍，使得加热棒难以取出。因此，针对上述问题，我们提出了一种土壤原位热脱附修复电加热装置。

8.2.14.3 发明内容

为克服相关技术中存在的问题，本发明公开提供了一种土壤原位热脱附修复电加热装置。

为实现上述目的，本发明采用如下技术方案。

一种土壤原位热脱附修复电加热装置，包括上连接座、下连接座、加热件以及密封件，所述加热件的数量为 N 个，所述数量 $N \geq 1$，所述加热件包括棒体、固接在棒体上端的棒体插接件、设于棒体插接件上端第一电连接器、嵌设于所述棒体内且与所述第一电连接器电连接的电热丝、开设于所述棒体下端的棒体插槽、设于所述棒体插槽顶壁上且与所述第一电连接器电连接的第二电连接器以及开设于所述棒体插接件上端并与所述棒体插槽相通的腔槽。

所述上连接座包括上座体、开设于所述上座体下端以供所述棒体插接件插入的上座体插槽、设于所述上座体插槽顶壁上的第三电连接器、设于所述上座体外侧且与所述第三电连接器电连接的电源连接器，以及设于所述上座体外侧且与所述上座体插槽相通的连接管。连接管用于连接抽气设备。

所述下连接座包括下座体和固接于所述下座体上端以用于插入所述棒体插槽的下座体插接件。

所述棒体插接件和所述下座体插接件外侧，均套设有所述密封件。

进一步的，土壤原位热脱附修复电加热装置还包括连接于所述上连接座与所述下连接座之间的线缆。

进一步的，所述上连接座上设有与所述线缆连接的排气组件，所述排气组件自然状态下处于封闭状态。所述线缆相对所述上连接座向上拉动时能控制所述排气组件转变为导通状态。所述排气组件处于导通状态时，所述下座体插接件上侧的流体能够通过排气组件与所述下座体下侧的流体连通。

进一步的，所述排气组件包括封闭结构以及触发结构。所述封闭结构包括开设于所述下座体下端的第一通气槽、开设于所述第一通气槽顶壁且贯穿所述下座体插接件上端的第二通气槽、固接于所述第二通气槽内的支撑架、设于所述支撑架上侧的密封板，以及设于所述支撑架与所述密封板之间以用于将所述密封板向上推挤至与所述第一通气槽顶壁抵接以封闭所述第二通气槽的弹性件。所述密封板侧壁与所述第二通气槽内侧壁之间具有间隙。所述触发结构包括固接于所述下座体插接件上端的转动座和横向转动连接于所述转动座上且与所述线缆连接的触发件。所述触发件包括与所述转动座转动连接的转轴、固接于所述转轴侧面且与所述线缆连接的连接座以及固接于所述转轴侧面远离所述连接座一侧的推杆。当所述连接座位于所转轴上侧时，所述推杆将转入第二通气槽内将所述密封板向下推挤，使所述密封板与所述第二通气槽顶壁解除抵接。

进一步的，所述转动座的数量为两个，所述转轴与两个所述转动座转动连接，所述推杆位于两个所述转动座之间。

进一步的，所述连接座呈拱形结构，所述连接座两端分别与所述转轴侧面两端连接，所述连接座中部设有用于与所述线缆连接的下连接扣。

进一步的，所述上座体插槽顶壁固接有向下伸出所述座体插槽的上连接扣。

进一步的，所述加热件的棒体插接件插入所述上连接座的上座体插槽后，所述加热件与所述上连接座之间不能相互轴向转动。两个所述加热件之间通过其中一个所述加热件的棒体插接件插入另一个所述加热件的棒体插槽后，两个所述加热件之间不能相互转动。所述下连接座的下座体插接件插入所述加热件的棒体插槽后，所述下连接座与所述加热件之间不能相互转动。

进一步的，所述棒体插接件以及所述下座体插接件侧面均具有花键，所述棒体插槽与所述上座体插槽内壁均设有与所述花键相匹配的花键槽。

进一步的，所述第一电连接器为多个弹性金属端子，所述第二电连接器和第三电连接器均位于与多个所述弹性金属端子相匹配的多个金属环。

8.2.14.4　有益效果

本发明公开提供了一种土壤原位热脱附修复电加热装置，该电加热装置能根据修复地的修复深度进行延长或者缩短。各部件之间的固定由负压实现，因此无须在各部件外表面设置凸起结构进行连接。这样电加热装置表面便可制作成光滑平整形态，如此在进行导热材料回填时，导热材料便不会受到凸起结构遮挡，导热材料能在电加热装置的四周各处填实，以避免导热效率受到影响，保证修复能力。当将电加热装置从地下取出时，因为没有凸起结构的干涉，不存在凸起结构与导热填料配合形成的纵向阻挡，所以能较为顺畅地取出，提升电加热装置回收效率，保障电加热装置的回收质量。

8.2.15　技术发明15：一种工业园区分布式供能系统

本发明公开了智慧能源技术领域的一种工业园区分布式供能系统（图8-15），包括燃烧室。燃烧室一侧安装有外壳，燃烧室底面固定连接有排料室，排料室底面安装有处理室，外壳内设有搅拌机构，外壳前侧设有闭合机构，闭合机构和搅拌机构电性连接，排料室内安装有两个漏板，两个漏板之间滑动连接有封闭板，封闭板和闭合机构之间设有传动机构，封闭板底面设有驱动机构，封闭板上安装有清理机构，排料室上设有降尘机构，处理室内安装上设有按压机构，有效保障了能源产生时设备的清理和使用，避免了热量的散失。

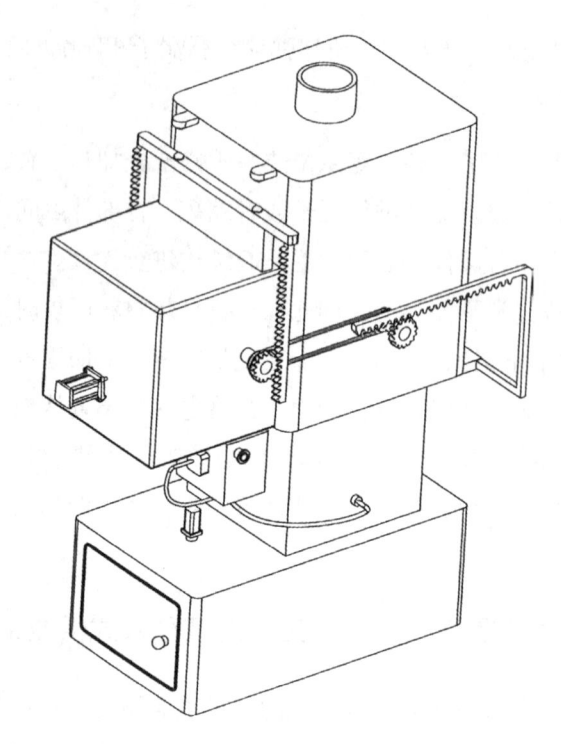

图 8-15　发明图示：一种工业园区分布式供能系统

8.2.15.1　技术领域

本发明涉及智慧能源技术领域，具体为一种工业园区分布式供能系统。

8.2.15.2　背景技术

智慧综合能源系统是指在规划、设计、建设和运行等过程中，通过对各类能源的产生、传输与分配、转换、储存、消费等环节进行有机协调与优化，从而形成的综合能源一体化系统。分布式能源作为一种新的可持续能源供应方式，相比传统的集中式供能方式，具有贴近用户侧、能源传输过程损耗小、能源的利用效率高等特点，是国家能源转型的重要方向。分布式能源区一般会包含多种能源，比如专利号为 201811347150.4 的发明就提到了分布能源一般包含电池、光伏系统、天然气热电联产系统、生物质气体热电联产系统、生物质气化炉、蒸汽储罐和生物质锅炉等。

生物质气化炉作为分布式能源的一种，在园区和生活中运用也比较广泛。但是，此类能源的产生设备在使用时仍存在着一些问题。例如，专利号为CN202111459251.2的发明就公开了一种技术方案。该技术方案在使用时，可对燃烧产生的废弃物进行处理，但是该技术方案在使用时仍存在着一些问题。该技术方案在使用时，是将燃烧物在燃烧室内进行燃烧，燃烧通过漏板排出。但是漏板在排出的过程中，仅仅依靠漏板的排出燃烧物可能会出现漏板漏孔较大，导致燃烧物不充分时直接掉落，继而造成热量损失。如果漏板漏孔较小，此时燃烧物燃烧后形成的废料无法充分地排出漏板，继而导致漏板堵塞，从而影响了设备的使用，降低设备的实用性以及处理效率。

基于此，本发明设计了一种工业园区分布式供能系统，以解决上述问题。

8.2.15.3 发明内容

本发明的目的在于提供一种工业园区分布式供能系统，以解决上述背景技术中提出的设备燃烧时可能会出现材料燃烧不充分就被排出，或者燃烧后孔径太小导致燃烧物无法充分排出的问题。

为实现上述目的，本发明提供如下技术方案。

一种工业园区分布式供能系统，包括燃烧室。所述燃烧室一侧安装有外壳，所述燃烧室底面固定连接有排料室，所述排料室底面安装有处理室，所述外壳内设有搅拌机构，所述外壳前侧设有闭合机构，所述闭合机构和搅拌机构电性连接，所述排料室内安装有两个漏板，两个所述漏板之间滑动连接有封闭板，所述封闭板和闭合机构之间设有传动机构，所述封闭板底面设有驱动机构，所述封闭板上安装有清理机构，所述排料室上设有降尘机构，所述处理室内安装上设有按压机构。

作为本发明的进一步方案，所述搅拌机构包括第一液压杆、固定架、转动轴、拨片、第一齿轮和第一齿条，所述外壳上安装有第一液压杆，所述第一液压杆一端安装有固定架，所述固定架内转动连接有转动轴，所述转动轴上设有多个拨片，所述拨片呈 L 形。转动轴两端均安装有第一齿轮，所述燃烧室内壁两侧均安装有第一齿条，所述第一齿轮和第一齿条相互啮合。

作为本发明的进一步方案，所述闭合机构包括闭合门、第二齿条和接触开关，所述外壳上滑动连接有闭合门，所述搅拌机构位于闭合门一侧，所述闭合门上安装有两个第二齿条，所述闭合门上侧设有接触开关，所述接触开关和搅拌机构中的第一液压杆电性连接。

作为本发明的进一步方案，所述传动机构包括第三齿条和联动组件，所述封闭板两侧均安装有第三齿条，所述燃烧室两侧均设有联动组件，所述第三齿条和联动组件相互啮合，所述联动组件和第二齿条相互啮合。

作为本发明的进一步方案，所述驱动机构包括驱动电机、第二齿轮和第四齿条，所述排料室上安装有驱动电机，所述驱动电机输出端安装有第二齿轮，所述封闭板底面固定连接有第四齿条，所述第二齿轮和第四齿条相互啮合。

作为本发明的进一步方案，所述清理机构位于两个漏板之间，所述清理机构包括固定板、弹簧和清理板，所述封闭板上固定连接有固定板，所述固定板底面固定连接有两个弹簧，两个所述弹簧之间固定连接有清理板，所述清理板和漏板活动连接。

作为本发明的进一步方案，所述降尘机构包括储水箱、泵机和喷头，所述排料室上安装有储水箱，所述储水箱上安装有泵机，所述排料室上安装有两个喷头，所述喷头和泵机之间设有输送管，所述喷头位于漏板下方。

作为本发明的进一步方案，所述按压机构包括第二液压杆、推板和压板，所述处理室上安装有两个第二液压杆：一个所述第二液压杆呈竖向设置，另外一个所述第二液压杆呈横向放置；并且，一个所述第二液压杆一端安装有推板，另一个所述第二液压杆一端安装有压板。所述处理室一侧设有箱门。

8.2.15.4 有益效果

与现有技术相比，本发明的有益效果如下。

本发明通过设备中的封闭板设置在两个漏板之间，使燃烧室在燃烧的过程中形成一个密封的燃烧状态，避免了漏板上设置的漏孔较大，造成燃烧物燃烧不够充分就落下排出，导致燃烧物的热量外溢浪费。当封闭板打开时，搅拌机构同时配合封闭板的打开而工作，使搅拌机构对燃烧后的废料进行搅拌，避免燃烧后的残留结块，导致燃烧废料无法充分地排出，也避免漏板设置的漏孔较小，导致漏板无法充分地将燃烧废料排出，进一步保障设备在排料时的效率，防止废料在排出时出现堆积的情况。

当材料进行排料时，降尘机构对燃烧后形成的废料进行降尘，使废料中含有一定的湿度，避免废料排放时出现飞溅的情况，从而导致环境的污染。当废料中含有一定量的湿度时，废料堆积在处理室中，此时处理室中的按压机构将含有湿度的废料进行压块，使其形成一个块状体，随后将块状体进行统一取出处理，继而避免燃烧物在处理时仍需排出到空气中造成空气的污染。燃烧形成的肥力在结块处理后统一进行填埋，改变土壤的质地，从而进行废物的二次利用，进一步提高设备的实用性以及便捷性。

8.2.16 技术发明 16：一种基于物联网的智慧能源系统热量分布监控装置

本发明公开了智慧能源技术领域的一种基于物联网的智慧能源系统热量分布监控装置（图 8-16），包括炉体。炉体一侧安装有推动机构，炉体上设有调节组件，炉体上设有闭合机构，闭合机构和调节组件传动连接，调节组件和推动机构传动连接，推动机构内设有移动板，移动板上安装有驱动机构，移动板上转动连接有转动杆，转动杆上安装有第二齿轮，第二齿轮和驱动机构相互啮合，转动杆上套设有扭簧，转动杆内设有张开机构，螺纹杆上设有自锁机构，炉体上固定连接有排烟管，排烟管内设有烟气检测器和温度监控器，炉体外侧设有另外多个温度监控器，有效保障燃烧的燃烧状态，避免燃烧时出现堆叠，从而导致燃烧无法充分燃烧，继而造成热量浪费的现象。

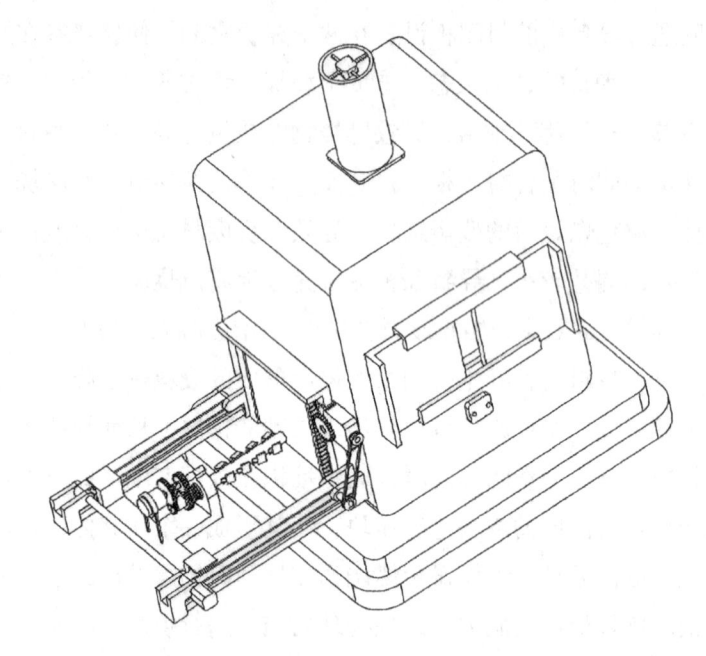

图 8-16 发明图示：一种基于物联网的智慧能源系统热量分布监控装置

8.2.16.1 技术领域

本发明涉及智慧能源技术领域，具体为一种基于物联网的智慧能源系统热量分布监控装置。

8.2.16.2 背景技术

智慧能源系统能效诊断精确评估技术研究，运用物联网和先进传感技术，通过对综合能源系统进行实时监测和大量数据分析，诊断出区域综合能源系统中存在的问题和优化提升空间，为综合能效管理提供精确的数据支持和决策依据，考虑新能源贡献的综合智慧能源系统碳排放责任量化分析方法研究和新能源减碳贡献，根据区域综合能源系统不同用户能源消耗量从多维度量化研究用户的碳排放责任，并按照各区域或企业的能耗比例进行碳排放责任分配，兼顾公平性和可操作性，实现碳排放责任分摊。锅炉燃烧产生的热量可作为智慧能源的一种。但当过滤燃烧时，锅炉燃烧存在一些问题，比如释放的热量会根据材料的燃烧情况而变化。当燃烧物不充分时，锅炉排放的烟气中二氧化碳和热量均会发生变化。当烟气中的有害物质增加，烟气中的热量变多时，可判断锅炉中燃烧物燃烧存在问题，从而导致燃烧时的热量无法充分地吸收和利用，继而造成了热量的浪费，因此对锅炉中的热量监控是非常有必要的。在监控的过程中，可随时对燃烧的状态进行调节，以保障热量的充分利用和吸收。

基于此，本发明设计了一种基于物联网的智慧能源系统热量分布监控装置，以解决上述问题。

8.2.16.3 发明内容

本发明的目的在于提供一种基于物联网的智慧能源系统热量分布监控装置，以解决上述背景技术中提出的燃烧时燃烧物燃烧不够充分，导致热量散失和无法充分调节燃烧状态造成热量排放浪费的问题。

为实现上述目的，本发明提供如下技术方案。

一种基于物联网的智慧能源系统热量分布监控装置，包括炉体。所述炉体一侧安装有推动机构，所述炉体上设有调节组件，所述炉体上设有闭合机构，所述闭合机构和调节组件传动连接，所述调节组件和推动机构传动连接，所述推动机构内设有移动板，所述移动板上安装有驱动机构，所述移动板上转动连接有转动杆，所述转动杆上安装有第二齿轮，所述第二齿轮和驱动机构相互啮合，所述转动杆上套设有扭簧，所述转动杆内设有张开机构，所述螺纹杆上设有自锁机构，所述炉体上固定连接有排烟管，所述排烟管内设有烟气检测器和温度监控器，所述炉体外侧设有另外多个温度监控器。

作为本发明的进一步方案，所述推动机构包括固定座、导轨、驱动轴、同步带和第一驱动电机。所述炉体安装有两对固定座，两个所述固定座之间固定连接有导轨。所述导轨上转动连接有两个驱动轴，两个所述驱动轴固定连接，两个所述驱动轴之间传动连接有同步带，其中一个所述固定座上安装有第一驱动电机，所述第一驱动电机输出端和其中一个驱动轴固定连接。所述移动板一端滑动连接在导轨上，另一端固定连接在同步带上。

作为本发明的进一步方案，所述闭合机构包括闭合板和齿条，所述炉体上滑动连接有闭合板，所述闭合板上安装有齿条。

作为本发明的进一步方案，所述调节组件内设有调速箱，调速箱上设有驱动齿和带轮，带轮和推动机构中的驱动轴传动连接，驱动齿和闭合机构中的齿条相互啮合。

作为本发明的进一步方案，所述驱动机构包括第二驱动电机、伸缩杆、第一齿轮、旋转柱和半齿轮，所述移动板上安装有第二驱动电机，所述第二驱动电机输出端固定连接有伸缩杆，所述伸缩杆上设有卡块和第一齿轮，所述移动板上转动连接有旋转柱，所述旋转柱内设有可自锁的弹性锁紧组件，卡块活动连接在旋转柱内，所述旋转柱上安装有半齿轮，所述半齿轮和其中一个所述第二齿轮相互啮合。

作为本发明的进一步方案，所述张开机构包括螺纹杆、第二齿轮、螺纹套、转轴、拉杆、混合板和自锁机构，所述转动杆内转动连接有螺纹杆，所述螺纹杆一端安装有另外一个第二齿轮，另外一个所述第二齿轮和驱动机构内的第一齿轮活动啮合，所述螺纹杆上螺纹连接有螺纹套，所述螺纹套滑动连接在转动杆内，所述转动杆上转动连接有多个转轴，所述转轴上转动连接有混合板，所述混合板和螺纹套之间转动连接有拉杆。

作为本发明的进一步方案，所述自锁机构包括固定盘、锁槽、转动盘、弹簧和锁块，所述转动杆上安装有固定盘，所述固定盘上开设有多个锁槽，所述螺纹杆上安装有转动盘，所述转动盘上固定连接有多个弹簧，所述弹簧一端安装有锁块，所述锁块活动连接在锁槽内。

作为本发明的进一步方案，多个所述温度监控器位于炉体多个面，所述炉体前侧设有进料板。

8.2.16.4　有益效果

与现有技术相比，本发明的有益效果如下：

本发明通过设备中的推动机构和闭合机构之间的相互配合，使设备在需要混合时，闭合机构将炉体打开，而当设备混合完成后，炉体则进行关闭，从而避免了炉体在燃烧的过程中，出现热量外溢的情况，进一步保障了材料燃烧时的效率。而设备中的温度监控器和烟气检测器与推动机构以及闭合机构的相互配合，使设备在工作时可对炉体的热量进行实时监测，从而保障了炉体的工作，避免热量散失，也避免了材料燃烧时不充分导致烟气中含有大量的有害物质排放，从而污染环境。

当推动机构和设备中的张开机构以及转动杆的相互配合，使设备在工作时可充分地对燃烧物进行混合，燃烧物底部堆积的材料进行翻动，从而保障了燃烧物在燃烧过程中的效率，避免了因燃烧物在燃烧的过程中出现热量无法充分散出需要人工进行手动混合的情况，避免人工在混合的过程中炉体的热量过高导致人工受到伤害。设备中的各个零件相互配合使设备在工作时，可根据温度监控器的监控，对设备中的零件进行配合工作，使设备在工作时，可根据炉体散发的热量和排出的烟气进行工作，进一步保障了设备工作时能源的吸收，避免了能源的损耗，使炉体在工作时更加智能化，系统能源热量分布更加精确，进一步提高了设备的实用性以及便捷性。

8.2.17 技术发明 17：一种能源服务平台用展示装置

本发明公开了一种能源服务平台用展示装置（图 8-17），包括展示台。所述展示台呈矩形箱体结构，展示台的一侧面和上方开口，展示台侧面开口的位置设置有侧封板，展示台中放置有沙盘板，所述沙盘板设置有多个。本发明通过夹持组件夹持最上方一个沙盘板，随后启动动力组件，动力组件推动侧封板相对远离展示台，使得最上方一个沙盘板从展示台侧面移出，从而使夹持组件下降，将此沙盘板移动到展示台下端，通过动力组件复位将此沙盘板收纳到展示台的下端，利用动力组件和夹持组件结合将展示台内部需要的沙盘板移动至展示台的最上端，实现了快速展示不同能源布置的沙盘板的目的。

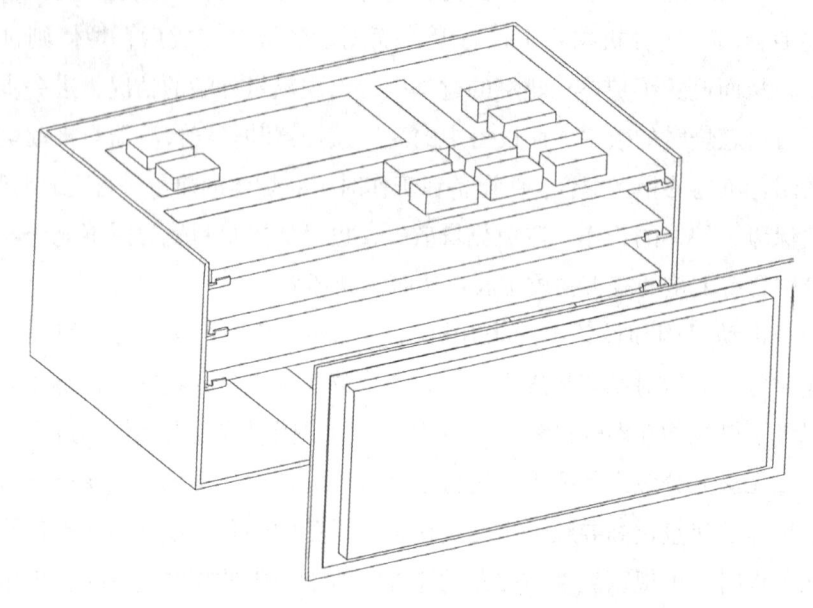

图 8-17　发明图示：一种能源服务平台用展示装置

8.2.17.1　技术领域

本发明涉及展示装置领域，特别涉及一种能源服务平台用展示装置。

8.2.17.2　背景技术

展示能源服务的最直观方式是使用模型进行展示。能源设备都是设置在展示台的沙盘表面，存在展示种类较少的问题。展示台通常仅设置有一个或者几个有限的数量，而能源服务设备的种类较多，如风能设备、太阳能设备、水能设备等。诸多种类的能源服务设备难以在有限数量的沙盘上快速地体现，因此提出一种能源服务平台用展示装置来解决上述问题很有必要。

8.2.17.3　发明内容

本发明的目的在于提供一种能源服务平台用展示装置，以解决诸多种类的能源服务设备难以在有限数量的沙盘上快速体现的问题。

第 8 章 实证课题 3：中国电建集团重庆工程有限公司科技创新战略规划研究咨询项目系列课题

为实现上述目的，本发明提供如下技术方案。

一种能源服务平台用展示装置，包括展示台。所述展示台呈矩形箱体结构，展示台的一侧面和上方开口，展示台侧面开口的位置设置有侧封板，展示台中放置有沙盘板，所述沙盘板设置有多个，多个沙盘板上下等距离分布，所述沙盘板设置有用电设备和新能源设备，所述沙盘板的底面两侧均设置有滑槽，所述展示台的两侧内壁上均固定安装有滑轨，所述滑轨滑动设置在对应的滑槽中，所述展示台的底部设置有拉持侧封板相对靠近或远离展示台的动力组件，所述侧封板上可升降的设置有夹持沙盘板的夹持组件。

优选的，所述动力组件包括伸缩筒和伸缩板。所述伸缩筒的一端固定安装在展示台远离侧封板的一侧内壁上，所述伸缩板固定连接在侧封板靠近展示台的一面，所述伸缩板靠近伸缩筒的一端固定连接有滑动板，所述伸缩筒靠近侧封板的一面设置有矩形槽，所述伸缩板靠近滑动板的一端活动穿过矩形槽。所述滑动板滑动设置在伸缩筒的内部，所述滑动板远离伸缩板的一面固定焊接有弹簧，所述弹簧远离滑动板的一端与伸缩筒远离侧封板一侧的内壁固定连接，所述展示台的下端内部固定安装有气泵，所述伸缩筒的侧面设置有气孔，所述气泵通过气孔与伸缩筒的内部连通。

优选的，所述滑动板将伸缩筒的内部隔成第二腔室和第一腔室，所述第二腔室位于滑动板靠近侧封板的一侧，所述第一腔室位于滑动板远离侧封板的一侧。

优选的，所述伸缩筒的上表面固定设置有第一管道和第二管道。所述第一管道、第二管道分别与第一腔室、第二腔室连通，所述第一管道的内部设置有气孔，所述气孔中设置有单向阀，所述侧封板远离展示台的一面通过螺钉固定安装有风箱，所述风箱上设置有除尘孔，所述除尘孔设置有多个，多个除尘孔呈等距离分布，除尘孔的一端贯穿侧封板靠近展示台的一面，除尘孔的另一端与风箱的内部连通，所述风箱靠近侧封板的一面还设置有连接气管，所述第一管道、第二管道均与连接气管之间通过软管连通。

优选的，所述夹持组件包括升降轨道、下夹板和上夹板。所述升降轨道设置有两个，两个升降轨道呈对称安装在侧封板靠近展示台的一面两端处，所述升降轨道的底部固定安装有电机，所述电机的转轴上固定连接有丝杆，所述丝杆沿着升降轨道的高度方向分布，所述升降轨道的上端固定连接有上支撑板，所述丝杆远离电机的一端转动连接在上支撑板上，所述升降轨道上滑动设置有丝套，所述丝套与丝杆配合，所述丝套的上端固定连接有定位板，所述定位板的底部固定安装有电动推杆，所述电动推杆的下端固定连接在上夹板的上表面，所述下夹板设置于上夹板的下方，所述丝套的表面设置有滑动槽，滑动槽沿着丝套的高度方向分布，所述下夹板固定连接在滑动槽中，所述上夹板滑动设置在滑动槽中。

优选的，所述矩形槽的内壁设置有波浪纹。

优选的，所述沙盘板上设置有接电组件，接电组件包括导电金属片、导电金属柱，所述沙盘板包括上沙盘板和下沙盘板，所述上沙盘板和下沙盘板上下拼接，所述下沙盘板的上表面设置有线槽，所述导电金属片固定铺设在线槽的底面，所述下沙盘板远离侧封板的一端设置有接电孔，所述导电金属柱固定设置在接电孔的底部，导电金属柱的一端与导电金属片之间电性连接，所述用电设备的底部设置有电连接端，所述上沙盘板上设置有固定孔，固定孔同时贯穿上沙盘板的上下表面，所述电连接端活动穿过固定孔后与线槽中的导电金属片贴合，所述展示台远离侧封板的一侧内壁上固定设置有圆柱形导电插头，所述圆柱形导电插头插合在接电孔中，所述展示台的下端内部固定安装有直流蓄电池，所述直流蓄电池与圆柱形导电插头之间电性连接。

优选的，所述圆柱形导电插头的端部设置为圆锥形。

优选的，所述下沙盘板远离侧封板一面的接电孔设置有两个，两个接电孔分布在下沙盘板的两端。

优选的，所述下沙盘板的下表面设置有注入孔，所述注入孔与线槽的内部连通。

8.2.17.4 有益效果

（1）夹持组件夹持最上方一个沙盘板，随后启动动力组件，动力组件推动侧封板相对远离展示台，使得最上方一个沙盘板从展示台侧面移出，从而使得夹持组件下降，将此沙盘板移动到展示台下端，使得动力组件复位，将此沙盘板收纳到展示台的下端，利用动力组件和夹持组件结合将展示台内部需要的沙盘板移动至展示台的最上端，实现了快速展示不同能源布置的沙盘板的目的。

（2）滑轨始终空余一对，使得最上方一个沙盘板放置在展示台内部时具有选择放置的位置，沙盘板沿着滑轨滑动，移动稳定且便于对沙盘板进行固定。

（3）由于本发明中使用气动的方式实现侧封板的移动，为了充分利用滑动板往复过程中推动的气体，在伸缩筒的上表面固定设置有第一管道和第二管道。工作时，滑动板朝向侧封板的方向移动可将第二腔室中的气体推出，气体依次通过第二管道、软管、连接气管、风箱后从除尘孔中吹出，吹出的气体可将沙盘板表面的灰尘吹除，起到自动清灰的目的；当滑动板朝向远离侧封板的方向移动时，滑动板压缩第一腔室，使得第一腔室中气体移动通过第一管道、软管、连接气管、风箱后从除尘孔中吹出，吹出的气体可将沙盘板表面的灰尘吹除，同样起到自动清灰的目的。

（4）为了进一步增加自动清灰的效果，在矩形槽的内壁设置有波浪纹，当侧封板移动时，伸缩板剐蹭矩形槽内壁的波浪纹，伸缩板的表面粗糙，伸缩板剐蹭矩形槽内壁的波浪纹时可产生震动，从而使得侧封板产生震动，当侧封板上的夹持组件将沙盘板夹持固定住时，沙盘板会产生抖动，从而易于灰尘扬起，扬起的灰尘可通过从除尘孔处排出的气体完全吹除。

（5）为了增加沙盘板表面用电设备和新能源设备的展示效果，将用电设备和新能源设备接电，在沙盘板上设置有接电组件。沙盘板移动至展示台上端时，接电孔可自动卡合在圆柱形导电插头上，实现自动接电的目的，当沙盘板存在展示台内部时，沙盘板不接电，方便实用。

（6）圆柱形导电插头的端部设置为圆锥形，圆锥形使得接电孔容易对准卡合圆柱形导电插头，即使沙盘板具有一定程度的偏移，最终沙盘板也会复位。因此，基于圆柱形导电插头、圆柱形导电插头端部的圆锥形和接电孔的设计，不仅可实现自动接电、自动断电的目的，还能够校正沙盘板的位置，实用性较强。

（7）考虑到沙盘板被夹持组件夹持进行移动时会发生抖动现象，容易使得用电设备的接线处接触不良。因此，在下沙盘板的下表面设置有注入孔，注入孔与线槽的内部连通，通过注入孔可向线槽内部注入胶液，当胶液凝固后实现对接电组件的封装，避免接电组件因为沙盘板的抖动而出现接触不良的现象。且基于对接电组件进行封装，结构的防水性有所增加，用电设备底部的电连接端安装在固定孔中的稳定性有所增加。

8.2.18　技术发明18：一种综合智慧能源系统碳排放流的优化设备及其使用方法

本发明公开了一种综合智慧能源系统碳排放流的优化设备及其使用方法（图8-18），涉及碳排放流的优化设备领域，包括水箱。所述水箱呈矩形箱体结构，水箱的上方设置有水箱封盖，所述水箱中设置有金属换热管道，热废水流经水箱的内部，风力流经金属换热管道，风力流经金属换热管道时热废水中的热量经过金属换热管道内壁传递至风力中。本发明使热废水存储在水箱中，风力通过金属换热管道中，代替了现有技术中风力经过水箱的内部，热废水经过金属换热管道流通的方式，使得热废水中水垢产生时仅黏附在水箱内壁和金属换热管道外壁上，相对于水垢黏附在金属换热管道内壁较易清理。

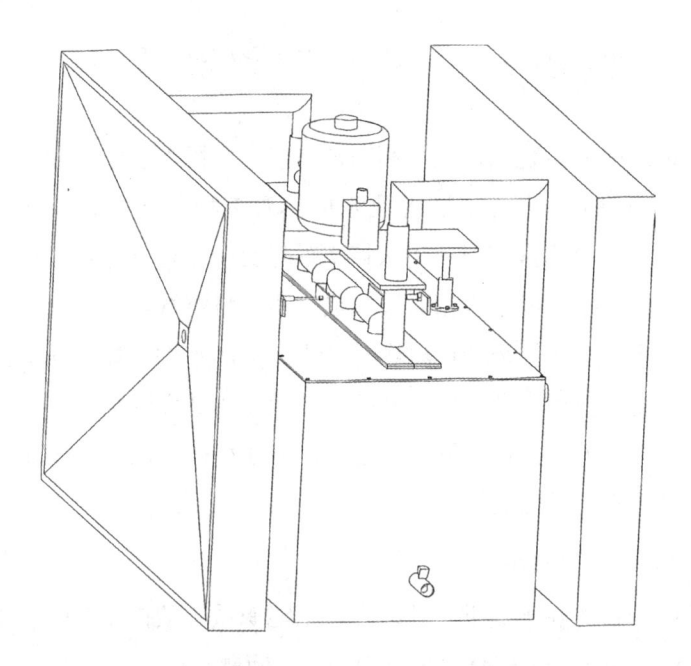

第 8 章　实证课题 3：中国电建集团重庆工程有限公司科技创新战略规划研究咨询项目系列课题

图 8-18　发明图示：一种综合智慧能源系统碳排放流的优化设备及其使用方法

8.2.18.1　技术领域

本发明涉及碳排放流的优化设备领域，特别涉及一种综合智慧能源系统碳排放流的优化设备及其使用方法。

8.2.18.2　背景技术

智慧能源系统是一种以冷热量平衡为核心，整合地热能、太阳能、空气能、水能、天然气、城市自来水、污水、工业废水废热等多种可再生能源，运用冷热回收、蓄能、热平衡、智能控制等新技术对各种能量流进行智能平衡控制，达到能源的循环往复利用，一体化满足制冷采暖、热水、冷藏冷冻、烘干加热、除雪化冰、蒸汽、发电等多种需求功能的系统设备。

而每家每户在生活中都要排放"碳"，家庭用电中，二氧化碳排放量（kg）等于耗电度数乘以 0.785。也就是说，用 100 度电，等于排放了大约 78.5 kg 二氧化碳；家用天然气中，二氧化碳排放量（kg）等于天然气使用度数乘以 0.19；家用自来水中，二氧化碳排放量（kg）等于自来水使用度数乘以 0.91；出行时，如果开小轿车，二氧化碳排放量（kg）等于油耗数乘以 2.7。

使用智慧能源系统循环往复利用地热能、太阳能、空气能、水能、天然气、城市自来水、污水、工业废水废热等多种可再生能源就显得额外重要，而利用废热通常需要使用水箱实现热交换。空气加热装置可将热的废水流经水箱，空气经过水箱时被加热，实现将空气加热的目的，充分利用废热。但水箱中水循环使用时容易产生大量的水垢，黏附固定在水箱的内壁上，严重影响废水和空气之间的换热效率，从而降低了智慧能源系统的利用效率。因此，提出一种综合智慧能源系统碳排放流的优化设备及其使用方法来解决上述问题很有必要。

8.2.18.3 发明内容

本发明的目的在于提供一种综合智慧能源系统碳排放流的优化设备及其使用方法，以解决上述背景技术中提出的问题。

为实现上述目的，本发明提供如下技术方案。

一种综合智慧能源系统碳排放流的优化设备，包括水箱。所述水箱呈矩形箱体结构，水箱的上方设置有水箱封盖，所述水箱中设置有金属换热管道，热废水流经水箱的内部，风力流经金属换热管道，风力流经金属换热管道时热废水中的热量经过金属换热管道内壁传递至风力中，对风力进行加热，所述金属换热管道呈来回弯折的管道结构，金属换热管道的上端一侧设置有进风管，另一侧设置有出风管，水箱的一侧设置有用于收集风力的进风箱，水箱的另一侧设置有用于排放风力的出风箱。

优选的，所述进风箱呈矩形箱体结构，进风箱远离水箱的一面设置有导向面，所述导向面汇聚至进风箱中部并与风力输入孔连通，所述进风箱靠近水箱的一面固定设置有进风连接管，所述进风连接管的一端与风力输入孔连通，进风连接管的另一端与金属换热管道上方的进风管对接。

优选的，所述出风箱呈矩形盒体结构，所述出风箱靠近水箱的一面设置有出风连接管，所述出风连接管与出风管对接，出风箱的内部设置有电机和风扇，电机带动风扇转动产生吸力使得风力从风力输入孔处依次经过进风连接管、金属换热管道、出风管和出风连接管被吸入至出风箱内部，所述出风箱远离水箱的一面设置有多个出风孔。

优选的，所述水箱封盖上设置有矩形槽，所述金属换热管道靠近出风管和进风管的上端部分从矩形槽活动伸出至水箱封盖的上方，所述进风管和出风管之间固定设置有上支撑板，所述上支撑板的两侧面中部均固定设置有第二连接板，所述水箱封盖的上表面固定安装有第二电动推杆，第二电动推杆的上端与对应的第二连接板底面之间固定连接，所述矩形槽的上方设置有密封挡板，所述密封挡板设置有两个，两个密封挡板相互靠近的一面均设置有供金属换热管道通过的弧形口，所述密封挡板下表面固定设置有橡胶密封垫，所述橡胶密封垫活动贴合在水箱封盖的上表面，两个密封挡板相互远离的一面中部均固定安装有第一连接板，所述水箱封盖的上表面固定设置有定位板，所述定位板和第一连接板之间安装有第一电动推杆。

优选的，所述水箱的内部设置有内置金属板，所述内置金属板贴合在金属换热管道的下表面，内置金属板的外周与水箱的外周内壁之间活动贴合，所述金属换热管道的下段通过弹性金属卡箍固定在内置金属板的上表面，所述弹性金属卡箍呈下方开口的弹性环体结构，弹性金属卡箍下端通过螺钉固定在内置金属板的上表面。

优选的，所述内置金属板上设置有通孔，所述通孔设置有多个，多个通孔呈等距离分布，所述通孔的上端内部安装有过滤网，所述通孔的下端内部安装有电动开关阀。

优选的，所述内置金属板的上端外周设置有剐蹭纹。

优选的，所述水箱的一端上方设置有与水箱内部连通的进水管，所述水箱的另一端下方设置有与水箱内部连通的出水管，所述出水管、进水管、出风管和进风管上均设置有电磁阀，所述水箱上端靠近进水管的一侧设置有清理门。

优选的，所述上支撑板的上表面固定安装有储气罐和高压泵，所述高压泵上设置有与水箱外部空气环境连通的吸气管道，所述高压泵与储气罐连通，所述储气罐通过气管与进风管连通，且气管与进风管连通的位置位于进风管上电磁阀的下方。

本发明还公开了一种综合智慧能源系统碳排放流的优化设备的使用方法，包括如上任一所述的一种综合智慧能源系统碳排放流的优化设备，还包括以下步骤。

（1）使用风力通入金属换热管道的方式进行换热，水箱的内部存储有热废水。当风力经过金属换热管道时，热废水中热量经过金属换热管道的壁体的传递将风力加热，免除金属换热管道内壁受水垢影响而容易降低换热效率的问题。

（2）保持换热效率，启动第二电动推杆，并使得第二电动推杆推动第二连接板往复的升降。当第二连接板往复升降时上支撑板、金属换热管道也往复升降，金属换热管道经过弧形口时被弧形口内壁刮除金属换热管道外壁上的水垢，保持了换热效率，从而优化了智慧能源系统的利用率。

8.2.18.4 有益效果

本发明中使得热废水存储在水箱中，风力通过金属换热管道中，代替了现有技术中风力经过水箱的内部，热废水经过金属换热管道流通的方式，使得热废水中水垢产生时仅黏附在水箱内壁和金属换热管道外壁上，相对于水垢黏附在金属换热管道内壁较易清理。

本发明中水箱的内部存储有热废水，水箱存储的热废水量较多，使得水箱内部的热废水混合后热量分布均匀，当空气经过金属换热管道端部的出风管排出时，出风管处排出的风力温度是恒定的，不会造成风力被加热得不均匀以及不同热量程度的风力位置分布不均匀的现象，优化了现有技术中的智慧能源系统碳排放流设备。

进风箱的面积较大，可聚拢较多的风力，风力经过进风箱的聚拢后沿着导向面从风力输入孔汇总进入进风连接管中，经过进风连接管的风力依次经过进风管、金属换热管道、出风管、出风连接管后从出风箱输出。

由于出风管端部排出的风力热量恒定，将热量恒定的风力通过风扇的作用从多个出风孔排出，可保持一个受风面不同位置的温度稳定，温差较小，舒适性较高。

本发明通过将风力、热废水流经通道互换的方式优化了智慧能源系统碳排放流设备，启动第二电动推杆，并使得第二电动推杆推动第二连接板往复的升降，当第二连接板往复升降时上支撑板、金属换热管道也往复升降，金属换热管道经过弧形口时被弧形口内壁刮除金属换热管道外壁上的水垢，保持了换热效率，从而进一步优化了智慧能源系统的利用率。

为了保证智慧能源系统的利用率，智慧能源系统设备通常是不停机的。因此，在所述水箱的内部设置有内置金属板，所述内置金属板贴合在金属换热管道的下表面，内置金属板的外周与水箱的外周内壁之间活动贴合，所述金属换热管道的下段通过弹性金属卡箍固定在内置金属板的上表面，所述弹性金属卡箍呈下方开口的弹性环体结构，弹性金属卡箍下端通过螺钉固定在内置金属板的上表面，当金属换热管道上升时，可将金属换热管道外壁刮除的水垢和水箱内壁上的水垢刮除后收集在内置金属板的上表面，无须打开后进行收集。

当打开电动开关阀时，随着内置金属板的上升，水垢被收集在内置金属板的上表面，热废水经过过滤网的过滤进入水箱的下端内部，实现了水垢和热废水之间的分离。当内置金属板上表面和水箱上方内壁之间存满水垢时，电动开关阀将关闭，避免水箱下端内部的热废水进入内置金属板上方。此时，打开清理门，可使用清灰铲子等工具将内置金属板上方和水箱上方内壁之间的水垢掏出，无须停止设备，可在设备工作时对水垢进行清除、收集和清理排出。

当剐蹭纹剐蹭黏附在水箱内壁上的水垢时会使得水箱侧面壁体震动，从而辅助水垢更好地脱离。

高压气体高速进入金属换热管道的内部，由出风管处排出，实现了清堵的目的，避免长时间使用后风力中的灰尘在金属换热管道中过度累积而堵塞金属换热管道的现象，进一步增加了换热效率。

8.2.19 技术发明 19：一种分布式储能用防高温控制柜

本发明涉及分布式储能柜技术领域，具体涉及一种分布式储能用防高温控制柜（图 8-19），包括柜体、设置于柜体内的承载板、覆盖件和对覆盖件的内腔进行抽吸的抽气组件。柜体的底板设置若干进风孔，承载板被覆盖件覆盖的区域设置若干将承载板上下贯通的透气通道，承载板未被覆盖件覆盖的区域设置若干将承载板上下贯通的通气孔，抽吸组件包括第一抽风机、抽气主管和多个与电气件对应的抽气支管，第一抽风机的出风口与柜体外部空间连通，抽气主管与第一抽风机的进风口连通，抽气支管的两端分别与覆盖件的内腔和抽气主管的内腔密封连通。本发明通过设置与电气件对应的独立风道以有效提高对柜体内电气件的散热效率。

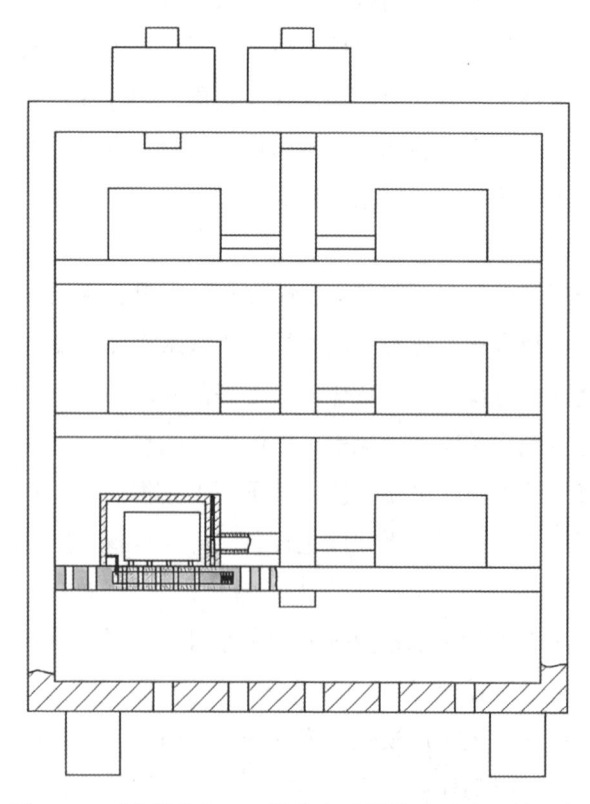

图 8-19 发明图示：一种分布式储能用防高温控制柜

8.2.19.1 技术领域

本发明涉及分布式储能柜技术领域，具体涉及一种分布式储能用防高温控制柜。

8.2.19.2 背景技术

分布式储能系统用于各区域的电源的协同优化，可通过削峰填谷、调频、可再生能源消纳等方式来提高供电可靠性和电能质量。分布式储能系统要使用大量用于安装存能电池和各种控制器等电气件的储能控制柜。储能控制柜内部的储能电池等电气件在充、放电的过程中，会产生放热现象，因此需要对储能控制柜内部实施散热工作，以保障各电气元件的正常运行。现有应用于储能控制柜的散热元件，通常采用电力风扇转动，加速柜体内、外环境的空气循环，然而现有技术的这种散热风路的设计较为简单，就是简单的开放式风路，进入柜体的外部空气在柜体内无规律流动，使得部分进入柜体内的外部空气还来不及接近柜体内的电气件就被迫由出风口排出柜体外，散热效率低，单位能耗下的降温效果不好。

8.2.19.3 发明内容

本发明所要解决的技术问题是，提供一种分布式储能用防高温控制柜，以解决现有技术的控制柜散热效率低，单位能耗下的降温效果不好的问题。

为解决上述技术问题，本发明采用如下基础方案。

提供一种分布式储能用防高温控制柜，包括柜体、设置于所述柜体内的多个用于安装电气件的承载板、覆盖各电气件的覆盖件和对所述覆盖件的内腔进行抽吸的抽气组件。所述柜体四周封闭，柜体底部设置支撑件，柜体的底板设置若干进风孔。所述承载板水平设置，承载板的沿周与所述柜体的内壁固定连接，多个所述承载板依次上下间隔设置，所述承载板被所述覆盖件覆盖的区域设置若干将承载板上下贯通的透气通道。所述覆盖件呈下端开口的倒 U 形腔体，覆盖件的下端沿周与所述承载板的上表面密封连接将电气件覆盖于所述承载板上。所述抽吸组件包括第一抽风机、抽气主管和多个与所述覆盖件对应的抽气支管，第一抽风机设置于所述柜体顶部，所述第一抽风机的出风口与柜体外部空间连通，所述抽气主管位于所述柜体内，抽气主管的一端与所述第一抽风机的进风口密封连通，抽气主管的另一端封闭，所述抽气支管的两端分别与所述覆盖件的内腔和所述抽气主管的内腔密封连通。

在上述基础方案中，运行第一抽风机时，第一抽风机通过抽气主管再经各抽气支管对各覆盖件的内腔进行抽气，柜体外部的空气由柜体底部的进风孔进入柜体内腔再经各承载板上的透气通道分别进入各覆盖件内腔，进入各覆盖件内腔的气体在第一抽风机的抽吸下流经电气件表面将电气件工作时产生的热量带走，达到对电气件降温的目的。与现有技术中采用开放式风路散热相比，由于本发明均采用独立的气道对各电气件进行散热，各覆盖件内的气流均能快速地流经各电气件表面，在第一抽风机的单位能耗下，本发明的散热效率更高。

进一步，所述覆盖件的一侧壁设置有将所述覆盖件的内外空间连通的第一通孔，所述抽气支管的一端与所述第一通孔密封连通，抽气支管的一端与所述抽气主管的内腔密封连通，所述第一通孔所在的覆盖件的侧壁内竖直设置滑道，所述滑道的下端与所述第一通孔连通，滑道的上端为封闭端，所述滑道内密封滑动连接滑柱，所述滑柱的上端位于所述滑道内，滑柱的下端伸出所述滑道外，所述滑柱与滑道的封闭端之间设置第一弹簧，所述第一弹簧的下端与所述滑柱连接，第一弹簧的上端与所述滑道的封闭端连接，覆盖件的侧壁内竖直设置竖向滑槽，所述竖向滑槽的上端与所述第一通孔连通，所述竖向滑槽内滑动连接竖向滑板，所述竖向滑板的上端与所述滑柱的下端固定连接，在常温条件下所述弹簧迫使所述滑柱的下端靠近所述滑道的开口端使得所述竖向滑板将所述第一通道封堵。

当电气件工作使得覆盖件的内腔温度升高时，滑道内腔温度跟随升高气压升高，滑道内腔的气压升高迫使滑柱向下滑动推动竖向滑板下滑将第一通孔打开，电气件产生的热量越高，覆盖件内腔的温度越高，滑道内的气压越大，滑柱向下移动越长，竖向滑板越向下移动使得第一通孔的流通通道越大，在抽风机的抽吸下流经覆盖件内腔的气流流量就越大，对覆盖件内的电气件的散热效率也越快。相反地，当某一覆盖件内的电气件产生的热量越小时，与该覆盖件对应的第一通孔的流通通道也越小，进而流经该覆盖件内腔的气流流量也越小，通过上述方案可以将抽风机产生的抽气总量根据各覆盖件内的电气件产生的热量进行合理分配，提高了抽风机风量利用率。

进一步，与所述覆盖件的覆盖区域对应的所述承载板内设置有横向滑槽，所述横向滑槽内设置横向滑板和第二弹簧，所述横向滑板与所述横向滑道滑动连接，所述第二弹簧的一端与所述横向滑板固定连接，第二弹簧的另一端与横向滑槽的内壁连接，所述透气通道包括竖直贯穿所述承载板的第一气孔和竖直贯穿所述横向滑板的第二气孔。所述覆盖件的内腔设置有由两片热膨胀系数不同的金属贴合而成的热双金属片，所述热双金属片水平设置，热双金属片的一端与所述覆盖件的内壁固定连接，热双金属片的另一端为自由端，热双金属片的自由端竖直设置挡杆，所述挡杆的上端与所述热双金属片固定连接，所述承载板上竖直设置与所述挡杆滑动配合的滑孔，所述挡杆的下端经所述滑孔伸入所述横向滑槽内，所述横向滑板远离所述第二弹簧的端面与所述挡杆的下端外壁接触使得所述第二弹簧处于被压缩状态并使得所述第一气孔与所述第二气孔对齐进而使得所述透气通道导通。

当电气件产生的热量较高无法被及时散热使得电气件产生高温燃烧时，高温使热双金属片产生变形使得热双金属片的自由端向上翘起带动挡杆滑动离开横向滑槽，横向滑槽里的横向滑板失去挡杆的阻挡，在被压缩的第二弹簧的弹力下横向滑板滑动使第一气孔与第二气孔错开以将透气通道关闭，空气无法进入覆盖件内腔，覆盖件内腔缺氧迫使电气件无法继续燃烧。

进一步，所述抽吸组件还包括设置于所述柜体顶部的第二抽风机，所述第二抽风机的进风口与柜体的内腔连通，第二抽风机的出风口与柜体的外部空间连通，所述承载板未被所述覆盖件覆盖的区域设置若干将承载板上下贯通的通气孔。

进一步，所述柜体内设置有与所述覆盖件对应的继电器，覆盖件内的电气件通过继电器与外壁线路电连接，当覆盖件内的所述热双金属片产生变形使所述挡杆滑动脱离所述横向滑槽时，对应的所述继电器使覆盖件内的电气件与外部线路断开连接。

进一步，柜体的侧壁设置门扇。

进一步，所述覆盖件为铝制件。

8.2.19.4 有益效果

与现有技术相比，本发明至少具有的有益效果如下。

（1）本发明采用独立的气道对各电气件进行散热，使得各覆盖件内均能产生与电气件表面充分接触并快速流动的气流，在第一抽风机的单位能耗下，本发明的散热效率更高。

（2）本发明可以将抽风机产生的抽气总量根据各覆盖件内的电气件产生的热量进行合理分配，提高了抽风机的风量和能耗利用率。

（3）本发明通过设置第一抽风机和第二抽风机分别对覆盖件的内部空间和外部空间进行散热降温，有效提高降温效果。

（4）本发明的每个覆盖件均具有独立的防燃结构，某一电器件产生燃烧时被单独隔离并断开与外部的连接，不影响其他组电气件的工作。

8.2.20 技术发明 20：一种海上风电钢管桩加固修补灌浆装置

本发明涉及海上风电工程领域，具体涉及一种海上风电钢管桩加固修补灌浆装置（图 8-20），包括用于覆盖钢管桩凹陷处以形成密闭的灌浆空间的覆盖件、与所述覆盖件连接以将所述覆盖件固定于钢管桩的固定件。所述覆盖件包括与钢管桩外壁配合的弧形板，所述弧形板上设置有向灌浆空间灌装浆料的灌浆口。本发明对钢管桩进行修补后不会在钢管桩外壁形成环形圈，不增加涌流流经钢管桩时的紊流强度和涡脱数量，降低因修补后对钢管桩造成的不良影响。

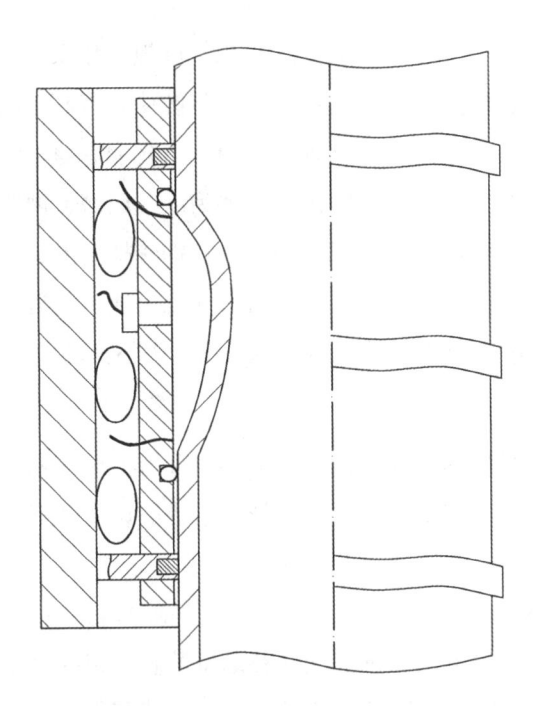

图 8-20　发明图示：一种海上风电钢管桩加固修补灌浆装置

8.2.20.1　技术领域

本发明涉及海上风电工程领域，具体涉及一种海上风电钢管桩加固修补灌浆装置。

8.2.20.2　背景技术

海上风电系统大多采用钢管桩作为桩基，当海上漂浮物在海浪的推动下撞击钢管桩使钢管桩产生凹陷变形时，钢管桩的强度和稳定性降低，将严重影响桩基上端风电系统的正常运行，需及时对受损的钢管桩进行修补加固。例如，发明号为 CN217419603U 的方案公开的一种海上风电钢管桩加固修补用灌浆装置，包括若干支撑筋、支撑板组件及抱箍筒组件。若干所述支撑筋环布于钢管桩外壁上，所述支撑板组件套接于钢管桩外壁上并由若干所述支撑筋共同支撑，所述箍筒组件套接于钢管桩外壁上并设置于支撑板组件上，所述抱箍筒组件与钢管桩之间形成灌浆腔体，所述抱箍筒组件外壁上开设与灌浆腔体连通的灌浆口。该现有技术通过支撑筋和支撑板组件提供支撑，通过抱箍筒组件形成灌浆腔体，再利用灌浆口往灌浆腔体内灌浆，等灌浆料固结，在钢管桩外壁上形成加固修补结构。在该现有技术的方式中，整个抱箍筒内的区域均成为灌浆区域，灌浆面积过大，加重了整个钢管桩的重量，且灌浆凝固后会在钢管桩上形成一个凸设的环形带，改变了钢管桩的外形结构，容易增加涌流流经钢管桩的该修补处时的紊流强度和形成的涡脱数量，反而对钢管桩产生不良的影响。

8.2.20.3 发明内容

本发明所要解决的技术问题是，提供一种海上风电钢管桩加固修补灌浆装置，以解决现有技术中容易在修补处形成凸设的环形带给钢管桩不良影响的问题。

为解决上述技术问题，本发明采用如下基础方案。

提供一种海上风电钢管桩加固修补灌浆装置，包括用于覆盖钢管桩凹陷处以形成密闭的灌浆空间的覆盖件、与所述覆盖件连接以将所述覆盖件固定于钢管桩的固定件。所述覆盖件包括与钢管桩外壁配合的弧形板，所述弧形板上设置有向灌浆空间灌装浆料的灌浆口。

在上述基础方案中，通过将弧形板覆盖在钢管桩的受损处形成灌浆空间，通过固定件将弧形板固定在钢管桩上即可向灌装空间灌装修补浆料，待修补浆料凝固即可拆卸灌浆装置。由于仅在钢管桩的受损处采用弧形板进行封闭和灌浆，无须设置体积计较大的环形抱箍筒，修补后不会在钢管桩外壁形成环形圈，不增加涌流流经钢管桩时的紊流强度和涡脱数量，降低因修补后对钢管桩造成的不良影响。

进一步，所述弧形板包括外护板和内护板。所述内护板与钢管桩的外壁贴合，外护板与内护板滑动连接使得内护板可沿钢管桩径向滑动，所述灌浆口设置于所述内护板上，内护板上设置灌浆管，所述灌浆管的一端与所述灌浆口密封连通，灌浆管的另一端与外部灌浆设备连通，外护板与内护板间设置有第一气囊，所述第一气囊与外部气源连通。

进一步，所述外护板上设置多根滑杆，多根所述滑杆相互平行设置，滑杆均水平朝向钢管桩设置，所述滑杆的第一端与所述外护板的内弧面固定连接，滑杆的第二端与钢管桩外壁接触，所述内护板上设置有与所述滑杆滑动配合的滑孔。

进一步，所述内护板靠近所述钢管桩的弧面沿周设置凹槽，所述凹槽内设置第二气囊，所述第二气囊与外部气源连通，内护板上设置第一管道和第二管道，所述第一管道的一端与所述灌浆空间连通，第一管道的另一端与外设的气源连通，所述第二管道的一端与灌浆空间的底部连通，第二管道的另一端与外部空间连通。

进一步，所述第一管道与所述灌浆空间连通的一端位于所述灌浆空间的上端。

进一步，所述固定件包括均呈柔性的左连接带和右连接带，所述左连接带和所述右连接带的一端分别与所述外护板的两端固定连接，左连接带和右连接带的另一端均为自由端。

进一步，所述滑杆的第二端固定连接磁性件。

8.2.20.4 有益效果

与现有技术相比，本发明至少具有以下有益效果。

（1）仅针对钢管桩的受损处进行封闭和灌浆，无须设置体积计较大的环形抱箍筒，修补后不会在钢管桩外壁形成环形圈，不增加涌流流经钢管桩时的紊流强度和涡脱数量，降低因修补后对钢管桩造成的不良影响。

（2）相对整个环绕钢管桩的抱箍筒，弧形板的体积小，操作方便，固定件设置成柔性带，能适用对不同管径的钢管桩修复使用。柔性带与磁性件和第一气囊的配合，通过使第一气囊的膨胀即可使得内护板贴紧钢管桩，使得整个灌浆装置的安装方便快捷。

（3）通过控制第一气囊和第二气囊的膨胀程度即可控制内护板对灌装空间的压力大小。当对灌装空间灌装完毕后，控制第二气囊收缩一定程度的同时控制第一气囊再继续膨胀一定程度，即可实现对灌装空间的加压密封灌装，使得浆料与钢管桩结合得更加紧密。

（4）当修补处位于水面下修补需要进行水下作业时，控制第一气囊和第二气囊膨胀使灌装空间封闭后，通过第一管道加压迫使灌装空间内的水体由第二管道排出即可在水下环境进行灌浆作业。

8.2.21　技术发明21：一种垃圾渗沥液的处理装置

本发明公开了一种垃圾渗沥液的处理装置（图8-21），包括垃圾箱、过滤箱以及集液箱。所述垃圾箱设有出液口，所述出液口处设有封闭机构；所述过滤箱设于所述垃圾箱前侧对应于所述出液口的位置处，所述过滤箱前侧设有开口且下端开设有通槽，所述通槽处设有可向所述出口外翻转的过滤机构，所述过滤机构与所述封闭机构之间设有第一触发组件；所述集液箱设于所述过滤箱下端以承接由所述过滤机构过滤的渗沥液，所述集液箱内设有可向下滑动和向上复位的收集盒，所述收集盒与所述封闭机构之间设有第二触发组件。本发明使装置运行的自动化更强，工人只需一段时间清理一次滤网落下的垃圾即可，设置巧妙，联动性强，具有很强的实用性。

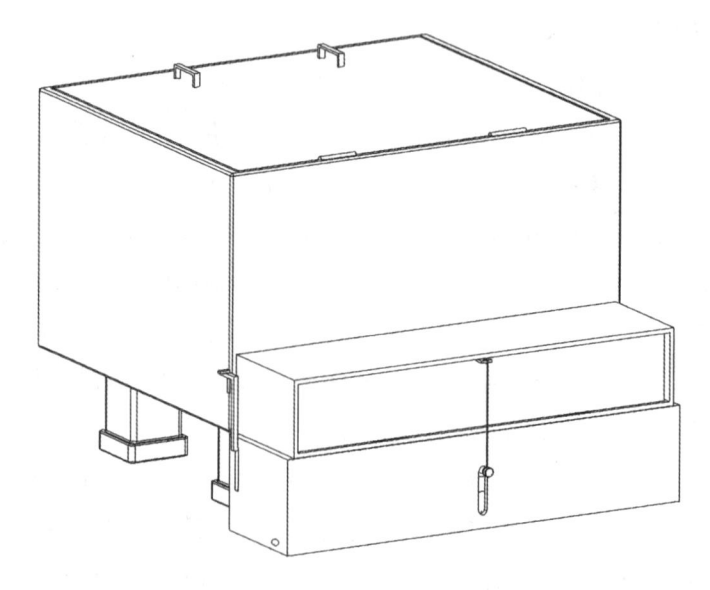

图8-21　发明图示：一种垃圾渗沥液的处理装置

8.2.21.1 技术领域

本发明涉及垃圾处理领域，特别涉及一种垃圾渗沥液的处理装置。

8.2.21.2 背景技术

渗沥液即垃圾在堆放和填埋过程中，在降水和地下水的渗流作用下产生了一种高浓度的有机或无机成分的液体。双极膜电渗析是在电场作用下，以电势差为驱动力，利用离子交换膜对料液进行分离和提纯的一种高效、环保的分离过程，因此在优化传统工业过程和新的工业过程中发挥了独到的作用，其中对渗沥液的处理就是一个重要的应用场景。但在双极膜电渗析的过程中存在着膜污染的问题，膜污染的存在会使电渗析设备加速老化、膜电阻增加且导致能耗升高，经济效益降低，因此需要对渗沥液进行预处理以减少其中的杂质。现有技术会通过设置滤网对渗沥液进行过滤，但使用一段时间后就需要对滤网进行清洁，否则滤网被堵塞会影响过滤效果。这就需要工人按时打开过滤装置，将滤网取出进行清理。此操作费时费力，为此我们提出一种垃圾渗沥液的处理装置。

8.2.21.3 发明内容

针对上述现有技术的不足，本发明所要解决的技术问题是，提供一种垃圾渗沥液的处理装置，设有可翻转的滤网，使用一段时间后滤网自动翻出方便工人清理，且清理完成后可自动复位继续进行过滤工作。

为解决上述技术问题，本发明采用如下技术方案。

提供一种垃圾渗沥液的处理装置，包括垃圾箱、过滤箱以及集液箱。所述垃圾箱前侧开设有出液口，所述出液口处设有可以封闭所述出液口的封闭机构。所述过滤箱设于所述垃圾箱前侧，对应于所述出液口的位置处，以承接由所述垃圾箱内流出的渗滤液；所述过滤箱前侧设有开口且下端开设有通槽；所述通槽处设有可向所述出口外翻转的过滤机构；所述过滤机构与所述封闭机构之间设有第一触发组件。所述集液箱设于所述过滤箱下端以承接由所述过滤机构过滤的渗沥液，所述集液箱内设有可向下滑动和向上复位的收集盒，所述收集盒与所述封闭机构之间设有第二触发组件。

所述收集盒通过连接件与所述过滤机构连接。当所述收集盒内的渗沥液达到一定重量时，所述收集盒向下滑动并带动所述过滤机构向所述开口外翻转，所述过滤机构触发所述第一触发组件使所述封闭机构将所述出液口封闭；当所述收集盒内的渗沥液被放出时，所述收集盒向上复位并通过所述第二触发组件使所述封闭机构复位。

进一步的，所述封闭机构包括开设于所述垃圾箱前侧壁的安装槽和滑动设于所述安装槽内的第一挡板；所述安装槽开设于所述出液口上端并与所述出液口连通，所述第一挡板可以在所述安装槽内上下滑动以露出或封闭所述出液口。

进一步的，所述过滤机构包括滤网和第二挡板，所述滤网与所述通槽相匹配并设于所述通槽中，所述滤网前侧与所述过滤箱的左右侧壁铰接且铰接处设有卷簧，所述第二挡板与所述开口相匹配且固设于所述滤网上端面的前侧以遮挡所述开口。

进一步的，所述第一触发组件包括设于所述垃圾箱前侧壁位于所述安装槽左右两端对称的两组，每一组所述第一触发组件均包括凹槽、前后滑动设于所述凹槽中的卡块、竖直设于所述垃圾箱内左右两侧壁上对应于所述卡块的位置处的固定块和水平设于所述固定块与所述卡块之间的弹性伸缩杆。

进一步的，所述凹槽由所述出液口左右两端侧壁向相互远离的方向凹设而成，所述凹槽上端与所述安装槽连通以使所述第一挡板的下端面可以与所述卡块的上端面抵接，所述卡块的宽度与所述凹槽的宽度相匹配且前端伸出所述凹槽，所述卡块伸出所述凹槽的部分竖直开设有通过槽，所述通过槽向靠近另一所述卡块的方向贯通相应的所述卡块且所述通过槽的厚度与所述第一挡板的厚度相匹配。所述卡块伸出所述凹槽的部分的下端面设有第一斜面以使所述滤网旋转时可以通过所述第一斜面将所述卡块向后推动。所述固定块竖直设于所述垃圾箱内部的左右两侧壁且与相应的所述卡块位于同一水平轴线上，所述弹性伸缩杆固定设于相应的所述固定块与所述卡块之间以能够带动所述卡块复位。

进一步的，所述集液箱开设有向上贯通的空腔，所述收集盒设于所述空腔的上部并可在所述空腔内上下滑动,所述收集盒与所述空腔的底部之间设有第一弹性复位件,所述收集盒与所述空腔的侧壁之间设有限位组件以使所述收集盒中的渗沥液达到一定重量时再开始下落。

进一步的,所述限位组件包括对称设于所述空腔的左右侧壁的两组,每一组所述限位组件均包括开设于所述空腔侧壁的滑腔、滑动设于所述滑腔内并向外伸出所述滑腔的滑块和设于所述滑腔与所述滑块伸入所述滑腔的一端面之间的第二弹性复位件。所述滑块伸出所述滑腔一端的上端面设有第二斜面且第二斜面由靠近所述滑腔向远离所述滑腔渐低,所述收集盒下端与所述滑块的第二斜面抵接。

进一步的,所述收集盒下壁面开设有放液槽,所述放液槽铰接有盖板且铰接处设有卷簧,所述盖板密封盖合于所述放液槽上,所述空腔底壁与所述放液槽对应的位置处设有顶杆,所述空腔开设有与外部连通的出口。当所述集液盒下落时,所述顶杆可以将所述盖板顶起以将所述集液盒中的渗沥液放出,而后渗沥液再经由所述出口排出。

进一步的,所述集液箱与所述过滤箱之间还设有用于清洗滤网的喷洒组件,所述喷洒组件包括设于空腔内的储液桶、密封滑动设于所述储液桶中的活塞、设于所述滤网底部的支架和设于所述支架上的喷头。所述收集盒的后壁与所述空腔的后壁不贴合形成一开放空间,所述储液桶设于空腔底壁对应于所述开放空间的位置处,所述活塞可在所述储液桶内上下密封滑动,所述集液盒的后壁设有第一L形杆,所述第一L形杆的水平部分与所述收集盒固定连接,所述第一L形杆的竖直部分由所述水平部分向下延伸入所述储液桶中与所述活塞的上端面连接。所述储液桶的进液口通过第一软管与所述收集盒连通、出液口通过第二软管与所述喷头连通。

进一步的,所述第二触发组件包括设于所述收集盒左侧外壁的支杆、第二L形杆和水平设于所述第一挡板左侧的拨杆,所述垃圾箱左侧开设有供所述拨杆滑动其中的第一竖槽,所述拨杆左端伸出所述第一竖槽。所述支杆水平设于所述收集盒侧壁,所述集液箱左侧壁开设有供所述支杆滑动其中的第二竖槽,所述支杆左端伸出所述第二竖槽,所述第二L

形杆的一端与所述支杆左端的上端面固定连接、另一端向上与所述拨杆下端面接触。

8.2.21.4 有益效果

本发明为一种垃圾渗沥液的处理装置，至少具有如下有益效果：设置可翻转的滤网、可移动的收集盒、可对滤网清洗的喷洒组件和可以遮挡出液口的封闭机构，收集盒的下移可以带动滤网翻转使垃圾下落，也可以触发喷洒组件对滤网清洗，还可以触发封闭机构对出液口进行暂时的封闭，当收集盒上移时又可以带动以上部件回到初始状态，如此设置使装置运行的自动化更强，工人只需一段时间清理一次滤网落下的垃圾即可，设置巧妙，联动性强，具有很强的实用性。

8.2.22 技术发明22：用于智慧能源系统的调峰储能机构

本发明涉及电力设备技术领域，具体涉及一种用于智慧能源系统的调峰储能机构（图8-22），包括水塔、与水塔的内壁滑动连接的承托板、用于向水塔的内腔注水的进水管、用于将水塔内的水体导向发电机的出水管和设置于承托板的下方以使承托板与水塔的内底壁弹性连接的弹性机构。水塔设置于海拔高于电站水库的位置，进水管的上端和出水管的上端均位于承托板的上方，进水管上设置进水阀，出水管上设置出水阀。当通过进水管持续向承托板上方的水塔内腔注水使水平面超过出水管的上端口一定距离时，在弹性机构的作用下承托板开始匀速下滑使得水塔内的水平面高度保持不变。本发明的储能机构在能量释放时，发电机的输出功率稳定，降低发电机的输出电能并网时的调控难度。

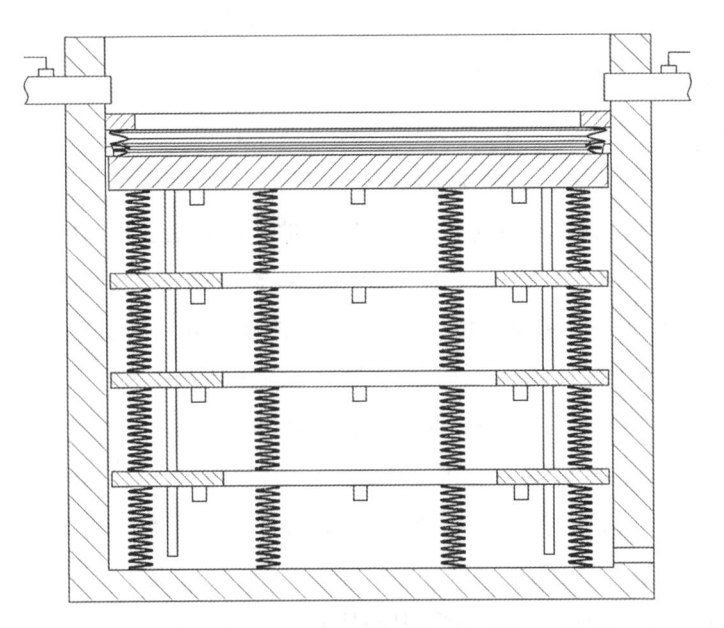

图 8-22　发明图示：用于智慧能源系统的调峰储能机构

8.2.22.1　技术领域

本发明涉及电力设备技术领域，具体涉及一种用于智慧能源系统的调峰储能机构。

8.2.22.2　背景技术

智慧能源系统是一种整合地热能、太阳能、空气能、水能、天然气、城市自来水、污水、工业废水废热等多种可再生能源，运用冷热回收、蓄能、热平衡、智能控制等新技术对各种能量流进行智能平衡控制，达到能源的循环往复利用，一体化满足制冷采暖、热水、冷藏冷冻、烘干加热、除雪化冰、蒸汽、发电等多种需求功能的系统设备。对电网的调峰、储能和智能化调度也是智慧能源系统的重要管理内容之一。当处于用电低谷时，其通过将电力转换为其他可存储的能量方式存储起来；当处于用电高峰时，其将存储的能量用于发电向电网供电。抽水储能技术是常用的电力调峰储能措施，该技术通过建设抽水储能电站来实现。抽水储能电站设有上水库和下水库，上水库建在高于下水库的位置，并在上水库和下水库之间分别设有水泵和水轮机组。当处于用电低谷时，电机带动水泵将下水库中的水抽送到上水库中，将电能转化为势能储存起来；当处于用电高峰时，将上水库的阀门打开，上水库存储的水向下水库流淌，水流带动水轮机转动，将势能转化为电能，向用电方提供电能。抽水蓄能电站对地形、地质等选址条件的要求高，因为地理条件限制，很多水力发电站往往无法建设上水库用于储能，制约了智慧能源系统对电力调峰储能的有效管理。

为了解决上述问题，专利号为 CN 109881956 B 的发明公开了一种新型抽水储能装置，其包括容器壁、附加式配重、大型活塞、O 形活塞密封圈、防水壁、入水管端口、出水管端口、第一阀门、第二阀门。当处于用电低谷时，离峰电能通过电动机驱动液压泵，将过滤后的水从入水管端口加入储能池。在储能池内，过滤水将大型活塞顶起储存势能，通过附加式配重调整储存势能。当处于用电高峰时，大型活塞及附加式配重在重力作用下，将储能池中的水由出水管端口压出，被压出的水流驱动水轮机发电，将势能转化为电能，解决了因地理条件限制，而无法建设抽水储能电站的问题。然而上述现有技术中对抽水设备具有较高要求。抽水设备需要产生较高的水压才能向容器壁内高压注水并通过水压将大型活塞向上举升蓄能，因此对抽水设备要求较高。同时，当释放水体对水轮机进行发电时，水面高度和大型活塞高度处于时刻变化状态，水轮机受到的水流冲击力也时刻产生变化，出水管下端的水体流速和压力不稳定，导致水轮机输出的电能也不稳定，增加电能并网时的调控难度。

8.2.22.3　发明内容

针对上述现有技术的不足，本发明所要解决的技术问题是，提供一种用于智慧能源系统的调峰储能机构，以实现上述现有技术中存在的抽水设备要求高，以及当利用存储的水体发电时的水体流速和压力不稳定导致水轮机输出的电能也不稳定，增加电能并网时的调控难度的问题。

为解决上述技术问题，本发明采用如下技术方案。

用于智慧能源系统的调峰储能机构,包括水塔、与所述水塔的内壁滑动连接的承托板、用于向所述水塔的内腔注水的进水管、用于将所述水塔内的水体导向发电机的出水管和设置于所述承托板的下方以使承托板与所述水塔的内底壁弹性连接的弹性机构。水塔设置于海拔高于电站水库的位置,所述进水管的上端和所述出水管的上端均位于所述承托板的上方,所述进水管上设置进水阀,所述出水管上设置出水阀。当通过所述进水管持续向承托板上方的水塔内腔注水使水平面超过所述出水管的上端口一定距离时,在所述弹性机构的作用下所述承托板开始匀速下滑使得所述水塔内的水平面高度保持不变。

进一步,所述弹性机构包括由上至下依次设置的多层弹簧组和水平设置于相邻弹簧组间的环形板,每一所述弹簧组均包括均布的多个复位弹簧,所述复位弹簧竖直设置,最上方的弹簧组中的各复位弹簧的上端与所述承托板固定连接,下端与下方的环状板固定连接,最下方的弹簧组中的各复位弹簧的上端与上方的环形板固定连接,下端与水塔的底壁连接,中部的弹簧组中的复位弹簧的上端与上方的环形板固定连接,下端与下方的环形板固定连接。

进一步,所述水塔内壁固定连接限位块,承托板位于所述限位块的下方,承托板与限位块抵紧接触使各所述复位弹簧均处于被压缩状态,当向承托板上方注入水体使水体漫过所述出水管的上端管口时,承托板开始向下移动脱离所述限位块。

进一步,所述复位弹簧的劲度系数 K 为

$$K = \frac{\rho \pi r^2 g N}{n} \qquad (8-1)$$

式中,ρ 为水体的密度;r 为水塔的内壁半径;g 为重力加速度;N 为弹簧组的总层数;n 为每一弹簧组中的复位弹簧数。

进一步,所述水塔的上端内壁设置环形密封板,所述环形密封板与水塔的内壁密封固定连接,环形密封板与承托板间竖直设置两端开口的柔性防水布筒,所述柔性防水布筒的上端与所述环形密封板的下端密封固定连

接，柔性防水布筒的下端与所述承托板的上表面边沿处密封固定连接。

进一步，所述水塔的内壁竖直设置导向杆，所述承托板的外周面上和所述环形板的外周面上均竖直设置有与所述导向杆滑动配合的导向槽。

进一步，所述承托板以及各环形板的底面均匀布置多根用于防止所述复位弹簧被过度压缩的限位柱，所述限位柱的上端与所述承托板或所述环形板固定连接，限位柱的下端为自由端。

进一步，所述水塔为上端开口的圆形筒体，水塔的下部侧壁设置有排气孔。

本发明的工作原理如下。

在上述方案中，关闭出水管上的出水阀，在用电谷底时段，通过消耗电能驱动水泵经进水管将位置低于水塔底的水库里的水体向水塔内承载板上方注水，柔性防水布筒防止水体泄漏至承托板下方空间，由于各复位弹簧均预先受压缩一定量，当继续向承托板上方注入水体使水平面越过所述出水管的上端管口一定高度时，承载板上方的水体重量与各复位弹簧对承载板的弹力总和平衡，此时再继续注水承托板开始向下移动脱离限位块。在有 N 组弹簧组并忽略各环形板的重量对复位弹簧的影响的情况下，每向水塔内承托板上方空间注入 1 个单位深度的水量后，每一弹簧组均被压缩 $1/N$ 个单位深度，承托板则向下滑动了 1 个单位深度，进而使得承载板上方水平面维持在一定高度位置。持续注水使底部环形板上的限位柱接触水塔的内底壁后，停止运行水泵，关闭进水管上的进水阀，停止注水，在用电高峰期，打开出水管上的出水阀，水塔内的水体经出水管流出冲击设置在低处的水轮机进行发电对电网补能，当承托板上方的水体减少时，在各复位弹簧的弹力下，承托板根据出水速率匀速上升使水平面保持在一定高度位置。

8.2.22.4 有益效果

与现有技术相比，本发明至少具有以下有益效果。

（1）由于不用通过抽水设备产生的压力向上托举大型重物，本发明使用的抽水设备更为简单。

（2）在本发明中，出水口的高度固定，根据水体的排出量，各复位弹簧自动匹配伸长长度，使得承托板的上升速度根据排水速率自动匹配以保持水平面位置不变，从而使得出水管下端的出水水压和流速稳定，进一步使得水流对发电机叶轮的冲击力度较稳定，进而使得发电机的输出功率稳定，降低发电机的输出电能并网时的调控难度。

（3）在本发明中，无论每次被存储的水体总量是多少，当进行排水发电时，出水管的下端每次的出水水压和流速均是稳定不变的。

（4）在本发明中，多弹簧组的分层设置和各弹簧组中的多个复位弹簧的多点均匀布置，在满足储水储能需要的同时减小单个复位弹簧的体积和长度，降低复位弹簧的制造难度，复位弹簧的制备可行性较高，可满足不同直径和高度的水塔的储水储能需要。

（5）本发明通过弹性势能储能与重力势能储能的结合，使弹性势能与重力势能的释放稳定，控制方便可控性强。

8.2.23　技术发明23：环境数据采集装置

本发明属于环境数据采集技术领域，具体涉及一种环境数据采集装置（图8-23），包括内置传感器的壳体、收卷轴、透明膜、清洁机构以及施压件等。传感器用于检测灰尘，收卷轴负责收卷透明膜。透明膜覆盖部能有效阻挡灰尘直接沉降于传感器检测窗，确保检测精准。当覆盖部积尘影响检测精度，运维人员可通过按压贯穿壳体的按压件，驱动擦拭清洁件滑动，一方面利用其复合结构中的柔性擦件，配合与收卷轴上膜卷的摩擦，轻柔擦除灰尘，恢复膜的透光性；另一方面联动施压件，使其精准调整对覆盖部的压力，或压紧保障防尘，或松开方便换膜。整体装置有效解决灰尘干扰问题，助力光伏电站高效、稳定运行。

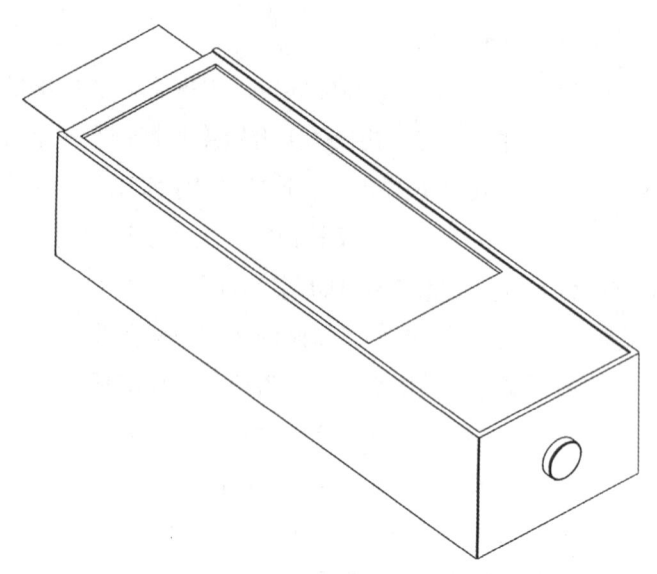

图 8-23　发明图示：环境数据采集装置

8.2.23.1　技术领域

本发明属于环境数据采集技术领域，具体涉及一种环境数据采集装置。

8.2.23.2　背景技术

光伏电站作为利用太阳能发电的重要设施，其规模和数量呈现出迅猛增长的趋势。光伏发电在为社会提供绿色电力的同时，也面临着诸多挑战，其中光伏面板表面的灰尘问题对电站的发电效率和运行稳定性产生了显著影响。

光伏电站通常建设在开阔地带，其光伏面板长期暴露于自然环境中，灰尘极易在面板表面沉降和堆积。灰尘的存在会对光伏面板的光学性能产生严重干扰，它会反射、散射和吸收太阳辐射，从而降低太阳辐射的透过率，导致光伏面板接收到的有效光照强度减弱，最终使输出功率大打折扣。据相关研究表明，即使是薄薄的一层灰尘，也可能使光伏面板的发电效率降低数个百分点，长期积累下来，发电量的损失将十分可观。

为了维持光伏电站的高效运行，智能电网会引入灰尘检测装置对环境中的灰尘数据进行监测。然而，现有灰尘检测装置在实际应用中，传感器的检测窗会沉降灰尘,因此需要人工定期进行抹布擦拭,然而抹布擦拭时会带动灰尘对检测窗进行摩擦,随着使用次数的增加,检测窗会逐渐变得模糊不清,影响光线的透过,进而导致传感器检测数据的准确性下降。不准确的检测数据将无法真实反映光伏面板表面的灰尘情况,使得电站运维人员难以制定合理的清洁计划和维护策略,严重制约了光伏电站的发电效率提升和稳定运行。因此,针对上述问题,我们提出了一种环境数据采集装置。

8.2.23.3 发明内容

为克服相关技术中存在的问题,本发明公开提供了环境数据采集装置。为实现上述目的,本发明采用如下技术方案。

一种环境数据采集装置,包括壳体以及置于所述壳体内以用于检测灰尘的传感器,还包括收卷轴以及清洁机构。所述收卷轴滑动装配于所述壳体内且位于所述传感器的一侧,所述收卷轴用于收卷透明膜以形成膜卷,所述透明膜从所述膜卷自由端放卷出的部分覆盖于所述传感器上时将形成覆盖部,所述覆盖部用于为所述传感器的检测窗遮挡灰尘。所述清洁机构包括擦拭清洁件以及弹性件,所述擦拭清洁件设于所述收卷轴背离所述传感器一侧,所述弹性件用于将所述收卷轴向所述擦拭清洁件一侧推挤,以使收卷于所述收卷轴上的膜卷与所述擦拭清洁件抵接,当所述膜卷进行放卷时,被放卷部分将被所述擦拭清洁件摩擦清洁。

进一步的,还包括滑动连接于所述传感器上方以用于对所述覆盖部进行施压的施压件,所述施压件对应所述检测窗的部位具有镂空部。所述擦拭清洁件滑动装配于所述壳体内且与所述施压件传动连接,所述擦拭清洁件靠近/远离所述收卷轴一侧滑动时将驱动所述施压件向上/向下滑动,所述施压件能向下滑动至将所述覆盖部压紧。

进一步的,所述壳体内固接有滑杆,所述滑杆上滑动装配有滑座,所述收卷轴转动连接于所述滑座上。

进一步的,所述擦拭清洁件滑动装配于所述滑杆上,所述施压件滑动装配于所述壳体上。

进一步的，所述滑杆的数量为4个，4个所述滑杆两两为一组，所述滑座的数量为两个，两个滑座分别与两组所述滑杆滑动装配，所述收卷轴两端分别与两个所述滑座转动连接，所述擦拭清洁件与4个所述滑杆均滑动装配。

进一步的，所述弹性件为套设于所述滑杆外侧且位于所述滑座与所述传感器之间的螺旋弹簧。

进一步的，所述施压件下侧具有第一支撑件，所述擦拭清洁件靠近所述收卷轴一侧具有第二支撑件，所述第二支撑件具有导向滑槽，所述导向滑槽由靠近所述擦拭清洁件一侧向远离所述擦拭清洁件一侧自上而下倾斜，所述第一支撑件固接有伸入所述导向滑槽内的第二滑动件。

进一步的，所述第一支撑件与所述第二支撑件均具有两个，且均分布于所述收卷轴轴向两侧，所述第二滑动件两端分别与两个所述第一支撑件固接。

进一步的，所述擦拭清洁件远离所述收卷轴一侧固接有贯穿所述壳体的按压件。

进一步的，所述擦拭清洁件包括载体以及固接于所述载体靠近所述收卷轴一侧的柔性擦件。

8.2.23.4 有益效果

本发明公开提供了一种环境数据采集装置，该环境数据采集装置旨在精准采集光伏电站周边环境中的灰尘数据，为电站运维提供关键依据。其核心组件包括内置传感器的壳体、收卷轴、透明膜、清洁机构以及施压件等。传感器用于检测灰尘，收卷轴负责收卷透明膜。透明膜覆盖部能有效阻挡灰尘直接沉降于传感器检测窗，确保检测精准。当覆盖部积尘影响检测精度，运维人员可通过按压贯穿壳体的按压件，驱动擦拭清洁件滑动，一方面利用其复合结构中的柔性擦件，配合与收卷轴上膜卷的摩擦，轻柔擦除灰尘，恢复膜的透光性；另一方面联动施压件，使其精准调整对覆盖部的压力，或压紧保障防尘，或松开方便换膜。整体装置有效解决灰尘干扰问题，助力光伏电站高效、稳定运行。

8.2.24 技术发明24：一种多能源系统的冷能转换设备

本发明涉及冷能发电设备技术领域，具体涉及一种多能源系统的冷能转换设备（图8-24），包括用于存储液态LNG（液化天然气）的储存罐和LNG冷能发电系统。LNG冷能发电系统能够利用储存罐中的液态LNG的冷能发电，还包括多组对储存罐进行限位的固定装置。每组所述固定装置均包括底座、设置于所述底座上用以放置储存罐的支撑机构、设置于所述支撑机构上用于对所述储存罐进行水平方向限位的水平限位机构和用于对所述储存罐进行竖直方向限位的下压机构。当将所述储存罐放置于所述支撑机构上时，在储存罐的重力作用下，所述水平限位机构和所述下压机构均分别对所述储存罐进行水平限位和竖直限位。本发明能对储存罐进行全方位限位的同时方便安装和更换储存罐。

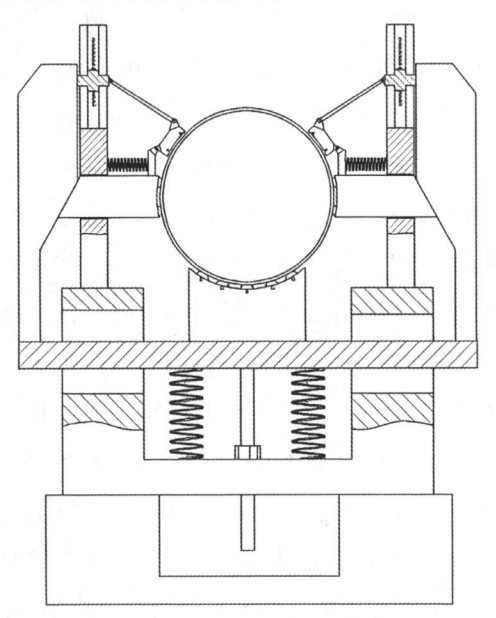

图8-24 发明图示：一种多能源系统的冷能转换设备

8.2.24.1 技术领域

本发明涉及冷能发电设备技术领域，具体涉及一种多能源系统的冷能转换设备。

8.2.24.2 背景技术

多能源系统是一种整合包括地热能、太阳能、空气能、水能、天然气冷能、城市自来水、污水、工业废水废热等多种可再生能源，运用冷热回收、转换、蓄能、热平衡、智能控制等新技术对各种能量流进行智能平衡控制，达到能源的循环往复利用。

天然气冷能转换利用也是多能源系统的重要组成部分。天然气是在气田中自然开采出来的可燃气体，主要由甲烷构成。LNG 是通过在常压下气态的天然气冷却至 -162℃，使之凝结成液体。天然气液化后可以大大节约储运空间，而且具有热值大、性能高等特点。在 LNG 接收站和气化站，一般又需将 LNG 通过汽化器汽化后使用，汽化时放出很大的冷能，通常这部分冷能随天然气气化器中的海水和空气流失了，造成能源的浪费。现有技术中已开始研发 LNG 冷能发电装置，常用发电方法的包括直接膨胀法、二次媒体法、联合法 3 个方向，运用在船舶上的一般为联合法。例如，专利号为 CN210264839U 的专利公开一种船载 LNG 冷能利用发电装置，包括 LNG 储罐及与所述 LNG 储罐连接的联合法 LNG 冷能发电系统，还包括一对鞍式支座，其同轴间隔设置于船舶甲板上，每一鞍式支座的弧形面设置有两道托轮槽，每道托轮槽沿所述弧形面的周向设置，每道托轮槽内均匀间隔的设置有多个托轮组，每一托轮组包括至少两个托轮，所述托轮沿弧形面径向的顶点高于弧形面，两道托轮槽之间设置有截面轮廓为凸字形的限位卡槽，所述限位卡槽也沿所述弧形面的周向设置。所述 LNG 储罐搁置于一对鞍式支座上。该方案能够减缓 LNG 储罐中液体随船体摇晃的幅度，减少 LNG 液体发生内摩擦，进而减少 LNG 储罐中产生 BOG 闪蒸气。

由于 LNG 储罐的重量较重，通常需采用起重机吊装的方式对 LNG 储罐进行安装和取下，但该现有技术对 LNG 储罐的安装和取放较为不便。

8.2.24.3 发明内容

针对上述现有技术的不足，本发明所要解决的技术问题是，提供一种多能源系统的冷能转换设备，以解决上述现有技术中 LNG 储存罐的安装和取下不方便的问题。

为解决上述技术问题，本发明采用如下技术方案。

一种多能源系统的冷能转换设备，包括用于存储液态 LNG 的储存罐和 LNG 冷能发电系统。LNG 冷能发电系统能够利用储存罐中的液态 LNG 的冷能发电，还包括多组对储存罐进行限位的固定装置。每组所述固定装置均包括底座、设置于所述底座上用以放置储存罐的支撑机构、设置于所述支撑机构上用于对所述储存罐进行水平方向限位的水平限位机构和用于对所述储存罐进行竖直方向限位的下压机构。当将所述储存罐放置于所述支撑机构上时，在储存罐的重力作用下，所述水平限位机构和所述下压机构均分别对所述储存罐进行水平限位和竖直限位。

进一步，所述支撑机构包括沿与所述储存罐的轴线方向平行设置的 U 形支撑座、两块分别与所述 U 形支撑座的两侧壁的上端面固定连接的支撑板、均与所述 U 形支撑座的两侧壁滑动连接的水平板和设置于所述水平板上表面的弧形座。两块所述支撑板竖直对称设置，所述水平板沿与所述 U 形支撑座的轴线垂直的方向水平设置，所述 U 形支撑座的两侧壁上均设置有与所述水平板滑动配合的竖向滑槽一，水平板的两端分别经所述竖向滑槽一伸出所述 U 形支撑座外，所述弧形座位于所述 U 形支撑座内与所述水平板固定连接，弧形座的上端面设置为与所述储存罐的外壁适配的弧形面一，所述水平板下方竖直设置弹簧，所述弹簧的上端与所述水平板连接，弹簧的下端与所述 U 形支撑座的内底壁连接，所述水平限位机构和所述下压机构均与所述支撑板配合设置，当所述储存罐迫使所述水平板向下滑动时，所述水平板驱动所述水平限位机构和所述下压机构动作以对所述储存罐进行限位。

进一步，所述水平板的底面竖直设置螺纹杆，所述螺纹杆的上端与所述水平板固定连接，螺纹杆的下端向下伸出所述 U 形支撑座，U 形支撑座的底板上设置有容所述螺纹杆自由穿行的通孔，螺纹杆的上端螺纹配合设置有限位螺母。

进一步，所述水平限位机构包括与所述支撑板配对设置的竖向推板、沿与所述储存罐的轴线垂直的方向水平设置的横向滑板和与所述横向滑板固定连接的固定板。所述竖向推板竖直设置于所述支撑板远离所述储存罐的一侧，竖向推板的下端与所述水平板的一端固定连接，竖向推板的上端为自由端，竖向推板靠近所述支撑板的下端侧壁设置为向远离所述支撑板方向向下倾斜的斜面段一，所述横向滑板的第一端位于所述支撑板靠近所述储存罐的一侧，横向滑板的第二端位于所述支撑板远离所述储存罐的一侧，所述横向滑板的第二端设置有与所述斜面段配合的斜面二，所述支撑板上设置有与所述横向滑板滑动配合的横向滑槽，所述固定板靠近所述横向滑板的第二端设置，固定板与所述支撑板间沿与横向滑板平行的方向设置有拉簧，拉簧的一端与支撑板固定连接，拉簧的另一端与所述支撑板固定连接。

进一步，所述横向滑板的第一端设置有与储存罐的外壁配合的弧形面二。

进一步，所述下压机构包括与所述支撑板滑动连接的竖向滑块、设置于所述固定板上方的压板和与所述压板连接的压杆。竖向滑块成十字形板，所述支撑板的上端内部竖直设置有与所述竖向滑块配合的十字形的竖向滑槽二，所述竖向滑块的第一端水平伸出所述竖向滑槽二外与所述竖向推板的上端固定连接，竖向滑块的第二端向靠近所述储存罐方向水平伸出所述竖向滑槽二外，竖向滑块的第二端固定连接转动座一，所述压杆的上端与所述转动座一转动连接，压杆的下端与所述压板的一角点转动连接，所述压板的另一角点与所述固定板的上端转动连接，所述支撑板的上端沿与所述储存罐的轴线平行的方向贯穿支撑板设置有多个限位孔，多个所述限位孔竖直依次排列设置。

进一步，所述压板朝向所述储存罐的端面设置为与所述储存罐的外壁配合的弧形面三。

进一步，所述弧形面一、所述弧形面二和所述弧形面三上均转动设置有多个滚轮，所述滚轮的旋转轴线与所述储存罐的轴线平行设置。

进一步，所述储存罐的外壁上同轴设置有环形轨道，环形轨道上凹设有与所述滚轮配合的环形滚道。

进一步，所述底座呈上端开口的支撑框架。

8.2.24.4 工作原理

未在弧形座上放置储存罐时，弹簧迫使水平板位于竖向滑槽一的上端，竖向推板向上移动使斜面段一向上移动，竖向滑块位于竖向滑槽二上端，拉簧收缩使横向滑板带动压板下端向靠近竖向推板靠近，同时竖向滑块位于竖向滑槽二上端时通过压杆提拉压板使压板翻转离开储存罐的放置位置，两压板翻转、移动相互远离使得储存罐可以直接经两压板间向下下落在弧形座上。

当吊装使储存罐的环形滚道对准弧形座上的滚轮逐渐下压弧形座使弧形座带动水平板向下滑动时，竖向推板随水平板向下移动，进而竖向滑块沿竖向滑槽二向下滑动，压杆的上端向下移动推动压板向靠近储存罐方向翻转，在斜面段一与斜面二的配合下横向滑板向靠近储存罐方向滑动。当横向滑板第一端的滚轮、压板上的滚轮均卡入环形滚道时，旋动螺纹杆上的螺母抵紧U形支撑座的底板，水平板停止下滑，这时将与限位孔配合的限位插杆插入紧挨竖向滑块上端面的限位孔里防止竖向滑块向上滑动，由于滚轮卡在凹设的环形滚道内，储存罐不会沿储存罐的轴线方向移动，再配合横向滑板和压板的限位，使得储存罐被全方位限位。

当需要吊起储存罐时，取掉限位插杆，向上缓慢吊起储存罐，在弹簧的弹力和拉簧的拉力下，横向滑板滑动远离储存罐，压板翻转、移动远离储存罐，储存罐可以无阻拦地向上移动离开弧形座。

与现有技术相比，本发明结构简单紧凑，通过下压机构、横向限位机构、环形滚道、滚动轮以及限位插杆来对储气罐进行全方位限位，取掉限位插杆后，储气罐可以不受阻挡地直上直下吊起或放置，方便更换储气罐；本发明中的储存罐能相对自身轴线旋转，减小LNG液体在储存罐内的晃荡程度，减小LNG液体发生内摩擦，进而减少储存罐中产生BOG闪蒸气。

第 9 章 总结与展望

9.1 理论贡献

本书基于团队有效性理论 IMOI 模型，以团队跨界活动与团队绩效之间关系的知识视角作为切入点，深入剖析了技术转移情境下团队跨界活动前因后果的作用机制，拓展了团队有效性理论在技术转移情境下的适用性，具有较强的研究意义。主要研究贡献包括以下几个方面。

（1）拓展团队跨界活动的相关研究。国内外现有研究对团队跨界活动的维度及其测量存在着较大差异，这种差异虽在一定程度上推动团队跨界活动的理论发展和实践创新，但它们都受到自身研究情景的约束。团队跨界活动具有情境依赖性，可能因不同的国家、行业、企业和团队而异。情境化在管理研究中越来越重要，它是进行本土研究的关键要素。本书结合团队有效性理论，采用案例分析检验了技术转移情境下团队跨界活动的概念内涵，验证了团队跨界活动的构念研究。基于团队有效性理论的 IMOI 模型，借鉴 Ancona 和 Caldwell（1992a，1992b）、Faraj 和 Yan（2009），Marrone（2010）等学者的研究成果，并参照其量表，运用因子分析，以及技术转移情境下量表的信度和效度，其适合本土情景下技术转移团队跨界活动的测量。因此，本书揭示了技术转移团队跨界活动对团队绩效的作用机制，有助于推进团队跨界活动作用机制的相关研究。

（2）探讨了任务因素对团队跨界活动的驱动作用。虽然以往研究关注团队跨界活动的个体层面（Marrone, Tesluk, and Carson, 2007）、团队成员特征与团队构成（Edmondson, 1999）、团队领导特征（Druskat and Wheeler, 2003）等方面的原因，但是并未很好地解释团队跨界的真正动因（Amedore and Knoff, 1993; Xue, 2010）。技术转移任务特征如何影响团队跨界活动？外部跨界视角对团队外部环境的关系执行复杂与紧急任务提供了指导（Edmondson, 1999）。并且，以往研究对团队跨界活动影响绩效的实证结果难以达成一致。探究原因，有学者认为主要是忽视了团队任务特征对团队跨界活动的影响（Marrone, 2010）。因此，本书基于资源依赖理论，梳理技术转移团队跨界活动的任务前因作用机制，验证了技术转移的任务复杂性和任务时间压力对技术转移团队跨界活动的影响机制。这进一步拓展了 Choi（2002）、Joshi 等人（2009）对团队跨界前因与任务特征因素的研究，弥补了以往关注任务特征调节作用而忽视其触发作用的缺口，一定程度上回答了"团队为何跨界"，有助于推进技术转移团队跨界活动的任务前因作用机制的相关研究。

（3）探讨了环境因素对团队跨界活动的调节作用。Choi（2002）、Marrone（2010）等学者强调团队跨界活动的嵌入性特征，团队的内外部环境条件改变了团队跨界活动的影响程度。已有研究已经对团队跨界活动与团队结果之间关系的情境变量进行了大量探讨，围绕"何种情境下团队跨界活动最有效"这一问题，在团队跨界活动对团队效能、绩效和创新的作用机制中可能发挥作用的调节变量进行了不断的验证。已经验证的调节变量包括环境波动性（Choi, 2002; Gibson and Dibble, 2012）和组织不确定性和冲突（Joshi, Pandey, Han, 2009）等环境因素，以及团队绩效不足（Gibson and Dibble, 2012）、团队内部社会资本与团队外部社会资本及其平衡等团队自身因素（Feng, 2012a）。但是，已有研究也显示，大部分学者仅仅局限于将团队内部环境和团队外部环境因素视为团队独立的环境变量，并没有对团队–环境界面情境进行深入发掘。本书基于团队跨界活动的团队有效性理论 IMOI 模型，注重同时从团队和跨界者角度探讨它们对边界的影响，选取环境不确定性作为团队-环境界面的重要情境变量。本书验证了技术转移情境下环境不确定性在团队跨界活动与团队绩效的关系中可能不具有调节作用。

9.2 研究不足与展望

目前，还有很多团队跨界活动研究有待深入探讨。本书是对技术转移中介的团队跨界活动及其作用机制的探索性研究，虽获得了一些较有意义的研究成果，但由于受制于主观上的能力局限和客观上的资源约束，不可避免地会存在一些局限性。通过对研究过程的回顾和检讨，后续研究需要进一步完善，未来可以从以下几个方面开展研究。

（1）本书基于团队有效性理论IMOI模型开展的研究，更多的是着眼于团队跨界活动、中介因素、团队绩效三者的关系，没有过多地剖析彼此间的内在互动关系，所以今后的研究应该进一步深入探讨。

（2）本书没有对团队跨界活动的不同维度进行细分研究，这是今后可以进一步研究的方向。因此，下一步研究应该要更多地针对团队跨界活动的不同维度进行深入探讨。迄今为止，大多数团队跨界活动的文献研究集中在协调维度的行为研究，很少有人试图区分不同维度的前因或后果（Joshi，Pandey，and Han，2009）。

（3）本书的局限之一是采用横截面数据来检验假设。考察团队跨界活动随时间推移的变化以及它与绩效的关系，如果采用纵向（longitudinal）数据来研究，结论会更有说服力。后续研究需要进一步运用纵向数据来检验本书结论的稳健性。

（4）本书缺乏对访谈的深入研究。本书访谈了20个技术转移团队，对团队跨界活动过程和特点进行了初步分析，没有对更多不同团队规模和不同团队所处阶段的技术转移中介来进行访谈分析，同时可以针对规模超过100人的技术转移中介开展个案研究。

（5）尽管本书研究花费了大量的时间和精力做问卷调查，所获得的有效问卷数量也基本满足样本量的要求,但样本抽样的随机性存在一定的瑕疵。尽管样本团队涉及较多团队规模与团队发展阶段,而个别团队规模的样本数量比较有限,这可能在一定程度上降低了样本的代表性。不同技术转移中介的差异很大,不同的技术转移团队也具有很大的异质性,即使同一技术转移中介的不同技术转移项目团队也存在较大差别,可能很难用一个通用的理论模型来囊括不同团队规模、不同团队阶段的技术转移团队的共性和特性。未来研究需要采取更加随机的方式进行抽样,使有效样本具有更好的代表性,增强研究结论的可靠性。

(6)调节变量的选取问题。对于技术转移团队跨界活动与绩效关系间的调节变量,我们的研究考虑了环境不确定性对其产生的影响。当然,团队跨界活动与绩效关系间的调节变量,还可能会受到其他潜在调节变量的影响,如组织内部冲突、团队资源等各种变量(Choi,2002;Joshi,Pandey,and Han,2009;Xue,2010)。因此,未来研究需要探索其他可能影响技术转移团队跨界活动与团队绩效之间关系的调节变量,并考察这些因素对技术转移团队跨界活动与团队绩效关系产生作用的深层次原因。

(7)本书没有对技术转移中介的性质进行细分研究,这是今后可以进一步研究的方向。因此,下一步研究应该要更多地针对高校和企业等不同类型的技术转移中介开展研究。

(8)本书团队绩效采纳的数据属于定性判断,在问卷填写过程中难免会有人为因素从而影响分析结果。因此,下一步研究应该要更多地加入定量分析指标,使引入技术转移研究的团队有效性理论IMOI模型更趋合理性。

(9)尽管政策的重要性众所周知,但政策变化是否促进了团队跨界活动却缺少实证研究。同时,针对技术转移情境下团队跨界活动受政策影响进行实证研究,可以为各种政策变化的原因提供重要见解。

(10)可能由于一些研究数据难以获取,使得仅仅关注一些数据在某种程度上可以获取的研究领域,而不是关注特定现象的内在价值,如未对团队跨界活动中技术经理人精神进行精细的研究。对技术经理人精神缺乏精细研究的原因在于技术经理人的数量有限还是难以对他们进行识别？这是否意味着虽以技术转移中介为基础但并未在官方登记的技术经理人稀少或不重要？通过观察表明，技术经理人实际上有很多。这说明，缺乏数据，导致这一研究欠缺。为了使研究更为深入，科学基金资助机构可以资助研究人员开展独立的数据收集工作，并资助他们构建能直接解决感兴趣的问题的数据库。

（11）现有研究很少对技术转移造福社会进行分析或讨论，目前的研究聚焦技术转移系统的构成，而非关注组成系统的各要素相互作用的过程，而这也许对进一步探究技术转移以何种方式嵌入和促进区域产业生态系统的发展大有裨益。未来的研究不应该孤立地调查特定类型的中介组织，而应该评估它们在中介生态系统中的作用（Villani, Rasmussen, and Grimaldi, 2017）。例如，针对高校探讨技术转移是否有助于特定产业集群的形成和/或发展，它如何有助于特定产业集群的形成和/或发展。探讨高校咨询的作用以及毕业生以何种方式转移技术，如知识从大学向周围的产业传播的多层面的方式（Kenney and Mowery, 2014）、衡量学生包括研究生和本科生在技术转移中的作用（Conti and Liu, 2015），成为另一个有前景的研究领域。

（12）目前我国高等院校有近 80 万的高校研究人员，承担了 49% 的国家高技术研发项目，拥有近 70% 的国家重点实验室[①]。积累了大量的科技成果的专利技术，但是高校科技成果转化并取得良好经济社会效益的成功例子是屈指可数的。在学术研究中，大多数学者都是以技术转移中介为载体对其进行研究分析，从技术转移团队视角来研究还处于空白状态。当前我国技术转移行业发展迅速，高校作为其中重要的一环必定有研究的重要价值，从此角度出发，着重研究当今中国高校技术转移团队跨界活动对绩效的影响，将是下一步研究重点。

---

① 数据来源：中国科技部。

（13）就技术转移中介而言，可以开展团队主管的深入研究。除了对领导者关系的关注之外，未来的研究还应该研究变革型领导风格、团队领导以及关注边界跨越的领导，因为这些在管理创新中也很重要（Elkins and Keller, 2003）。

（14）在访谈时获知，中国出现了一种新型技术转移中介，此类中介团队成员全为自由职业者，不依附于任何组织，未来应予以进一步关注。技术转移中介的研究，未来应该关注新兴的和新颖的机构类型（Perkmann and Schildt, 2015）。混合型组织不仅结合了不同的组织行为，而且在广泛和复杂的组织环境中运行，某种意义上而言它们是真正的"跨界"（Steenhuis and Gray, 2006）。

总之，关于技术转移团队跨界活动与团队绩效之间关系的研究正成为热点问题之一，未来将会涌现出更多有关此方面的理论研究与实证研究。本书只是在该领域的一次尝试，还待后续研究能够进一步完善和深化。

9.3 管理启示

在大力发展技术转移的背景下，本书基于团队有效性理论研究技术转移中介的团队跨界活动作用机制，为全面落实技术转移规范与增强制造业科技服务能力提供了指导。本书开展的研究可以为技术转移中介的管理提供如下启示。

（1）技术转移中介应该高度重视团队跨界活动。团队有效性发挥着正向促进作用，重点关注团队效能感在团队跨界活动对团队绩效作用中的中介影响。这种中介影响对不同的机构规模、机构所有权性质、机构所在地区和团队成立时间均具有适用性。

（2）技术转移中介应该加强"自上而下"的任务管理。任务复杂性和任务时间压力是技术转移中介从事团队跨界活动的驱动因素，当任务复杂且时间紧迫时，技术转移中介会自发开展团队跨界活动。技术转移中介可以基于对任务复杂和任务时间的认知，判断是否需要开展团队跨界活动。

（3）技术转移中介应该重视团队的发展。规范期团队对团队跨界活动的作用要显著大于组建期团队对团队跨界活动的作用。自 2018 年 1 月 1 日，中国开始实施首个技术转移服务推荐性国家标准《技术转移服务规范》（GB/T 34670—2017）。中国技术转移中介可以遵照此标准开展团队的建设及发展工作。

（4）技术转移中介应该强化团队成员的团队效能感。技术转移中介可以实行扁平化的组织管理架构，组建一个由技术转移专业人士组成的管理团队，让团队成员担当起对外使节交流职能，便于与合作方沟通。

（5）技术转移中介应该关注环境因素潜在的影响。技术转移中介的团队跨界活动可以不考虑环境不确定性的影响，但仍需关注环境因素可能造成的潜在影响，尽可能建立起一种免受环境影响的"隔离机制"。

参考文献

Abramson H N, Encarnacao J, Reid P P, et al., 1997. Technology Transfer Systems in the United States and Germany [M]. Washington, D.C.: National Academy Press.

Agrawal A K, 2001. University-to-industry knowledge transfer: Literature review and unanswered questions [J]. International journal of management reviews, 3 (4): 285-302.

Aiken L S, West S G, Reno R R, 1991. Multiple regression: testing and interpreting interactions [M]. Thousand Oaks: Sage Publications Inc.

Aldrich H, 1971. Organization boundaries and interorganizational conflict [J]. Human relations, 24 (4): 279-293.

Aldrich H, Herker D, 1977. Boundary spanning roles and organization structure [J]. The Academy of management review, 2 (2): 217-230.

Alexander A T, Martin D P, 2013. Intermediaries for open innovation: a competence-based comparison of knowledge transfer offices practices [J]. Technol Forecast Soc, 80 (1): 38-49.

Algieri B, Aquino A, Succurro M, 2013. Technology transfer offices and academic spin-off creation: the case of Italy [J]. Journal of technology transfer, 38(4): 382–400.

Allen T J, Cooney S, 1971. The international technological gatekeeper[M]. [S.l.: s.n.].

Ambos T C, Mäkelä K, Birkinshaw J, et al., 2008. When does university research get commercialized? Creating ambidexterity in research institutions [J]. J Manag Stud, 45(8): 1424–1447.

Amedore G H, Knoff H M, 1993. Boundary spanning activities and the multidisciplinary team process: characteristics affecting shool psychological consultation[J]. Journal of educational and psychological consultation, 4(4): 343–356.

Ancona D G, 1990. Outward bound: strategic for team survival in an organization[J]. Academy of management journal, 33(2): 334–365.

Ancona D G, Bresman H, 2007. X-teams: how to build teams that lead, innovate and succeed[M]. Boston: Harvard Business School Press: 57–85.

Ancona D G, Bresman H, Kaeufer K, 2002. The comparative advantage of X-teams [J]. MIT sloan management review, 43(3): 33–39.

Ancona D G, Caldwell D F, 1988. Beyond task and maintenance: defining external functions in groups[J]. Group and organization studies, 13(4): 468–494.

Ancona D G, Caldwell D F, 1990. Beyond boundary spanning: managing external dependence in product development teams[J]. Journal of high technology management research, 1: 119–135.

Ancona D G, Caldwell D F, 1992a. Bridging the boundary: external activity and performance in organizational teams[J]. Administrative science quarterly, 37(4): 634–665.

Ancona D G, Caldwell D F, 1992b. Demography and design: predictors of new product team performance [J]. Organization science, 3(3): 321-341.

Anon, 2004. Encyclopedia of Great Britain [M]. Beijing: China Encyclopedia Press.

Armstrong J S, Overton T S, 1977. Estimating non-response bias in mail surveys [J]. Journal of marketing research, 14(3): 396-402.

Arora A, Fosfuri A, Gambardella A, 2001. Markets for technology: the economics of innovation and corporate strategy [M]. Cambridge: MIT Press.

Astley W G, Sachdeva P S, 1984. Structural sources of intraorganizational power: a theoretical synthesis [J]. Academy of management review, 9(1): 104-113.

Atinc G, Simmering M J, 2012. Control variable use and reporting in macro and micro management research [J]. Organizational research methods, 15(1): 57-74.

Audretsch D B, Keilbach M C, Lehmann E E, 2006. Entrepreneurship and economic growth [M]. New York: Oxford University Press.

Bagozzi R P, Yi Y, 1988. On the evaluation of structural equation models [J]. Journal of marketing science, 16(1): 74-94.

Balconi M, Laboranti A, 2006. University-industry interactions in applied research: the case of microelectronics [J]. Research policy, 35(10): 1616-1630.

Balogun J, Johnson G, 2004. Organizational restructuring and middle manager sensemaking [J]. Academy of management journal, 47(4): 523-549.

Barbara B, Francesco G, Giuliano M, et al., 2015. Factors affecting technology transfer offices' performance in the Italian food context [J]. Technology analysis and strategic management, 27(4): 361-384.

Barge-Gil A, Modrego A, 2011. The impact of research and technology organizations on firm competitiveness: measurement and determinants [J]. Journal of technology transfer, 36(1): 61-83.

Baron R M, Kenny D A, 1986. The moderator-mediator variable distinction in social psychological research: Conceptual, strategic, and statistical considerations [J]. Journal of personality and social psychology, 51(6): 1173-1182.

Beal D J, Cohen R R, Burke M J, 2003. Cohesion and performance in groups: a meta-analytic clarification of construct relations [J]. Journal of applied psychology, 88(6): 989-1004.

Bekkers R, Bodas-Freitas I M, 2008. Analysing knowledge transfer channels between universities and industry: to what extent do sectors also matter? [J]. Research policy, 37: 1837-1853.

Benson J K. 1975. The interorganizational network as a political economy [J]. Administrative science quarterly, 20: 229-249.

Bercovitz J, Feldman M, Feller I, et al., 2001. Organizational structure as a determinant of academic patent and licensing behavior: an exploratory study of Duke, Johns Hopkins, and Pennsylvania State Universities [J]. Journal of technology transfer, 26(1-2): 21-35.

Bird B J, Hayward D J, Allen D N, 1993. Conflicts in the commercialization of knowledge: perspectives from science and entrepreneurship [J]. Entrepreneurship: theory and practice, 17: 57-77.

Bjerregaard T, 2010. Industry and academia in convergence: micro-institutional dimensions of RandD collaboration [J]. Technovation, 30(2): 100-108.

Bluedorn A C, Standifer R L, 2004. Groups, boundary spanning, and the temporal imagination [J]. Research on managing groups and teams, 6: 159-182.

Bodas-Freitas I M, Marques R A, Silva E M P, 2013. University-industry collaboration and innovation in emergent and mature industries in new industrialized countries [J]. Research policy, 42: 443-453.

Bonaccorsi A, Daraio C, 2007. Universities and strategic knowledge creation: specialization and performance in Europe [M]//Cheltenham, Edward Elgar. Theoretical perspectives on university strategy. Northampton: Edward Elgar Publishing: 3-30.

Bonaccorsi A, Secondi L, Setteducati E, et al., 2014. Participation and commitment in third-party research funding: evidence from Italian Universities [J]. Journal of technology transfer, 39: 169-198.

Boschma R A, Wal T A L J, 2007. Knowledge networks and innovative performance in an industrial district: the case of a footwear district in the South of Italy [J]. Industry and innovation, 14 (2): 177-199.

Bozeman B. 1988. Evaluating Technology-Transfer and Diffusion-Introduction [M]. [S.l.: s.n.].

Bradford K D, Brown S, Ganesan S, et al., 2010. The embedded sales force: connecting buying and selling organizations [J]. Marketing letters, 21: 239-253.

Brehm S, Lundin N, 2012. University-industry linkages and absorptive capacity: an empirical analysis of China's manufacturing industry [J]. Economics of innovation and new technology, 21 (8): 837-852.

Brehmer M, Podoynitsyna K, Langerak F, 2018. Sustainable business models as boundary-spanning systems of value transfers [J]. Journal of cleaner production, 172: 4514-4531.

Bresman H, 2010. External learning activities and team performance: a multi-method field study [J]. Organization science, 21 (1): 81-96.

Brion S, Chauvet V, Chollet B, et al., 2012. Project leaders as boundary spanners: relational antecedents and performance outcomes [J].

International journal of project management, 30: 708-722.

Brown M T, Miller C E, 2000. Communication networks in task performing groups effects of task complexity time pressure and interpersonal dominance [J]. Small group research, 31 (2): 131-157.

Brundenius C, Lundvall B Å, Sutz J, 2011. The role of universities in innovation systems in developing countries: developmental university systems-empirical, analytical and normative perspectives [M] //Lundvall B A, Joseph K J, Chaminade C, et al. Handbook of innovation systems and developing countries: building domestic capabilities in a global setting. Cheltenham: Edward Elgar.

Bruneel J, D'Este P, Salter A, 2010. Investigating the factors that diminish the barriers to university-industry collaboration [J]. Research policy, 39 (7): 858-868.

Bunderson J S, Sutcliffe K M, 2003. Management team learning orientation and business unit performance [J]. Journal of applied psychology, 88 (3): 552-560.

Burt R S, Jannotta J E, Mahoney J T, 1998. Personality correlates of structural holes [J]. Social networks, 20: 63-87.

Campbell D J, 1988. Task complexity: a review and analysis [J]. The Academy of management review, 13 (1): 40-52.

Cao Y, Zhao L, Chen R, 2009. Institutional structure and incentives of technology transfer: Some new evidence from Chinese universities [J]. Journal of technology management in China, 4 (1): 67-84.

Carlile P R, 2004. Organization science transferring, translating, and transforming: an integrative framework for managing knowledge across boundaries [J]. Organization science, 15 (5): 555-568.

Carlsson B, Fridh A-C, 2002. Technology transfer in United States universities [J]. Journal of evolutionary economics, 12 (1-2): 199-232.

Carson J B, Tesluk P E, Marrone J A, 2007. Shared leadership in teams: an investigation of antecedent conditions and performance [J]. Academy of management journal, 50 (5): 1217-1234.

Chang T, Liao J, 2007. Review of the new progress in the study of team effectiveness abroad [J]. Science and management of science and technology, 9: 163-169.

Chapple W, Lockett A, Siegel D S, et al., 2005. Assessing the relative performance of U.K. university technology transfer offices: parametric and non-parametric evidence [J]. Research policy, 34 (3): 369-384.

Chen A, Donald P, Martin K, 2016. University technology transfer in China: a literature review and taxonomy [J]. Journal of technology transfer, 41(5): 891-929.

Chen H, Song Z, Yang M, 2007a. A factor analysis and primary study on patent implementation in Chinese universities [J]. RandD Management, 19 (4): 101-106.

Chen K, Kenney M, 2007b. Universities research institutes and regional innovation systems: the cases of Beijing and Shenzhen [J]. World development, 35 (6): 1056-1074.

Chen X, Xu S, Fan J, 2008. Editor-in-Chief, empirical method of organizational and management research [M]. Beijing: Peking University Press.

Chiaroni D, Chiesa V, De Massis A, et al., 2008. The knowledge-bridging role of Technical and Scientific Services in knowledge-intensive industries [J]. International journal of technology management, 41 (3/4): 249-272.

Choi J N, 2002. External activities and team effectiveness: review and theoretical development [J]. Small group research, 33 (2): 181-208.

Chung C J, 2014. An analysis of the status of the triple helix and university-industry-government relationships in Asia [J]. Scientometrics, 99: 139-149.

Cohen S G, Bailey D E, 1997. What makes teams work: group effectiveness research from the shop floor to the executive suite [J]. Journal of management, 23: 239-290.

Colin P, Ian J, 2010. Beyond leadership and management: the boundary-spanning role of the pro-vice chancellor [J]. Educational management administration and leadership, 38: 758-776.

Colyvas J, Crow M, Gelijns A, et al., 2002. How do university inventions get into practice? [J]. Management science, 48(1): 61-72.

Comacchio A, Bonesso S, Pizzi C, 2012. Boundary spanning between industry and university: the role of Technology Transfer Centres [J]. Journal of technology transfer, 37(6): 943-966.

Conti A, Liu C C, 2015. Bringing the lab back in: personnel composition and scientific output at the MIT Department of Biology [J]. Research policy, 44(9): 1633-1644.

Coupe T, 2003. Science is golden: academic RandD and university patents [J]. Journal of technology transfer, 28(1): 31-46.

Cross R L, Yan A, Louis M R, 2000. Boundary activities in "boundaryless" organizations: a case study of a transformation to a team-based structure [J]. Human relations, 53: 841-868.

Cummings J N, 2004. Work groups, structural diversity, and knowledge sharing in a global organization [J]. Management science, 50: 352-364.

Cunningham J A, Menter M, Young C, 2017. A review of qualitative case methods trends and themes used in technology transfer research [J]. Journal of technology transfer, 42: 923-956.

Curi C, Daraio C, Llerena P, 2012. University technology transfer: how (in) efficient are French universities? [J]. Cambridge journal of economics, 36 (3): 629-654.

Curran C S, Bröring S, Leker J, 2010. Anticipating converging industries using publicly available data [J]. Technological forecasting and social change, 77 (3): 385-395.

D'Este P, Guy F, Iammarino S, 2013. Shaping the formation of university-industry research collaborations: what type of proximity does really matter? [J]. J Econ Geogr, 13 (4): 537-558.

Daraio C, Bonaccorsio A, Geuna A, et al., 2011. The European university landscape: a micro characterization based on evidence from the Aquameth project [J]. Research policy, 40: 148-164.

Dasgupta P, David P A, 1994. Toward a new economics of science [J]. Research policy, 23 (5): 487-521.

David F R, David F R, 2003. It's time to redraft your mission statement [J]. Journal of business strategy, 24 (1): 11-14.

David L, 1991. Bridging organizations and sustainable development [J]. Human relations, 44 (8): 807-831.

Dayan M, Basarir A, 2010. Antecedents and consequences of team reflexivity in new product development projects [J]. J Bus Indust Marketing, 25 (1): 19-29.

De Dreu C K W, West M A, 2001. Minority dissent and team innovation the importance of participation in decision making [J]. Journal of applied psychology, 86 (6): 1191-1201.

Debackere K, Veugelers R, 2005. The role of academic technology transfer organizations in improving industry science links [J]. Research policy, 34: 321-342.

DeChurch L A, Marks M A, 2006. Leadership in multiteam systems [J].

Journal of Applied Psychology, 91: 311-329.

DeChurch L A, Mathieu J E, 2009. Thinking in terms of multiteam systems [C]//Salas E, Goodwin G F, Burke C S. Team effectiveness in complex organizations: cross-disciplinary perspectives and approaches. New York: Taylor and Francis: 267-292.

Decter M, Bennett D, Leseure M, 2007. University to business technology transfer-UK and USA comparisons [J]. Technovation, 27: 145-155.

DeNisi A, Hitt M, Jackson S E, 2004. The knowledge-based approach to sustainable competitive advantage [C]//Jackson S E, Hitt M, DeNisi A. Managing knowledge for sustained competitive advantage. San Francisco: Jossey-Bass: 3-33.

Dess C G, Beard D W, 1984. Dimensions of organizational task environments [J]. Administrative science quarterly, 29(1): 52-73.

Dibble R, 2010. Collaboration for the common good: an examination of internal and external adjustment [D]. Irvine: University of California.

Dosi G, Llerena P, Labini S M, 2006. The relationships between science, technologies and their industrial exploitation: an illustration through the myths and realities of the so-called 'European Paradox' [J]. Research policy, 35:1450-1464.

Druskat V U, Kayes D C, 1999. The antecedents of team competence: toward a fine-grained model of self-managing team effectiveness [C]//Neale M A, Mannix E A. Research on managing groups and teams: Vol. 2. Stamford: JAI Press: 210-231.

Druskat V U, Wheeler J V, 2003. Managing from the boundary: the effective leadership of self-managing work teams [J]. Academy of management journal, 46: 435-457.

Duncan R B, 1972. Characteristics of organizational environments and perceived environmental uncertainty [J]. Administrative science quarterly, 17(3):

313-327.

Dutton J, Ashford S, Lawrence J, et al., 2002. Red light, Green light: Making sense of the organization context for issue-selling [J]. Organization science, 13 (4): 355-369.

Dwyer F R, Welsh M A, 1985. Environmental relationships of the internal political economy of marketing channels [J]. Journal of marketing research, 22 (4): 397-414.

Edmondson A C, 1999. Psychological safety and learning behavior in work teams [J]. Administrative science quarterly, 44 (2): 350-383.

Edmondson A C, 2003. Speaking up in the operating room: how team leaders promote learning in interdisciplinary action teams [J]. Journal of management studies, 40: 1420-1452.

Elisa V, Einar R, Rosa G, 2017. How intermediary organizations facilitate university-industry technology transfer: a proximity approach [J]. Journal of technology transfer, 114: 86-102.

Elkins T, Keller R T, 2003. Leadership in research and development organizations: a literature review and conceptual framework [J]. Leadership quarterly, 14: 587-606.

Etzkowitz H, Leydesdorff L, 2000. The dynamics of innovation: from national systems and "mode 2" to a triple helix of university-industry-government relations [J]. Research policy, 29 (2): 109-123.

Falsey T A, 1989. Corporate philosophies and mission statements [M]. New York: Quorum Books.

Faraj S, Yan A, 2009. Boundary Work in knowledge teams [J]. Journal of applied psychology, 94 (3): 604-617.

Feng H, 2009. Development of organizational learning scale [J]. Business economics and management, 3: 27-33.

Feng X, 2012a. The effect of RandD team boundary-spanning behavior on innovation performance-moderating role of task complexity [J]. Management and development research, 3: 56-66.

Feng X, 2012b. Study on the boundary-spanning behavior and mechanism of quality improvement team [D]. Hangzhou: Zhejiang University.

Feng X, Mei S, 2013a. Relationship between boundary-spanning behavior and performance in quality improvement teams: the mediating role of team efficacy [J]. Ergonomics, 3: 36-40.

Feng X, Peng X, 2013b. The relationship between task characteristics and boundary-spanning behavior of quality improvement teams [J]. Ergonomics, 19 (4): 28-32.

Fleming L, Waguespack D M, 2007. Brokerage, boundary spanning, and leadership in open innovation communities [J]. Organization science, 18 (2): 165-180.

Florida R, 1999. The role of the university: leveraging talent, not technology [J]. Issues in science and technology, 15: 67-73.

Frenz M, Ietto-Gillies G, 2009. The impact on innovation performance of different sources of knowledge: Evidence from the UK community innovation survey [J]. Research policy, 38 (7): 1125-1135.

Friedman R A, Podolny J, 1992. Differentiation of boundary spanning roles: labor negotiations and implications for role conflict [J]. Administrative science quarterly, 37: 28-49.

Fritsch M, Lukas R, 2001. Who cooperates on RandD? [J]. Research policy, 30 (2): 297-312.

Fu Z, Lin G, Li M, 2007. Theory and practice of technology transfer in China [M]. Beijing: China Economic Press.

Ganesan S, 1994. Determinants of long-term orientation in buyer-seller relationships [J]. Journal of marketing, 58: 1-19.

Garapin A, Hollard A, 1999. Routines and incentives in group task [J].

Journal of evolutionary economics, 9(4): 465-486.

Gee R E, 1993. Technology transfer effectiveness in university-industry cooperative research [J]. International journal of technology management, 8(6): 652-668.

Geuna A, Muscio A, 2009. The governance of university knowledge transfer: a critical review of the literature [J]. Minerva, 47(1): 93-114.

Geuna A, Rossi F, 2011. Changes to university IPR regulations in Europe and the impact on academic patenting [J]. Research Policy, 30: 1068-1076.

Gibson C B, 1999. Do they do what they believe they can? Group efficacy and group effectiveness across tasks and cultures [J]. Academy of management journal, 42(2): 138-152.

Gibson C B, Dibble R, 2008. Culture inside and out: developing the collective capability to externally adjust [C] //Ang S, Van Dyne L. Advances in cultural intelligence, Armonk: M.E. Sharpe: 221-240.

Gibson C B, Dibble R, 2012. Excess may do harm: investigating the effect of team external environment on external activities in teams [J]. Organization science, 24(3): 697-715.

Gibson C B, Dibble R, 2013. Excess may do harm: investigating the effect of team external environment on external activities in teams [J]. Organization science, 24(3): 697-715.

Gibson D V, Smilor L W, 1991. Key variables in technology transfer: a field-study based empirical analysis [J]. Journal of engineering and technology management, 8: 287-312.

Gilsing V, Bekkers R, Bodas-Freitas I M, et al., 2011. Differences in technology transfer between science-based and development-based industries: transfer mechanisms and barriers [J]. Technovation, 31(12): 638-647.

Giroux H, 2002. Neoliberalism, corporate culture, and the promise of higher education: the university as a democratic public sphere [J]. Harvard educational review, 72(4): 425-464.

Gist M E, Locke E A, Taylor M S, 1987. Organizational behavior: group structure, process, and effectiveness [J]. Journal of management, 13(2): 237-257.

Gladstein D L, 1984. Groups in context: a model of task group effectiveness [J]. Administrative science quarterly, 29(4): 499-517.

Goldfarb B, Henrekson M, 2003. Bottom-up versus top-down policies towards the commercialization of university intellectual property [J]. Research policy, 32(4): 639-658.

Gopal A, Gosain S, 2010. The role of organizational controls and boundary spanning in software development outsourcing: implications for project performance [J]. Information systems research, 21(4): 960-982.

Green S G, 2003. Examining a curvilinear relationship between communication frequency and team performance in cross-functional project teams [J]. IEEE transactions on engineering management, 50(3): 262-269.

Grimaldi R, Grandi A, 2005. Business incubators and new venture creation: an assessment of incubating models [J]. Technovation, 25(2): 111-121.

Guan J C, Yam R C M, Mok C K, 2005. Collaboration between industry and research institutes/universities on industrial innovation in Beijing, China [J]. Technology analysis and strategic management, 17(3): 339-353.

Gully S M, Incalcaterra K A, Joshi A, et al, 2002. A meta-analysis of team-efficacy, potency, and performance: interdependence and level of analysis as moderators of observed relationships [J]. Journal of applied psychology, 87(5): 819-832.

Guo J, Bing M, 2004. On the psychological boundary of enterprises [J]. China industrial economy, (3): 67-74.

Guzzo R A, Shea G P, 1992. Group performance and intergroup relations in organisations [M]//Dunnette M D, Hough L M. Handbook of industrial and organisational psychology: Vol. 2. Palo Alto: Consulting Psychologists Press.

Guzzo R A, Yost P R, Campbell R J, et al, 1993. Potency in groups: articulating a construct [J]. British journal of social psychology, 32(1): 87-106.

Hackman J R, 1983. A normative model of work team effectiveness [R]. New Haven: Yale University.

Hackman J R, 1987. The design of work teams-Handbook of organizational behavior [J]. Personnel selection in organizations, 20: 315-316.

Hackman J R, 2003. Learning more by crossing levels: evidence from airplanes, hospitals, and orchestras [J]. Journal of organizational behavior, 24: 905-922.

Hagardon A, Sutton R, 1997. Technology brokering and innovation in a product development firm [J]. Administrative science quarterly, 42: 716-749.

Han Y, 2006. Employee performance structure model construction and empirical research [D]. Wuhan: Huazhong University of Science and Technology.

Hansen M T, 1999. The search-transfer problem: the role of weak ties in sharing knowledge across organization subunits [J]. Administrative science quarterly, 44: 82-111.

Hargadon A B, 1998. Firms as knowledge brokers: Lessons in pursing continuous innovation [J]. California management review, 40(3): 209-227.

Harrigan K R, 2015. Strategic alliances as agents of competitive change [M]//

Mesquita L, Reuer J, Raggozino R. Collaborative strategy: a guide to strategic alliances. Cheltenham: Elgar Book Series.

Harvey S, Peterson R S, Anand N, 2014. The process of team boundary spanning in multi-organizational contexts[J]. Small group research, 45(5): 506-538.

Hayhoe R, 1989. China's universities and Western academic models [J]. Higher education, 18(1): 49-85.

Hayter C, Link A, 2015. On the economic impact of university proof of concept centers [J]. Journal of technology transfer, 40(1): 178-183.

Hernes T, 2004. Studying composite boundaries: a framework of analysis [J]. Human relations, 57(1): 9-29.

Hewitt-Dundas N, 2012. Research intensity and knowledge transfer activity in UK universities [J]. Research policy, 41(2): 262-275.

Hiller N J, Day D V, Vance R J, 2006. Collective enactment of leadership roles and team effectiveness: a field study [J]. Leadership quarterly, 17: 387-397.

Hirschhorn L, Gilmore T, 1992. The new boundaries of the "boundaryless" company [J]. Harvard business review, 70(3): 104-115.

Hirst G, Mann L, 2004. A model of RandD leadership and team communication: the relationship with project performance [J]. RandD management, 34(2): 147-160.

Hoppe H C, Ozdenoren E, 2001. Intermediation in innovation: the role of technology transfer offices [R]. Evanston: Northwestern University.

Hou J, Wen Z, Cheng Z, 2004. Structural equation model and its application[M]. Beijing: Educational Science Publishing House: 166-173.

House R, Rousseau D, Thomas-Hunt M, 1995. The meso paradigm: a framework for the integration of micro and macro organizational behavior [M]// Cummings L L, Staw B M. Research in organizational behavior: Vol.17.

Greenwich: JAI Press: 71-114.

Howells J, 2006. Intermediation and the role of intermediaries in innovation [J]. Research policy, 35 (5): 715-728.

Hsu D W L, Shen Y, Yuan B J C, et al., 2015. Toward successful commercialization of university technology: performance drivers of university technology transfer in Taiwan [J]. Technological forecasting and social change, 92: 25-39.

Hu A, Jefferson G, Qian J, 2005. RandD and technology transfer: Firm-level evidence from Chinese industry [J]. Review of economics and statistics, 87: 780-786.

Hu E, 2002. A study of the problems and countermeasures in industry-university-institute cooperation [J]. RandD Management, 14 (1): 54-57.

Hu J, Liden R, 2015. Making a difference in the teamwork: linking team prosocial motivation to team processes and effectiveness [J]. Academy of management journal, 58 (4): 1102-1127.

Hua J, Zhang G, 2000. Three stages of interface management development [J]. Scientific research management, 21 (2): 35-42.

Huang F, 2003. Structural equation model: theory and application [M]. Beijing: China Tax Publishing House: 141-162.

Huang G, 2015. Research on technology transfer services between technology intermediaries and SMEs [J]. Science and technology and enterprises, 15: 185-185.

Hülsbeck M, Lehmann E, Starnecker A, 2013. Performance of technology transfer offices in Germany [J]. Journal of technology transfer, 38: 199-215.

Huyghe A, Knockaert M, Wright M, et al., 2014. Technology transfer offices as boundary spanners in the pre-spin-off process: the case of a hybrid model [J]. Small business economics, 43（2）: 289-307.

Ibarra H, 1992. Homophily and differential returns: sex differences in network structure and access in an advertising firm [J]. Administrative science quarterly, 37: 422-447.

Ibarra H, 1993. Personal networks of women and minorities in management: a conceptual framework [J]. Academy of management journal, 18（1）: 56-87.

Ilgen D R, Hollenbeck J R, Johnson M, 2005. Teams in organizations: From input-process-output models to IMOI models [J]. Annual review of psychology, 56: 517-543.

Jacobsson S, Karltorp K, 2013. Mechanisms blocking the dynamics of the European off shore wind energy innovation system: challenges for policy intervention [J]. Energy policy, 63: 1182-1195.

Jain S, George G, 2007. Technology transfer offices as institutional entrepreneurs: the case of Wisconsin Alumni Research Foundation and human embryonic stem cells [J]. Industrial and corporate change, 16(4): 535-567.

Janz B D, Colquitt J A, Noe R A, 1997. Knowledge worker team effectiveness: the role of autonomy, interdependence, team development, and contextual support variables [J]. Personnel psychology, 50: 877-904.

Jehn K A, 1995. A multimethod examination of the benefits and detriments of intragroup conflict [J]. Administrative science quarterly, 40（2）: 256-282.

John C, 1997. Structural choice in the analysis of action, structure, organizations and environment: Retrospect and prospect [J]. Organization Studies, 18（1）: 43-76.

Joshi A, 2006. The influence of organizational demography on the external networking behavior of teams[J]. Academy of management review, 31(3): 583-595.

Joshi A, Pandey N, Han H, 2009. Bracketing team boundary spanning: an examination of task-based, team-level, and contextual antecedents [J]. Journal of organizational behavior, 30(6): 731-759.

Kaizen M, 1986. The key to Japan's competitive success [J]. New York: McGraw-Hill.

Kang F, 2014. Research on the Mechanism of Competence of Project Managers on Project Performance [D]. Tianjin: Tianjin University.

Katrak H, 1990. Imports of technology and the technological effort of Indian enterprises [J]. Journal of international development, 2(3): 371-381.

Katz D, Kahn R L, 1978. The social psychology of organizations [M]. New York: John Wiley.

Katz R, Tushman M, 1983. A longitudinal study of the effects of boundary spanning supervision on turnover and promotion in research and development [J]. Academy of management journal, 26: 437-456.

Keller R T, 2001. Cross-functional project groups in research and new product development: diversity, communications, job stress, and outcomes [J]. Academy of management journal, 44(3): 547-555.

Kennedy F A, Loughry M L, Klammer T P, et al., 2009. Effects of organizational support on potency in work teams: the mediating role of team processes [J]. Small group research, 40(1): 72-93.

Kenney M, Mowery D C, 2014. Public universities and regional growth: insights from the University of California [M]. Stanford: Stanford University Press.

Kirkels Y, Duysters G, 2010. Brokerage in SME networks [J]. Research policy, 39(3): 375-385.

Kirkman B L, Rosen B, 1999. Beyond self-management: Antecedents and consequences of team empowerment [J]. Academy of management journal, 42: 58-74.

Klein K J, Kozlowski S W J, 2000. From micro to meso: critical steps in conceptualizing and conducting multilevel research [J]. Organizational research methods, 3: 211-236.

Klein K J, Lim B, Saltz J L, et al., 2004. How do they get there? An examination of the antecedents of centrality in team networks [J]. Academy of management journal, 47: 952-963.

Kleinman D L, Vallas S P, 2001. Science, capitalism, and the rise of the knowledge worker: The changing structure of knowledge production in the United States [J]. Theory and society, 30 (4): 451-492.

Klueter T, Monteiro F, 2017. How does performance feedback affect boundary spanning in multinational corporations? Insights from technology scouts [J]. Journal of management studies, 54 (4): 483-510.

Kodama T, 2008. The role of intermediation and absorptive capacity in facilitating university-industry linkages-An empirical study of TAMA in Japan [J]. Research policy, 37: 1224-1240.

Kozlowski S W J, Bell B S, 2003. Work groups and teams in organizations [C] // Borman W C, Ilgen D R, Klimoski R J, Handbook of psychology: industrial and organizational psychology: Vol. 12. London: Wiley: 333-375.

Kozlowski S W J, Ilgen D R, 2006. Enhancing the effectiveness of work groups and teams [J]. Psychological science in the public interest, 7: 77-124.

Kozlowski S W J, Klein K J, 1999. A multi-level approach to theory and research in organizations: Contextual, temporal, and emergent processes [C] //Klein K J, Kozlowsk S W J. Multilevel theory, research, and methods in organizations: Foundations, extensions, and new directions. San Francisco: Jossey-Bass: 3-90.

Krackhardt D, Stern R N, 1988. Informal networks and organizational crises: an experimental simulation [J]. Social psychology quarterly, 51: 123-140.

Krücken G, Meier F, Müller A, 2007. Information, cooperation, and the blurring of boundaries-technology transfer in Germany and American discourses [J]. Higher education, 53 (6): 675-696.

Lach S, Schankerman M, 2008. Incentives and invention in universities [J]. RAD Journal of Economics (Blackwell), 39: 403-433.

Lambert R, 2003. Lambert review of business-industry collaboration [M]. London: HMSO.

Langfred C W, 2000. The paradox of self-management: individual and group autonomy in work groups [J]. Journal of organizational behavior, 21 (5): 563-585.

Lars B, 2017. A comparison of university technology transfer offices' commercialization strategies in the Scandinavian countries [J]. J. Journal of technology transfer, 44 (4): 565-577.

Ledford G E, Jr, Wendenhof J R, Strahley J T, 1995. Realizing a corporate philosophy [J]. Organizational dynamics, 23: 5-19.

Leifer R, Delbecq A, 1978. Organizational environmental interchange: a model of boundary spanning activity [J]. Academy of management review, 3 (1): 40-50.

Lester S W, Meglino B M, Korsgaard M A, 2002. The antecedents and consequences of group potency: a longitudinal investigation of newly formed work groups [J]. Academy of management journal, 45 (2): 352-368.

Leuthesser L, Kohli C, 1997. Corporate identity: the role of mission statements

[J]. Business horizons, 40（3）: 59-66.

Li C, Shi Y, 2010. Environmental uncertainty, knowledge management strategies and corporate performance [J]. Techno-economic and management research, 5: 55-60.

Li H, 2004. Methodology of management research [M]. Xi'an: Xi'an Jiaotong University press: 115-125.

Lichtenthaler U, Ernst H, 2007. Developing reputation to overcome the imperfections in the markets for knowledge [J]. Research policy, 36: 37-55.

Lievens A, Moenaert R K, 2000. Project team communication in financial service innovation [J]. Journal of management studies, 37（5）: 733-766.

Lin X, Lin L, Wang Y, et al., 2014. Empowered leadership and team performance: the mediating role of the interactive memory system [J]. Management review, 1: 78-87.

Lindsley D H, Brass D J, Thomas J B, 1995. Efficacy-performance spirals: a multilevel perspective [J]. Academy of management review, 20（3）: 645-678.

Link A N, Rothaermel F T, Siege D S, 2008. University technology transfer: an introduction to the special issue [J]. IEEE Transactions on Engineering Management, 55（1）: 5-8.

Little B L, Madigan R M, 1997. The relationship between collective efficacy and performance in manufacturing work teams [J]. Small group research, 28（4）: 69-73.

Liu H, 2009. Technology transfer and strategies of development in China's University SandT Intermediary Organizations [C]. Zhengzhou: MOT2009 proceedings of Zhengzhou conference on management of technology: 325-328.

Liu H, Jiang Y, 2001. Technology transfer from higher education institutions to industry in China: nature and implications [J]. Technovation, 21 (3): 175-188.

Liu J, Zhao L, Shan X, 2014a. China's cross-regional technology transfer path selection research [J]. Scientific and technological progress and countermeasures, 31 (20): 27-33.

Liu S, Li Y, 2014b. A longitudinal study on the impact mechanism of employees' boundary spanning behavior: roles of centrality and collectivism [J]. Acta psychologica sinica, 46 (6): 852-863.

Liu Y, 2007. The development and problems of Chinese university technology transfer [J]. Forum on science and technology in China, 3: 99-104.

Liu Z, Fu Z, 2010. An analysis of the influencing factors of technology transfer in local colleges and universities[J]. Scientific management research, 28(3): 26-29.

Löfsten H, Lindelöf P, 2002. Science Parks and the growth of new technology-based firms- academyindustry links, innovation and markets [J]. Research policy, 31: 859-876.

Lu W, 2002. SPSS for Windows statistical analysis [J]. Beijing: Publishing House of Electronics Industry: 400-409.

Lurey J S, Raisinghani M S, 2001. An empirical study of best practices in virtual teams [J]. Information and management, 8: 10-38.

Lyu L, Wu W, Hu H, et al., 2017. An evolving regional innovation network: collaboration among industry, university, and research institution in China's first technology hub [J]. Journal of technology transfer, Published online: 12 Spetember.

Ma Q, 2002. Management statistics [B]. Beijing: Science Press.

MacBryde J, Mendibil K, 2003. Designing performance measurement systems for teams: theory and practice [J]. Management decision, 41 (8):

722-733.

Maitlis S, 2005. The social process of organizational sense-making [J]. Academy of management journal, 48 (1): 21-49.

Malhotra A, Majchrzak A, 2004. Enabling knowledge creation in far-flung teams: Best practices for IT support and knowledge sharing [J]. Journal of knowledge management, 8: 75-88.

Malik T H, 2013. National institutional differences and cross-border university-industry knowledge transfer [J]. Research policy, 42: 776-787.

Mancha R, Hallam C, Wurth B, 2016. Licensing for good: social responsibility in the university-industry technology transfer process [C] //Portland International Conference on Management of Engineering and Technology: 307-313.

Mansfield E, 1975. International technology transfer: forms, resource requirements, and policies [J]. American economic review, 65: 372-376.

Mansfield E, 1998. How rapidly does industrial technology leak out [J]. Journal of industrial economics, 34 (2): 217-223.

Mark B E, Hoholm T, Maaninen-Olsson E, et al., 2012. Changing practice through boundary-organizing: a case from medical [J]. RandD Hum Relat, 65 (2): 263-288.

Markman G D, Gianiodis P T, Phan P H, 2008a. Full-time faculty or part-time entrepreneurs [J]. IEEE transactions on engineering management, 55 (1): 29-36.

Markman G D, Gianiodis P T, Phan P H, 2009. Supply-side innovation and technology commercialization [J]. Journal of management studies, 46 (4): 625-649.

Markman G D, Phan P H, Balkin D B, et al., 2005. Entrepreneurship and university-based technology transfer [J]. J Bus Ventur, 20 (2): 241-

263.

Markman G D, Siegel D S, Wright M, 2008b. Research and technology commercialization [J]. Journal of management studies, 45 (8): 1401-1423.

Marks M A, De Church L A, Mathieu J E, et al., 2005. Teamwork in multiteam systems [J]. Journal of applied psychology, 90: 964-971.

Marks M A, Mathieu J E, Zaccaro S J, 2001. A temporally based framework and taxonomy of team processes [J]. Academy of management review, 26: 356-376.

Markus B, Oldham G R, 2006. Curvilinear relation between experienced creative time pressure and creativity [J]. Journal of applied psychology, 91 (4): 963-970.

Marrone J A, 2010. Team boundary spanning: a multilevel review of past research and proposals for the future [J]. Journal of management, 36 (4): 911-940.

Marrone J A, Tesluk P E, Carson J B, 2007. A multi-level investigation of antecedents and consequences of team member boundary spanning behavior [J]. Academy of management journal, 50: 1423-1439.

Mathieu J E, Marks M A, Zaccaro S J, 2001. Multiteam systems [C] // Anderson N, Ones D S, Sinangil H K, et al. Organizational psychology: handbook of industrial, work and organizational psychology. London: Sage: 289-313.

Mathieu J E, Maynard M T, Rapp T, et al., 2008. Team effectiveness 1997-2007: a review of recent advancements and a glimpse into the future [J]. Journal of management, 34: 410-476.

Mathieu J E, Schulze W, 2006. The influence of team knowledge and formal plans on episodic team process performance relationships [J]. Academy of management journal, 49: 605-619.

McAdam R, Keogh W, Galbraith B, et al., 2005. Defining and improving technology transfer business and management processes in university innovation centers [J]. Technovation, 25: 1418-1429.

McCann J E, Ferry D L, 1979. An approach for assessing and managing interunit interdependence [J]. Academy of management review, 4: 113-119.

McEvily B, Marcus A, 2005. Embedded ties and the acquisition of competitive capabilities [J]. Strategic management journal, 26: 1033-1055.

McFarland R G, Challagalla G N, Shervani T A, 2006. Influence tactics for effective adaptive selling [J]. Journal of marketing, 70: 103-117.

McGrath J E, 1964. Social psychology: a brief introduction [M]. New York: Holt, Rinehart and Winston.

Mehra A, Kilduff M K, Brass D, 2001. The social networks of high and low self-monitors: Implications for workplace performance [J]. Administrative science quarterly, 46: 121-146.

Meyer M, Kearnes M, 2013. Introduction to special section: intermediaries between science, policy and market [J]. Sci Public Policy, 40: 423-429.

Michael D, Alok S, Chakrabarti K, 2002. Firm size and technology centrality in industry-university interactions [J]. Research policy, 31(7): 1163-1180.

Michaela A, Campion G J, Medsker A, et al., 1993. Relations between work group characteristics and effectiveness: implications for designing effective work groups [J]. Personnel psychology, 46: 823-850.

Miesing P, Tang M, Li M, 2014. University technology transfer in China: how effective are national centers? [M]. [S.l.]: Emerald Group Publishing Limited.

Mililer E J, Rice A K, 1967. Systems of organization: the control of task and sentient boundarier [M]. London: Tavistock Publications.

Miller D J, Fern M J, Cardinal L B, 2007. The use of knowledge for technological innovation within diversified firms [J]. Academy of management journal, 50 (2): 307-326.

Minguillo D, Thelwall M, 2015a. Research excellence and university-industry collaboration in UK science parks [J]. Res Eval, 24 (2): 181-196.

Minguillo D, Tijssen R, Thelwall M, 2015b. Do science parks promote research and technology? A scientometric analysis of the UK [J]. Scientometrics, 102 (1): 701-725.

Mogavero L N, Shane R S, 1982. What every engineer should know about: technology transfer and innovation [M]. New York: Marcel Dekker.

Mohrman S A, Cohen S G, Mohrman A M, 1995. Designing team-based organizations: new forms for knowledge work [M]. San Francisco: Jossey-Bass.

Monge P R, Fulk J, 1999. Communication technology for global network organizations [C] //DeSanctis G, Fulk J. Communication technology and organizational forms. [S.l.: s.n.]: 71-100.

Morrison A, 2008. Gatekeepers of knowledge within industrial districts: who they are, how they interact [J]. Regional studies, 42 (6): 817-835.

Murray F, 2010. The oncomouse that roared: hybrid exchange strategies as a source of distinction at the boundary of overlapping institutions [J]. Am J Sociol, 116 (2): 341-388.

Muscio A, 2007. The impact of absorptive capacity on SMEs' collaboration [J]. Economics of innovation and new technology, 16 (8): 653-668.

Muscio A, 2010. What drives the university use of technology transfer offices? Evidence from Italy [J]. Journal of technology transfer, 35 (2): 181-202.

Mustar P, Wright M, Clarysse B, 2008. University spin-off firms: lessons from ten years of experience in Europe [J]. Science and Public Policy, 35 (2): 67-80.

Ndonzuau F N, Pirnay F, Surlemont B, 2002. A stage model of academic spin-off creation [J]. Technovation, 22: 281-289.

Nepelski D, Piroli G, 2017. Organizational diversity and innovation potential of EU-funded research projects [J]. Journal of technology transfer, Published online: 15 September.

Newcombe N S, 2003. Some controls control too much [J]. Child development, 74 (4): 1050-1052.

Norman R, Ramirez R, 1993. From value chain to value constellation: designing interactive strategy [J]. Harvard business review, 71: 65-77.

Nosella A, Grimaldi R, 2009. University-level mechanisms supporting the creation of new companies: an analysis of Italian academic spin-offs [J]. Tech Anal Strat Manag, 21 (6): 679-698.

Núñez-Sánchez R, Barge-Gil A, Modrego-Rico A, 2012. Performance of knowledge interactions between public research centres and industrial firms in Spain: a project-level analysis [J]. Journal of technology transfer, 37 (3): 330-354.

O'Gorman C, Doran R, 1999. Mission statements in small and medium-sized businesses [J]. Journal of small business management, 37 (1): 85-106.

O'Kane C, Mangematin V, Geoghegan W, et al., 2015. University technology transfer offices: the search for identity to build legitimacy [J]. Research policy, 44 (2): 421-437.

Oh H, Chung M, Labianca G, 2004. Group social capital and group effectiveness: the role of informal socializing ties [J]. Academy of management journal, 47: 860-875.

Oh H, Labianca G, Chung M, 2006. A multilevel model of group social capital [J]. Academy of management review, 31: 569-582.

Onishi M, 2016. Measuring nurse managers' boundary spanning: development and psychometric evaluation [J]. Journal of nursing management, 24: 560-568.

Palmatier R W, Dant R P, Grewal D, et al., 2006. Factors influencing the effectiveness of relationship marketing: a meta-analysis [J]. Journal of marketing, 70: 136-53.

Paola C, Valeria P, Fernanda R, 2015. University technology transfer and manufacturing innovation: the case of Italy [J]. Review of policy research, 32 (3): 297-322.

Paul L, 1995. The management of technology: perception and opportunities [M]. London: Chapman and Hall.

Perkman N M, Schildt H, 2015. Open data partnerships between firms and universities: the role of boundary organizations [J]. Research policy, 44 (5): 1133-1143.

Perkman N M, Tartari V, McKelvey M, et al., 2013. Academic engagement and commercialisation: a review of the literature on university-industry relations [J]. Research policy, 42 (2): 423-442.

Phillips R G, 2002. Technology business incubators: how effective as technology transfer mechanisms? [J]. Technol Soc, 24 (3): 299-316.

Ponomariov B, Boardman P C, 2008. The effect of informal industry contacts on the time university scientists allocate to collaborative research with industry [J]. Journal of technology transfer, 33: 301-313.

Powers J B, 2003. Commercializing academic research: resource effects on performance of university technology transfer [J]. Journal of higher education, 74: 26-50.

Prior D D, 2016. Boundary spanning and customer service styles in business solutions implementation [J]. Journal of technology transfer, 56: 120-129.

Qu Y, Cheung S O, 2013. Experimental evaluation of logrolling as an effective mediating tactic in construction project management [J]. Int J Proj Manag, 31: 775-790.

Ralf M J, Turner R, 2007. Matching the project manager's leadership style to project type [J]. International journal of project management, 25: 21-32.

Ramakrishnan V, Chen J, Balakrishnan K, 2005. Effective strategies for marketing biomedical inventions: lessons learnt from NIH licence leads [J]. Journal of medical marketing, 5: 342-353.

Rasmussen E, 2008. Government instruments to support the commercialization of university research: lessons from Canada [J]. Technovation, 28: 506-517.

Ratcheva V, 2009. Integrating diverse knowledge through boundary spanning processes – the case of multidisciplinary project teams [J]. International journal of project management, 27(3): 206-215.

Raver J L, Gelfand M J, 2005. Beyond the individual victim: linking sexual harassment, team processes, and team performance [J]. Academy of management journal, 48: 387-400.

Reagans R, Zuckerman E, McEvily B, 2004. How to make the team: social networks vs. demography as criteria for designing effective teams [J]. Administrative science quarterly, 49: 101-133.

Roberts E B, 1988. Managing invention and innovation: what we've learned [J]. Research technology management, 31: 11-29.

Rong T, 2005. Enterprise research method [M]. Beijing: China tax publishing house.

Rothaermel F T, Agung S D, Jiang L, 2007. University entrepreneurship: a taxonomy of the literature [J]. Industrial and corporate change, 18: 1-101.

Rothaermel F T, Thursby M, 2005a. University-incubator firm knowledge flows: assessing their impact on incubator firm performance [J]. Research policy, 34: 305-320.

Rothaermel F T, Thursby M, 2005b. Incubator firm failure or graduation? The role of university linkages [J]. Research policy, 34 (7): 1076-1090.

Saragossi S, Van Pottelsberghe de la Potterie B, 2003. What patent data reveal about universities: the case of Belgium [J]. Journal of technology transfer, 28 (1): 47-51.

Sauermann H, Stephan P, 2012. Conflicting logics? A multidimensional view of industrial and academic science [J]. Organ Sci, 24 (3): 889-909.

Schaubroeck J, Lam S S K, Cha S E, 2007. Embracing transformational leadership: team values and the impact of leader behavior on team performance [J]. Journal of applied psychology, 92 (4): 1020-1030.

Schiller S Z, Mennecke B E, Nah F, et al., 2014. Institutional boundaries and trust of virtual teams in collaborative design: an experimental study in a virtual world environment [J]. 35: 565-577.

Scott W R, 1998. Organizations: rational, natural and open systems [M]. Englewood Cliffs: Prentice-Hall.

Sellenthin M, 2009. Technology transfer offices and university patenting in Sweden and Germany [J]. Journal of technology transfer, 34 (6): 603-620.

Shane S, 2004. Academic entrepreneurship: university spin-offs and wealth creation [M]. Cheltenham: Edward Elgar Publishing.

Sharfman M P, Dean J W, Jr, 1991. Conceptualizing and measuring the organizational environment: A multidimensional approach [J]. Journal of management, 17 (4): 681-700.

Sharma M, Kumar U, Lalande L, 2006. Role of university technology transfer offices in university technology commercialization: case study of the Carleton University foundry program [J]. Journal of services research, 6: 109-139.

Shea C M, Howell J M, 1998. Organizational antecedents to the successful implementation of total quality management: a social cognitive perspective [J]. Journal of quality management, 3 (1): 3-24.

Shi G, Xue P, Tang J, 2013. Study on the relationship between team boundary management, cohesion and performance [J]. Science and technology progress and countermeasure, 12: 5-11.

Siegel D S, Phan P H, 2005. Analyzing the effectiveness of university technology transfer: implications for entrepreneurship education [J]. Rensselaer Working Papers in Economics, 16 (1): 1-38.

Siegel D S, Thursby J G, Thursby M C, et al., 2004a. Organizational issues in university-industry technology transfer: an overview of the symposium issue [J]. Journal of technology transfer, 26: 5-11.

Siegel D S, Veugelers R, Wright M, 2007. Technology transfer offices and commercialization of university intellectual property: performance and policy implications [J]. Oxford review of economic policy, 23 (4): 640-660.

Siegel D S, Waldman D A, Atwater L E, et al., 2003a. Commercial knowledge transfers from universities to firms: improving the effectiveness of university-industry collaboration [J]. Journal of high technology management research, 14: 111-133.

Siegel D S, Waldman D A, Atwater L E, et al., 2004b. Toward a model of the effective transfer of scientific knowledge from academicians to practitioners: qualitative evidence from the commercialization of university technologies [J]. Journal of engineering and technology management, 21: 115-142.

Siegel D S, Waldman D, Link A, 2003b. Assessing the impact of organizational practices on the relative productivity of university technology transfer offices: an exploratory study [J]. Research policy, 32: 27-48.

Siegel D S, Westhead P, Wright M, 2003c. Assessing the impact of university science parks on research productivity: exploratory firm-level evidence from the United Kingdom [J]. International journal of industrial organization, 21: 1357-1369.

Siegel D S, Wright M, Chapple W, et al., 2008. Assessing the relative performance of university technology transfer in the US and UK: a stochastic distance function approach [J]. Economics of innovation and new technology, 17: 717-729.

Silver W S, Bufanio K M, 1996. The impact of group efficacy and group goals on group task performance [J]. Small group research, 27 (3): 347-359.

Sivasubramaniam N, Liebowitz S J, Lackman C L, 2012. Determinants of new product development team performance: a meta-analytic review [J]. Journal of product innovation management, 29 (5): 803-820.

Slaughter S, Rhoades G, 2004. Academic capitalism and the new economy: markets, state, and higher education [M]. Baltimore: JHU Press.

Somech A, 2006. The effects of leadership style and team process on performance and innovation in functionally heterogeneous teams [J]. Journal of management, 32 (1): 132-157.

Somech A, Khalaili A, 2014. Team boundary activity: its mediating role in the relationship between structural conditions and team innovation [J]. Group and Organization Management, 39 (3): 274–299.

Song M, Droge C, Hanvanich S, et al., 2005. Marketing and technology resource complementarity: an analysis of their interaction effect in two environmental contexts [J]. Strategic management journal, 26 (3): 259–276.

Sorensen J, Chambers D, 2008. Evaluating academic technology transfer performance by how well access to knowledge is facilitated? Defining an access metric [J]. Journal of technology transfer, 33: 534–547.

Spielberger C D, 2002. Encyclopedia of applied psychology [M]. Oxford: Elsevier Academic Press.

Spithoven A, Clarysse B, Knockaert M, 2010. Building absorptive capacity to organise inbound open innovation in traditional industries [J]. Technovation, 30 (2): 130–141.

Stajkovic A D, Lee D, Nyberg A J, 2009. Collective efficacy, group potency, and group performance: meta-analyses of their relationships, and test of a mediation model [J]. Journal of applied psychology, 94 (3): 814–828.

Stankevičienė J, Kraujalienė L, Vaiciukevičiūtė A, 2017. Assessment of technology transfer office performance for value creation in higher education institutions [J]. Journal of technology transfer, 18 (6): 1063–1081.

Steenhuis H J, Gray D O, 2006. Cooperative research and technology dynamics: the role of research strategy development in NSF science and technology centres [J]. International journal of technology transfer and Commercialisation, 5: 56–78.

Stevens J M, Bagby J W, 1999. Intellectual property transfer from universities to business: requisite for sustained competitive advantage? [J].

International journal of technology management, 18: 688-704.

Sum C V, Mark G, Cristina S, 2017. Aligning university-industry interactions: the role of boundary spanning in intellectual capital transfer[J]. Technological forecasting and social change, 123: 199-209.

Sumdstrom E, McIntyre M, 1994. Measuring work-group effectiveness: practices, issues, and prospects[A]. Knoxville: University of Tennessee.

Taheri M, Van Geenhuizen M, 2016. Teams' boundary-spanning capacity at university: performance of technology projects in commercialization[J]. Technological forecasting and social change, 111: 31-43.

Tan J, Litschert R J, 1994. Environment-strategy relationship and its performance implication: an empirical study of the Chinese electronic industry[J]. Strategic management journal, 15(1): 1-20.

Tartari V, Salter A, D'Este P, 2012. Crossing the Rubicon: exploring the factors that shape academics' perceptions of the barriers to working with industry[J]. Camb J Econ, 36(3): 655-677.

Tatsuya K, 1998. The trail of the information processing technology in Japan: advances in Kanji/Japanese processing technologies[J]. Kana-Kanji transfer technology.

Tesluk P E, Mathieu J E, 1999. Overcoming roadblocks to effectiveness: incorporating management of performance barriers into models of work group effectiveness[J]. Journal of applied psychology, 84: 200-217.

Tether B S, Tajar A, 2008. Beyond industry-university links: Sourcing knowledge for innovation from consultants, private research organisations and the public science-base[J]. Research policy, 37: 1079-1095.

Thompson J D, 1967. Organizations in action[M]. New York: McGraw-Hill.

Thornton P H, Ocasio W, 1999. Institutional logics and the historical contingency of power in organizations: executive succession in the higher education publishing industry, 1958-1990 [J]. Am J Sociol., 105: 801-843.

Thornton P H, Ocasio W, Lounsbury M, 2012. The institutional logics perspective: a new approach to culture, structure, and process [B]. Oxford: Oxford University Press.

Thursby J G, Jensen R A, Thursby M C, 2001a. Objectives, characteristics and outcomes of university licensing: a survey of major U.S. universities [J]. Journal of technology transfer, 26: 59-72.

Thursby J G, Thursby M C, 2001b. Industry perspectives on licensing university technologies: sources and problems [J]. Industry and higher education, 15(4): 289-294.

Thursby J G, Thursby M C, 2003. Industry/university licensing: characteristics, concerns and issues from the perspective of the buyer [J]. Journal of technology transfer, 28(3-4): 207-213.

Tjosvold D, Tang M, West M A, 2004. Reflexivity for team innovation in China: the contribution of goal interdependence [J]. Group and organization management, 29(5): 540-559.

Todeva E, 2013. Governance of innovation and intermediation in triple helix interactions [J]. Ind High Educ, 27(4): 263-278.

Tsai W P, 2000. Social capital, strategic relatedness and the formation of intra-organizational linkages [J]. Strategic management journal, 21(9): 925-939.

Tsai W P, 2002. Social structure of "coopetition" within a multiunit organization: coordination, competition, and intra-organization knowledge sharing [J]. Organization science, 13(2): 179-190.

Tsai W P, Ghoshal S, 1998. Social capital and value creation: the role of intrafirm networks [J]. Academy of management journal, 41: 464-

476.

Tsui A S, 2006. Contextualization in Chinese management research [J]. Management and organization review, 2(1): 1-13.

Tsvi V, David L, 2015. Measuring the performance of university technology transfer using meta data approach: the case of Dutch universities [J]. Journal of technology transfer, 40(6): 1034-1049.

Tu H, 2010. Research on the Relationship between Organizational Learning and Psychological Empowerment Based on the Characteristics of Change Dynamics [D]. Hangzhou: Zhejiang University.

Tu X, 2012. Organization of Knowledge Perspectives: Concepts, Boundaries and Research Topics [J]. Scientific Research, 9: 1378-1387.

Tushman M, Scanlan T J, 1981a. Boundary spanning individuals: their role in information transfer and their antecedents [J]. The academy of management journal, 24(2): 289-305.

Tushman M, Scanlan T J, 1981b. Characteristics of external orientations of boundary spanning individuals [J]. Acad Manag J, 24(1): 83-98.

Tziner A, 1985. How team composition affects task performance: some theoretical insights [J]. Psychological reports, 57: 1111-1119.

Vaidyanathan G, 2008. Technology parks in a developing country: the case of India [J]. Journal of technology transfer, 33: 285-299.

Van Geenhuizen M, 2013. From ivory tower to living lab: accelerating the use of university knowledge [J]. Environ plan c govern policy, 31: 1115-1132.

Van Ledebur S, 2008. Technology transfer offices and university patenting-a review [J]. Jena Economic Research Papers, 033.

Van Osch W, Charles S, Zhao Y, 2016. Team boundary spanning through enterprise social media: exploring the effects of group-level diversity using a data science approach [C] //IEEE, Proceedings of the 49th annual Hawaii international conference on system sciences: 2176-2185.

Villani E, Rasmussen E, Grimaldi R, 2017. How intermediary organizations facilitate university-industry technology transfer: a proximity approach [J]. Technological forecasting and social change, 114: 86-102.

Volberda H W, 1998. Building the flexible firm: how to remain competitive [M]. Oxford: Oxford University Press.

Wang B, Ma J, 2007a. Collaborative RandD: intellectual property rights between Tsinghua University and multinational companies [J]. Journal of technology transfer, 32 (4): 457-474.

Wang C, 2001. Methods of psychological research [M]. Beijing: People's education press.

Wang J, Wang J, 2011. The influencing factors model of public low carbon consumption model and government regulation policy an exploratory study based on grounded theory [J]. Managing the world, 4: 58-68.

Wang T, 2010. A study of modes of university technology transfer in Xinjiang [J]. Forum on Science and Technology in China, 1: 96-100.

Wang Y, Bai L, Li Q, 2016. Will the leadership of the political skills promote the boundary-spanning behavior of the team leader? The intermediary role of trust [J]. Journal of Guangxi University of Finance and Economics, 10: 33-40.

Wang Y, Deng J, Ren R, 2009. Impacts of empowered leadership and team communication on team performance [J]. Management world, 4: 119-127.

Wang Y, Lu L, 2007b. Knowledge transfer through effective university-industry interactions: empirical experiences from China [J]. Journal of technology management in China, 2 (2): 119-133.

Wang Y, Pan X, Ning L, et al., 2015. Technology exchange patterns in China: an analysis of regional data [J]. Journal of technology transfer,

40: 252-272.

Weijo R O, 1987. Strategies for promoting technology transfer to theprivate sector [J]. Journal of technology transfer, 11 (2): 43-65.

Weisz N, Vassolo R S, Cooper A C, 2004. A theoretical and empirical assessment of the social capital of nascent entrepreneurial teamst [J]. Academy of management proceedings, K1-K6.

Weitz B A, Bradford K D, 1999. Personal selling and sales management: a relationship marketing perspective [J]. Journal of the academy of marketing science, 27: 241-254.

Wekowska D M, 2015. Learning in university technology transfer offices: transactions-focused and relations-focused approaches to commercialization of academic research [J]. Technovation, 35: 62-74.

Williams P, 2002. The competent boundary spanner [J]. Public Administration, 80 (1): 103-124.

Wonglimpiyarat J, 2006. The dynamic economic engine at Silicon Valley and US Government programmes in financing innovations [J]. Technovation, 26 (9): 1081-1089.

Workman J P Jr, Homburg C, Jensen O, 2003. Intraorganizational determinants of key account management effectiveness [J]. Journal of the academy of marketing science, 31: 3-21.

Workman M, 2005. Virtual team culture and the amplification of team boundary permeability on performance [J]. Human resource development quarterly, 6 (4).

World Bank, 2013. Doing business 2014: understanding regulations for small and medium-size enterprises [M]. Washington, D.C.: World Bank Group.

Wright M, Clarysse B, Lockett A, et al., 2008. Mid-range universities' linkages with industry: knowledge types and the role of intermediaries [J].

Research policy, 37（8）：1205-1223.

Wright M, Piva E, Mosey S, et al., 2009. Academic entrepreneurship and business schools［J］. Journal of technology transfer, 34: 560-587.

Wu H, Huang W, Li S, 2008. Research on the mechanism of transforming scientific and technological achievements in hunan province from the perspective of interface management［J］. Journal of Changsha University of science and technology（social science edition）, 23（1）：116-120.

Wu S, 2018. 40 years of China's scientific and technological achievements transformation［J］. China science and technology forum, 10: 1-15.

Wu W, 2007. Cultivating research universities and industrial linkages in China: The case of Shanghai［J］. World Development, 35（6）：1075-1093.

Wu W, 2010. Managing and incentivizing research commercialization in Chinese Universities［J］. Journal of technology transfer, 35（2）：203-224.

Wu Y, Ge Z, Zheng Y, 2001. Strengthening the patent work in colleges and universities and promoting the development of science and technology: preliminary research and revelation of patent work in Tsinghua University［J］. Science of science and management of S.and T., 4: 38-41.

Xie J, 2008. Questionnaire survey method in field research［M］. Chen X Q, Xu S Y, Fan J L. Empirical method of organization and management research. Beijing: Peking University Press.

Xu J, Qu X, 2014. Research on the relationship among team boundary-spanning behavior, knowledge trading and team creativity – based on empirical analysis of equipment manufacturing enterprises［J］. Science and technology management, 35（7）：151-161.

Xu Y, Jiang J, 2010. Research on the implementation mechanism of the close school-enterprise cooperation model based on the interface management perspective: taking the school-enterprise cooperation research institute of Dalian University of Technology as an example [J]. Research and development management, 22 (4).

Xue H, 2010. Review and prospect of foreign team transboundary behavior research [J]. Foreign economics and management, 32 (9): 10-16.

Yan A, Louis M R, 1999. The migration of organizational functions to the work unit level: buffering, spanning, and binging up boundaries [J]. Human relations, 52 (1): 25-47.

Yang Z, 2006. Research on team rapid trust, interactive behavior and team creativity [D]. Hangzhou: Zhejiang University.

Ye F Y, Yu S S, Leydesdorff L, 2013. The triple helix of university-industry-government relations at the country level and its dynamic evolution under the pressures of globalization [J]. J Am Soc Inf Sci Technol, 64 (11): 2317-2325.

Yuan C, Gao J, Sun H, 2013. the impact of local government support and regional market demand scale uncertainty on the efficiency of university technology transfer: evidence from China's "211 Engineering" University [J]. Research and development management, 25 (3): 10-17.

Yuan C, Li Y, Vlas C, et al., 2018. Dynamic capabilities, subnational environment, and university technology transfer [J]. Journal of technology transfer, 16 (1): 35-60.

Yuan Q, Zhang H, Wang Z, et al., 2015. The "double-edged sword" effect of RandD team boundary-spanning activities on team innovation performance - the mediating role of team reflection and the moderating role of authorized leadership [J]. Nankai management review, 18: 13-23.

Yusuf S, 2008. Intermediating knowledge exchange between universities and business [J]. Research policy, 37: 1167-1174.

Yusuf S, Nabeshima K, 2007. How universities promote economic growth [M].

Washington, D.C.: World Bank Publications.

Zaheer A, Bell G, 2005. Benefiting from network position: firm capabilities, structural holes, and performance [J]. Strategic management journal, 26: 809-825.

Zhai T, Li Y, 2012. The path analysis of collaborative management on the transformation of university scientific and technological achievements [J]. Science and technology progress and policy, 29(22): 44-47.

Zhang C, Wu F, Henke J W, Jr, 2015. Leveraging boundary spanning capabilities to encourage supplier investment: a comparative study [J]. Industrial marketing management, 49: 84-94.

Zhang D, Ge Y, 2016. The relationship between top management team bordering-spanning behavior and firm innovation performance: from the perspective of team learning [J]. Systems management journal, 2: 235-246.

Zhang J, 2002. Medical multivariate statistics [M]. Wuhan: Huazhong University of Science and Technology Press.

Zhang Y, 2003. Technology transfer: theory, method and strategy [M]. Beijing: Business Management Press.

Zhang Y, 2008a. University technology transfer: interface movement and mode selection [M]. Beijing: Peking University press.

Zhang Y, Jiang D, 2008b. FDI, Industrial agglomeration and industrial technological progress: empirical test based on Chinese manufacturing industry data [J]. Financial research, 1: 72-83.

Zhang Y, Li Q, 2009. Entrepreneurial orientation, dual competence and organizational performance [J]. Journal of management science, 2: 137-151.

Zhao B, Yan J, Hu C, 2018. Study on the effect of team boundary-spanning activities on team effectiveness [J]. Technology and industry, 18(3):

104–113.

Zhao L, 1992. Technology transfer theory [M]. Beijing: China Science and Technology Press.

Zhao Y, 2004. Principles of interface management for high-tech industrialization [J]. Journal of Wuhan University of technology, 26（3）: 100–102.

Zhou R, Tu G, Yu D, 2013. Structure, behavior and their evolvement of knowledge network of university technology transfer team [J]. Forum on science and technology in China, 11: 79–84.

Zhu G, Frame J D, 1987. Technology transfer within China [J]. Journal of technology transfer, 11（2）: 29–42.

Zhu J, 2006. The process of determining organizational boundaries [J]. Jianghuai Forum, 6: 22–28.

安同良, 千慧雄, 2014. 中国居民收入差距变化对企业产品创新的影响机制研究 [J]. 经济研究, 49（9）: 15.

戴魁早, 2018. 技术市场发展对出口技术复杂度的影响及其作用机制 [J]. 中国工业经济（7）: 19.

古京, 马乐诚, 郑小洁, 等, 2013. 中科院"科教结合、协同育人行动计划"的实践进程与优化对策 [J]. 现代教育科学: 高教研究（4）: 4.

江飞涛, 武鹏, 李晓萍, 2014. 中国工业经济增长动力机制转换 [J]. 中国工业经济（5）: 13.

金祥雷, 赵继, 2013. 推进高校与科研院所合作 构建科教协同育人平台 [J]. 中国大学教学（5）: 2.

Jolly V K, 2001. 新技术的商业化 [M]. 张作义, 周羽, 革华, 等译. 北京: 清华大学出版社.

黎文靖, 郑陶陶, 2018. 进口竞争提高了审计收费吗？——基于经营风险理论 [J]. 审计与经济研究, 33（4）: 9.

李勃昕, 惠宁, 2013. 战略性新兴产业指标体系的省际区别：新能源汽车例证 [J]. 改革（3）: 8.

李琦，李冰，2012. 高职人力资源管理实践课程绩效棱镜式考核模式研究［J］. 职业技术教育（17）：26-29.

刘佳宇，2005. 谈谈实验教学与创新能力的培养［J］. 实验教学与仪器，22（10）：2.

室文，2006. 国际技术转让机构模式分析［J］. 中国科技信息（19）：307-308.

王辉，2003. 培智学校现行培养目标和课程问题的探析［J］. 中国特殊教育（2）：6.

熊梅，曲霞，1994. 关于课程标准问题的国际比较研究［J］. 外国教育研究（3）：5.

叶祥松，刘敬，2020. 政府支持与市场化程度对制造业科技进步的影响［J］. 经济研究，55（5）：16.

易先忠，张亚斌，2006. 技术差距，知识产权保护与后发国技术进步［J］. 数量经济技术经济研究，23（10）：111-121.

俞立平，潘云涛，武夷山，2011. Combined Evaluation Based on Sameness Ratio for Academic Journal 基于结果一致度的学术期刊组合评价研究［J］. 中国科技期刊研究，22（1）：59-64.

附录 A 技术转移团队跨界活动研究访谈提纲

1. 请被访谈者介绍技术转移团队的基本情况（组建时间、成立背景、主要任务、成员规模、个人任职等）；请告诉我们贵公司的情况和你在公司的工作经验和其他相关信息。

2. 技术转移团队目前处于哪个发展阶段（启动与组织阶段、冲突与协作阶段、变革与更新阶段、执行与完成阶段），有哪些团队特征？

3. 团队成员之间的关系如何（请添加关键事件）？

4. 技术转移团队跨界活动是否依赖团队内、外部活动的协同努力？团队成员参与管理外部跨界活动给团队带来哪些利弊（举例说明）？

5. 技术转移团队从外部获取支持与信息等活动对团队绩效提升是否有帮助（举例说明）？

6. 技术转移团队如何协同与其他平行团队或相关部门的活动，这种协同主要依据什么程序或标准（举例说明）？

7. 技术转移如何在跨团队间实现（举例说明）？

8. 你们技术转移团队为什么要开展跨界活动？

9. 你们技术转移团队如何开展跨界活动？

10. 你们技术转移团队跨界活动是否有效？

11. 你们技术转移团队跨界活动受什么因素影响？

12. 你们技术转移团队获取外部信息的途径或方式有哪些（举例说明）？

13. 您认为团队协同与其他兄弟团队或部门的活动、监测外部竞争对手等活动对团队绩效提升是否有帮助（举例说明）？

14. 您认为在团队发展不同阶段，技术转移团队参与外部活动的内容或形式是否有差异？团队应该如何动态管理这些外部活动（举例说明）？

附录 B　技术转移团队调查问卷
（团队主管）

《技术转移团队跨界活动对绩效的影响机制研究》调查问卷

（团队主管填写）

尊敬的先生／女士：

您好！

此问卷是关于本人正在开展的学位论文研究。此研究主要关注中国技术转移团队跨界活动对绩效的影响。非常希望您在百忙中能支持此项学术研究，协助完成问卷的填写。

此问卷的填写者主要来自从事制造业技术转移服务的从业人员，问卷答案没有对错之分，仅是调查技术转移团队在将技术从供方转移到需方这一复杂过程的实际情况。本问卷纯属学术研究目的，没有任何商业用途。同时也将对您提供的信息严格保密！如有问题或需进一步交流，请随时与我联系沟通。

诚挚地感谢您对学术研究的支持与帮助！

一、基本信息

基本信息见附表 B-1。

附表 B-1 基本信息（1）

1	您的性别： □男　　　　　□女
2	您的年龄： □25 岁及以下　□26 ~ 35 岁　□36 ~ 45 岁　□46 ~ 55 岁　□55 岁以上
3	您的教育程度： □高中/中专及以下　　□本科/专科　　□硕士及博士（后）
4	您参加工作的时间： □1 年及以下　□1 ~ 3 年　□4 ~ 5 年　□6 ~ 10 年　□10 年以上
5	您从事目前岗位的年限： □1 年及以下　□1 ~ 3 年　□4 ~ 5 年　□6 ~ 10 年　□10 年以上
6	您在团队工作的时间： □0 ~ 3 个月　□4 ~ 6 个月　□7 ~ 12 个月　□1 ~ 3 年　□3 年以上
7	您团队的成立时间： □0 ~ 3 个月　□4 ~ 6 个月　□7 ~ 12 个月　□1 ~ 3 年　□3 年以上
8	您的团队所处阶段： □组建期　　□磨合期　　□规范期　　□成熟期　　□衰退期
9	您的团队技术转移领域： □制造业　　　□非制造业
10	您团队的规模： □5 人及以下　□6 ~ 10 人　□11 ~ 15 人　□15 ~ 20 人　□20 人以上
11	您所在单位的规模： □100 人及以下　□101 ~ 300 人　□301 ~ 500 人　□501 ~ 1000 人 □1000 人以上
12	您所在单位的性质： □国有单位（含国有控股）　　□非国有企业
13	您所在单位的地区： □中部　　　　□东部　　　　□西部

二、变量量表

关于附表 B-3 和附表 B-4 的填写说明见附表 B-2。

附表 B-2 填写说明（1）

请在每行您认为最符合实际情况的相应栏目下填 "√"							
分值	1	2	3	4	5	6	7
对应态度	非常不同意	不同意	有点不同意	一般	有点同意	同意	非常同意

附表 B-3　环境不确定性

环境动态性								
序号	题项	分值					
EU1	技术需方不断对技术和服务提出新的要求	1	2	3	4	5	6	7
EU2	技术需方的需求变化情况很难预测	1	2	3	4	5	6	7
EU3	团队所面临的市场环境经常剧烈地变化	1	2	3	4	5	6	7
EU4	竞争者行为很难预测	1	2	3	4	5	6	7
环境复杂性								
序号	题项	分值					
EU5	技术需方对技术的需求在很大程度上受到社会文化、政治因素或社会事件和政策导向等非市场因素的影响	1	2	3	4	5	6	7
EU6	技术供方的技术标准在很大程度上受到社会文化、政府政策等因素的影响	1	2	3	4	5	6	7
EU7	技术转移团队的运营在很大程度上受到政府、社会公众、媒体等的影响	1	2	3	4	5	6	7
EU8	技术转移团队很多市场行为受到政府部门的管控和影响	1	2	3	4	5	6	7
环境威胁性								
序号	题项	分值					
EU9	技术需方要求越来越高	1	2	3	4	5	6	7
EU10	技术转移团队与同行之间的竞争强度越来越激烈	1	2	3	4	5	6	7
EU11	竞争者行为越来越多样化	1	2	3	4	5	6	7
EU12	团队所需资源越来越难获取	1	2	3	4	5	6	7
EU13	技术供方力量越来越强大	1	2	3	4	5	6	7

附表 B-4　技术转移绩效

序号	题项	分值					
TP1	技术需方对转移的技术和技术转移的服务表示满意	1	2	3	4	5	6	7
TP2	技术供方表示满意	1	2	3	4	5	6	7
TP3	技术转移团队的成员表示满意	1	2	3	4	5	6	7
TP4	技术转移的其他利益方表示满意	1	2	3	4	5	6	7
TP5	技术转移未能达到其总体绩效（功能、预算等）	1	2	3	4	5	6	7
TP6	技术转移达到了技术需方的要求	1	2	3	4	5	6	7
TP7	转移的技术未能达到其预定的技术性能	1	2	3	4	5	6	7

续表

序号	题项	分值						
TP8	技术需方愿意与技术转移团队再次合作	1	2	3	4	5	6	7
TP9	技术供方愿意与技术转移团队再次合作	1	2	3	4	5	6	7
TP10	技术转移达到了技术转移团队自身制定的目标	1	2	3	4	5	6	7

三、选填信息

为了将来的进一步交流，如方便请留下你的联系方式，见附表 B-5。不填也不影响本次问卷的完整性。

附表 B-5 选填信息（1）

机构：			
姓名		职位	
电话		邮件地址	

附录 C　技术转移团队调查问卷
（团队成员）

《技术转移团队跨界活动对绩效的影响机制研究》调查问卷

（团队成员填写）

尊敬的先生/女士：

您好！

此问卷是关于本人正在开展的学位论文研究。此研究主要关注中国技术转移团队跨界活动对任务绩效的影响。非常希望您在百忙中能支持此项学术研究，协助完成问卷的填写。

此问卷的填写者主要来自从事制造业技术转移服务的从业人员，问卷答案没有对错之分，仅是调查技术转移团队在将技术从供方转移到需方这一复杂过程的实际情况。本问卷纯属学术研究目的，没有任何商业用途。同时也将对您提供的信息严格保密！如有问题或需进一步交流，请随时与我联系沟通。

诚挚地感谢您对学术研究的支持与帮助！

一、基本信息

基本信息见附表 C-1。

附表 C-1　基本信息（2）

1	您的性别： □男　　　　　　□女
2	您的年龄： □ 25 岁及以下　□ 26~35 岁　□ 36~45 岁　□ 46~55 岁　□ 55 岁以上
3	您的教育程度： □高中/中专及以下　　□本科/专科　　□硕士及博士（后）
4	您参加工作的时间： □ 1 年以下　□ 1~3 年　□ 4~5 年　□ 6~10 年　□ 10 年以上
5	您从事目前岗位的年限： □ 1 年以下　□ 1~3 年　□ 4~5 年　□ 6~10 年　□ 10 年以上
6	您在团队工作的时间： □ 0~3 个月　□ 4~6 个月　□ 7~12 个月　□ 1~3 年　□ 3 年以上
7	您的团队技术转移领域： □制造业　　　　□非制造业

二、变量量表

关于附表 C-3~附表 C-8 的填写说明见附表 C-2。

附表 C-2　填写说明（2）

请在每行您认为最符合实际情况的相应栏目下填"√"							
分值	1	2	3	4	5	6	7
对应态度	非常不同意	不同意	有点不同意	一般	有点同意	同意	非常同意

附表 C-3　技术转移团队跨界活动

序号	题项	分值						
TB1	团队可以承受来自团队外部的压力，以避免团队成员的工作受到干扰	1	2	3	4	5	6	7
TB2	团队保护成员不受外界干预	1	2	3	4	5	6	7
TB3	团队经常拒绝外部人员向团队提出的过多要求	1	2	3	4	5	6	7

续表

序号	题项	分值						
TB4	团队可以说服其他人：本团队的项目很重要	1	2	3	4	5	6	7
TB5	团队会审视组织环境，以了解对本团队的威胁	1	2	3	4	5	6	7
TB6	团队会向外界展示自身	1	2	3	4	5	6	7
TB7	团队能够说服他人支持团队的决定	1	2	3	4	5	6	7
TB8	团队经常从外部获得团队所需的资源（包括资金、设备等）	1	2	3	4	5	6	7
TB9	团队会向更高的组织层面报告进展	1	2	3	4	5	6	7
TB10	团队了解组织中的其他人是否支持团队活动	1	2	3	4	5	6	7
TB11	团队了解组织中可能影响该项目的策略或政策信息	1	2	3	4	5	6	7
TB12	团队会让组织里的其他团队了解团队自身的项目	1	2	3	4	5	6	7
TB13	团队经常与相关部门或外单位人员合作来解决问题	1	2	3	4	5	6	7
TB14	团队经常协调与团队相关外部活动	1	2	3	4	5	6	7
TB15	从组织其他团体或个人采购团队需要的东西	1	2	3	4	5	6	7
TB16	团队能够与外单位人员协商成果交付期限事宜	1	2	3	4	5	6	7
TB17	团队经常与相关部门或外单位人员共同开展项目评审等活动	1	2	3	4	5	6	7
TB18	团队关注竞争对手在相似项目和活动上的动态	1	2	3	4	5	6	7
TB19	团队关注组织内外部环境中的市场信息或动态	1	2	3	4	5	6	7
TB20	团队关注组织外部环境中的个人技术信息专业知识或动态	1	2	3	4	5	6	7
TB21	团队关注组织内部环境中的技术信息专业知识或动态	1	2	3	4	5	6	7
TB22	团队能够保守组织内部的团队秘密	1	2	3	4	5	6	7
TB23	团队经常避免向组织内其他人公开信息以保护团队形象或正在进行的项目	1	2	3	4	5	6	7
TB24	团队能够控制信息的公开，只展示应该公开的文件	1	2	3	4	5	6	7

附表 C-4　团队效能感

序号	题项	分值						
TE1	本团队成员对团队非常有信心	1	2	3	4	5	6	7
TE2	团队干了很多事情	1	2	3	4	5	6	7
TE3	对本团队而言，没有特别困难任务	1	2	3	4	5	6	7
TE4	本团队能够高质量完成任务	1	2	3	4	5	6	7
TE5	本团队的工作是富有成效的	1	2	3	4	5	6	7
TE6	本团队能够解决任何问题	1	2	3	4	5	6	7
TE7	本团队的工作效率较高	1	2	3	4	5	6	7
TE8	本团队有着较高的影响力	1	2	3	4	5	6	7

附表 C-5　团队沟通

序号	题项	分值						
TC1	团队成员对项目目标有清晰的了解	1	2	3	4	5	6	7
TC2	项目目标得到所有团队成员的理解	1	2	3	4	5	6	7
TC3	关于项目优先事项缺乏明确性	1	2	3	4	5	6	7
TC4	项目目标清楚地传达给了所有成员	1	2	3	4	5	6	7
TC5	技术转移团队对绩效有清晰的反馈	1	2	3	4	5	6	7
TC6	团队成员对其工作的质量会获得清晰的反馈	1	2	3	4	5	6	7
TC7	项目的信息在整个团队循环，保证所有人都了解	1	2	3	4	5	6	7
TC8	对工作中的重要问题，通常很难获得解答	1	2	3	4	5	6	7
TC9	团队成员可以获得为有效完成工作所需的全部信息	1	2	3	4	5	6	7
TC10	团队成员对技术需方的要求有清晰的认知	1	2	3	4	5	6	7
TC11	团队会与技术需方充分讨论项目目标	1	2	3	4	5	6	7
TC12	技术需方会提供关于技术转移项目结果的明确指示	1	2	3	4	5	6	7
TC13	团队经常收到技术需方的反馈	1	2	3	4	5	6	7

附表 C-6　任务依赖性

序号	题项	分值						
TD1	在没有来自其他成员的工作信息或材料的情况下，我无法完成工作	1	2	3	4	5	6	7
TD2	其他成员也必须依赖我的工作信息或材料来完成工作	1	2	3	4	5	6	7
TD3	我的工作和其他员工的工作是相互关联的	1	2	3	4	5	6	7

附表 C-7　任务复杂性

序号	题项	分值						
TF1	任务包含许多变化	1	2	3	4	5	6	7
TF2	任务的主要工作是解决复杂问题	1	2	3	4	5	6	7
TF3	任务难以量化	1	2	3	4	5	6	7
TF4	任务需要大量信息或备选方案	1	2	3	4	5	6	7
TF5	任务包括许多不同要素	1	2	3	4	5	6	7

附表 C-8　任务时间压力

序号	题项	分值						
TT1	技术转移项目的时间期限紧迫	1	2	3	4	5	6	7
TT2	技术转移团队成员面临大量工作	1	2	3	4	5	6	7
TT3	技术转移团队成员没有时间干其他事情	1	2	3	4	5	6	7
TT4	技术转移团队成员总觉得时间太少	1	2	3	4	5	6	7

三、选填信息

为了将来的进一步交流，如方便请留下你的联系方式，见附表 C-9。不填也不影响本次问卷的完整性。

附表 C-9　选填信息（2）

机构：			
姓名		职位	
电话		邮件地址	

附录 D　实证课题 1 "科教融合体制下技术转移能力培养与毕业生职业发展调查研究"调研问卷

尊敬的先生/女士，您好！

这是一项关于科教融合体制下技术转移能力培养与毕业生职业发展情况的调查研究，恳请您抽出 10 分钟左右的时间，根据您所了解的资讯以及主观上的感知，来填写问卷内容。您所提供的信息是本人研究的关键。本人承诺，本问卷将采用匿名方式填写，绝不会泄露您的隐私，答案无对错之分，只需根据您个人的判断进行填写即可。对您的大力协助，深表感谢！

Q1.您的性别［单选题］*
○男
○女

Q2.您的年龄［单选题］*
○ 20～30 岁

附录D 实证课题1"科教融合体制下技术转移能力培养与毕业生职业发展调查研究"调研问卷

○ 31～40岁

○ 41～50岁

○ 51～60岁

○ 60岁以上

Q3. 您的学历？［单选题］*

○本科

○硕士

○博士

Q4. 您来自？［单选题］*

○政府单位

○大型国有企业

○科技型中小企业

○民营企业

○事业单位

○自主创业

Q5. 您在单位中处于什么职位？［单选题］*

○高层管理人员

○中层管理人员

○基层技术人员

Q6. 您的薪资区间是多少？［单选题］*

○小于10万/年

○ 10万～30万/年

○ 30万～50万/年

○大于50万/年

Q7. 您之前是否接触过技术转移课程？[单选题]*
○了解过
○部分学习过
○系统学习过
○不了解

Q8. 您认为技术转移能力对于您的职业发展是否重要？[单选题]*
○不重要
○一般
○非常重要

Q9. 对于技术转移课程而言，您最关注哪些领域（多选）[多选题]*
○技术交易模式
○法律法规
○商务谈判
○知识产权及政策
○其它

Q10. 您认为哪种技术转移能力最为重要？[单选题]*
○学术研究能力
○应用研究能力
○中介运营能力

Q11. 您对于技术转移课程的授课主体的偏好是什么？[单选题]*
○学者及研究人员
○企业工程师
○技术转移中介从业者
○其他

Q12. 您对于技术转移课程的授课形式的偏好是什么？[单选题]*
○集中式线下授课
○分类型的选修授课
○案例式授课
○线上授课

Q13. 您参加技术转移课程培训的目的是什么？[单选题]*
○掌握技术转移的理论方法
○了解技术转移的行业动态
○寻找合作伙伴
○明确职业身份发展体系
○其他

Q14. 您对于中国科学院大学教育技术转移课程的整体评价如何？[单选题]*
○不满意
○比较满意
○满意
○非常满意

Q15. 您是否愿意向其他朋友、同事及合作者，推荐中国科学院大学教育技术转移课程？[单选题]*
○愿意
○不愿意

Q16. 您认为中国科学院大学教育技术转移课程对于您本身的职业是否有帮助？[单选题]*
　　○非常大的帮助
　　○一般
　　○没有帮助

Q17. 您对于中国科学院大学教育技术转移课程的建设有哪些建议？[填空题]*
　　_____

附录 E　实证课题 1"科教融合体制下技术转移能力培养与毕业生职业发展调查研究"访谈提纲

访谈调研内容包括但不限于以下内容。

第一，您所在行业的就业领域的就业情况如何？

第二，对于您从事行业来说，您认为影响职业发展因素主要包括哪些？

第三，您认为服务您所在行业就业的技术转移课程包括哪些？

第四，为了在实际的职业过程中，发挥技术转移的效力，您认为需要做哪些入职准备，在工作过程中应该具备哪些职业素养？

第五，从技术转移的角度，您认为优秀员工的职业特征包括哪些，就业待提升的职业能力包括哪些？